The Mindful Therapist
-A Clinician's Guide to Mindsight and Neural Integration-

마음챙김 치료자

신경생물이론과 마음보기의 통합을 향한 임상가 가이드북

Daniel J. Siegel 저 | 최지원 역

역자 서문

상담을 공부하겠다고 하는 학생들에게 난 가끔 물었다. "왜 상담이 하고 싶어요?" 그러면 이렇게 대답하는 이들이 많았다. "다른 사람을 돕고 싶어서요." 그러면 난 그 때를 놓치지 않고 바로 말했다. "그대를 먼저 도우세요." 잔인하게 들릴지 모르겠지만 우리는 누구를 돕기 위해 상담을 하는 것은 아니다. 예전에 비해 사람들이 상담을 익숙하고 편안하게 생각할 뿐 아니라 미래의 유망 직종 분야로 꼽는다. 그렇지만 궁극적으로 상담이 다른 사람을 도울 수 있어서가 아니라 그 모든 것이 결국은 자신에게 의미를 남기고 에너지를 공유할 수 있는 소중한 과정이기 때문에 누군가는 상담을 공부하려고 준비한다. 그런 이유로 우리는 누군가를 돕기 위해 상담자로 살아가려 하기보다 가장 먼저 나를 돕는 것이 중요하다는 것을 잊어서는 안 된다. 나를 도운 후 '접촉과 관계'를 통해 누군가와 이런 에너지를 소통하면 결국은 이 관계가 그 사람과 나를 다시 돕게 된다. 물론 이 과정에서 나와 더불어 누군가를 도울 수 있다면 더할 나위 없이 기쁘고 의미 있는 일이다. 『어떻게 사람의 마음을 얻을 것인가』(이철환, 2015)라는 책에서 역자가 좋아하는 이철환 작가는 "타인의 마음을 얻기 위해서는 무엇보다도 자신을 사랑하고 돌보는 일이 먼저이다. 타인의 마음을 얻는 것은 나 자신에 대한 믿음으로부터 시작되기 때문이다."라고 말한 바 있다.

이 책을 번역하면서 상담자인 나는 누구보다 임상 장면에서 실천하는 자들에게 이 책이 실질적인 도움이 될 수 있기를 기대하였다. 임상을 실천하는 자들은 늘 누군가를 만나게 되고, 그들과 관계를 맺고, 그 안에서 에너지와 정보를 소통하기 때문이다. 인간은 관계를 맺으면서 서로의 뇌를 변화시킨다. 우리는 '사랑해요'라고 말하며 손으로 하트를 표현하지만 실제 사랑을 하는 것은 심장이 아니라 뇌의 화학작용인 것처럼 말이다. 임상 실천가와 내담자들이 만날 때 심장과 심장이 만난다기보다는 서로의 뇌가 함께 접촉하는 순간이 됨을 기억해야 한다. 나는 이 책을 번역하면서 스스로 느낀 점을 다음과 같이 써 본 적이 있다. 그것을 공유하고자 한다.

> "에너지는 바람이다. 바람은 눈에 보이지 않지만 흔들리는 나뭇잎이나 걸린 빨래의 움직임을 보고 바람이 있는 줄 그때서야 자각할 수 있다.
> 에너지도 그렇다.
> 존재한다고 에너지가 있는 것은 아니다.
> 눈에 보이지 않는다.
> 관계에서 일어나는 역동과 증상을 통해 존재의 움직임을 느낄 수 있다.
> 대인관계 신경생물학은 뇌를 이야기하는 것 같지만 좀 더 정확히는 에너지나 정보의 흐름을 공유하는 것이 '관계'라고 말한다. 그리고 그 관계를 펼쳐 내어 눈에 보이게끔 돕는 과정이 결국 대인관계 신경생물학이다."

우리는 눈에 보이지 않는 일을 눈에 보이는 것처럼 실천하는 임상가들이다. 늘 눈에 보이지 않아 답답하고 막연할 수 있는, 그러나 너무 위대해서 결코 포기할 수 없게 만드는 '사람과 사람이 만나 함께 성장하는' 용감한 시도를 오늘도 하고 있는 독자들에게 이 책을 권하고 싶다.

대니얼 시걸(Daniel Siegel)은 진지하지만 글에서 위트를 드러낸다. 그는 각 장의 제목에 마치 래퍼처럼 라임을 붙여 설명하고자 했다. 역자도 그에 걸맞게 한글의 ㄱ,ㄴ,ㄷ 순으로 조합을 해야 하나 잠시 고민하기도 했지만 뜻을 흐릴까 봐 조심스러워졌다. 대신 각 장 끝에 역자의 뜻을 담아 각 주제별로 임상가들이 스스로에게 질문을 던지고 답해 볼 수 있도록 '자기성찰 질문'을 추가하였다. 사람은 질문을 받는 순간 답하고 싶어 하는 존재라 한다. 답하지 않아도 머릿속으로 답을 생각한다고 하는데 이 부분들을 위해 성찰할 수 있는 질문을 만들었고, 이 질문들이 임상가들로 하여금 자신의 마음을 먼저 돌볼 줄 아는 소중한 존재가 될 수 있기를 기대한다. 자신의 마음을 먼저 돌볼 줄 아는 존재만이 에너지 공유의 원천지가 될 수 있을 것이라 소망하기 때문이다.

2021년
말랑하게 연결된 뇌를 갖고픈
역자 최지원

차례

서론

당신과 나는 이 책의 주제이며 주체이다. 두 임상가 사이에서 진행된 대화에 당신을 초대하여 관계가 어떻게 서로 연결되고 치유되는지에 대한 본질을 탐색할 것이다. 이 대화들은 깊기도 하지만 폭넓어서 훈련된 임상가들에게도 적합할 뿐만 아니라 치료의 기술을 배워야 하는 신참들에게도 유용하다.

정신건강 임상가로서 혹은 정신의학 분야에서 일하는 우리에게는 우리가 돌보는 대상과 전적으로 심리적 연결감을 경험하는 것이야말로 사람을 어떻게 치유해 주고—우리의 치료적 노력에 어떻게 긍정적으로 반응하는지—지지해 주는 데 가장 결정적인 요인 중 하나이다. 개인적인 접근 방식 혹은 임상적 기법의 사용이 무엇이든 간에 치료적 관계는 심리치료 분야에서 긍정적인 결과를 가져오는 가장 영향력 있는 요인 중 하나로 꼽힌다(Norcross, Beutler, & Levant, 2005).

이 책에서 우리는 가장 기본적인 다음의 질문들을 스스로에게 함으로써 결과를 찾아가고자 한다. 왜 우리가 사용하는 이론적 입장이나 개입이 아닌 우리의 존재가 그토록 중요하며, 그것이 내담자가 어떻게 반응할지에 대한 가장 탄탄한 예측 요인이 되는 것일까? '존재'란 무엇이며 그것을 어떻게 우리 안에 구축할 것인가? 이 책에서 우리는 치유의 기술에 대한 과학적 여정을 할 때 도출될 수 있는 기본적인 질문들에 대한 가능한 답들을 찾아 갈 것이다. 또한 우리의 삶으로 흘러오는 에너지와 정보들을 느끼고 구성하는 방식에 대한 전문적인 관점도 깊게 논의할 예정이다. 이런 과정을 '마음보기

(mindsight)'라고 부른다. 마음보기를 통해 공감이라는 도구를 사용하고 관계 속에서 나와 다른 사람들에 대해, 변화하는 뇌의 과정에 대해 그리고 어떻게 마음 자체가 기능하는지에 대해 더 깊게 이해하고 통찰할 수 있게 된다. 이런 내면의 명확함이 생기면 구체적인 태도로 타인들과 상호작용할 수 있고, 우리 삶 안의 에너지와 정보의 흐름을 조율할 수 있게 된다. 우리는 통합되지 않은 경직된 상태나 카오스 상태로부터 좀 더 유연하고 조화로운 통합된 체계 상태로 움직여야 하는데, 이것은 우리가 삶에서 신경 통합을 의도적으로 구축할 때 가능하고, 각 요소를 서로 연결하여 통합할 때 통합된 체계 상태가 창조된다. 기본적으로 우리는 우리 삶을 건강한 쪽으로 움직이도록 신경 통합을 촉진할 수 있게 마음보기를 사용한다.

임상가인 우리는 여느 때보다 더 다른 사람들의 주관적인 웰빙과 객관적인 건강 모두를 촉진시키기 위한 효과성 증진의 과학적 연구로부터 통찰을 얻어야 한다. 예를 들어, 더 공감적인 내과 의사들이 내담자로 하여금 감염과 싸워 더 원기 왕성한 면역 체계를 갖게 돕고 감기로부터 더 빨리 회복하게 작용하는 것으로 나타났다(Rakel, 2009). 이 연구는 마음챙김 훈련이 어떻게 자신과 타인에게 순응하는지, 어떻게 내담자를 향한 의사의 태도나 웰빙에 대한 감각을 증가시키는지를 보여 주었다. 내과 의사들의 주된 치료 업무를 연구한 결과, 마음챙김을 배우는 것은 내과 의사들의 심리적 소진을 막고 내담자들을 향한 긍정적인 태도를 증진시켰다. 즉, 타인을 돌보는 힘든 과정을 감당할 수 있는 탄력성과 웰빙을 북돋았다(Krasner et al., 2009). 일반적으로 이런 연구들은 타인이나 우리 자신과 함께하는 우리의 존재가 공감과 자기자비를 증진시켜서 결국 이 두 가지가 우리의 정신적 삶에서의 웰빙과 신체적인 건강마저 촉진시킨다는 개념을 밝히고 있다. 그리고 이 내용들은 두 가지의 중요한 이해의 범주에 초점을 맞추도록 돕는다. 과학적 지식은 다양한 연구에서 도출된다는 것과 개인적인 연습에 몰두함으로써 직접적이고 주관적인 통찰이 획득된다는 것이다. 이 책은 이 부분에 대해 탐구해 갈 것이다.

임상가로서의 존재적 역량을 변화시킬 수 없다면, 이 책을 읽고 쓰는 진정한 의미는 없을 것이다. 다행인 것은 관련된 모든 유익을 위해 우리가 존재하는 방식과 어떻게 의사소통하는지를 실제로 변화시킬 수 있다는 것이다. 이것이 바로 다음에 진행될 우리 여정의 목표이다. 뇌는 인생 전반에 걸쳐 지속적으로 발달하며 우리 마음에 대한 적절한 몰두는 전략적으로 우리의 뇌를 도움이 되는 방식으로 변화시킬 수 있다. 앞으로 각 장에서 개념적인 체계, 뇌의 기본 지식, 실천적인 훈련이 다루어지는데, 이것들은 우리의 탄력성을 개발시킬 수 있고 집중력을 늘려 주고 삶의 자원을 창출해 낼 것이며, 다른 사람을 돕는 데 필요한 존재와 공감 그리고 동정 등을 지지해 주는 고유의 특성들을 나타내 줄 것이다.

간략한 배경

나는 내과 의사가 되기 위한 공부를 처음 시작했다가 후에 소아과 의사가 되려고 훈련받았고, 그다음에는 정신과를 선택했다. 효과적인 임상가가 되기 위해 필수적인 내면의 지식과 대인관계 기술을 발달시키도록 도왔던 여정이며 문헌 연구 또한 애정을 갖고 해 왔다. 부모와 자녀 간의 관계에 집중하는 연구들을 시작하면서 내가 매료된 부분은 어른과 아동 사이에서 의사소통을 조율하고 양육하는 방식이 궁극적으로 건강한 발달을 촉진할 수 있다는 것이다. 그러나 치료자로서의 훈련 과정에서 이런 지식은 개인적으로 나의 발달에 전혀 도움이 되지 않을 뿐 아니라 통합적 치료 방법으로 사용되지도 않았다. 요즘은 나의 훈련 가운데 전문가가 되기 위해 공감, 동정, 자기 규제를 개발하는 것만큼 중요한 것은 없어 보인다. 나 자신이나 타인이 서로 깊게 연결되고 평안을 줄 수 있기 위해서는 어떤 것이 구체적으로 치유에 개입된 것인지에 대한 많은 질문을 가지고 있다. 나는 어떻게 다른 사람들과 의사소통하고, 그들의 상황에 공감할 수 있는 기술을 어떻게 발달시킬 수 있는지 궁금해했다. 결국 우리가 고통 가운데 있을 때 서로 공감하며 고통을 진정시킬 수 있다. 임상가인 우리 자신이 혼란을 진정시키고 혼돈을 명확하게 하는 반면 우리 자신을 깊게 알 수 있게 만들어서 우리 자신의 평정을 지속할 수 있도록 만드는 도구는 무엇일까? 그렇게 많은 임상 훈련에서 나는 내가 할 수 있는 한 최선을 다했고, 학생이 실천가가 되는 여정에서 나 스스로 손을 놔 버렸든 말았든 간에 결국 모든 조각은 모여서 하나를 만들어 갔다. 그러나 치료의 기술이 발전한 가운데에 있는 지금, 우리가 우리의 삶을 다른 사람 돕는 일에 바치기로 결심했다면 우리 자신의 성장을 더 많이 지지하도록 돕는 것이 바람직하다.

　나의 바람은 이 책이 이미 연구에서 밝힌 것처럼 치료 장면에서 어떻게 마음챙김이 내면의 탄력성과 힘을 제공해 주는지, 이런 탄력성과 힘이 내담자의 성장을 강하게 예측해 주는 치료적 존재를 어떻게 창조하는지에 대한 깊은 대화를 이끌어 낼 수 있는 책이 되기를 희망한다. '마음챙김(mindfulness)'은 과학적인 토론과 실천에서 다양한 방식으로 정의될 것이다. 마음챙김을 개념화하는 한 가지 방법은 이미 고정화된 사고와 기대 혹은 판단을 제거하고 의도적으로 순간순간의 경험에 주의를 집중하는 것이다(Kabat-Zinn, 2006). 마음챙김에 대한 이런 설명은 명상에서 나타나는 배려적인 의식적 경험을 포함한다. 마음챙김을 정의하는 다른 방식은 우리가 세상에 대한 지각을 제한하고 걸러 냄으로써 '범주를 강화하는 것'(Cozolino, 2002)과 종종 함께 오는 가능성에 대한 미숙한 종결을 막고자 하는 것(Langer, 1989, 1997)에 있다. 학교, 직장, 일상생활에서 이런 방식으로 우리의 마음을 열어 놓음으로써, 우리는 창의성을 증진시킬 수 있다. 우리의 일상 삶에서 마음챙김이란 단어를 사용하는 것만으로 우리는 사려 깊고 심사숙고하며 자각(타인에 대해서도)할 수 있는 암시를 지니는 것이다. 이것은 기본적으로 우리가 우리의 행동에서 의식이나 의도적인 부분을 갖고 어떻게 살아가는지 보여 준다. 이런 세 가지 방식에서 마음챙김 치료자들은 마음이 지금 일어나고 있는 일에 대해 자각할 수 있게, 관심 갖고 있는 바로 그것에 집중할 수 있도록 깨어 있게 만든다. 우리가 맞닥뜨린 현재를 면밀히 탐색하는 것은 내담자와 치유 관계를 어떻게 형성할지에 중요한 역할을 하며, 이 또한 광범위하고 다양한 마음챙김에 포함된다.

현재를 충만하게 산다는 것은 우리가 성장과 웰빙이 지속되도록 그들의 삶을 지지해 주면서 다른 사람의 트라우마나 고통을 치유하는 데 도움을 줄 수 있는 전문적인 역할에서 효율성을 발휘할 수 있게 해 준다.

이 책에서는 '대화'로 표현되는 영역이 포함되어 있어서 당신과 내가 함께 직접적으로 작업하는 듯한 기회를 가질 것이다. 그것은 우리의 삶에서 우리가 존재하는 방식을 깊게 들여다보고 내가 당신과 함께 현존할 수 있게 도울 것이다. 그래야만 치료자인 우리가 다른 사람들로 하여금 성장과 치유를 더 잘할 수 있게끔 만들어 줄 것이다. '더 잘'의 의미는 치료자인 우리의 삶이 어떻게 탄력성, 의미, 건강을 향해 효율적으로 전환되는가를 뜻한다. 이것이 바로 앞으로 우리의 임상적 토론의 주된 주제가 될 것이다. '더 잘'의 의미는 또한 다른 사람들을 돕는 그 과정에서 우리 자신을 스스로 잘 돌볼 수 있는 것을 의미하기도 한다.

비행기에 탑승하면 승무원들은 승객에게 다른 사람을 돕기 전에 본인부터 먼저 산소 마스크를 써야만 한다고 설명해 준다. 이런 이유처럼 이 책은 치료자인 당신이 자신의 개인적이고 전문적인 삶에서 자기이해나 자기자비를 가질 수 있도록 훈련하는 내용들로 채워져 있다. 자연스럽게 우리 자신의 통찰과 자기안정을 깊게 할수록 심리치료 과정에서 내담자들의 성장을 지지할 수 있는 구체적인 기술의 훈련과 공감적인 이해를 더 잘할 수 있을 것이다.

시작을 위한 준비 단계

수년 동안 이 자료를 가지고 세미나에서 가르치면서 임상가의 길에 막 들어선 사람들과 10년 이상 훈련을 한 사람들 모두 이 접근들로 상당한 이익을 보았다고 입을 모아 말하곤 한다. 이것은 다른 사람의 성장이나 발달을 돕고 자 하는 전문가들을 위해 설계된 작업이다. 마음과 뇌에 대한 오랜 세월의 탐구와 과학적 내용으로 채워져 있고, 치료자가 되는 과정을 위한 경험과 아이디어를 전문적이고 개인적으로 적용할 수 있게끔 점진적으로 정교화된 통합을 이루어 갈 것이다.

과학은 이 책『마음챙김 치료자(The Mindful Therapist)』가 내담자들에게 더 직접적이고 주관적인 개입을 할 수 있도록 임상 교육으로 배경 지식을 가르쳐 줄 뿐 아니라, 우리가 토론하고자 하는 주제에 대한 많은 연구가 출간될 수 있게 도왔다. 이 책을 읽고 이해하기 위해 그리고 유용하게 사용하기 위해 다른 과학 관련 책들을 추가적으로 읽을 필요는 없다. 그보다 나는 이 자료들이 더 깊은 과학적·임상적 탐구가 되어 독자들이 앞으로 만나게 될 어떤 영역도 자유롭게 탐색할 수 있는 중요한 체계로 사용하기를 바랄 뿐이다. 이렇게 발간된 책들과 시청각 프로그램은 대인관계 신경생물 분야에 전문적으로 합성되어 온 방대한 양의 과학을 번역한 것인데, 이것이 대인관계 신경생물 접근의 기초가 된 것이다. 그런 전문 서적들은 심리치료 및 상담 분야와 임상 접근에 더 깊은 과학적인 적용을 하게끔 돕는다. 이런 교육적 기회와 자료들은 참고문헌과 추천도서에서도 볼 수 있다. 방대한 분량의 자료들은 문장 속에 삽입하거나 단락 끝에 넣기보다 후속 연구들을 위해 참고문헌과 추천도서로 추가하였다.

특별히 이 책의 대화 부분에 관련 저작물이 배경으로 깔릴 수 있도록 구체적인 언급을 하고자 한다. 첫 번째 대인관계 신경생물이론에 대한 노턴 출판사의 출판물 시리즈로, 이 책은 그 하나로 특별히 임상가에 대한 관점을 제공하는 15개 장으로 구성된 심도 있는 자료이다. 이 시리즈의 출간부터 함께 일해 온 편집자 데보라 맬머드(Deborah Malmud)와 전문적인 자료들을 만들어 준 시리즈의 다른 저자들에게 자랑스러움을 느낀다.

이 시리즈 중 몇 권은 내가 주 저자이며 앞으로 우리가 다루고자 하는 구체적인 분야에 대해 다루었다. 이런 과학적인 합성의 아이디어는 전문 서적 『The Developing Mind: Toward a Neurobiology of Interpersonal Experience』(Siegel, 1999)에서 탄생하였다. 이 책은 발달, 통합, 관계, 뇌, 마음 그리고 정신건강 분야의 기본적 원리와 이 분야의 전문 용어들을 제안하였다. 부모들이 삶에 대한 감각을 늘리고 초기 삶의 역사에서 일관성 있는 내러티브를 구성할 수 있게끔 도운 실용적인 도서는 『Parenting from the Inside Out: How a Deeper Understanding Can Help You Raise Children Who Thrives』(Siegel & Hartzell, 2003)이다. 마음챙김 훈련에 대한 연구들을 살펴보기 위해서는 『The Mindful Brain: Reflection and Attunement in the Cultivation of Well-Being』(Siegel, 2007a)을 참고할 수 있다. 이 책은 특별히 신경 통합을 촉진하는 내면적 조율의 형태로서 마음챙김에 대한 대인관계 신경생물학적 관점의 과학적인 탐구에 대해 흥미롭게 다루어 유용하다. 마지막으로, 임상적인 훈련에서 대인관계 신경생물이론을 적용한 책은 『마음을 여는 기술: 심리학이 알려주는 소통의 지도(Mindsight: The New Science of Personal Transformation)』(Siegel, 2010)로 임상가와 일반 독자들에게 접근 가능하며 심리치료 안에서 사람들이 어떻게 변화하는지에 대해 이해하기 쉽게 적혀 있다. 이 책은 '통합의 영역'을 자세히 탐구하여 독자를 위해 마음의 초점이 뇌, 관계 그리고 마음 자체를 건강을 향하게 변화시킬 수 있는 과정을 조명한다.

이 책에서 나는 내담자들과 일대일로 관계를 맺는 치료자의 주된 역할을 훈련하는 전문적인 뇌 기능과 정신 기술 훈련을 소개할 것이다. 이 책은 임상가에게 '내면의 동반자'가 되어 어떻게 치료자가 스스로 마음챙김을 하는 치유자가 될 수 있는지 안내할 것이다. 곧 만나게 될 이 책에서는 치료 과정의 기본적인 단계들을 보여 줄 수 있게 구조화하였다. 앞서 언급한 전문 서적에서 광범위하게 다룬 부분을 반복하기보다는 의도적으로 치료자들의 내면세계에 집중하려고 할 것이다. 여기서 우리는 전문가를 위해 꽤 드물게 가용한 것들을 탐색할 것이다. 예를 들면, 임상가 스스로의 자기이해, 개인적인 성장, 인사이드 아웃[1]에서 비롯되는 임상적인 효과를 만들 수 있도록 신개념의 과학적 이론을 직접적으로 경험하게 도와 자신만의 것으로 통합하게 하는 내면 교육이라 볼 수 있다.

이 책의 목적은 당신이 스스로 직접적인 대화를 연습하여 스스로의 마음에서 주관적인 경험을 할 수 있게끔 돕는 데 있다. 이 책은 다른 전문 서적과 연관되나 꽤 다른 형식으로 쓰여 자신의 경험을 직접적으로 표현할 수 있도록 할 것이다. 엄청난 과학적 지식이 담겨 있지만 그것을 주관적인 것으로 스며들게 하기 위해 흥미롭고 중요한 도전을 감행할 것이다. 나의 바람은 이 책을 읽음으로써 당신이 과학을 포용하는 길을 넓혀 주고 자신의 내면세계를 경험하는 방법들을 일깨워 주는 것이다. 궁극적으로 그런 깊은 자기이해는 현존하는 자신을 발견하게 돕고, 내담자들이 자기이해나 마음챙김을 더 깊게 할 수 있도록 가르치는 도구를 제공해 줄 것이다. 이 책은 여러 가지 색실로 그림을 그려 넣은 것 같은 직물처럼, 당신이 자주 임상 훈련이나 문서 속에서 자주 남겨지는 중요한 당사자의 경험과 연구 결과들을 통합할 수 있게 도울 것이다. 그러나 기억해야 할 것은 바로 이런 통합 시도들이 우리 자신과 내담자의 웰빙을 위한 기본적인 현존 감각에 상당히 결정적인 역할을 한다는 것이다.

---

1) 역자 주: 영화 〈인사이드 아웃(Inside Out)〉을 보았는가? 이 영화의 제목은 이 책의 저자 대니얼 시겔이 뇌과학을 부모 교육에 접근시키면서 사용한 용어이다. 내면의 목소리, 즉 마음의 이야기들이 관계를 통해 외부로 펼쳐지게 되는데, 결국 이 과정과 관계들은 모두 뇌 안에서 일어나는 작용임을 나타낸 것이다. 〈인사이드 아웃〉을 다시 한번 본다면 그것이 단순한 애니메이션이 아니라 인간에게 자신의 정서와 뇌 그리고 관계와 소통의 에너지를 은유적으로 표현하여 전달하고 있음을 경험할 수 있을 것이다.

우리가 추구하는 접근

이 책의 제목 '마음챙김 치료자'가 나타내듯 이 책은 마음챙김 치료를 위한 구체적인 기술이나 행동보다 한 사람 및 전문가로서의 임상가에게 초점을 둔다. 이 책은 사람의 마음이 성장하도록 돕는 전문가들을 위한 '마음 심화 매뉴얼'이라 볼 수 있다. 즉, 치료자로서 구체적으로 무엇을 해야 할지를 다루기보다 마치 길게 놓인 해변가를 따라 함께 걸으며 치료자가 되는 것이 무엇을 의미하는지에 대해 심도 있게 토론하는 내용들로 고안되었다.

이 책의 대화는 총 15개 장으로 구성되어 있고 저자들에게 최대한 유용한 자료가 되도록 핵심을 직선적으로 표현하려고 노력했다. 이 책은 과학에 대한 종합적인 교과서도 아니고 다양한 분야의 지식에 대한 리뷰도 아니다. 또한 치료자가 무엇을 해야 하는지에 대해 알려 주는 관행적인 교과서도 아니고 사례의 역사에 대한 편집본도 아니다. 마음챙김의 존재로서 살 수 있는 객관적인 과학과 주관적인 예술에 대한 것을 흥미롭게 기술하는 책일 뿐이다.

개인적으로 나를 세미나에서 만났거나 이전 책들의 독자로 혹은 시청각 자료를 통해 나를 만났던 사람들은 내가 상호적으로 복잡하게 관련되어 있는 자료들을 기억해 내는 방법으로 두음문자 사용을 매우 좋아한다는 것을 발견했을지 모른다. 그렇지만 우리는 각자 다른 방식으로 자신의 경험을 가장 잘 기억해 낸다. 어떤 사람들은 이런 학습 스타일을 나누고 SNAG나 FACES, COHERENCE나 SOCK 같은 두음문자 기억술을 사용하는 것을 즐기기도 한다(이에 대한 각각의 정의는 『The Mindful Brain』의 부록에 제시되어 있다). 나도 이런 것을 좋아하지만 어떤 사람들은 이 용어들을 볼 때 불편하고 기억하기 어려울 수 있다. 독자로부터 받은 가장 긴급한 메일 중 하나는 바로 내가 너무 많은 '별명'을 명칭에 사용하는 것을 자제해 달라고 부탁해 온 것이다. 이런 종류의 용어 사용으로 이익을 보지 못하는 소수의 독자라도 존중하여 산만해지지 않게 하기 위해 이 책에서 나의 두음문자 집착 성향을 포기하려고 노력할 것이다. (최선을 다했으나 진짜 유용할 때는 살짝 사용하기도 하였다.) 대신 책 전문의 구조를 조직하기 위해 기본 두음문자 법칙을 사용하였다. 읽기의 용이성을 위해 필수적인 경우가 아니라면, 약자 없이 이미 기존에 만들어진 용어로 담으려고 노력했다는 것을 발견할 것이다.

최근에 나는 치료 가운데 제일 중요한 '부분'과 다른 사람의 성장을 지지하기 위해 돕는 역할에서 가장 핵심적인 '부분'이 무엇인지 궁금해지기 시작했다. '부분(part)'이라는 단어가 나의 두음문자 신경 연합을 떠돌아다녔고, 그런 다음 갑자기 다른 기억술로 나타났다. 나는 이 용어 PART를 이 책의 장들을 구성하는 데 사용하였다. PART는 다음과 같이 다른 사람의 성장과 발달을 돕는 우리의 역할에서 핵심적인 구성 요소를 나타낸다.

1장 현존(Presence)

우리가 우리 자신으로 살고 있는 방식으로 다른 사람에게 열려 있고 특별히 마음의 영역에서 충만하게 개입되어 사는 것은 다른 사람의 성장을 돕는 관계의 중심에 있는 우리 존재의 중요한 측면이다. 이런 인사이드 아웃 관점은 우리가 전문가로서 모든 임상적 노력을 편하게 시작할 수 있도록 우리 내면에서 무엇을 해야 할지를 알게 돕는다. 첫 번째 장은 마음챙김, 현존 그리고 객관적인 신경세포의 발화와 주관적인 정신 경험의 교차를 위한 새로운 시각적 은유를 고려하게 도울 것이다.

2장 조율(Attunement)

한 사람으로부터 다른 사람에게 신호가 보내질 때 흘러오는 정보에 스스로를 조율해야 하고, 지각적인 편견이나 선입견으로 동요되기보다 보내진 정보 자체에 충분히 참여하는 것이 필요하다. 우리가 다른 사람에게 조율할 때, 아주 급박한 순간에조차 내담자가 우리로 하여금 알게 하려는 내용을 마음으로 깊이 들을 수 있도록 열린 마음을 제공하는 것이 결정적이다. 이런 조율 없이는 필수적인 정보들(엄청난 결과를 초래하는)을 잃을 수도 있다. 이 장에서는 어떻게 조율이 치유적 관계가 시작되도록 돕는지에 대해 탐색할 것이다.

3장 공명(Resonance)

이 장에서는 각자가 다른 사람의 내면 상태에 영향을 미칠 때 어떻게 현존과 조율의 생리적인 결과가 2개의 자율적인 존재로 나란히 있다가 상호 의존적이고 기능적인 전체로 변화하는지에 대해 논의할 것이다. 공명으로 우리는 다른 사람에 의해서 '느껴지는 감정'을 갖게 된다. 이런 연결감은 두 사람에게 심오한 변형적인 효과를 가져올 수 있다. 공명이란 우리의 신경 체계가 생애 초기에 다른 사람에 대한 연결감의 필요를 위해 만들어지는 것을 말한다. 이런 연결 경험은 두드러지게 안전하다는 느낌을 갖게 돕는다. 이런 친밀하고 취약한 연결은 우리의 삶을 통해 끊임없이 지속된다.

그럼 이제부터는 이 책에서 다룰 나머지 12개의 'TR' 요소(tr로 시작하는 단어)를 다루고자 한다.

4장 신뢰(Trust)

우리가 누군가와 공명을 경험할 때 이것은 안전감, 평안함, 연결감을 느낄 수 있는 통로가 된다. 이런 조화로운 연결감을 느낄 때 뇌는 수용과 신뢰 상태가 되는 것으로 반응하고, 이 과정은 뇌에 자극을 주어 성장을 촉진할 수 있는 기본 요소가 된다. 이 장에서 우리는 어떻게 하면 수용감을 다룰 수 있는 신경 회로를 가질 수 있고 사회적인 개입 체계를 활성화킬 수 있는지 보게 될 것이다.

5장 진실(Truth)

우리가 다른 사람들에게 열린 마음을 보여 주면 기억, 지각, 열망 그리고 바람 등 내면세계의 본질을 자각하게 된다. 진실은 '있는 그대로'의 모습에 기초가 되며 심도 있는 변화가 지속될 수 있게 만든다. 이 장에서 우리는 중요한 이슈를 심도 있게 다룰 것이다. 어떻게 우리 자신만의 내러티브가 우리를 감금하는지 아는 것은 마음을 일깨울 뿐 아니라 자동 조정으로 수면 상태에 빠졌던 우리를 흔들어 깨우는 첫 번째 단계가 된다. 갈망하면서도 늘 불가능한 방향으로 자동적으로 움직이는 것보다는 열린 자세로 실재를 직면하는 것이 임상가나 내담자가 진실과 친구가 되는 방법이다.

6장 삼각대(Tripod)

이 장은 우리가 내면의 세계를 볼 수 있는 렌즈를 갖게끔 마음을 안정시키는 방법을 기술해 준다. 우리는 때때로 어떤 것의 신경학적 표상이 우리 지각에 뛰어 들어와 혼란스럽게 만들 때 그것을 우리 마음의 눈에 흘러들어 오는 강한 감각이나 순식간의 이미지로 경험하고는 한다. 삼각대란 우리 마음을 들여다보는 데 사용하는 마음속 카메라를 지탱하는 삼각대를 시각적 은유로 표현한 것이며, 일명 '마음보기'라고 부르는 중요한 능력을 일컫는다. 우리의 마음보기 렌즈는 열린 마음, 객관성, 관찰의 세 가지로 지지되며 우리의 마음을 좀 더 명백하고 심도 있게 들여다보게 돕고, 우리의 삶이 더 건강하고 풍성할 수 있게 만든다. 이 삼각대의 세 발은 각각 우리가 발견하는 구체적인 정신적 훈련으로 강해질 수 있다.

7장 삼각지각(Triception)

궁극적으로 명확하게 내면세계를 들여다보도록 마음보기를 사용하는 능력과 마음에 더 힘을 변형시켜 제공하는 것은 웰빙의 삼각형을 유지하는 우리의 능력에 의존한다. 이런 지각 능력을 '삼각지각'이라고 부르는데, 이는 인간 삶의 상호 의존적인 3개의 측면, 즉 관계, 마음 그리고 뇌 안에서 에너지와 정보의 흐름, 관계에 대한 감각을 가질 수 있게 돕는다. 관계는 우리가 어떻게 에너지와 정보의 흐름을 공유하는지 말해 준다. 마음은 그런 흐름을 어떻게 규제하는지와 같은 역할로 정의 내릴 수 있다. 뇌라는 용어는 신경 체계가 몸 전체로 확장 제공하는 에너지 흐름의 구조로 다시 부를 수 있겠다. 이 장에서 치료적 변화를 형성하고 현존하기 위한 중요한 열쇠로 임상가의 삼각지각이 어떻게 작동하는지 볼 것이다.

8장 발자국 기법(Tracking)

우리가 내담자와 맺는 치료적 관계 안에서 갖게 되는 건강을 향한 신경 체계의 자연스러운 욕구는 사람 사이와 그 안에서 흐르는 에너지와 정보를 추적하는 과정을 통해 발산된다. 궁극적으로 이런 추적하기는 에너지와 정보가 웰빙의 삼각형으로 흘러갈 수 있도록 하는 한 가지 방식이며 '신경 통합'이라 불리는 선천적인 활동이 발산하게끔 돕는다. 이 장은 어떻게 통합이 체계의 각기 다른 부분들의 연결을 수반하는지 밝혀 줄 것이다. 우리는 서로 통합될 때 조화롭게 살 수 있다. 통합을 벗어나면 완고함과 혼돈 아니면 둘 다에 다다를 수 있다. 이런 통합은 웰빙과 정신건강을 이루는 중요한 구조로 여겨진다.

9장 성향(Traits)

심리치료는 성장을 위한 놀라운 기회를 제공할 수 있다. 그러나 사람은 기질 같은 오래 견뎌야 하고 유전적으로 인생 초기부터 나타나는 성향을 갖고 태어났다. 이 장에서는 종합적인 관점에서 성인의 성격이 아동기 기질이 외부적으로 관찰되는 특성들의 세트부터 주의집중과 의미의 경향성을 내면적으로 구성하는 패턴까지 이어 가는 기제라는 것을 탐색할 것이다.

10장 트라우마(Trauma)

압도적인 사건은 경험에 대한 개인의 유연성을 수용하는 용량을 범람하는 것으로 보인다. 우리가 큰 트라우마나 작고 사소한 트라우마—인생을 위협하는 사건 또는 중요하지만 나름 위협적이지는 않은 배신 같은—를 미처 해결하지 못할 경우 어떻게 그런 기억의 층이 통합되지 않은 상태로 남아 있는지 보게 된다. 이 장에서 우리는 트라우마를 안팎으로 뒤집어 살펴볼 것이고, 지각, 감정, 신체 감각 그리고 행동이 남아서 어떻게 우리 내면의 마음을 들여다보는 망원경으로 작용하는 암묵 기억(implicit memory)의 층으로 남는지 보여 줄 것이다. 트라우마를 해소하는 방법은 암묵 기억의 요소들을 분해한 후 다시 통합하는 것으로 보인다.

11장 이행(Transition)

사람은 처음 치료에 올 때 혼란이나 경직으로 가득 찬 인생 패턴을 가지고 오는 경우가 있다. 신경 통합이 자유롭게 일어날 때 우리는 웰빙적인 삶을 살 수 있다. 각 영역들이 분화되지 못하면 혹은 연결되는 것에서 막히게 되면 통합은 손상을 입는다. 임상가로서 우리는 삶의 흐름을 느끼는 것으로 '통합의 맥'을 가질 수 있고, 혼란스러운 침범이나 완고한 고갈로 향하는 내면의 감각도 느낄 수 있다.

12장 훈련(Training)

우리의 마음은 근육과 흡사하다. 골근육 체계를 규칙적으로 조율할 필요가 있고, 그렇지 않으면 우리 나이에 맞는 최적의 기능을 하지 않을 수 있다. 다행히도 우리 정신 세계에는 실제적인 근육 층이 없다. 그러나 능력을 활용하는 구체적인 방법을 제공하는 것은 실제로 중요하다. 우리는 우리 정신의 예민함을 유지하고 뇌의 시냅스 연결을 할 수 있으며 이런 관계 안에서의 상호 연결은 정신 훈련에 의해서 잘 연마될 수 있다. 우리는 이 훈련이 신경 네

트워크를 더욱 효과적으로 만드는 수초[2]의 성장을 자극하여 궁극적으로 어떻게 마음챙김 기술을 습득할 수 있는지 살펴볼 것이다.

13장 변형(Transformation)

임상가로서 우리는 통합의 맥을 느끼고 혼돈이나 경직이 현존할 때 삶의 다른 측면들의 연결을 막는 다양한 부분에 전략적으로 집중 공략을 할 수 있다. 신경가소성(neuroplasticity)—경험에 반응하는 뇌의 구조적 연결에 변화를 가져오는 과정—은 그런 집중된 자각으로 촉진되고 동시에 구체적인 신경다발을 활성화시킬 수 있다. 이 장은 아홉 가지의 통합 영역을 리뷰하고 어떻게 이런 영역들이 마음, 뇌 그리고 관계의 기능을 형성하는 변형적이고 통합적인 과정으로 보일 수 있는지를 살펴볼 것이다.

14장 평온(Tranquility)

신경 통합은 우리 마음의 일관성을 촉진한다. 그리고 우리는 연결되어 있고, 마음이 열려 있고, 조화롭고, 개입되어 있고, 수용적이고, 새롭고(신선하고 살아 있다는 감정을 주는), 지성적이고(심도 있는 비개념적 앎에 대한 감각을 갖는), 동정적이고, 공감적인 것을 느낀다. 이 통합에 대한 체계적 관점은 그것 안에 녹아드는 의미와 정서적 평정에 대한 적응적이고 유연한 감각적 상태를 드러낼 수 있다. 누군가는 이것을 평온한 상태라고 부를 것이다. 이 장에서 우리는 어떻게 그리스 용어 '유더모니아(eudaimonia, 동정적이고 평정을 느끼고 연결감을 경험하는 삶)'가 내면으로부터 평온을 끌어내도록 돕는지 살펴볼 것이다.

---

2) 역자 주: 수초는 축삭돌기를 둘러싸는 지방의 흰색 물질로, 신경세포를 형성한다.

15장 증산(Transpiration)

인간의 뇌는 부정적인 정서를 강조하는 경향을 줄 뿐 아니라 고립되고 서로서로 분리되는 감정을 느끼게 하는 방식으로 구성된다. 증산은 '밖으로 숨을 쉬다'와 같은 용어로 쓰이며 우리와 다른 사람 안의 다양한 통합을 중요하게 여길 수 있게 해 주고, 사실상 우리가 고립된 존재라는 것을 믿게 하는 하향식 영향력들을 실질적으로 해결해 준다. 이 장에서 우리는 어떻게 증산이 의식의 상태에 머물러 우리의 부분이 전체가 되는 실재를 향해 뇌가 재연결되도록 고무시키는지 볼 수 있다. 통합은 우리에게 이런 전체는 부분의 합보다 크다는 것을 남긴다. '우리'라는 감각에 전적으로 개입될 수 있도록 개인적인 정체성을 붙들 수 있게 해 준다. 치유의 기술에서 우리는 각각이 전체(whole)라는 단어에서 도출된 치유(healing), 건강(health) 그리고 전체적(holistic)인 것에 집중하여야 한다. 우리가 독립적인 전체의 부분이라는 사실과 시대를 거쳐 존재들이 서로 거미줄처럼 교차한다는 것을 충분히 깨달을 때, 우리가 자신을 돕고 우주를 치유하려고 하는 열망과 관계를 다룰 때 동정적인 세상과 좀 더 친절한 세상을 만들 수 있는 강력한 역할을 할 수 있다.

마음챙김 치료자가 되기 위한 '마음 가득 채우기'

우리가 마음챙김 치료자가 되기 위한 이런 부분의 모든 영역에 열리게 될 때 마음보기의 중심을 보게 되고 건강을 향한 신경적 통합을 볼 수 있다. 마음챙김이란 많은 의미를 유발하는 용어이다. 일상적 언어에서는 '기민한, 영악한, 주의집중적, 자각적인, 양육적인, 세심한 주의를 기울이는, 사려 깊은, 경계하는, 신경 쓰는, 넓게 깨어 있는, 현명한'의 동의어이다(Rodale, 1978). 엘렌 랭거(Ellen Langer, 1989, 1997)의 연구에서는 교육학적 용어로서의 마음챙김이란 미성숙하게 가능성을 종결하지 않기 위한 열린 마음의 상태라고 표현한다. 명상 용어로서는 마음챙김이란 현재 순간에 무슨 일이 있고 비판적이지 않지만 의도적으로 자각하는 상태를 의미한다(Kabat-Zinn, 2005; Germer, Siegel, & Fulton, 2004; Kaiser-Greenland, 2010; Shapiro & Carlson, 2009; Smalley & Winston, 2010). 이 책에서 우리는 '마음챙김'이 된다는 것의 의미를 이 세 가지 측면(일상, 교육, 명상) 모두를 포함하여 표현할 것이다. 당신이 마음챙김 상태를 해석할 수 있는 이 모든 관점에 관여해야 '마음챙김 치료자'가 된다는 것을 알게 하고 싶은 것이 나의 바람이다. 마음챙김이란 성실하고 창의적이고 심사숙고하는 의식의 측면이다. 이런 마음챙김 자각의 의미 중심부에는 마음보기의 과정과 신경 통합의 과정이 포함된다. 마음챙김이란 광범위한 해석 범위를 갖게 되는 것이므로, 임상가들이 이 기제를 가질 수 있도록 돕고자 이 책을 썼다.

이 책에서 대부분의 논의는 대인관계 신경생물이론의 렌즈와 언어로 이루어질 것이다. 이것은 문자 그대로 생물학적인 것을 심리내적이거나 사회적인 것에서 분리하기보다는 하나의 일관된 전체로 학제 간의 통합을 시도한다. 이는 에너지와 정보의 흐름의 측면을 각각 다루게 된다. 뇌, 마음 그리고 관계의 세 가지 요소는 서로 독립적이지만 각각을 떼어 낼 수 있는 것이 아니기에 통합적으로 살펴보는 것이다. 세 가지의 모든 화살표 방향이 서로 연결되어 영향을 주고받는 것은 인간 실재의 초석이 된다. 뇌는 확장된 신경 체계로 몸 전체에 연결되어 신체적인 에너지와 정보의 메커니즘을 보낸다. 마음은 이 흐름 속에서 규제적인 역할을 한다. 관계란 에너지와 정보의 흐름을 공유하는 방식을 취한다. 대인관계 신경생물이란 이 세 번째 감각에서는 아직 통합적이지 못하다. 내면의 세계를 보고 만드는 것은 우리로 하여금 에너지와 정보의 흐름을 따라가게 하고 우리의 관계를 움직이는 구별된 요소를 연결하도록 촉진할 뿐 아니라 뇌가 통합을 향해 갈 수 있게 돕는다. 이것은 우리가 어떻게 에너지와 정보의 흐름을 관찰하고 수정할 수 있는지 보여 줘서, 우리가 혼란과 완고함을 구분하게 하고 조화로움을 향해 체계가 움직일 수 있게 돕는다. 우리가 [그림 1]에서 볼 수 있듯이 통합의 강은 유연하고 조화로운 통합(integration)을 나타내고, 양쪽 극단적인 측면은 혼돈(chaos)과 완고함(rigidity)을 나타낸다.

마음챙김 치료자가 되는 것은 우리가 임상가로서 다른 누군가를 돕기 위해 헌신할 때조차 우리 자신의 삶도 통합과 조화로 움직여야 함을 의미한다. 이것이 우리의 전반적인 접근법이고, 우리가 삶의 중요한 차원을 탐구하면서 그리고 임상가로서 다른 사람들이 치유되고 건강을 향해서 발전하게끔 돕도록 우리가 함께 갈 수 있는 곳에 대한 개요이다.

그림 1 통합의 강

* '통합의 강'은 시간의 흐름에 따라 움직이는 체계를 나타낸다. 체계가 잘 통합되면 적응적이고 조화로운 기능을 한다. 그렇지만 각각의 요소(통합)의 연결이 잘 이루어지지 않으면 체계는 혼돈으로 가거나 완고함으로 치우치게 하고 혹은 양쪽의 혼합으로 치우치게 한다.

01

현존(Presence)

마음챙김으로 삶을 산다는 것은 이 책을 통해서 우리
가 탐구하고자 하는 구체적인 정신 훈련으로 키워지는 기술을 습득하는 것
이다. '마음챙김'이란 용어를 감각 통합적으로 살펴볼 때, 그것은 우리가 무
엇을 하는지 의식하고 의도성을 파악하거나 가능성에 대해 열린 마음을 갖
고 창의성을 갖는 것, 또 판단에 얽매이지 않고 현재의 순간을 자각하는 것을
의미한다. 따라서 마음챙김은 우리가 유연하고 수용적일 수 있게 하며 현재
를 살 수 있게 해 주는 자각의 상태라 할 수 있다.

마음챙김 자각 훈련을 통해서 현재를 충만하게 산다는 것은 일상생활에서
벌어지는 도전을 직면하는 탄력성을 제공하는 결정적 요인으로 드러났다.
그런 훈련을 통해서 우리는 어려운 상황에서 벗어나기보다는 그것을 향해
움직이고 신경 발화 상태로 '접근'하는 것이다(Davidson et al., 2003). 과거에
사로잡히고 미래에 대한 걱정으로 소모하기보다는 현재를 충만하게 사는 것
이 정신의 고통을 경감시켜 주도록 마음을 자유롭게 하는 기술 형태이다. 이
것이야말로 우리가 삶에서 '현존'을 발달시켜 가는 방법이다.

우리는 가능성으로 가득 차 있다. 건강하다는 것은 많은 측면에서 볼 때
넓게 열려 있는 가능성이라는 수영장에서 수영을 하는 것처럼 보인다. 반면,
건강해 보이지 않는 경우는 넓은 자유 속에 존재하지 못하게끔 완고함이나
혼돈의 양극단 길로 치우치는 것을 말한다. 인간으로서 우리는 놀라운 가능
성의 세트를 갖고 있는데, 영원함에 경계를 만드는 것은 복잡한 뇌가 창의적
인 발견으로 가득 찬 삶으로 들어갈 수 있게 자극한다. 그러나 우리 중 너무
많은 이가 가능성을 제한하는 신체적·정신적 상황에 살고 있다. 최소한 음

식, 옷, 거주지 그리고 안전하고 깨끗한 환경이 필요하고 마실 물과 숨 쉴 수 있는 깨끗한 공기도 필요하다. 우리가 사는 세상은 결정적인 육체적 필요를 추구하기에 인구만 증가하고 있고, 지구가 우리에게 공유하기 바랐던 다른 종족들은 점차 그 종이 줄어 가고 있다(Goleman, 2009). 우리 삶에서 현존하는 것은 우리 삶에서 현재를 살 수 있게 도와준다. 서로에게 다가가는 노력을 하거나 고통을 경감시키도록 도와줄 뿐 아니라, 이 연구는 오랫동안 알아 왔던 지혜 전통이 무엇인지 드러내 준다. 타인의 웰빙을 위해 일하는 것은 기쁨을 주며 우리 삶의 목적이다(Gilbert, 2010). 우리는 서로 연결되어 양육하게끔 지어졌다(Keltner, 2009). 그러나 우리 삶에서 다른 사람을 섬기는 것으로 의미를 찾는 것은 우리가 준비되어 있지 않다면 그만큼의 대가를 지불하게 할 수 있다. 마음을 강하게 하는 방법—마음챙김과 현존이 함께 오는 탄력성을 만들기—없이는 장기적으로 심리적 소진이 되거나 그 순간에 압도당할 수 있는 위험에 처한다.

타인에게 개입할 여지를 주는 수용적이고 충만한 자기를 만들거나 삶에서 현존하는 방법은 물리적인 세상을 보호하고 발전시킬 뿐 아니라 타인을 돕기 위한 도전을 포함해 우리가 하는 모든 일을 도울 수 있는 것들이다. 이것이 당신의 열정이라면 마음챙김이 되고 현존을 경작할 수 있게 할 것이고, 당신의 삶의 소명이 더 탄력적이고 효율적일 수 있도록 자원을 제공해 줄 것이다. 도움을 주는 당신의 구체적이고 전문적인 초점이 무엇이든 상관없이 현재에 대한 의미가 무엇인지 내면의 영역을 찾는 것은 당신의 훈련과 일을 시작하는 데 매우 중요한 부분이다. 우리가 우리 자신을 임상가, 치료자 그리고 사회 및 환경 활동가라고 부른다면, 타인과 세상에게 치유를 갖다 주는 목적을 따라야 한다. 당신이 싸우는 것이 말라리아든 영양실조든 상관없이 그리고 당신이 일하는 것이 집중 심리치료, 수술 집도 또는 지구 온난화와 환경 파괴 경감을 위한 것이든 상관없이, 당신이 맡은 바 일을 잘할 수 있기 위해서는 욕구가 머무르는 당신 자신만의 내면의 삶이 언제나 있기 마련이다.

'잘'이란 당신의 일에 현존을 가져오는 것뿐만 아니라 당신의 삶에 탄력성을 가져오는 것을 의미한다. 만약 당신이 심리치료를 진행하는 동안 마음챙김을 함으로써 얻는 교훈은 타인의 성장에도 직접적으로 적용된다. 또한 다른 형태의 임상적·사회적 개입에 있을지라도 이 장에서 토의되고 경험되는 내용은 당신의 직업적 일과 개인적 삶에 유용할 것이다. 많은 방식에서 현존하는 것은 다방면에 걸쳐 도움이 된다. 타인을 돕는 것뿐 아니라 개인인 우리 자신을 지지해 주는 집중, 풍부한 계략, 균형감을 발달시킬 수 있다.

우리가 살고 있는 더 넓은 세계에서 나 자신을 돌보는 것과 타인을 돕는 노력을 지지하고 치유하기 위해서는 화려하지도 않고 자기관용적인 형태도 아닌 일상적 훈련이 기본이 된다. 그러나 사람들이 이기적인 마음으로 자기반영을 한다고, 또 진정한 의미를 찾기 위해서는 '우리의 삶에서 빠져나올' 필요가 있다고 말하는 것을 들어 봤을지도 모른다. 그렇다면 왜 우리는 자신의 내면을 들여다보는 순간을 가져야 하는가? 왜 연구들(Goleman, 1996, 2007)은 '자각'이 정서·사회 지능을 위한 시작점이라고 표현하는 걸까? 환경을 위협하는 기근, 질병, 심리적인 어려움, 문화적 대량학살에서 도망치는 것에서부터 유아 시절의 트라우마 같은 가족의 배신을 벗어나는 것까지 우리가 직면한 도전이 무엇이든 간에, 우리는 내면의 주관적인 삶을 사는 인간을 치유하는 노력을 한다. 우리가 무엇을 노력하든 간에 그 실재에서 도망치는 방법은 없다. 만약 우리 자신을 돌보지 않는다면 다른 사람을 위해 어떻게 도울 수 있는지는 매우 제한적일 수밖에 없다. 나 자신 그리고 다른 사람과 우리가 속한 지구를 위해 이 사실은 매우 중요하다.

이런 이유로 이 책은 주로 '인간 삶의 내면의 영역'을 돕고자 하는 모든 욕구에서부터 중요한 시작을 하려고 초점을 맞춘다. 우리는 이를 내면의 주관적인 삶, 정신의 바다인 내면으로 부를 수 있다. 이 책은 내면의 것을 겉으로 드러내기 위한(인사이드 아웃) 전문가를 위한 가이드북이다. 인사이드 아웃은 갈등이 있는 외현의 세계 아래 숨겨져 있고, 트라우마의 격분과 소동으로 잃게 되는 그런 주관적이고 조용한 내면에서 시작된다. 그러나 모든 치유의 자원이 되는 것은 이 내면의 바다이다. 이것은 우리가 현존하고 세대를 거쳐 경험하는 일반적인 긴장을 완화시키고 자유롭게 살 수 있도록 할 뿐 아니라 전쟁 중인 나라 사이에 협약할 수 있도록 큰 소란을 잠재울 수 있는 실체를 제공해 주는 내면의 삶이다.

물리적 사건과 주관적 경험의 실재

이 주제는 빠른 고침과 쉬운 답변을 찾게 해 주는 대화는 아니다. 현대 과학에서 외현적이고 객관적인 발견으로 우리 삶의 주관적인 내면의 삶을 엮으려고 하는 실재를 정면으로 바로 본 것이다. 학제 간 사고를 환영하는 것이야말로 주관적이고 객관적인 통합적 직물을 짜기 위한 노력이다. 우리의 연습들과 대단히 중요한 문장들을 늘어놓는 것이 더 쉬울 것 같아 보이지만, 이것은 타인을 돕는 중요한 일을 하는 당신에게 꼭 필요한 지식도 주지 않고 쉽게 사라지고 말 것이다. 과학은 우리에게 말한다. "기회는 준비된 마음을 선호한다." 나의 바람 또한 과학과 주관성의 대화를 펼쳐 놓는 것이 당신이 원하는 삶과 일을 창조해 줄 수 있도록 준비시키는 것이다.

우리의 주관적인 삶의 세부적인 요소들을 과학적으로 발견하고자 하는 양적인 열망을 어떻게 그 체계가 합성하도록 단계를 만드는지부터 시작해 보자. 부산한 우리 일상생활로부터 출발할 때 현존의 두 가지 측면, 적어도 가장 기본적인 2개의 측면으로 나뉠 수 있는 실재를 만나게 된다. 우리는 눈앞에서 펼쳐진 시각적 측면, 즉 물리적 세상의 물체로 나열된 것들을 보게 된다. 예를 들어, 당신은 눈앞에서 당신의 팔을 들어 올린다면 손이 움직이는 것을 볼 수 있다. 당신은 정원에서 피는 꽃도 볼 수 있고, 그 향기를 맡을 수도 있으며, 부드러운 꽃잎을 만져 볼 수도 있다. 이 모두가 우리 물리적 세상의 공간적인 측면의 요소이다. 그러나 경험적인 측면에서의 실재도 이와 똑같다. 빨간 장미를 주관적으로 경험할 때, 내면의 경험에 향기가 퍼지는 감각도 느끼고 여태 봐 왔던 모든 꽃에 대한 기억도 함께 떠오른다. 우리는 또한 다른 사람들의 눈을 들여다보며 그들의 표정에 흠뻑 빠지고, 그들 내면의 주관 세계가 어떤 것인지 감지할 수 있다. 우리는 오감각을 통해서 꽃이나 얼굴의 외부 물리적 정보를 받음과 동시에 외현 세계나 내면의 주관적인 세계를 지각할 수 있게 주관적인 감각으로 경험하게 된다. 더 가까이 들어가면 여섯 번째의 신체적 감각을 통해 신체로부터 감지하는 정보도 느낄 수 있다. 이것은 우리 몸과 우리가 살고 있는 외부 세계인 물리적 세상으로부터 정보를 얻는 방식이다. 이것이 바로 우리가 실재의 물리적 측면을 '어떻게' 주관적으로 지각하는지를 알려 준다. '어떻게'란 실제로 이 지구상에서 장미를 보고 어떻게 신경 발화가 주관적 경험을 창조하는지를 알려 주지 못한다. 그 누구도 어떻게 우는 사람을 보는 것에서 그 사람이 슬픈지 아는 것으로 옮겨 갈 수 있는지 전혀 모른다. 아무도 모른다. 주관적 경험으로 장미를 어떻게 생각하느냐가 뇌의 특정 영역을 발화시킨다는 것도 알 수 없다. 이런 이유로 몇몇 사람은 물리적 세상으로 움직이는 것과 그것을 내면의 주관적 세계와 연관 짓는 것은 쓸데없는 일이라고 하기도 한다. 심지어 그것이 파괴적일 수도 있다고 말한다. 주관적 세계로 과학을 이해하려고 하는 것은 우리의 내면 정신 삶의 중요한 부분을 해칠 수 있다. 나는 어떻게 물리적인 객관적 세상이 내면의 주관적 세계와 공존할 수 있는지 살펴보기를 바라는데, 만약 겸손과 수용으로 이를 행한다면 권능을 꽤 부여받을 것이다. 우리는 이를 낡은 질문을 찾을 수 있는 새로운 방법이 되고 뇌와 마음에 대한 모든 토론이 시작되는 기본적인 영역으로 볼 수 있다.

이 모든 것은 우리의 내면 바다를 지각할 때 가능하다. 이것은 신체의 공간적 · 물리적 세계나 외현적 물체에서 분리되는 것이다. 감각 세계로 장미를 경험했다고 깨달은 순간 그리고 장미라는 단어가 당신의 마음에 일으키는 이미지나 정서를 느낄 때, 바로 뇌의 발화 패턴을 감지할 수 있다. 그러나 이것이 장미에 대한 감각을 가질 때 두개골 안에서 시냅스 연결이 활성화되고 전류 전도를 실제로 경험하는 것을 의미하는 것인가? 혹은 이것이 모두 서로 연결되어 있다고 말하겠는가? 장미를 보고 주관적인 감각을 가질 때 뇌의 뒷부분, 즉 후두엽이 활성화된다는 연구를 보고 알았는가? 이 문제를 다른 각도에서 보려면 몇몇 기본적인 아이디어를 명백하게 하는 것이 필요하다.

기능적인 뇌 영상 스캐너조차 없이 카메라로 내면의 경험을 주관적으로 붙들거나 손에 잡고 있지만 무게를 잴 수 없는 것이 바로 실재의 경험적인 주관적 측면으로 객관적이지 못하다. 내면의 세계, 즉 주관적인 정신 세계의 정수는 뇌의 활동과 일치하지 않는다. 우리가 두려움을 느꼈다고 확신할 때, 편도체가 뇌의 변연계를 활성화시키는 기술적인 이미지들을 컴퓨터로 스캔받을 수 있다. 그러나 이런 물리적 발화와 주관적 경험은 사실상 거의 동시에 일어난다는 것을 주의하자. 편도체 발화는 두려움을 느끼는 것과 같지 않다. 인과적인 영향의 방향성에 대해 열린 마음을 유지할 필요가 있다. 두려움을 상상하면 편도체가 활성화되어 우리에게 두려움을 '제공하는' 것만큼 편도체의 활성화를 이끌 수 있다. 마음(실재에 대한 주관성과 정신적·내면적 측면)과 뇌(실재의 객관적이고 물리적인 측면)의 중요한 두 가지 방향성의 영향력을 어떻게 받아들일 수 있는가?

너무 멀리 가기 전에 이런 질문들은 마음챙김이 무엇을 의미하는지와 같은 깊고 과학적이고 주관성을 밝히는 것에서부터 시작할 필요가 있다는 것을 알아야 한다. 우리의 여정을 인도해 줄 수 있는 기본적인 원칙들이 여기 적혀 있다.

주관적 경험은 물리적인 장소에 존재하지 않고 시간 안에 존재한다. 두려움을 느끼는 장소에 대해서 생각해 보거나 공간에 존재하는 장미의 놀라운 향기를 맡는 감각을 생각해 보자. 지금부터 당신 안에서 무엇을 느끼겠는가? 마음의 눈에서 일어나는 상상은 무엇인가? 당신은 그 감정이나 이미지가 갖고 있는 높이, 넓이, 깊이를 양적으로 표현할 수 없을지라도—마음속에 그 이미지를 측정할 수 있는 자를 사용할 수 없겠지만—그 경험이 실제로 여기서 일어나고 있다는 것을 알고 있다. 그렇다면 도대체 그것이 어디에 존재하는 것일까? 만약 당신이 '뇌 안에'라고 말한다면 정신적 경험과 신경 발화를 같은 것으로 보는 것이다. 우리 경험의 진실과 실재의 주관적 측면은 공간 안에 존재하는 실재의 '객관적이고' 물질적인 시간에 함께 존재할 수 있고 물리적인 영역에서 측정될 수 있다. 시간은 한 가지 실재가 공유하는 두 가지 측면이다. 우리는 사랑을 지금 느끼고 동시에 뇌의 구체적 신경 회로의 활성화가 시작된다. 보통 우리가 공유하는 것은 시간 속에서의 동시 발생이며, 그래서 그것들이 서로 관련되어 있다고 말할 수 있다. 그러나 무엇이 먼저 발생하는가라는 질문이 종종 떠오르고, 우리는 그에 대한 답을 하려고 고군분투하게 된다.

뇌와 마음의 이슈에 대해 "마음은 단지 뇌의 활성화일 뿐이다."라며 일반적이고 단향적으로 대답한다면 더 이상 말할 것이 없어질 수 있다. 당신의 뇌는 모든 것을 돌볼 것이다. 그것은 우리가 우리 뇌의 노예라는 자연스러운 암시가 될 수도 있다. 그러나 과학에서 발견된 것은 마음이 뇌의 구조적 연결을 변화시킬 수 있는 방식으로 회로를 활성화할 수 있다는 점이다. 다른 말로 표현하면, 뇌의 객관적이고 물리적인 구조를 바꾸기 위해 실재에 대한 내면의 주관적인 측면을 활용할 수 있다.

이 이슈는 인지적인 부분에 대한 학문적인 토론이나 논쟁이 아니다. 마음이 뇌를 성장의 방향으로 움직일 수 있도록 우리가 깨울 수 있다면 회복탄력성과 동정심의 신경 회로를 만들 수 있다. 우리의 뇌와 삶을 변형시키는 데 마음을 사용할 수 있다. 현대 삶에서 종종 간과되고, 현대 교육에서 기본적으로 무시되고, 물리적인 눈으로 보이지 않는 것이 바로 마음이라는 것은 꼭 나쁘지만은 않다.

이제는 현존하는 것이 무엇을 의미하는지 토론하도록 하자. 그것은 처음에 추상적으로 보일 수 있는데, 이런 기본적인 실재는 어떻게 우리가 마음챙김 치료자가 될 수 있는지와 깊게 관련되어 있다. 이런 언급이 새롭고 뜬구름 잡는 것 같다 하더라도 제발 부탁이니 나와 함께 참고 견뎌 보자. 곧 정신적 경험의 주관성과 신경 발화의 객관성이 하나의 체계로 신나게 합성되어 전에는 익숙하기 어려웠던 미스터리도 이해하고 도전할 수 있게 마음을 준비시킬 것이다.

기본으로 돌아가기: 주요 요소들과 가능성

실재의 경험적 · 물리적 측면이 주요 요소로 간주될 수 있다. 주요 요소는 기본이어서 후에 나뉠 수도 있고 축소될 수도 있는 것을 가리키는 용어이다. 주요 요소는 단단한 기초이다. 그리고 우리는 실재의 경험적 · 물리적 측면을 주요 요소로 볼 수 있다. 일주일 동안 과학과 영성의 주제를 탐색하는 과학자와 사색하는 임상가와 지낼 경우 신경 발화와 주관성 이슈로 고군분투하게 되는 매력적인 토의거리가 떠오른다. 물리철학자인 미셸 빗볼(Michel Bitbol)에게서 주요 요인의 관점과 실재에 대한 본질성에 대한 토론을 깊은 보답으로 받았다. 이 토론에서 도출된 것은 사랑 같은 경험의 감각도 구체적인 영역의 뇌가 발화되는 순간과 연관되어 있다는 것이지만 이 두 가지는 주요 요소이기도 하고 함께 '어울린다(coarise)'. 사랑의 감정과 신경 회로의 활성화는 시간 차원을 공유한다. 하나는 경험적이고 다른 하나는 물리적이다. 결국 신경 발화가 사랑의 감정을 만들어 낸다는 것이다. 한쪽이나 다른 한쪽에 우월성이나 주도권을 줄 필요는 없다. 그것은 마치 동전의 양면과 같다. 동전 전체를 구성하는 것이 앞면이냐 혹은 뒷면이냐를 정하는 것으로 누군가와 싸울 것인가? 시간이 흐르면서 가능성을 기대할 수 있는데, 이런 마음에 대한 과학적 · 철학적 질문의 탐색과 중요성은 실재의 본질에 새로운 통찰력을 양도할 것이다. 그러나 지금까지 우리는 계속 작업하는 과정에 있다. 하나의 실재조차 적어도 두 가지 측면(실재의 물리적 · 정신적 측면)이 한 번에 동시에 일어나는 것이다.

그래서 이것이 과학과 주관성을 합성한 실재를 위해 작동하는 체계의 기초가 될 것이다. 과학과 영성에 대한 콘퍼런스가 끝난 후, 나는 일주일간 진행된 모임의 몇몇 학생과 함께 기차를 타고 플로렌스로 돌아왔다. 그 모임에서는 인간의 경험과 실재의 본질에 대해 지적인 토론을 하면서 무술, 기공, 춤과 노래를 아침마다 즐겼다. 그리고 오후에는 경험에 몰두하면서 더 많은 토론을 하고 개인적인 반영 시간과 비공식적인 집단 모임도 가졌다. 밤에는 같은 것을 반복했다. 이 일주일이 나에게 가르쳐 준 것은 경험적인 훈련이 추상적인 개념의 토론을 위한 떡밥일 뿐 아니라 균형을 위해 얼마나 중요한 역할을 하는가였다. 기차 안에서 만난 위스콘신에서 온 한 어머니는 1년 정도 해외에 나가 있다가 딸을 데리러 왔고 우리가 실재에 대한 이슈를 어떻게 받아들일지에 대한 토론을 듣게 되었다. 나는 노트를 꺼내 하나의 실재에 대한 두 가지 측면을 시각적으로 표현하려고 긁적거리고 있었다. 우리의 토론을 듣더니 어머니는 기차에서 내리기 직전에 나에게 기대더니 말했다. "저에게 콘퍼런스 주최 측 주소를 좀 알려 주실래요? 아무래도 수업료를 내야 할 것 같아요. 그 정도로 흥미롭고 유용한 배움이었네요!" 나는 독자들도 마찬가지로 이런 감정을 느끼기를 기대한다. [그림 1-1]에서 실재를 바라보는 시각적 이미지를 볼 수 있을 것이다.

실재가 양자 메커니즘에 의해 지지되는 관점, 확률에 의해 구성된다고 상상해 보라(그 콘퍼런스 일주일 동안 토론되었던 부분이다). 실재에 대한 단수 측면에서 보듯 완전히 열린 가능성의 감각이 그려져 있다. 아무것도 정해진 것은 없다. 모든 것이 가능성이다. 시간이 흘러 어떤 사건이 발생하면(오른쪽으로 향하는 x축이 시간의 흐름이다) 때때로 바깥으로 향하는 가능성의 개방 영역에 대한 우리의 경외심은 종종 평평한 지대를 벗어나 개연성의 상태로 나

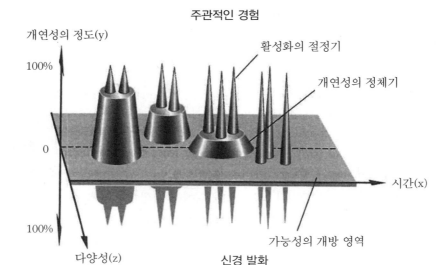

그림 1-1 가능성의 영역

* 경험의 다양한 관점을 포함하고 있는 시각적 비유이다. (1) 우리는 신경 발화의 주요 요소(아래쪽 지대)와 정신적인 주관적 경험(위쪽 지대)이 서로 반영을 주고받는 것을 마음속에 그릴 수 있다. 때로는 뇌가 주관적 경험이나 주의집중이 시간을 따라 신경 발화를 이끌어 오는 것을 유발하는 것처럼 서로가 서로를 이끌기도 한다(x축에 표현되어 있다). (2) 개연성 정도에 기초하여 y축(지대에 수직으로 위 아래)은 열린 가능성 지대(마음챙김 자각이 열린 상태)에서 그래프를 그리거나, 명확함은 활성화의 절정에 나타난다(신경 발화에서 평행선을 달리는 특별한 생각, 감정과 기억). (3) 정신 경험이나 신경 발화의 가능성의 다양함은 z축을 따라 영역이 확대될수록 신경 발화와 정신 경험의 다양성을 더 커지게 하기 위해서 z축(페이지를 떠나 당신이 벗어나거나 향하는)을 따라 상징화된다. 이 지대는 넓게 열려 있다. 정체기는 넓거나 좁지만 다양성은 제한되어 있다. 활성화의 절정기는 정신 경험이나 신경 발화의 열 안에서 단수를 나타낸다. (4) 절정기는 그 순간에 나타난 정신이나 뇌의 특정한 활성화—해당 순간에 특정 활동으로 표시되도록 약속된—를 나타낸다. 정체기는 마음의 상태나 신경 발화의 프로파일을 나타내며 크기나 넓기의 정도나 모양이 다양할 수 있다. 더 낮다는 것은 신경 발화가 일어나는 확실성이 적어지고 더 넓을수록 가능성과 특정 경향이 커지는 것을 의미하고, 이것은 발화 가능성이 더 커져서 이런 선택이 주요 요소가 되거나 프로파일 상태가 일어나기 쉬워진다. 그리고 더 좁다는 것은 특정한 정체기에서 일어날 수 있는 절정의 더 넓은 경우는 좀 더 가능성의 다양성이 커진다는 것을 의미한다. 가능성의 개방 영역은 특정 절정기나 정체기가 일어날 확률이 0이므로, 그 순간에 마음챙김의 자각 상태와 수용적 신경 프로파일이 열린 상태임을 나타낸다.

아가게 만든다. 내가 만약 '과일'이라고 하면 그것과 비슷한 무엇인가로부터 과일을 생각하게 되는 것으로 옮겨 간다. 가능성이 개연성으로 옮겨 가는 것은 지대에서 지대의 각 측면(물리적이고 주관적인)의 개연성의 원자가 정체기를 증가시키는 것으로 시각적으로 묘사될 수 있다. 이번에는 내가 '토마토'라고 말한다면 바로 활성화의 끝을 드러낼 수 있는 토마토 이미지로 곧장 달려갈 수 있다. 즉각적인 순간에 실질적인 사건의 활성화로 열린 가능성에서 개연성으로 옮겨 간다. 이 순간을 포착하기 위해 우리는 가능성의 영역이나 균형 잡힌 개연성의 원자가 정체기의 부분 혹은 활성화의 절정 부분을 머릿속에 그릴 수 있다.

우리 각자가 기질과 축적된 경험에 따른 경향성을 갖게 됨과 동시에 우리는 어떻게 하면 이 세상을 잘 살아갈 수 있을지에 대한 성향도 가질 수 있다. 이런 주관적인 정신적 경험과 신경 발화 패턴은 2장에서 설명될 성격이라고 부르는 것으로, 우리의 정체기에 속하며 명확한 모양과 둘레, 높이를 지닌 것으로 나타난다.

이런 모습을 알 수 있는 중요한 열쇠는 2개의 방향으로 거의 동시에 발생하는 가능성의 지대(y축의 위와 아래)부터 분리되는 순간이다. 주관적 측면에서 토마토의 정신적 이미지를 경험한 바로 그 순간에 우리는 토마토의 이미지를 뇌 안에서 상호 연결 짓는 신경 발화 패턴으로 움직여 가게 된다. 이것이 활성화의 절정이다. 과일에 대한 감각은 직접적인 의식의 접근 아래에 있거나 또는 배고파서 먹을거리를 생각할 때 나타나겠지만 신경 점화, 즉 뇌는 과일 종류들의 이미지를 발화할 준비가 되어 있다. 그리고 이것은 나중에 시냅스 연결이 훨씬 더 쉽게 일어날 수 있음을 의미한다. 이런 원자가 상태는 증가한 개연성의 정체기로 묘사된다.

가능성의 개방 영역에서 신경 발화와 주관적 경험은 거의 무한대 가까이 가용하다. 시간을 거쳐 움직일 때, 성격 자체는 신경 발화의 경향과 다양한 지대의 형태로 우리의 주의와 정서적 반응의 주관적인 초점으로 표현된다. 경험과 신경 발화의 좁은 패턴을 지속하게 되면 정체기 성질 군집과 가능성의 공간을 벗어나 특정 발화 패턴이나 주관적 경험이 더 빈번하게 발생하게 되는 특정 정체기로 향한다. 예를 들어, 테니스를 칠 준비를 한다면 다음과 같은 일이 생길 수 있다. 당신의 뇌는 대결할 준비를 하게끔 발화 패턴을 향한다. 정신적 바다는 전에 했던 게임의 기억과 흥분을 활성화한다. 라켓을 잡고 구체적 행동을 취하면 실재의 물리적 측면은 신경 발화되는 즉시 활성화 절정을 향하며, 이는 구체적 운동 경로를 활성화한다. 실재의 정신적 측면에서 이런 절정은 경쟁의 스릴과 몸의 움직임에 대한 감각을 느낄 때 특정 감정에 관여한다. 게임을 하는 자신의 모습을 상상한다면 주관적 경험은 테니스 대회를 하는 이미지를 자세하게 그릴 수 있고, 이것은 마치 실제로 게임을 하는 것처럼 신경 발화 패턴을 이끌 것이다. 그리고 주관적 경험을 이끌어 내는 신경 활성화가 만들어질 것이다.

우리 실재의 물리적/신경적 측면과 정신적/주관적 측면의 두 가지 기본적이고 주요한 연결에 대한 시각적 은유는 우리가 존재라는 단일 영역의 두 가지 측면 사이를 앞뒤로 왔다 갔다 할 수 있게 해 준다. 여기서는 이원론을 채택하기보다 실재의 물리적 측면과 정신적 측면이 동등하게 생생하며 상호적으로 영향을 주고받는다는 입장을 수용한다. 데카르트의 그것처럼 그 둘은 독립적인 2개의 세상이다. 근대 철학자들은 물리적 세계와 정신적 세계가 하나라고 연결짓는 것은 철학적 오류임을 밝힌다(Wallace, 2008). 그러나 근대 신경과학자들은 종종 다른 극단을 선택하여 마치 뇌가 최고이고 마음은 노예인 것처럼 모든 행동이 신경 발화 패턴의 결과물인 것으로 표현한다. 함께 발생하지만 정신과 신경을 각각 다른 요소로 보는 것에 대해 분명히 이의를 제기하는 사람이 있겠지만, 지금은 이 모델로 바라보도록 하자. 이것이 한 가지 매우 중요한 이슈를 보도록 도울 것이다. 때로는 뇌가 마음을 이끌고 나란히 잡아당기기도 하며 우리의 경험을 이끄는 힘이 된다. 그러나 또 때로는 마음이 뇌가 그렇게 하도록 방향을 이끌고 이용할 수도 있다. 많은 연구에서는 정신적 활동이 뇌가 구체적 패턴으로 발화할 수 있게 하며 궁극적으로 뇌의 구조까지도 변화시킬 수 있다고 밝혔다(Doidge, 2007). 이런 연구의 한 가지 예는 실전의 형태로 정신적 이미지화하는 것의 영향에 대한 연구이다. 음악가들이나 운동선수들이 악기나 운동을 실제로 하는 모습을 상상하는 것은 신체적 기술을 지속시키고 늘리는 데 뛰어난 결과를 가져올 뿐 아니라 이런 정신 활동의 결과로 뇌의 성장에 변화가 나타난다.

　실재를 바라보는 체계는 우리가 더 깊게 현존하는 것이 진정 무엇을 의미하는지 탐색할 수 있게 해 준다. 현존은 우리가 경험의 신경적·정신적 측면 모두를 유연하게 가능성의 개방 영역으로 향하게 할 것을 요구한다. 절정의 패턴을 반복하는 것에 고집스럽게 묶여 있거나 개연성의 정체기에서 우리의 기분에 맹목적으로 영향을 받거나 혹은 정체기 패턴을 정의 내리는 특정 성격의 격식들에 노예가 되기보다, 우리는 자기 의지대로 자유롭게 날아다니거나 예전의 문제에 대해 새로운 접근 방식을 취할 수 있다. 이런 관점은 다른 사람과 공명할 수 있도록 수용적인 말을 하게 해 줘서 열린 내면의 장소로 옮겨 가거나 예측할 수 없는 상태를 만들어 줄 수도 있다. 이것은 우리가 삶에서 현존하고 창의성을 어떻게 의도적으로 개발할 수 있는지를 알려 준다.

　지대 은유는 주관적 내면의 바다가 누군가의 신호에 반응하기 위해 바뀌는 것처럼 패턴을 발화하는 우리의 뇌가 어떻게 변화하는지를 볼 수 있게 돕는다. 만일 우리가 사로잡혀 있는 생각을 가지고 있다면, 판단에 좌지우지되고 있다면 개연성의 정체나 활성화 절정기는 우리가 개방적으로 현존하는 것이나 진심으로 수용적인 것을 방해할 수 있다. 현존은 가능성의 개방 영역에서 자유롭게 들어갔다 나왔다 할 수 있을 때 생긴다. 이런 실재의 신경적·주관적 측면을 감찰하는 법을 배우고 가능성의 개방 영역으로 우리를 조율하는 것은 마음챙김이 되기 위한 의미가 무엇인지 시각적으로 그리는 이미지이다. 가능성의 개방 영역으로 향하는 기술을 개발하는 것은 우리의 삶과 관계에서의 현존을 촉진한다.

　타인과 현존하는 것은 실재에서 무엇이 일어나든지 수용하는 자세를 갖는 것에 관여할 수 있다. 현존한다는 것은 그것이 무엇이든 간에 지금 열려 있는 자세를 의미한다. 우리 자신의 성향을 지각하게 되고 그 자각에서 우리 자신을 자유롭게 절정기에서 정체기나 지대의 어디로든 움직일 수 있게 해 준다.

이 모델은 우리의 주관적 핵심을 분열보다는 하나가 되는 방법으로 우리의 신경 실재와 연결한다. 그러나 이것이 어떻게 펼쳐지는지 보기 위해 우리는 오로지 수용적이 될 필요가 있다. 고등학교 시절을 떠올릴 때 이렇게 생각하곤 한다. 나는 라커룸이나 학교 운동장에서 많은 친구를 만들지 못했다. 그래서 당신은 내가 처음부터 바로 이 관점을 가지고 전속력을 다하기 꺼리는 이유를 이해할 것이다. 그러나 그것이 효과를 볼 수 있다고 생각한다. 그리고 세미나에서 이것을 가르치는 것은 꽤 보상적임이 증명된 바 있다. 그래서 우리가 여기에 와 있는 것이다.

우리 내면에서 무엇인가 요지를 끌어내어 타인과의 연결감을 얻기 위해서는 자연스럽게 문장이나 단락 속에서 단어들을 사용하는 노력을 종종 해야 한다. 또는 그림이나 사진, 음악, 춤 또는 접촉을 사용해서 의사소통할 수 있다. 그러나 타인과 연결되기 위해 주관적 내면의 경험을 세상으로 보내는 어떤 방법을 사용했든지 간에 내면세계가 결단코 완전하게 의사소통될 수는 없다는 것이 진실이다. 이런 세팅에서만 우리는 오로지 최선을 다할 수 있다. 나의 마음은 이런 관점을 다른 사람들과 나누고자 하는 데 열망이 있어서 이 여행을 지속적으로 계속하기를 희망한다. 우리 중에 누구라도 최선을 다한다 해도 결단코 그것이 완성되는 것은 아니라는 것을 겸허하게 받아들인다. 마치 영역을 나타내는 지도와 같다. 그것은 가이드이지 감옥이 아니다. 은유가 의사소통의 방법을 잘 묘사하고 촉진하는 데 유용하다면 아마도 우리를 위해 도움이 되는 기능을 제공할 것이다. 어떻게 그렇게 될 수 있는지 살펴보자.

가능성 영역과 시간의 축, 다양성, 개연성을 포함해서 '실재'에 대한 시각적 이미지를 상상해 보았다. 우리가 열린 가능성에서 개연성과 활성화로 움직일 때 실재의 물리적 측면과 정신적 측면의 위와 아래 지대로 나간다. 아마도 상상한다면 '마음의 공간'에는 주관적 경험의 정신적 측면과 3차원 공간의 물리적 측면 옆에 더 많은 측면이 있을 거라고 생각했을 것이다. 그러나 지금부터는 실재의 두 가지 측면만 집중해 보고 이런 관점을 갖고 우리가 어디로 갈 수 있는지 보자. 실재의 이런 모델이 실제 시간 속에서 어떻게 작동하는지 묘사하기 위한 일반적인 예로 다시 돌아가 보자. 바깥의 2차원 지대의 수준에서 위나 아래로 뻗은 3차원으로 향할 때 현실을 설명하기 위해서는 열린 가능성의 영역으로부터 움직여 지대를 뛰어넘어야 한다. 지대 안에서 가능성이 활짝 열려 있다거나 혹은 어떤 이들의 경우 그것을 무한 또는 미달로 부르기를 선호할 수 있다. 예를 들어, 이 순간에 하고 싶은 무언가를 떠올려 보라. 지대에 있고 정신적 경험이나 뇌의 활동은 열리고 확실하지 않지만 사실상 영원할 수 있다. '에펠탑'이라고 읽을 때 물리적 뇌가 마음의 눈으로 탑을 보았던 과거의 경험에서 탑을 부호화하는 구체적인 신경 발화 패턴을 활성화할 수 있다. '에펠탑'을 보거나 들으면 지대 위의 열린 가능성에서 지대를 뛰어넘는 절정으로 갈 수도 있다. 탑을 보는 순간, 경험의 한쪽 측면으로 움직였다면 신경 활성화의 다른 측면으로도 움직이게 된다. 이런 방식들이 주관적 경험이 신경 발화의 물리적 합작으로 상호 연결되는 것이다. 개연성의 원뿔이 지대로 양방향, 지대 수준의 위와 아래로 뻗어 나가는 것처럼 보일 것이다. 원뿔의 이런 양방향 움직임은 서로에게 주관적·물리적 반영을 해 줄 때 지대의 한쪽 측면에 대칭적일 수 있다. 원뿔이 지대로부터 벗어나면 양쪽에서 평지의 무한 폭은 정체기에서 좁아져 가장 절정의 원뿔 방향으로 향해 움직일 수 있다. 지금 당신이 '에펠탑'이란 단어를 들었다면 그 이미지가 떠올라서 뉴런들이 발화되고, 절정에서 개연성의 원자가 정체기로 불리는 원뿔의 낮은 지점의 단면으로 다시 돌아온다. 이 정체기란 개념은 타코보다는 크레페를 더 떠올리게 할 것이다. 이완과 관련될 때 가장 먼저 증가된 (크레페를 원하는) 가능성들을 향해 간다. 그런 후 사건은 일어나고 우리가 움직이는 평지로부터 멀어질수록 더 제한된 가능성은 크레페를 실제적으로 생각하게 될 때까지 일어난다. 이것은 원뿔에 대한 팁으로, 활성화의 절정을 가리킨다. (지대 안의) 열린 가능성으로부터 증가한 개연성(정체기)이나 구체적인 활성화(절정)로 좁혀 간다. 지대를 향해 되돌아갈 때 첫 번째로 개연성의 정체기로 돌아가고, 그런 후 가능한 발화 패턴(물리적) 혹은 활짝 열려 있는 경험(정신적)의 지대로 되돌아갈 수 있고 가능성의 개방 영역으로 이제는 되돌아올 수 있다.

현존은 유연한 움직임으로 지대 안의 정체기와 절정기를 앞뒤로 왔다 갔다 할 때, 가능성에서 활성화의 가능성으로 옮겨 갈 때 그리고 다시 가능성으로 되돌아갈 때 발견될 수 있다. 현존은 이처럼 시간을 통해 열려 있고 유연한 움직임을 보이는 것이다.

현존은 고정된 활성화의 패턴이나 제한된 개연성의 편향된 경향으로 우리를 가두는 경험의 층을 왔다 갔다 할 수 있게 돕는다. 우리는 구체적 생각 또는 감정(경험에서의) 혹은 뇌의 특정 발화 패턴이나 외현적인 행동(공간에서의)에서 더 유연한 개연성으로, 궁극적으로는 열린 가능성으로 향하여 자유롭고 유동적으로 움직일 수 있다. 우리는 이렇게 왔다 갔다 움직일 수 있는 가능성을 '현존'으로 부르고자 한다. 현존은 충분히 배울 수 있는 기술이다. 이것이 바로 핵심이다. 습관을 꽉 붙드는 것을 느슨하게 풀고 좀 더 마음챙김을 할 수 있는 성격의 측면들을 채운다. 내면세계—마음과 뇌—를 모니터하는 방법을 배운다. 그런 후 현존을 의도적인 상태로 만들 수 있을 뿐 아니라 우리의 삶에서 잘 견디는 성향으로 배울 수 있다.

우리 대화가 너무 멀리 왔다. 이 순간에 나의 경험은 독자들이 너무 추상적으로 이 모든 것을 이해할 것에 대한 걱정으로 가득하다. 나의 경험적 마음을 통과하는 걱정의 터널은 '제발 읽다가 책을 덮지 말기를!'을 외친다. 나의 일부는 하나의 실재, 가능성의 지대, 정체기와 절정기가 가진 두 가지 측면의 개념에 대해 지우고 싶어 한다. 왜 마음챙김에 대한 연구들의 책을 좀 더 구체적으로 쓸 수 없는 걸까? 왜 뒷마당에서 샌드위치나 샐러드를 먹으며 다음 주 홈커밍 게임에 대해 말할 수 없는 것일까? 나의 정체기는 거부와 고립을 위해 점화되었다. 그러나 사람마다 아마도 이 시간은 좀 다를 수 있을 것이다. 물론 다른 사람을 돕는 모든 순간, 특별히 치료실 안에서 우리는 주관적인 정신 세계의 본질에 깊게 참여할 것이 요구된다. 거부의 확신에 대한 절정은 근심의 정체기에 도달할 것이고…… 그리고 지금 자각의 중심에 있으면서 숨을 쉬고 있는 이때 익숙하지만 덜 제한적인 약간의 경계와 의심의 평지로 가서 쉴 수 있다. 들이마시고 내쉬는 나의 숨을 따라가며 나 자신을 가능성의 개방 영역으로 돌아갈 수 있게 만든다. 때때로 우리는 그것을 길들이기 위해 명명할 필요가 있다. 삶의 정체기와 절정기를 정면으로 바라보고, 절정기를 부드럽게 하고, 정체기를 넓히고, 가능성의 개방 영역으로 이완되어 돌아가야 한다. 여기가 우리의 시작점이며 진실로 공유해야 할 공간이 된다. 우리가 돌아올 때 명백함을 발견할 수 있는 멋진 곳이 된다. 이것이 우리가 어떻게 현존으로 돌아올지를 보여 준다.

　이런 관점에 기초를 두고 시작하면서 우리는 뇌에 대한 토론(신체적 공간)에서 내면세계의 탐색(내면의 정신적 바다)으로 유연하게 돌아갈 수 있을 것이고, 이것은 우리가 앞으로 할 것에 대해 결정적이 된다. 이런 기본을 가지고 출발하지 않으면 치유에 대한 중요한 이슈를 깊게 이해하는 것을 발달시키기가 어려울 수 있다. "마음은 단순히 뇌의 활동이다." "치료는 주관적이고 내면의 주관적 경험이기 때문에 심리치료에서는 뇌에 대해 아는 것이 중요하지 않다."와 같은 전혀 도움 되지 않는 단순한 진술의 위험에 도달할지도 모른다. 그러나 준비되어 있는 것은 이런 실재와 치유에 대한 생각들을 만들어 주고 또 일상생활에 적용할 수 있게끔 만든다. 이런 중요한 개념적 틀을 가져와서 실질적인 적용으로 드러나는 이야기 속으로 가져오자.

현존의 치명적인 중요성과 평지에서의 활성화

내가 만나는 내담자가 두통을 호소하며 왔다면 고통의 가능한 원인들을 모두 마음속에 떠올려 봐야 할 것이다. 이는 25년 전 내가 소아과 수련을 받을 때 진짜 경험했던 일이기도 하다. 15세의 마리아는 그녀의 역사를 내게 말해 주었는데, 나는 그녀가 숙제에 대한 스트레스와 친구들 사이에서의 갈등을 겪고 있다는 것에 대해 고려하게 되었다. 그러나 그녀의 이야기가 펼쳐지면서 마리아가 자신의 머리를 가리키는 방식에 주목할 수 있었다. 오른쪽으로 누워서 잘 때만 아침에 머리가 너무 아프다고 보고했다. 마리아가 쓴 단어 '너무 아프다'가 내 마음에 울림을 주었다. 나는 마리아의 눈 뒤쪽을 살펴보았는데 망막이 꽤 탁해 보였다. 이것은 두개골 압력이 증가한 사인이다. 나는 소아과 인턴이었기 때문에 슈퍼바이저를 모셔 왔는데 마리아의 눈에 이상이 없다고 말씀하셨다. 그러나 끝내 그 결론이 편치 않다고 느낀 나는 신경학자를 자문가로 불러서 마리아의 눈을 살펴보도록 했다. 신경학자 또한 마리아의 눈이 이상 없다고 동의했다. 나의 요구로 질병 감염 자문 전문가들이 와서 역시나 이상 없음에 동의하며 마리아는 요추 천자가 필요하다고 말했다. 새벽 5시, 나는 진료를 계속하기 위해 마리아를 응급실에 눕혀야 했다.

이 절차를 준비하면서 내가 마리아의 등을 닦고 장비를 준비하는 그 순간, "아니야!"라는 외침이 배와 머리에서 큰 파도를 치며 울렸다. [나의 장기와 심장의 네트워크로부터 발생하는 신경 발화가 지금은 새로운 체계를 바라본다. 그리고 척수에서 1막(Lamina I)이라고 불리는 영역을 통해서 인슐라와 전측 대상회 피질을 포함하여 전전두엽 중앙 부분으로 신호를 보낸다. 이 부분에 대해 앞으로 자세히 언급할 것이다.] 실재에 대한 나의 주관적인 측면이 감각을 일으켰고 나의 자각으로 들어왔다. 나는 순간 공황을 경험했다. 나는 마리아와 마리아의 어머니, 나와 함께 공부한 동료에게 말한 후 더 이상 검사를 진행하기 어렵다고 보고했다. 수천만 원이 든다 해도 그녀의 뇌척수액의 압력을 만들어 낼 만한 다른 가능성들을 살펴보기 위해 CT 스캔을 다시 하도록 요청했다. 그 압력이 정말로 증가하고 있다면 요추 천자를 시작할 때 뇌가 바로 내려앉아 내담자는 바로 죽을 수도 있다.

마리아의 어머니는 질병 감염 전문 교수가 추천해 준 것처럼 '그냥 요추 천자를 시도해 달라'고 나에게 애원했다. 그러나 나의 몸은 '안 돼'라고 말하고 있었다. 그래서 지역 병원으로 마리아를 옮기지 않았고, 마리아의 어머니가 직장 동료에게서 돈을 빌린 후 뇌의 스캔이 시작되었다. 그녀의 검사 결과를 기다리며 나는 응급실에서 다른 내담자들을 보고 있었다. 방사선 전문의에게 전화 한 통이 왔는데, 마리아의 뇌에서 기생충이 자라나면서 급격히 증가하는 뇌 압력이 발견되었다고 했다. (기생충은 척수액이 척수로 흘러 내려오는 출구에서 자라기 시작해서 압력으로 통로를 막으면서 움직였고, 오른쪽 머리로 누우면 이 압력이 증가해 머리에 심한 두통을 일으킨 것이다.) 당신에게 누군가와 현존하는 것이 생명을 구할 수도 있다는 개념을 분명히 보여 주기 위해 이 사례를 이야기하였다. 비록 나의 세 스승님 모두 신체 검사 결과를 정확하게 본 모양이지만, 내 모든 것은 마리아와 진실되게 지낼 수 있을 것을 감지하는 것과 관련이 있었다. 교수들은 불가피하게 제한된 데이터의 형태를 처리할 수 있도록 최선을 다했다. 나는 마리아와 함께하는 의사였다. 말 그대로 그녀와 현존한다는 것은 '함께 있는 것'으로부터 발현하는 모든 것에 대해 열린 자세를 취하는 것이었다. 현존은 우리 임상 실무에서 중요하게 작용한다. 그 어떤 것도 현존이라는 것을 대신할 수 없다.

마리아와 나는 다양한 가능성에 대해 개방된 자세를 지닐 필요가 있었다. 그녀가 스트레스를 받은 것에 대한 내 첫 생각은 표현되어야만 했다. 다른 의견이나 느낌, 감정을 고려하는 것을 잘 받아들이도록 하기 위해서 말이다. 또 나는 선천적으로 이루어진 고려 사항—생각과 묘사의 정체기와 절정기—으로부터 가능성의 영역으로 이동해야 했다. 또한 또 다른 가능성을 염두에 두기 위해서는 내 스승이 잘못 되었다는 것과 다른 두 명의 컨설턴트들 또한 옳지 않았다는 가능성을 열어 둘 필요가 있었다. 다른 이들의 의견과 반응은 우리가 그들의 관점을 이해할 때에 영역에서 정체기로까지 이동하도록 만든다. 그것은 필수적이며 중요한 사항이다. 우리는 인생을 항상 책상다리를 하고 있는 것과 같은 진공(공백)의 상황에서만 살아갈 수 없는 법이다. 왜냐하면 우리는 양치질도 해야 하고, 세금도 내야 하며, 현실적인 결정들도 많이 내려야 하기 때문이다. 이 각각의 모든 것은 삶의 정체기와 절정기 내에서 사려 깊은 고려와 행동을 요구한다. 현존은 시간의 흐름에 따라서 계속 개방되어 있어서 한 영역에서 정체기로, 절정기로, 그러다가 다시 영역으로 돌아가는 유동적인 움직임과 연관되어 있다. 지적 능력과 협의가 제공하지 않은 것, 내 몸의 신호들은 직감에 따른 본능처럼 내가 무엇을 할지—아니면 이 사례에서처럼 무엇을 안 할지—알려 주기 위해 나타나기 시작했다. 우리의 직감에 따른 감정들은 절대적으로 항상 정확하지는 않았지만 그 신호들은 자주 인지에 대한 중요한 원천을 제공하기도 한다. 앎에 대해 다양한 방식으로 열린 자세를 취하는 것은 삶의 길을 이어 나가는 데에 중요하다. 이러한 자세는 우리의 경험을 통해서 또는 기억과 지적 능력, 감정으로부터 투입을 수용하는 것도 포함한다. 그리고 나면 그것의 타당성을 평가하게 된다. 이를 통하여 마리아는 목숨을 구했다. 나는 단지 그녀와 현존하고 내가 맡은 일을 했을 뿐이었는데도 말이다.

　이 모든 방식에서 우리는 예시된 절정이 시간에 따라 진행되었음을 볼 수 있다. 마리아의 임상 평가에서 '사실'이 공유되고 경험이 믿을 만한 컨설턴트들에 의해 제공되고, 고려하고 개입된 임상 결정이 계획된 것처럼 말이다. 하지만 현존은 현실에 대한 나의 물리적이고 주관적인 면들이 가능성의 개방 영역으로 되돌아가는 것을 가능케 했다. 아마도 지속적으로 권위를 의심하거나 그 어떤 것도 당연시하지 않는 것에 대한 계속적인 배움의 정체기가 마리아의 삶을 끝마칠 수 있을 권고의 세례를 통하여 내 길을 인도했을 것이다. 나는 일찍이 내 교육을 통하여 사람들의 무언가 진실된 것이 그들의 진술의 확증을 표현하는 데에 있어서 필수적이라는 확신을 가정하지 않도록 정당성을 입증했다. 내 동료들이 너무나 잘 알고 있듯이 그것은 단지 내 성격일 뿐이다. 그 어느 누구도 경험에 작용하는 그러한 모든 요소를 알지 못하며, 나는 내가 할 수 있는 한 현실 그 자체에 대해 열린 마음을 유지하도록 노력하고 있다. 그것은 내 성향이며 일반적인 내 기준 시작점이다. 그러나 중요한 사실은 우리는 확고한 시각과 태도를 취하고 특정한 치료의 방향으로 나아가야 할 필요가 있다는 것이다. 그렇기에 우리 이전 세대들의 현명한 목소리에 귀 기울일 필요가 있다. 그렇지만 또한 이와 동시에 계속적인 피드백을 필요로 한다. 바로 우리의 임상 평가와 개입이 어떻게 진행되어 가는지 그리고 활성화의 절정과 개연성의 정체기에서 가능성의 영역으로 이동하는 그 특정 영역을 개방할 필요가 있는 것이다. 이러한 피드백은 모든 정신 요법에서 중요한 요소로 작용한다(Norcross, 2002). 현존을 통해서 우리는 피드백 작업을 하며 편안한 마음으로 가능성에서 개연성으로 그리고 실제로 또 그 영역의 흐름을 서로 왔다 갔다 할 수 있다. 중요한 것은 우리가 그 움직임의 위치를 자각하는 것이다. 열린 가능성의 영역에서 우리에게 익숙한 정체기에서 휴식을 취하면서, 우리의 선택지를 제한하는 높은 정체기와 같은 마음의 편견 상태를 쭉 펴는 것 또는 활성화의 특정 절정기에 마음을 다하면서 그 실재에 계속적으로 예시를 드는 것이다. 우리가 현실의 양면에 이러한 원뿔형의 움직임 안에서 어느 지점에 있는지를 자각함으로써 선택의 자유는 주어지며 현존의 개방된 유동성을 지니고 가능성의 영역의 내외에서 유연하게 이동할 수 있다.

뇌 기초

　이 장을 독자와 나누면서 우리는 뇌와 관련된 면에 대한 직접적인 토론을 추가할 것이다. 우리는 이와 같은 책들이 그래 왔듯이 다수의 과학에 의지할 수 있다. 하지만 여기에서 우선적으로 우리는 자신의 마음을 돌볼 줄 아는 현존 그 자체에서 객관성과 주관성 사이의 경계에 집중하기 위한 뇌과학을 고수하고자 한다.

　현존은 안전 감각에 의존하게 된다. 뇌는 계속적으로 감각수용—스티븐 포지스(Steven Porges)가 처음 사용한 용어—이라 불리는 과정에서 위험의 신호를 나타내는 외적 또는 내적 환경을 감시하고 있다(Porges, 2009). 위험이 감지되면 높은 경보가 울리고, 우리는 투쟁-도피-경직이라는 반응을 활성화한다. 감각수용적인 평가는 전전두엽, 대뇌 변연계, 뇌간의 일련의 과정을 포함하며 사건의 중요성에 대한 지속적인 평가와 과거와 비슷한 유형의 사건에 대한 참조를 통해 이루어진다. 예를 들어, 만약 내가 손을 들었을 때 당신이 내가 누군가로부터 상처를 입은 것을 보지 못했다면 당신은 그것을 내가 질문을 하거나 택시를 부르는 신호로 해석할지도 모른다. 이와 반대로, 어릴 적 어떠한 상황에 대해 트라우마를 입었다면 당신은 내가 손을 든 행동이 당신을 해하려는 것일지 모른다고 해석할 수도 있다. 그 똑같은 행동에 대해 과거 경험으로 인하여 편향된 평가(안전/위험)가 도출되는 2개의 다른 해석이 일어나는 것이다. 우리의 과거 경험, 특히 그것이 해결되지 않은 트라우마와 관련된다면 그것은 우리의 정체기를 제한하고 우리가 다양한 상황을 열린 마음으로 마주할 수 있는 방식에 대한 편견 상태를 만들어 낸다. 누군가 당신을 때릴 거라고 생각할 때에 '현존하는' 것은 어려운 일이다. 이러한 정체기는 우리가 특정한 방식으로 입력을 필터링하고 발생할 가능성이 높은 것에 대해 특정 행동을 취하거나 해석을 하도록 한다.

　특정한 정체기로부터 우리는 특정한 절정기의 한 부분으로 올라가게 된다. 과거에 지니게 된 트라우마 때문에 당신의 시스템은 열린 가능성에서 성향으로 그리고 개연성으로 작동하며, 그 후에는 빠르게 연속으로 활성화된다. 현존 상태로부터 이끌어지는 것에 연약해지면서 말이다. 감각수용적인 평가에 대한 자신만의 성향을 아는 것은 상담치료자로서 현존을 형성하는 데에 필요한 첫걸음이라고 할 수 있다. 세상을 인지하는 데에 있어 그러한 내적인 방식을 인도하는 것은 다음에 우리가 알아볼 기회가 있겠지만 우리의 내담자들에게 굉장히 중요하다. 우리가 무언가를 위협적인 것으로 인식할 때에 우리는 감각수용적인 현존의 개방된 상태를 남겨 두고 앞서 말한 투쟁-도피-경직의 반응적인 상태에 들어간다. 투쟁 단계에 대한 느낌은 아마도 근육의 긴장으로 발현될 것이며, 우리는 심장박동률과 호흡의 횟수도 증가하고 이를 꽉 물게 될 것이다. 또한 분노 또는 격분의 상태가 상승할 것이다. 도피 반응은 자율신경계의 가속기로 활성화될 뿐 아니라 공격하기보다는 도망가게끔 이끈다. 당신은 달아나거나 도피하거나 내 시선을 돌리고 싶다는 충동을 느낄지도 모른다. 투쟁이나 도피는 공격 전략 또는 탈출 경로에 대한 주의의 초점을 좁힌다. 이렇게 주의를 좁히는 것은 우리가 편향적인 개연성이나 고정된 활성화로 가득 차는 현존의 개방성을 차단한다.

그렇다면 경직 단계에서는 동정심에 의한 신경계와 관련되지 않는다. 대신에 제동 장치 역할을 하는 등에 위치한 부교감 신경과 연관된다. 이제 우리는 천천히 반응하는 심장박동률과 호흡을 늦추고 혈압을 낮추며 심지어 우리를 실신의 단계로까지 이끌 수 있는 미주신경의 무수초를 활성해 왔다. 이것이 '등의 급락(dorsal dive)'이다. 이러한 반응이 불러오는 이점은 우리가 머리로 흐르는 혈액을 평평하게 유지시키기도 하며 포식자가 우리를 잡아먹으려고 할 때에 마치 우리가 죽은 것처럼 보이게도 한다는 것이다. 육식동물은 그들을 병들게 할 수도 있는 부식된 시체보다도 살아 있는 먹잇감을 먹는 것을 좋아한다. 등의 급락은 사바나에서 우리의 삶을 구해 줄 수 있다.

자연스럽게 경직의 반응을 일으키는 무력감이라는 감정은 우리 전체 시스템에 구석구석 스며들어 반응과 사고 체계를 제한할 수 있다. 우리는 얼어붙게 되고, 테러와도 같은 상태에 고립되며, 타인과 심지어는 자기 자신의 개입으로부터 우리 자신을 고립시키면서 가능성의 영역을 차단하게 된다. 정체기와 절정기에서는 생존 모드에 돌입하여 우리의 내적 경험을 발동시켜 몸에 밴 제한된 방식으로 신경 발화 패턴이 생겨난다.

위험을 감지할 때에 우리는 포지스가 '사회 관여 시스템'이라고 부른 것을 활성화시키지 못한다. 게다가 내가 '자기관여 시스템'이라고 부르는 것에 접근할 수가 없다(Siegel, 2007a). 마음을 다하며 현존을 유지하는 대신에 우리는 고립되고 홀로 마비된다. 이것은 우리가 수용적인 상태에서 반응적인 상태로 이동하는 모습을 나타낸다.

이런 식으로 위험을 감지하는 것과 그 후에 투쟁-도피-경직의 반응이 활성화되는 것은 상담치료자나 내담자의 현존을 모호하게 한다. 내담자들과 함께 우리는 분리하고, 차단하며, 우리 자신을 떼어 낸다. 어떻게 이것이 말할 단어를 찾지 못하는 것과 단지 어떻게 나아가는지에 관해 불명확함을 느끼게 되는 것과 다른지 살펴보라. 인지된 위험성은 우리를 내보내며 선택권을 제한하고 현존을 제한한다. 또 우리의 내담자들에게는 반응적인 행동을 통해 고유의 현존에 열린 자세를 지니고 치료적 개입이 가능케 하는 것을 억제한다.

한마디의 말이 쉽게 나오지 않을 때, 우리 주위에 발생하는 것들에 대해 열린 자세를 취함으로써 호기심의 상태가 발현되기도 한다. 하지만 우리는 타인과 우리 자신에게 그 자세를 유지한다. 이런 식으로 현존은 불확실성과 취약성에 관용을 요구한다. 이것은 우리가 자신만의 신중함을 지니고 확실성을 이끌려고 애쓰는 타인들을 돕도록 하는 능력을 제공한다.

만약 내가 마리아와 그녀의 어머니 또는 교수들을 상대할 때의 위험에 대한 두려움을 느꼈다면, 나는 그들이 추천한 것을 하지 않았을 때의 반응이 두려워서 요추 천자를 밀어붙였을 것이다. 다행히도 CT 스캔에 대해 묻지 않았기 때문에 나에게 말을 걸지 않았을 수도 있다. 나는 내가 무엇을 해야 하는지 잘 알고 있었다. 아이러니하게도 위험에 대한 '거절(no)'의 신호에 대한 중요성을 소개하는 것은 중요하다. 나는 요추 천자에 대해 반응적인 태도를 보이는 감각을 발현해야만 했다. 그로 인하여 중요한 것은 우리를 함정에 빠트리는 것보다도 미리 알림을 보내는 내적 반응을 허용하는 것으로 자각하고 유연한 태도를 보이는 것이다. 현존하는 것은 단지 행하고 결정을 내리고 행동을 취하는 것을 의미하는 것이 아니다. 현존이라는 것은 수동적인 태도를 취하는 것과 동일한 의미라고 볼 수 없다. 이는 우리가 자기 자신이나 타인의 잘못된 고정관념에 의하여 가려지는 것이 아니라 '진실'에 대해 열린 태도를 취하는 것이다. 현존은 적극적으로 수용하는 태도를 말한다.

상담사인 우리에게 위험을 평가하는 감각수용적인 신호인 내적 세계를 모니터링하는 것은 필수적이다. 분노와 두려움 또는 무력함과 같은 긴장과 수축을 하는 투쟁-도피-경직의 단계를 탐구할 때 우리는 현존 상태로 되돌아가기 위하여 그러한 고통 밖으로 우리 자신을 끄집어내기 위한 내적 탐구가 필요하다. 이것이 우리가 내적 세계의 절정과 정체기를 감지하고 의도적으로 자신을 움직이는 방식이다. 그런 식의 활동이 옳을 때 가능성의 개방 영역으로 돌아서 있는 것처럼 말이다.

마음보기 기술

앞으로의 장들을 진행해 가면서 이제 웰빙 삼각형의 에너지와 정보의 흐름을 따라잡기 위해 인지적 능력을 발달시키기 위한 실용적인 연습을 해 볼 것이다. 이 삼각지각은 마음과 두뇌, 관계를 또 다른 것과 연합하는 그 본질을 감지하는 것이다. 이것이 바로 우리가 현존 능력을 지지하기 위해 이 장에서 연습해 볼 것들이다.

과학자들로 이루어진 학제 간 집단으로부터 알게 된 마음보기를 통해 약 20년간 연구를 하는 것은 굉장히 의미 있었다. 고통을 경감하는 데에 유용한 적용을 제공하는 마음의 핵심 요소에 대한 개념을 지닐 수 있었기 때문이다. 대부분의 정신건강 실천가에게는 어떠한 마음의 정보도 주어지지 않았다. 나는 4개 대륙의 폭넓은 규율을 지닌 8만 5천 명 이상의 심리치료자를 찾게 되었다. 그리고 그중에서도 단 5% 미만의 치료자만이 마음을 정의하는 강의를 해 본 경험이 있다는 것을 발견했다. 참 놀랍지 않은가? 하지만 그도 놀라울 것이, 마음 심리학자와 마음을 연구하는 철학자들은 심지어 마음을 정의하는 것이 가능하지 않거나 그러지 않는 편이 낫다고 제안하였다. 게다가 그들은 마음에 대해 정의를 내리지 못했다. 여기에서 우리는 임상 환경에서 사람들을 돕는 데에 이로웠던 마음의 양상에 대한 개념을 탐구해 보고자 한다. 그러나 이것은 마음을 정의하는 데 일반적이거나 반드시 과학적·철학적으로 승인된 움직임이 아니라는 사실을 잘 알고 있어야 한다.

부분적으로 마음은 에너지와 정보의 흐름을 조율하는 체화된 관계적 과정의 하나로 정의될 수 있다. 마음의 중요한 특징 중 하나는 그것이 규율 과정이자 적어도 2개의 필수 측면을 지니고 있다는 것이다. 모니터링과 변형이 그것이다. 차를 운전할 때 우리는 어디를 향하는지 모니터링해야 하며 방향과 속도도 바꾸어야 한다. 마음보기를 통해서 우리는 에너지와 정보의 흐름을 더욱더 명확하게 그리고 깊게 보게 되며, 그럼으로써 희망했던 긍정적인 방향의 흐름—이 책을 통하여 탐험하게 될 통합된 상태 쪽으로 향하는—을 형성하게 된다.

에너지와 정보의 흐름을 깊고 강력하게 모니터링하기 위해 이 책을 통하여 특정 마음보기 기술 훈련 연습을 하게 될 것이다. 이 부분은 정신적인 '체육관'으로서 기능할 것인데, 생각과 개념적인 틀 형성으로부터 멈추게 하는 시간이 된다. 즉, 뇌과학으로부터 휴식을 취하고 고유의 마음에 힘과 민첩성을 구축하기 위한 실험적인 연구를 해 나가는 것이다. 마음을 하나의 규제 과정으로 정의하는 작업을 통해서 마음을 발달시키는 규율이 두 가지 요소를 만들어 낼 수 있다. 우리는 모니터링 기술을 강화할 수 있고, 변형 기술도 계발할 수 있다. 이 두 가지 요소는 앞으로 각 장의 기술 훈련 부분에서 하게 될 것들을 구성한다.

시작점에 있는 당신에게 모니터링 기술을 소개하도록 하겠다. 다음 단어들을 읽거나 들으면 어떤 감정이 느껴지는지 살펴보라.

아니다.

아니다.

아니다.

아니다.

아니다.

아니다.

아니다.

이제 다음 단어들을 읽거나 들으면 어떠한지 보라.

그렇다.

그렇다.

그렇다.

그렇다.

그렇다.

그렇다.

그렇다.

무엇을 알아챘는가?

어떤 이들은 '아니다'라는 한마디에 속박감으로 꽉 조여지는 멈추게 되는 느낌을 받는다. 또 때로는 그 단어를 말하는 것에 있어서 분노를 느끼기도 한다.

그렇다면 '그렇다'에 대해서는 어떠했을까? 누군가는 이에 대하여 희망과 에너자이징, 자유로움, 열린 마음, 안정감과 해방감을 느꼈다고 한다. 그 무엇도 맞거나 틀리지 않다. 당신이 느끼는 그 모든 것이 각자의 주관적인 현실을 장식하게 된다.

우리 대부분에게 '아니다'라는 것의 이러한 경험의 물리적인 영역은 반응적인 상태에 들어가도록 만든다. 아마도 투쟁, 도피, 경직의 요소일 것이다. 반면, '그렇다'를 통해서 우리는 또 다른 반응적인 상태를 만들어 내게 된다. 수용적이든 반응적이든 내부 경험의 이 두 가지 기본 요소는 우리가 익숙해지게 되는 것의 중요한 요소이다.

반응적일 때에 현존은 차단된다. 수용적일 때 현존은 탄생하게 된다.

이것은 단지 내부를 들여다보기 위해 주의집중 기술을 시작하기 위한 작은 모니터링 기술이었다. 우리의 내담자들과 이러한 작업을 함으로써 그들은 수용과 반작용 사이의 차이를 직접 경험할 수 있다. 두 사람과 함께 나는 이러한 '아니다-그렇다' 활동이 이러한 반작용적인 상태를 감지하는 기술을 가치 있게 만들고 그럼으로써 그들이 수용성의 상태로 돌아가도록 휴식을 요하게 한다는 것을 깨달았다. 유용한 의사소통은 일반적으로 반작용적인 상태에서 발현될 수 없는 것이다.

이제부터는 변형 연습을 할 차례이다. 주변 사람들이나 기술적 침범으로부터 적어도 5분은 방해받지 않을 수 있는 조용한 장소를 찾아보라. 일단 그곳에서 당신은 (어느 정도 익숙한) 호흡에 집중하도록 하는 폭넓은 연습을 해 볼 것이다. 이 보편적이고 기초적인 연습은 이런 식으로 진행된다.

자세를 바로 하고 앉은 상태로 바닥에 두 발을 놓고 두 다리는 펼친 상태로 둔다. 바닥에 앉아 있다면 다리를 꼬거나 평평하게 둘 수도 있다. (아직까지는 잠들면 안 된다. 이렇게 자세를 취하면 당신은 각성 상태를 모니터링하며 그 후에 더더욱 탐험하게 될 것이다.) 이제 방 한가운데를 바라보는 데에 집중한다. 이제 멀리 있는 벽을 바라본다(또는 등을 편 상태로 누워 있다면 천장을 본다). 방 한가운데에 주의집중을 한 후에 책을 읽을 때의 거리로 본다. 당신의 주의가 어디로 향하는지를 어떻게 결정하는지 지켜본다.

이제 눈을 감는다. 그 상태에 대해 안정감을 느낀다면 주의가 호흡을 찾도록 한다. (당신이 소리 내어 말하는 것을 듣지 않는다면 이 전체를 읽을 필요가 있을 것이다.) 당신은 콧구멍으로부터의 들숨과 날숨의 공기가 흐르는 온화한 감각을 느낄지도 모른다. 안팎으로 호흡을 감지하는 짧은 순간을 경험한다. 이제 당신의 주의가 어떻게 흉부 아래의 단계로 내려갈 수 있는지, 또 호흡이 폐로 이동하게 될 때 흉부 외부가 어떠한지 살펴본다. 각 호흡에 따른 흉부의 상승과 하강에 대한 감지에 집중하면서 호흡의 흐름을 함께 따라가 보라.

이제부터는 복부의 내/외부 움직임을 감지하면서 복부의 단계로 주의가 하강하게 되는 방식을 살펴본다. (이를 통해 처음에 복부의 움직임을 감지하는 것이 어렵다는 것을 느낄 때 복부에 손을 대는 것이 유용하다는 것을 알게 될 것이다.) 호흡이 폐로 이동하면 횡격막은 아래로 끌어당기고 복부를 바깥으로 내밀게 한다. 공기가 폐의 외부로 이동하면 복부는 안쪽으로 움직이게 된다. 바깥쪽과 안쪽으로 복부가 움직이는 그 감각 자체에 집중하며 호흡의 흐름을 따라가면서 날숨과 들숨을 그저 살펴보라. (복식 호흡은 흉식 호흡보다 훨씬 안정적이며 복식에 집중하여 숨을 쉬는 것은 당신이 더더욱 평온한 상태에 가도록 도울 것이다.)

처음 시도 과정에서는 단지 당신의 자각이 가장 쉽게 바라볼 수 있는 곳에서의 호흡을 감지하는 데—복부, 흉부, 콧구멍 또는 몸 전체가 호흡하는 것을 느끼는 그 지점—에 머물도록 한다. 그저 호흡이 안팎으로 이어지는 감각의 흐름을 따라가는 데에 집중한다.

이 과정을 몇 분 거쳐 보니 어떤 느낌이 드는가? 어떤 사람에게는 호흡을 감지하는 것이 어렵게 느껴졌을 것이다. 또 누군가는 깊게 이완되는 느낌을 받았을 것이다. 이렇게 호흡하는 과정이 별 도움이 되지 않았더라면 똑같은 여정을 몇 번 경험해 보라. 얼마 후 당신은 앞뒤로 열두 걸음 정도 천천히 발끝으로 걷는 것과 같이 함께 집중하기를 시도할 무언가를 찾으려고 할지도 모른다. 또는 요가, 태극권, 향심기도와 같은 또 다른 연습을 발견할 수도 있다. 다른 이들은 평화로운 공간—해변이나 공원과 같은 상상력의 공간으로부터의 이미지를 자아내는—에 초점을 맞추기를 선호하기도 한다. 그 무언가로부터의 호흡은 다른 주의집중된 물체가 안정감의 원천이 되는 반면에 그러지 않은 것으로 드러난다. 우리 모두는 다르며 각각을 개방적이고 수용적인 공간이 중요해지는 곳에 데려오는 특정한 기초적 초점을 발견하고 있다.

주의를 집중하는 그것이 무엇이든 간에, 각각의 이러한 마음챙김 자각 훈련은 2개의 기초 차원에 대한 우리의 자각을 다루고 있다. 그것은 자각에 대한 자각과 의도에 대한 주의이다. 이러한 마음챙김 훈련은 자기 자신과 사회 관여(관계)에 대한 수용적인 상태로 이끌기도 하며 명확성의 깊은 감각을 가져오기도 한다. 대부분의 사람이 호흡이 가다듬어지는 것을 경험할 때 그것에 집중할 것이다. 하지만 만약 당신의 경우 다른 초점이 선호된다면, 그것을 앞서 이야기한 호흡 자각 훈련으로 대체하도록 하라.

사려 깊은 자각 훈련에 관한 연구를 통해서 우리는 어려움으로부터 후퇴하기보다는 그것에 접근하게 된다. 이러한 주관적인 경험에 따른 결과는 마음챙김 명상 훈련(Urry et al., 2004) 이후에 피질의 좌측 전두골 영역의 전기 활동이 증가하는 '좌측 이동'의 물리적인 변화와 일치한다. 이 좌측 이동은 좌반구의 접근 상태를 향한 변화를 반영하는 것―새로운 것이나 변화로부터 후퇴하는 것과 연관되는 우측 전두골 영역과는 대조되는―처럼 보인다. 이 한 가지 이유 때문에 공식적인 마음챙김 훈련은 회복탄력성과 괴로운 사건으로부터 후퇴하는 것보다 접근하는 능력을 향상시키는 것으로 여겨진다. 이러한 방식으로 수용성과 접근 상태를 이루어 내는 데에 있어 사려 깊은 자각 훈련은 그 어떤 치료자이든지 그들의 마음에 기초적으로 이루어져야 하는 훈련이다.

호흡(또는 신체 부위, 이미지, 양초, 돌 등 당신이 타깃으로 하는 그 모든 것)에만 초점을 맞추는 것을 넘어서서 이제 그 훈련이 변화하는 단계로 나아가 보자. 주의가 분산될 경우에 호흡을 더 이상 감지하고 있지 않다고 느낀다면 사랑스럽고 부드럽게 호흡(또는 신체의 일부나 이미지)에 초점을 맞추도록 하라. 분산된 형태는 단지 우리의 마음에 의해 일어나는 것이다. 지금까지 봐 왔듯이, 당신이 이러한 마음챙김 훈련을 마치 근육을 튼튼하게 만드는 것과 비슷하게 생각한다면 그 근육을 더 키우기 위해서는 수축과 안정 모두가 필요하다. 수축은 우리가 집중(마음이 주의집중하는 근육의 활성화)하는 때이고, 이완은 주의가 비활성화되면서 분산되는 때이다. 우리는 의도적으로 활성화하고, 의도하지 않게 비활성화된다. 그러고 나서 초점의 선택된 대상에 다시 집중하기 위하여 주의의 방향을 활성화시킨다. 당신을 좌절하게 만든 그것이 자각의 영역에서 발생하는 감정인 것처럼 떠다니게 하면서 그것을 놓아 보라. 그런 다음에 초점을 호흡으로 전환하라. 초점에 다시 주의를 두고 초조함과 흥분의 상태를 내버리는 것, 호흡에 집중할 수 있도록 의도를 가지고 집중하는 것, 또 당신 자신에게 친절해지는 것, 자각 자체를 자각하는 것 모두가 마음을 모니터링하는 데에 강화하고 변화시킬 수 있는 요소들이다.

　매일 일상생활에서 할 수 있는 마음챙김 훈련을 발견할 수만 있다면—하루 20분에 대비하여 단 5분 내지 10분이라 하더라도—나는 많은 이처럼 당신 또한 내적 세계를 모니터링하고 변화시키도록 하는 새로운 가능성을 열 수 있기를 바란다. 마음챙김 명상을 통한 호흡이라든지 요가 자세, 태극권 운동, 기공체조에서의 에너지 운동 감각, 향심기도, 걷기를 통한 명상, 몸을 들여다보는 것, 평화로운 공간에 대하여 단 하나의 초점을 맞추어서 발현된 이미지 등 무엇에 초점을 맞추든지 그러한 개념은 모두 비슷하다. 주의가 분산된다면 사랑스럽고 온화하게 다시 이 목적으로 초점을 되돌리는 데에 집중하라.

　100년도 전에 현대 심리학의 아버지인 윌리엄 제임스(William James, 1890/1981)는 헤매고 있는 자각을 목표 지점으로 다시 가져오는 것을 되풀이하는 훈련이 '탁월한 교육'이 될 수 있다고 말하였다. 또한 그는 우리가 그것을 성취하는 법을 모르는 데에 문제가 있다고 언급하였다. 사실은, 우리는 실제로 행한다는 것이다. 그러한 마음챙김 훈련은 우리의 뇌를 건강하고 알맞게 조절하는 것과도 유사하다. 우리는 규칙적인 운동과 심리 활동을 병행하여 신체의 건강을 유지하도록 한다. 마음챙김 훈련은 우리의 뇌를 건강하게, 마음을 회복력 있게 하는 연구에 관한 일상적인 뇌 운동 훈련이기도 하다. 이는 우리 자신이 더욱더 원활하게 살도록 하는 방법—마음챙김 훈련을 통하여 우리 자신을 조율하는 규칙적 운동과 함께—이기도 했다.

또 다른 연구에서 나는 통합이라는 것이 웰빙의 중심에 존재한다는 것을 제안해 왔고(Siegel, 1995, 1999, 2001), 계발될 수 있는 통합의 특정한 아홉 가지 영역을 강조해 왔다(Siegel, 2006, 2007a, 2010). 다양한 방식으로 통합은 내적 관계의 신경생물학적인 탐험에 대한 기초를 형성해 준다(Cozolino, 2002, 2010; Badenoch, 2008). 이제 우리는 작동하고 있는 치료 요법에 대한 더 커다란 PART의 틀에 들어맞도록 하는 통합의 다양한 영역(PARTr 12)[1]에 대해 이야기할 것이다.

마음챙김은 의식의 통합에 대한 첫 번째 영역의 한 측면이다. 상담사인 우리에게 있어 마음챙김 훈련을 하는 것은 의식하는 자각이 의도적으로 형성된 상태를 만들어 낸다. 우리는 감정과 생각이 들어오고 나가는 것을 바라보는 것에 개방되어 있으며 계속해서 자각과 의도 상태에 주시하고 있다. 의도적인 상태를 반복적으로 만들어 내면서 뇌는 그때마다 신경에 연결된 활성 상태를 더욱더 강화시키면서 반응하고, 그에 따라 우리는 하나의 특성으로 마음챙김을 만들어 낼 수 있는 것이다. 독자에게 뇌의 신경 활성화와 특정한 회로의 계발을 자극하기 위하여 우리의 마음에 주의를 둘 수 있는 방법을 한 예로 소개하고자 한다. [용어 SNAG(stimulate neuronal activation and growth)를 다시 가져와서 이야기해 보겠다. 우리가 치료에서 하는 것을 요약하는 데 유용하기 때문이다.]

이러한 특성들은 중앙 전전두엽이 지니고 있는 9개의 기능과 관련이 있다. 그것은 서로 조율하고, 감정적 균형을 이루며, 불안을 잠재우고, 행동하

---

1) 역자 주: Tr로 시작하는 각 장에서 다루는 내용을 의미한다.

기 전 멈춤의 과정을 지내며, 통찰력과 동정심을 지니고, 우리의 생각과 행동에 있어 도덕적으로 행동하며, 직관에 대해 더욱더 접근성 있게 하는 것 등이다. 즉, (아직까지 증명된 바는 없지만) 마음챙김 훈련을 통해 우리는 편협한 판단을 피하게 되고, 평정심을 이룰 수 있을 것이다. 또한 발생하고 있는 일에 대해 더욱더 명확하게 자각하게 되며, 우리 고유의 내적 상태에 대하여 이름을 붙이고 설명하는 능력을 키우게 될 것이다. 심지어는 자기관찰 능력을 더욱더 기르게 될지도 모른다. 이 다섯 가지 특징은 루스 베어(Ruth Baer)와 동료들(2006)의 자기를 돌보는 사람에 대한 특별한 모습에 관한 평가 연구에서 묘사한 것이다. 이후에 행해질 연구들은 마음챙김 훈련이 앞서 기술한 특징들을 체계적으로 개발할 것이라고 말할지도 모른다.

현존 속 통합의 역할

앞서 말한 훈련과 개념을 한데 모아 봤을 때에 현존이 필수적으로 있어야 할 것은 우리 삶의 특성이 되는 통합의 상태를 만들어 내는 능력이다. 우리는 통합이 서로 다른 부분들의 결합이라고 언급했다. 하나의 시스템이 통합되면 이는 최대로 유연하고 적응력 있으며 일관적이고 에너지가 넘치며 안정적인 것이다. (그렇다. 바로 우리의 두 번째 두음문자인 FACES이다. 나는 이것이 매우 유용하다고 생각한다. 우리는 잠시 동안 그것에 한계를 지을 것이다.) 분리된 요소를 연결 짓는 에너지와 정보의 흐름은 조화를 이루는 주관적인 경험을 지니고 있다. 마치 성가대가 전체 단원이 하는 합창의 흐름을 위하여 동시에 개개인의 목소리를 억제하며 〈어메이징 그레이스(Amazing Grace)〉를 부르는 것과도 같다. 조화로운 감각은 통합의 물리적인 상태에 대한 주관적인 측면이다.

통합을 통해 우리는 가능성의 개방성, 성향 안팎의 움직임의 유동성, 개연

성, 활성화 그리고 다시 정의되지는 않은 열린 가능성을 지니고 있다. 이것
이 우리가 우리 자신 또는 타인과 함께하고 있음을 느끼는 수용적인 상태의
조화로운 흐름인 것이다. 통합은 현존의 중심에 존재한다.

　전반적으로 이 책에서 통합은 우리의 접근을 만들어 내는 중심 요소인 것
이다. 이제 우리는 우리가 혼돈에 빠지거나 경직된 상태 또는 그 둘 다를 느
끼게 되는 통합의 강가 바깥 둑을 시험해 보면서 통합을 더욱더 깊게 모니터
링하는 법을 배울 것이다. 또한 통합되지 않은 상태에서 통합된 상태로 이끌
기 위한 방법들을 배우게 될 것이다. 이러한 연습은 상담사인 우리에게 유용
하며 우리가 마주하는 내담자들에게 있어 통합을 돕기 위해 필수적인 것들
이다. 물리적인 현실의 요소가 구별되지 않을 때 또는 연결되지 않을 때 그
것을 느낌으로써 우리는 주의의 초점을 이러한 현실화되지 않은 요소에서
실재화시키는 것을 격려할 수 있다. 우리는 구별해 내고 연결을 촉진하기 위
한 특정 영역을 만들어 낼 수 있는 것이다. 통합의 이러한 과정은 우리 자신
또는 내담자를 통해 발생할 수 있다. 이러한 물리적인 방식을 통해 우리는
우리와 내담자들의 삶을 조화로 이끌기 위하여 혼돈과 경직의 상태에서 벗
어나는 일관된 변화를 발견해 내는 것이다. 즉, 우리는 통합을 촉진함으로써
반응형 상태에서 수용형 상태로 이동할 수 있다.

　마음챙김 연구는 항상 각자 자기 고유의 통합에 관한 집중 그리고 내담자
들에 대한 집중의 두 가지 면을 대상으로 한다. 우리 고유의 현존에 대한 간
접적인 영향은 통합을 향한 다른 이들의 성장을 우리가 도울 수 있는 다양한
방식을 포함하고 있다. 직접적인 영향은 내담자에게 다양한 마음보기 기술
훈련을 가르치는 것인데, 이는 우리가 당신 한 개인을 위해 탐험해 갈 것이라
는 것이다. 이런 마음보기의 직접적인 가르침—자신의 마음을 돌볼 줄 아는
훈련을 제공하는 것, 뇌 기능에 대한 지식, 관계 탐험—은 내담자들에게 웰
빙 삼각형 내의 에너지와 정보의 흐름을 감지하고 형성하는 능력을 가져다
준다. 그러한 흐름이 원활하게 모니터링되면 혼돈과 경직의 패턴 또한 보이

며 연구를 필요로 하는 특정 영역도 확인이 가능해진다. 이것은 내담자의 성장 지점이다. 구별이나 연결이 없는 영역의 측면을 찾아가는 것이 바로 치료의 작업이 된다. 이런 기본 요소를 촉진하면 통합을 이루어 낸다. 통합을 향한 에너지와 정보의 흐름을 수정하도록 내담자가 배울 수 있는 직접적인 방법이다.

다음 장에서 보게 되겠지만 현존을 통하여 우리는 구별된 자아를 또 다른 개체와 연결하게 된다. 이것이 우리가 존재하는 상호작용적인 차원으로, 서로 간에 조율될 수 있는 방법이다.

"현재에 충실하게 머물고 집중하는 것이 현존이다."

1. 살을 빼려면 먼저 몸의 독소를 빼라고 한다. 운동을 해도 독소가 있는 한 운동 효과를 제대로 볼 수 없기 때문이다. 마찬가지로 현존을 위해 먼저 독소를 빼는 것이 중요하다. 독소를 빼는 것은 먼저 '호흡을 통한 이완'을 통해서 가능해진다. 나는 스스로 호흡에 집중할 줄 아는 임상가인가? 호흡에 집중하는 연습을 해 본 적이 있다면 그것의 효과가 무엇이라고 생각하는가? 나를 현존하게 돕는 경험들은 어떤 것들이라고 생각하는가?

2. 그림에서 보는 것처럼 얼음은 '객관적 세상'이다. 얼음 위에서 내가 타고 있는 스케이트는 '내면의 주관적 세계'에 속한다. 모두 크기도 색깔도 종류도 다르다. 스케이트를 타고 얼음 위를 스쳐가면서 자국을 만들어 내는 것이 '자아'라고 볼 수 있다. 자아들이 모여서 전체적인 글씨나 그림을 만들어 낸다면 그것은 '통합'이다. 나의 스케이트는 어떤 종류의 것인가? 나의 내면의 주관적 세계를 만들도록 경험했던 나만의 경험, 나만의 가치나 신념 그리고 나만의 정체성 이야기는 어디서 비롯되었는가?

02

조율(Attunement)

현존은 열리게 되는 가능성에 대한 우리의 개방적인
태도이다. 반면, 조율이란 타인에 대하여 주의를 기울이고 그들의 본질 자체
를 우리 고유의 내면세계에 들여오는 것이다. 우리는 봄이 시작될 때 즈음,
희미하게 깜빡이는 빛의 연못을 둘러싸는 나무의 상지를 스치고 지나가듯이
자연과 조화(조율)를 이룰 수 있다. 또 우리는 시간의 미스터리와 대륙의 마
법 같은 순간에 빠져들어 빙하로 된 돌로 뒤덮힌 황폐한 언덕에도 조율을 이
루어 낼 수 있다. 이 중요한 수용을 위하여 자연에 존재하며 조율하는 것은
웰빙을 누릴 때 필수불가결한 영역이다. 이 장에서는 타인의 내적 세계에 스
며들고 그 순간에 우리가 누구인지 형성하도록 하는 방식으로 조율의 개인
대 개인 측면에 초점을 맞출 것이다. 상호관계적인 조율의 물리적인 요소는
타인의 내적 세계를 드러내는 신호를 인지하는 것을 포함한다. 그들이 사용
하는 언어를 관찰하는 것뿐만 아니라 에너지와 정보의 비언어적인 패턴까지
말이다. 이 신호에는 주로 우반구에 익숙하여 보내지고 받아들여지는 눈 맞
춤, 얼굴 표정, 목소리 톤, 자세, 제스처, 반응의 타이밍과 강도가 있다. 조율
의 주관적인 면은 연결망, 누군가를 깊게 바라보는 것, 그 순간 다른 사람의
본질을 받아들이는 것에 대한 진실된 감각을 의미한다. 타인이 우리가 그들
과 함께할 때의 조율을 감지한다면 그들은 우리에 의하여 '감정을 느끼는' 경
험을 하는 것이다.

　조율은 언뜻 듣기에는 단순해 보인다. 하지만 우리는 너무나도 자주 그것
이 무엇인지에 대해 개방적인 태도를 취하기보다 그것이 무엇인지에 대한
내적 고유의 개념에 의하여 고립되기도 한다. 즉, 각자가 지니고 있는 집착

은 우리가 누군가를 진실로 받아들이는 것에 방해가 될 수 있다. 앞으로 함께 확인하겠지만 우리의 뇌는 과거의 경험에 근거하여 자동적으로 기대하는 인지를 형성해 내는 예측 도구와 같다. 오류가 없는 인지가 없다는 것은 분명하지만 조율은—비슷한 경험에 의하여 편향된 사고를 하거나 일찍 학습한 것에서 나온 제한적 기대에 기인한 것이라기보다는—우리의 지각의 집합체가 가능한 한 다가오는 감각에 개방적이 되도록 요구한다. 이것은 새로운 데이터의 상향식 흐름을 경험하는 것을 하향식 접근이 제한하는 방식이다. 타인의 신호에 대해 진심으로 개방된 자세를 취하기 위해서는 자신의 기억으로부터 갇힌 것을 초월하여 현존하며 개방된 상태로 나아가야 한다. 자유롭게 조율하기 위해서는 완전히 수용적인 태도를 보여야 하는 것이다.

당신은 조율과 현존의 차이가 무엇인지 궁금할지도 모른다. 우리는 현존을 열려 있는 상태로 정의한다. 조율은 현존 상태를 요구하지만 초점이 맞추어진 주의와 명확한 인지의 과정을 의미한다. 우리는 (심지어 혼자일 때에도) 현존을 사용하며 상호 관계적 조율 상태를 위하여 타인의 내적 세계를 받아들이도록 사회적 영역으로 그것을 이동시키기도 한다. 지금껏 봐 왔듯이 우리 삶을 이 지구에 지탱하게 하는 자연 환경을 흡수하며 자연과 조율을 이루는 것, 즉 '자연 조율'은 중요하며 우리 삶에서 필수적이다. 게다가 우리는 수용성과 승인을 경험하는 자기 자신을 관찰하면서 내적 조율에 발현되어 개방적인 자세로 사색적인 훈련을 거치게 될 것이다.

먼저 두뇌의 렌즈를 통하여 상호 관계적 조율의 물리적인 영역을 들여다보자.

뇌 기초

우리는 타인의 내적 상태에 조율하기 위해 다양한 신경 회로를 진화해 왔다. 유아–부모 상호작용에 관한 연구는 탄생 직후부터 우리의 사회 세계가 아기의 내적 상태에 대한 외부적 표현에 조율하는 부양자로 가득하다고 밝히고 있다. 이러한 조율은 부모와 아이 사이에 안정 애착 관계를 형성하는 데에 기초 역할을 하는 것으로 밝혀졌다. 개인적 경험과 과학적 관찰은 각각 웰빙에 대한 감지—그리고 회복력을 향한 성장—를 위한 대인관계의 중요성을 확인시켜 준다. 조율과 상관관계에 있는 명확한 신경이 아직 설명되지 않은 반면, 20세기 말에 이루어진 거울 뉴런의 발견은 조율과 함께 발생할 수 있는 에너지와 정보의 흐름을 향한 통찰을 제공한다. 거울 뉴런에 관한 정보를 염두에 두는 것은 단 한 가지의 가능성 있는 견해이지만—그 이상의 확인이 필요하다—이는 조율에 대한 탐험과 이러한 매력적인 결과물과 연관되는 시발점을 가져다준다.

　행동에 관하여 예측할 수 있는 연속성을 지닌 것 이면과 의도를 지닌 하나의 행동을 자각하면 피질에 존재하는 일련의 뉴런은 비슷한 방식으로 우리에게 행동을 준비시킬 반응을 보인다. 이러한 거울 뉴런은 누군가가 재연하는 것을 우리가 볼 수 있는 거울처럼 감각의 투입과 운동의 출력 사이에 다리로서의 기능을 하기에 이렇게 이름 붙여진다. 일반적으로 외부 세계에 대한 인지를 기억해 내는 것은 피질의 뒷부분(후두부, 측두엽, 두정엽)에서 조정된다. 그러나 운동과 운동 계획 부분은 피질의 전두엽 부분에 위치한다. 이러한 해부학적 분리가 의미하는 바는 특정 행동—이를테면 누군가가 물을 마시는 것—을 보기 위해서 단일 뉴런이 두 영역을 연결하여 그것들이 활동 전위라 불리는 전류를 발사함으로써 거울 뉴런이 활성화되는 것이다. 여기에 재미있는 결과가 있다. 우리가 컵 안에 든 액체를 마시면 누군가가 음료를 마시는 것을 볼 때 발화하는 특정한 뉴런 또한 활성화된다는 것이다. 우리는 행동을 바라보고 그것을 모방할 준비를 갖추게 되는 것이다.

　우리의 뇌는 모방할 수 있고 예측 가능한 결과를 가진 의도–동작을 가지고 외부 세계의 스캔 기능을 지닌 하드웨어가 내장되어 있는 것 같다. 그러고 나서 우리는 우리 안에서 그 행동을 통한 모방—더운 날 차가운 음료를 벌컥 마시는 사람을 볼 때 물을 먹게 되는 것—을 만들어 낸다. 뇌는 기대에 의한 기계이기 때문에 정렬된 탐지가 관찰된 연속된 행동의 다음 순간에 대해 준비하는 신경의 표현을 만들어 내는 것과 관련이 있는 것은 자연스러운 것이다(Freyd, 1987). 우리는 다양한 방식으로 거울 뉴런을 인지와 행동을 연결하는 패턴 탐지 기계의 특정 요소로 볼 수 있다. 중요한 결과이기는 하지만 이는 실제로 놀라운 것이 아니다. 왜냐하면 뇌는 예측하고 통합할 줄 알기 때문이다. 거울 뉴런은 운동성 동작의 감각 함축을 기억할 때에 작동하며 서로 다른 인지의 영역(패턴 탐지)과 운동성 동작(행동을 모방하는)을 연결한다.

마르코 야코보니(Marco Iacoboni, 2008)와 같은 심리학자는 우리가 지닌 거울 뉴런이 우리가 타인의 내적 상태에 조율하는 데에도 중요한 역할을 한다고 주장한다. 이것이 확실히 흥미로운 추측이라 할지라도 이 세상에서 거울 뉴런의 특정 역할을 확실히 하기 위해서는 더 많은 연구가 필요하다. 이 가설은 모방 행동을 넘어서 우리가 탐지하고 타인의 내적 상태를 흉내 내기 위하여 거울 뉴런을 사용함을 의미한다.

우리의 거울 뉴런은 SIMA라고 불리는, 운동성 동작의 감각 함축의 지도를 만들어 내기 위해 상부 측두엽에 있는 뉴런과 상호작용한다. 이러한 매핑을 통해 우리는 행동의 연속이 예측 가능한 다음 패턴을 알 수 있다. 이들은 타인을 이끌기 위한 의도를 지닌 운동성 동작이다. 우리는 이러한 거울 뉴런-피질 복합체가 중심전회에 직접적으로 전하는 것으로부터 우리가 보는 외부의 행동을 모방하기 위하여 전두엽의 운동성 동작까지의 신호를 지닌다. 거울 뉴런/상측 측두엽의 중요한 SIMA는 또한 앞뇌섬엽이라 불리는 중앙 전전두엽 영역의 일부를 발화 패턴으로 연결한다. 거울 뉴런의 특정 신경 발화 패턴의 형태에 관한 정보는 피질을 넘어서 인슐라의 영역을 통하여 아래로 전달된다. 이러한 피질 하부는 대뇌 변연계 영역을 포함하며, 타인의 내적 상태와 조율하기 위하여 반응을 일으키고 반영하고 공명이 잘되도록 최종적으로는 아래로 흘러내려 뇌간과 몸통까지 이어진다. 이러한 반영(mirroring)이 실제로는 진정한 복제품이 절대 아니기 때문에 타인을 통해 보고 실제로 그것을 우리 고유의 것으로 만들 때 '스펀지 시스템'이라는 별명을 붙일 수 있을 것이다. 이것은 내적 시뮬레이션의 한 형태이다.

　다음 장에서 조율로부터 발현되는 공명의 과정에 대해 알아 갈 것이기 때문에 여기서 타인에게 초점을 맞추어 내적 지각 요소를 알아볼 것이다. 우리는 타인과의 조율을 통해 그의 신호에 집중할 수 있게 되며, 그들의 내적 상태에 있는 에너지와 정보의 흐름을 우리의 신경계에 끼워 넣게 된다. 중요한 점은 우리가 인지하고 있는 안테나가 우리가 보고 듣고 맛보고 만지기 위하여 사용하는 후부 피질 영역과 일치하는 물리적 영역을 보기 위해 사용하는 다섯 가지의 감각에 한정되지 않는다는 것이다. 대신에 다른 사람의 내적 세계를 받아들이는 과정은 정보를 아래쪽으로, 피질의 아랫부분에, 처음 자각하는 영역의 아랫부분으로 향하는 것이며, 그 결과는 피질 아래에 묻힌다. 말 그대로 우리는 고유의 내적 세계를 형성하기 위하여 타인을 통하여 느끼는 것을 받아들이게 된다. 이 스펀지 회로가 무엇으로 작용하고 또 거울 뉴런이든지 다른 것이든지 피질 자각으로부터 피질 하부의 반응에 이르기까지 빠르게 이동한다는 것은 명확해 보인다.

　우리의 몸이 다른 사람의 내적 상태인 척 가장할 때 피질 하부의 발화 패턴에서는 변화가 일어난다. 우리의 신체—근육과 내장(심장, 폐, 장과 같은)—는 현존 상태를 예시하기 위하여 뇌간과 대뇌 변연계와 상호작용한다. 고유의 신체, 뇌간과 대뇌 변연계 영역, 피질 하부의 영역으로부터 자각하게 되는 신호들은 우리가 다른 사람의 내적 세계를 '인지'하기 위하여 접근해야만 하는 것들이다. 만약 스펀지(거울) 뉴런이 수용자라면 피질 하부 영역은 증폭기와도 같은 것이다. 이러한 피질 하부의 변화는 우리가 누군가와 조율할 때에 변화하는 것이다.

　조율 활동이 꼭 의도적인 것은 아니라는 것을 명심하라. 때때로 우리는 타인의 내적 세계를 자동적으로 흡수하기도 한다. 그들의 신호를 수집하고 자신의 고유 상태에서의 내적 변화를 지닐 때 말이다. 또한 우리는 '그것들이 어디에서부터 생겨나는지 알기' 위한 노력으로 타인의 비언어적인 신호에 목적의식을 지닌 채 집중할 수 있다. 심지어는 타인의 주의에 최대한 초점을 맞춤으로써 조율하기 위한 적극적인 노력을 했음에도 우리 고유 내부로부터 피질 하부층의 의사소통을 개방하는 데에 실패한다면 우리는 조율의 결과를 자각하는 것을 빠뜨리게 될 것이다. 우리는 비언어적 자료도 외부적으로 받아들이기 위하여 초점을 맞추었지만 타인의 감정을 느끼도록 요구되는 그러한 내적 상태로 열리는 것은 가능하지 않았을 것이다.

조율의 첫 번째 단계는 바로 다른 사람의 신호에 집중하는 것이다. 이러한 가설은 우리의 거울 뉴런 복합체가 우리의 피질 하부의 대뇌 변연계와 뇌간 그리고 몸의 영역에 변화를 일으키기 위한 인슐라를 통하여 아래로 전달되는 발화 패턴을 접하게 한다는 것을 의미한다. 이것이 시뮬레이션의 첫 단계이다. 다음 단계는 피질 하부층의 상태 변화가 위로 올라가, 결국에는 전전두엽 피질의 중간 영역에 놓이기 위하여 인슐라를 뒤쪽 반대 방향으로 이동하게 하는 것이다. 내부 감각수용기라는 외부에 자각을 두는 것이 두 번째 단계이다. 몸 자체로부터 우리의 심장과 폐를 감싸는, 근육의 긴장 상태를 둘러싸며 표정과 고통이라는 감정과 연관된 뉴런의 내부 데이터는 1막(Lamina 1)이라 불리는 층을 통해 척수를 옮겨 간다. 이 흐름은 신호를 뇌간과 대뇌 변연계의 시상 하부(간뇌의 소영역이라 부르기도 하는)로 보내면서 위 방향으로 이동한다. 그 시점에서 우리 몸의 데이터는 뇌간 메커니즘을 통하여 반응성과 수용성의 상태를 형성하며 시상 하부를 통하여 호르몬에 의한 환경을 변형시킨다. 하지만 영장류의 인슐라는 신체의 정보를 받아들여 그것을 위로 이동하게 하며 전전두엽 영역이 아닌 피질의 신체 상태인 후부 인슐라에 존재하게 된다. 어떤 연구자들에게는 이러한 신체 뒤쪽에 있는 발화 부분이 이전의 피질을 대표하며 두정엽―자신을 자각하고 정체성을 감지하는 것에 중요한 역할을 하는 것으로 드러나는―과 관련이 있을지도 모르겠다(이런 회로에 대한 더 상세한 논의는 Craig, 2009 참조). 이러한 기본 뉴런 발화 패턴은 우리로 하여금 신체 상태에 대한 피질 감각을 지닐 수 있도록 만든다(신체에 대한 1차적 지도). 하지만 아직 의식과 관련이 있는 것이 아니다. 특히 인간에게 이러한 후부 인슐라 발화는 앞뇌섬엽(전측 인슐라)을 향하여 전도된다. 앞뇌섬엽은 우리가 몸의 내적 상태에 대한 자각을 지니고 있을 때, 내부 감각수용이라 불리는 육감의 중요한 과정으로서 다양하게 활성화된다. 앞뇌섬엽을 향한 이 2차적인 움직임 때문에 어떤 연구자들은 우리가 후부 표현에 대한 2차적 표현, 즉 신체 상태에 대한 신경 지도로부터의 '거리'를 특별하게 가져다주는 것을 지니고 있다고 주장한다. 몸에 대한 상위 표상을 통해 우리는 의식의 과정과 관련이 있는 몸의 기능에 대한 조절 관리를 할 수 있는 것이다.

또한 앞뇌섬엽 피질은 극도로 빠른 전달을 가능케 하는 대구경 뉴런인 폰 에코노모(von Economo) 또는 방추 세포와 같은 특정 세포를 지닌 것으로 나타나는 몇몇 영역 중 하나이기도 하다. 이 방추 세포들은 앞뇌섬엽(몇몇 저자가 형식적으로 복외측 전전두엽 피질, 중앙 전전두엽 영역의 기초 영역의 일부로 두는)이 다소 거리가 먼 전측 대상회 피질(중간에 더 가깝고 우리가 중앙 전전두엽 피질이라 부름; Siegel, 2007a)과 연결되어 있다고 여겨진다. 이 앞뇌섬엽과 전측 대상회의 급박한 연결은 몸의 상태를 전달하는 데(메타 인슐라 지도)에서부터 주의 할당, 사회적 관련성 그리고 감정 조절(자기조직 과정에서 전측 대상회의 역할까지)에 이르기까지 중요하다. 보다 간결하게 말한다면, 몸 상태에 대한 자각은 우리가 삶을 구성하는 데에 영향을 미친다. 당신의 몸에 대해 아는 것은 당신의 마음 또한 강화시키는 것이다.

이러한 논의가 중요한 것은 바로 우리가 타인과 조율하는 과정을 거칠 때에 우리는 그 사람만의 신호에 집중하여 피질 하부 쪽 흐름을 통하여 내적 상태를 형성하고 이러한 이동은 기본적인 피질 신체 지도가 만들어지는 후부 인슐라 쪽, 특히 우뇌 쪽으로 상향 이동하기 때문이다. 그리고 나서 앞뇌섬엽(우측 또한)은 이 기초 데이터를 받고 2차적 표현—몸에 대한 지도의 지도—을 만들어 낸다. 이 몸에 대한 직감으로부터 제거되는 하나의 단계에 이르도록 해 주는 이 '메타지도' 능력은 자기 자신에 대한 자각과 관련이 있는 것으로 여겨진다. 이 진술은 방추 세포의 밀도와 자기자각의 경험이 상관관계가 있다는 연구 결과로부터 나온 것이다. 1막(Lamina 1) 데이터는 앞뇌 섬엽과 전측 대상회에 위치하는데, 이 두 부분은 방추 세포를 특별히 공유하는 곳이다. 자기자각이 신체의 물리적이고 사회적인 공간의 커다란 부분과 관련이 있다면 우리는 우리가 누구인지에 대한 감각을 만들어 내기 위하여 앞뇌섬엽과 전측 대상회를 결합할 수 있을 것이다. 자기자각에 대한 무질서함, 이를테면 섭식장애에 대하여 연구하는 이들은 그러한 난잡한 상태를 해결하기 위해 이러한 영역의 역할을 탐색할지도 모른다. 이 개념과 관련이 있는 것이 이 독특한 세포의 밀도에 비례하여 자기자각을 지니는 방추 세포를 가지고 있는 동물들을 발견한 것이다. 이런 식으로 성인, 이어서 젊은이, 유인원까지, 또 심지어는 고래와 코끼리 모두 자기자각과 방추 세포의 현존에 대한 형태를 지니는 능력을 공유하게 된다.

어떤 이와 조화를 이루고자 할 때 우리는 우리 자신의 내적 변화에 귀를 기울일 필요가 있다. 하지만 우리가 단지 이 이야기의 결말을 지니고 있다면 당신은 당신이 누구인지 그리고 당신이 조율하고 있는 그 누군가가 어떤 사람인지 혼돈하는 위험을 겪게 될지도 모른다. 비록 배심원단이 '나를 알고, 너를 알기'라는 문항에 대한 결말을 내린 것은 아니지만, 일부 과학자들은 마르코 야코보니(2008)가 제안한 것과 같이 우리가 다양한 영역, 특별 감독 혹은 '슈퍼 거울 신경세포'를 갖고 있다고 말한다. 또한 다른 정도의 신체 입력을 가지고 있어서 이것들은 당신이 우는 모습을 봤기 때문에 슬픔을 느낀다거나, 내가 감정의 근원이기 때문에 슬픔을 느낀다는 것을 알 수 있게 돕는다. 타인과의 조율 과정을 갖출 때 우리는 야코보니가 이미 말했던 그 일련의 과정을 겪게 될 것이다. 즉, 우리는 누군가의 신호를 받아들이고, 우리의 피질 하부의 상태를 변형시키고, 이 상태를 몸의 뒷부분과 앞뇌섬엽을 통해서 가져온 다음, 내측 전전두엽 영역과 전측 대상회를 통하여 이러한 인슐라 지도를 점검한다. 그리고 나서 세 번째 단계로 전두엽이 매개 활동을 하여 다른 사람에게서 본 것에 변화 이유를 돌리게 된다. 자연스럽게 이런 복잡한 과정은 감각의 의미에 대한 정확한 해석을 왜곡해서 개연성의 경직된 원자가 정체기에 빠질 수 있게 만든다.

이전 장에서 확인했던 것처럼 내가 당신과 토론을 나누던 도중 손을 들 때 당신이 수업을 해 왔던 사람이라면 아마 당신은 그 제스처를 질문이 있다는 것으로 해석하게 될 것이다. 만약 당신이 뉴욕에서 온 사람이라면 내가 택시를 부르는 것으로 생각할 것이다. 또 만약 학대를 당한 어린아이라면 그 제스처를 보고 내가 그에게 폭력을 가한다고 생각할지도 모르겠다. 내적인 두려움이 내가 그에게 상처를 줄 의도가 있는 것으로 발현되는 것이다. 이를 통해 우리는 트라우마라는 것이 '폭력을 가하기 위한' 지각에 편견을 지니게 하는 원자가 정체기를 만들어 냈음을, '그가 나를 때리려 한다'는 것의 예시된 절정기로 급격하게 이동함을 볼 수 있다. 거울 뉴런이 경험을 통해 학습되기 때문에 그것은 이전에 경험한 것을 토대로 독특한 방식을 지니고 초기 데이터로부터 예측된 연속성을 해석하게 되는 것이다. 우리는 해결되지 않은 트라우마를 통해 운동 동작에 감각적으로 함축된 것이 위험이나 폭행을 경계하기 위하여 왜곡됨을 시사한다. 우리가 과거에 경험했던 것들은 인지에 선입견을 갖게 하도록 하는 감각 투입의 진행을 빠트리기 위해 정체기 패턴을 만들어 낸다. 비록 나는 단지 친구에게 인사하기 위하여 손을 흔들었던 것임에도 불구하고 그 순간에 우리는 수용적인 상태에서 벗어나는 것이다.

초기 인식과 피질 하부의 이동, 내부 감각수용, 귀속은 야코보니 모델의 조율 과정에서 기초적인 단계에 속한다. 이는 뇌 관점에서 현실의 물리적인 부분이다. 정확성에 맞추고 명확하게 이러한 순서를 이루어 내기 위해 우리는 기대를 버리고 자기 고유의 내적 피질 하부의 이동에서 넘쳐나고 있는 불확실성을 주시해야 한다. 타인의 내적 상태를 받아들이기 위해서는 반응을 보이는 상태가 시야를 가리고 그들과 조화를 이루는 것을 방해할 때에 우리 고유의 것을 포기하고 기꺼이 동일시할 필요가 있다. 자신의 내적 상태에 대한 인식은 우리 자신에게 적응하고, 정체기와 절정기가 다른 사람의 진정한 경험에 열린 상태를 유지하는 것을 어떻게 막을지에 초점을 두게 만든다.

진정한 조율은 위험한 일이기도 하다. 예를 들어, 내담자에게 신체 검사를 받게 하고 체크리스트 문항들의 작성을 반복하는 것처럼 배제하기 위해 특정 임상 질환을 찾아내는 것은 더 '쉽다'. 아니다, 아니다, 그렇다, 아니다. 좋다, 검사는 끝났다. 조율은 설문지를 사용하여 강력하게 밀고 나가는 것과는 꽤 큰 차이가 존재한다. 우리는 내담자 고유의 주관적인 영역이 어떠한지 확신하지 못한 채로 그에게 개방적인 상태를 유지한다. 우리는 기꺼이 그 과정 중에 우리 자신을 그에게 조율되도록 하면서 내면 상태를 발견하기 위하여 기꺼이 노력하는 과정을 거쳐야 할 것이다. 우리가 알고 있는 모든 것에 대한 느낌을 다 버리거나 또는 결과에 대하여 제어하는 상태를 지니면서 말이다. 이런 식으로 개방적인 태도를 유지하는 것은 우리가 예상할 수 없는 방향을 통하여 생각해 왔던 것보다 더 긴 시간을 요하는 영역에, 또 불편한 기분이 들거나 제어할 수 없는 무능한 영역에 빠져들게 할 것이다. 이 시점에서 이 작업을 처음 접하는 사람들은 다른 직업을 선택하거나 현실의 매우 중요한 주관적 측면을 인식하는 데 필요한 불확실성이 덜 채워진 전문 분야를 선택하려고 할 수 있다. 하지만 이 순간에는 당신 자신과 내담자를 조화롭게 할 수 있는 기법과 기술이 있고, 함께 탐험할 가치가 있기에 당신이 인내할 것을 권고한다. 나는 자기인식과 상호적인 개인 내의 조율 기술을 배우는 것은 마음공부의 금광이라고 본다.

임상적 현존에서 가장 중요한 것은 바로 개방적인 상태를 보이는 것이다. 임상적 조율에서는 "나는 모르겠어요."라든지 "좀 더 얘기해 주세요."라고 기꺼이 말하는 것이 필요하다. 내담자에게 도움을 주기 위한 당신의 그 의도,

즉 사회적 관여 시스템과 연관되어 있을 법한 것과의 연결을 유지하여 도움을 주고자 하는 그 열망을 지니는 것에 관한 긍정적인 신경적 태도를 지니는 것은 상냥함과 동정심 그리고 또 다른 것을 지지하는 이해관계와 함께 엮인다. 이들은 우리가 타인과 조화를 이루는 데 필요한 내적 상태이다.

마음보기 기술

내부 감각을 수용하는 것은 우리 몸 안을 인지하는 기술을 말한다. 몸의 내부 상태에 초점을 맞추기 위한 피질 하부의 자각을 사용하면서 우리는 근육이 느끼는 감각, 마음과 장이 내보내는 신호, 우리 자신이 느끼는 모든 감각에 의존하게 된다. 내부 감각수용은 타인과 조화를 이루기 위한 관문으로서 마음을 관찰하는 중요한 요소이다. 지금 당신이 5~10분 동안 자각을 채우기 위해 육감을 사용하여 몸을 감지할 것을 제안한다. 이것을 이루기 위해서는 평평하게 누울 수 있는 바닥이나 소파 또는 침대와 같은 조용한 장소가 도움이 될 것이다. 신체 스캔의 테이프는 몸의 각 부분부분을 통하여 화자가 편안하게 두는 곳에서 가용하다. 만약 집중하기가 어렵다면 부드럽고 온화하게 순간에 집중하는 것으로 주의를 전환해 보라. 책을 읽으면서 경험하게 되는 스캐닝은 이뤄 내기가 어렵지만 글자로 이루어지지 않은 감각의 세계를 그저 인지하는 것이 아닌 이러한 스캐닝은 가능할 것이다. 그러므로 나는 독자에게 청각적 신체 스캔이 제공할 법한 개요를 제공할 것이다.

당신의 몸이 앞서 이야기한 평평한 표면에서 휴식을 취하는 그 자연스러운 상태를 알아내도록 하라. 그렇다면 당신은 방 안의 소리가 제일 먼저 자각을 채우도록 할 것이다. 이제 바닥이나 매트에 기대어 있는 등과 팔, 다리의 감각을 주시해 보라. 호흡이 자연스러운 리듬을 찾아내도록 하라. 아마도 당신은 잠시 동안 호흡의 그 흐름을 따라 신체 스캔을 시작하게 될 것이다. 발뒤

꿈치가 공에 내딛는 발이라든지 각 발의 엄지발가락에 닿을 때 발의 오목한 부분과 연결되는 방식의 감각을 받아들이라. 그러고 나서 당신은 2개의 발, 뒤꿈치에서 엄지발가락까지 자각을 채우는 느낌을 지닐 수 있을 것이다.

자각이 위쪽으로 이동할 때에는 발이 무릎과 발목 사이를 연결하는 발목 관절을 느끼게 될 것이다. 그렇다면 그 부분이 등과 앞부분, 정강이까지 어떻게 느껴지는지 살펴보라. 이제는 등의 열린 공간을 감지하면서 무릎 쪽을 자각하라. 그러고 나서는 앞쪽의 슬개골로 주의를 돌리라. 이 굉장한 관절은 다리 아래쪽을 위쪽과 연결 지으며 뒤쪽에서 느낄 수 있다. 상향 이동을 하다 보면 이제 주의는 다리를 골반과 연결하는 고관절로 이어진다. 뒷부분을 자각하면 바닥에 닿아 있는 엉덩이의 감각을 알아차릴 것이다. 이후에는 사타구니와 생식기 부분을 자각해 보라.

자각의 방향이 위로 갈수록 복부 단계에서의 호흡의 이동을 느끼게 된다. 자각이 내부로 들어와 장으로 이동하게 된다면 소화기관에 초점을 맞출 때의 감정이나 이미지를 느껴 보라. 이제 등 아랫부분으로 주의를 돌려 휴식을 취해 보라. 척추와 등 위로 이동하여 전신의 윗부분과 아랫부분을 연결하는 등뼈에서 발현될 에너지를 느껴 보라. 어깨뼈와 그것들이 어떻게 서로 이어져 있는지 느껴 보라. 이제 각 호흡의 움직임을 감지할 수 있는 가슴 쪽으로 내려온다.

신체 내부로 자각을 이동하면서 폐가 자각의 초점으로 들어오게 하라. 호흡을 느끼는 것, 허파로 공기가 나가고 들어오는 것을 느끼는 것은 들숨과 날숨의 흐름을 타게 한다. 이제는 자각의 중심으로 감각이 들어오게 하라. 그 어떤 감각이나 이미지 모두 지금 당신의 자각을 채우도록 두라.

목 부분까지 더 위로 올라오면 기도를 통하여 호흡이 들어오고 나가는 것을 보게 될 것이다. 이제 외부로 이동하여 누워 있는 바닥에 기댄 목을 느껴 보라. 머리 뒷부분으로 주의의 초점을 옮겨 꼭대기까지 가 보라. 이마에 초점을 두게 되면 얼굴 근육까지 느끼게 될 것이다. 그 후에는 눈과 코, 광대뼈까지 느끼는 감각에 주의를 기울이라. 이제는 입이 자각으로 들어가는 것을 주시하라. 턱 아랫부분으로 그리고 턱뼈와 귀까지 말이다.

당신이 얼굴 전체에 자각을 채운다면 머리의 전체 부분 또한 내적 감각을 느끼는지 지켜보라. 그 후에는 근육의 외층에서부터 시작하여 머리부터 발가락까지의 뼈, 즉 전신의 감각을 받아들이게 될 것이다. 이러한 감각을 느끼는 것만으로도 자각을 충만케 할 수 있다. 이제 몸의 내부—중요한 장기인 폐, 심장, 창자—또한 자각을 느껴 보라. 이 감각 훈련에 친밀해지면서 전신과 내부, 외부 모두 자각 상태를 느껴 보라. 이제 몸이 그 자체의 자연스러운 상태에 있을 때 일어나는 감각과 자연스러운 호흡—지구가 지지하게 하면서 있는 그대로의 자각의 힘을 감지하면서—에 기대어 보라.

모니터링 기술을 훈련하기 위해서는 이와 같은 신체 스캔을 규칙적으로 하는 것이 도움이 된다. 완전히 가꾸어지는 의식 형성에 인슐라를 투입하는 연결을 유지하기 위해서 말이다. 사라 라자르(Sara Lazar)와 동료들(2005)은 이에 대해 규칙적인 마음챙김 명상으로 앞뇌섬엽, 중앙 전전두엽 영역이 더욱 두터워진다는 것을 발표했다. 즉, 이들은 노화로 인한 일반적인 감소를 다루는 것이 아니다. 이러한 보호는 반복적으로 활성화되는 영역에서 일어나는 신경의 연결이 더욱 일어나기 때문인 것이다. 신경과학에서 이러한 현상은 '함께 발사되고 함께 연결하는 신경'이라 일컬어진다. 이것은 우리가 신경 활성화와 진전을 자극하기 위한 방식이다. 몸을 신경가소성을 이용한 피질과 연결할 때에 뇌를 더욱 수직적으로 통합된 상태로 이끌기 위해 SNAG[1] 하는 것은 뉴런의 활성화와 성장을 자극한다. 자각을 통한 주관적인 경험 내에서 우리의 주의를 몸의 감각에 기울이면 더 기울일수록, 우리는 인슐라의

---

1) 역자 주: 대니얼 시걸은 관계가 뉴런의 활성화와 성장을 자극하는 주요한 핵심이라 하였다. 이를 설명하기 위해 Stimulate Neuronal Activation and Growth의 첫 글자를 따서 'SNAG'라고 부른다.

활성화와 그 후의 진전의 물리적인 상호 연관성을 더욱 활성화하게 된다. 우리는 더 커다란 내부 감각수용과 인슐라의 활성화를 일으킬수록 타인과 조율을 이루고 그들의 경험에 더욱더 공감할 수 있는 능력을 가지게 될 것이다.

이제 마지막 한 가지만 강조하겠다. 바로 주의집중이 특정 신경 발화 패턴을 작동시킨다는 것이다. 여기에서 우리는 신경 발화를 이끌기 위한 주의집중의 주관적인 영역을 사용할 수 있다. 우리는 뇌를 SNAG하고 신경계가 더욱 통합될 수 있도록 마음을 집중시킬 수 있다. 우리가 타인에 대한 연민에 기반한 관계에 개방되도록 하기 위해 우리 자신에 대한 연민에 기반한 조율을 활발하게 형성할 수 있는 것이다.

이후에 훈련할 마음보기 두 번째 기술을 통해 우리는 에너지와 정보의 내적 흐름을 모니터링에서 변형으로 바꾸어 나갈 수 있다. 이 모든 훈련 활동이 먼저 당신 자신을 발전시키기 위한 것이라는 것을 명심하라. 하지만 각각의 훈련을 한번 익히면 당신의 내담자에게 마음보기 기술을 바로 지도할 수 있다.

마음보기 훈련의 다음 연습은 당신의 마음 상태를 조절하는 데에 도움이 되기 위해 타인과의 의사소통을 하면서 연결하는 데 도움을 얻지 못했을 때에 초점을 맞추는 것이다. 과거의 경험과 연결 짓기 위한 이 잃어버린 기회들은 현재 타인과의 의사소통에 빛을 비출 수 있도록 하는 그림자가 될 것이다.

개인적인 시간을 가지기 위해서 먼저 15분이라는 시간을 내어 펜을 준비하라. 또는 인터넷의 침입으로부터 자유로운 컴퓨터도 가능하다. 다른 사람과 연결될 때에 당신이 느끼는 가장 커다란 두려움이 무엇인지 적어 보라. 아마 당신의 삶이 어렵다고 느낄 때 상대방과 의사소통을 한 최근 일이라든지 옛날 일을 적는 것이 도움이 될 것이다. 그런 다음 무슨 일이 일어나는가? 이렇게 어려운 연결이 당신에게 어떤 감정을 느끼게 만들었는가?

이제 타인이 당신과 조화를 이룰 때에 눈에 띄게 어려움을 느꼈던 그때를 생각해 보라. 어느 때였는가? 무엇을 초래하였으며 당신에게 어떤 결과를 만들어 냈는가? 무시받고 묵살당하고 꾸짖음을 당한다든지, 이해하지 못하는 그러한 것은 어떻게 느껴졌는가? 그 사람이 당신의 마음 상태와 조화를 이루어 낼 수 없는 이유들을 발견하였는가?

어떤 사람에게 타인과 조율을 이루어 내는 것이 아닌 연결을 필요로 하는 감정은 부끄러운 상태를 초래하기도 한다. 수치심은 자기 자신에 대하여 결함이 있다는 내적 상태와 연관되며 누군가와 접촉함으로써 그의 시선을 돌리려는 내적 충동과 동반된다. 정말 부담스럽게, 또 구역질이 나도록 말이다. 수치심은 이전에 소개했던 아니다-그렇다 훈련(물러남에 대한 감정을 멈추는)에서 '아니다'라는 감정과 비슷한 요소를 지니고 있다. 수치심의 강도는 수렁에 빠지게 하고, 이런 고통은 자각이라는 레이더망 아래에서 우리의 일상생활과 연결되게 한다. 임상의인 우리는 반응을 보이는 것에 취약해지거나 타인의 수치스러운 경험에 대한 맹점에 놓이지 않기 위해서 수치심이 우리 삶에서 어떠한 역할을 했는지에 대해 알아야 한다.

임상의로서 우리는 우리에게 도움을 청하는 내담자들과의 깊은 관계에 놓여 있다. 그들과 상호작용을 할 때에 양쪽에서 취약성의 강렬한 감정을 느끼게 된다. 연결이 매우 필요한 순간—기쁨, 고양의 순간뿐 아니라 부정적이고 두려운 순간에도—에 우리는 귀를 기울이고 이해하고 치유가 필요한 다정한 순간에 놓여 있는 것이다. 그 순간 수치심으로 인해 엄청난 위험이 발생할 수 있을 것이다. 연결하고자 하는 필요가 더 커짐으로써 잃어버린 함께함의 순간은 이해하지 못하는 것에서 고통스러운 철회, 수치스러운 상태로 전환된다. 누구에게든지 이러한 일이 가능하지만, 수치심으로 가득한 과거의 경험을 지닌 사람은 상실된 연결과 반응을 더욱 증폭시키는 고통에 처하게 되는 극도의 위험에 놓일 것이다.

이 마음보기 훈련을 통해서 당신과 나는 수치심이라는 것이 과거의 고통스러운 경험에서 빚어졌을 때에 처음으로 접근하기 위하여 마음을 들여다볼 수 있을 것이다. 그 순간을 회상해 보는 경험을 통해 지금 당신은 어떤 감정을 느끼고 있는가? 지난 그 시절의 신체 감각을 끌어올림으로써 시각적 또는 청각적인 이미지(사진이나 대화)도 함께 상기하게 되는지 보라. 이제 그 수치심의 감정이 신체 어디에서 나오는지 정확한 위치를 찾아보라. 가슴속 감정, 차오르는 눈물, 속에서 구역질이 나는 느낌, 어디인가? 이제 과거의 이미지, 감각, 감정, 회상을 모두 쥐어 제쳐 두라. 어떤 이들은 그들이 문을 열 수 있는 열쇠를 지닌 벽장에 잠겨져 있는 마음과 같은 서류 보관함을 상상할 것이다. 기억 속 파일을 서랍에 넣어 다시 닫아 버리라.

당신 마음의 앞에서 평화로운 장면을 생각해 보라. 이를테면 공원이라든지 바다, 목초지, 숲, 당신이 쓰는 방 등 당신에게 안전감과 평온을 가져다주는 곳이라면 어디든 좋다. 그러고 나서 이 행복한 이미지가 마음의 눈에서 더욱더 커지는지 보라. 아마 당신은 그 이미지를 확장해 나가면서 호흡의 작은 흐름에 자각을 집중하는 것이 유용하다고 느낄 것이다. 이제 신체 감각을 지켜보라. 그 이미지가 당신에게 잘 전달된다면 당신은 평온함과 명확한 느낌을 편하게 느낄 수 있을 것이다. 이제 팔이 편안하게 놓이고, 호흡이 편안해지며, 심장박동이 느려지고 안정되는 것을 느껴 보라. 이것이 당신이 항상 느낄 수 있는 본거지이자 깊고 평안한 장소이다. 누군가는 단지 호흡이라든지 평온한 장소를 상상하는 것만으로도 평안한 상태를 자각하게 된다. 이 장소는 모두 당신 고유의 것이다. 또한 표면의 흐름이라든지 심지어 폭풍우가 몰아친다 해도 당신의 정신이라는 바다에 놓인 깊은 고요의 공간이다. 이 공간은 당신의 인생에서 강력한 자원이 될 수 있는 용기의 장소인 것이다.

이러한 힘의 내적 원천을 만들어 낼 수 있다는 것을 앎으로써 당신은 매일 그저 호흡을 감지하거나 평화로운 장소를 생각해 볼 수 있다. 오늘 이 훈련을 통해 당신 마음의 기억 저장소에 숨어 있는 것을 들여다보자. 타인과의 연결이 이루어지지 않아 수치심을 느꼈던 그때의 생각을 마음 앞에 꺼내어 신체적 감각이나 감정, 또 다른 자각의 중심에 되돌아가는 시간의 요소와 관련된 것에 주목한다. 그 기억이 부활하면 그 경험에서 가장 고통스러웠던 부분이 무엇이었는지 생각해 본다. 당신의 상호작용 속 그 관점은 무슨 의미를 지니고 있는가? 그 사건으로부터 안 좋은 결과가 있었는가? 어떠한 신체 감각과 감정이 일어나는지 잘 살펴본다. 그것들이 더욱 강렬해질수록 '그것에 숨을 들이마시는' 것이 가능한지 본다. 이는 불편한 상태에서 나오는 것이 아니라 현재 몸에서 발생하는 그 무엇이든지 머물면서 더욱 의도적이고 깊은 호흡에 집중하게 되는 것이다. 만약 감정과 감각이 너무나 강렬해서 더 이상 현존을 유지하기가 힘들다면 이제 앞서 언급한 평화로운 공간을 상상해 본다.

만약 당신이 기억해 낸 것이 압도적이지 않다고 해도 이 훈련은 당신의 평화로운 공간을 마음 앞에 데려다 준다. 호흡을 불어넣는 활동(호흡과 평화로운 상상에 초점을 맞추는)이 기억을 이동시키는 데에 도움을 주는지 살펴본다. 이 변화는 개방된 상태로 있고 철회에 대한 반응을 보이는 공간으로부터 이동하는 것과 어느 정도 관련이 있다. 중요한 것은 바로 당신이 고통의 지수를 감지하고 그 상태를 더욱 균형 있게 움직일 수 있다는 것이다. 이것이 바로 마음 상태를 모니터링하고 변형시키는 것의 토대가 된다.

당신의 내담자와 이러한 기술 훈련 활동을 하게 될 때에 과거에 있었던 고통스러운 그 사건을 다루기 이전에 평화로운 공간을 상상하는 것이 도움이 될 것이다. 몸의 감각과 상상 속 이미지를 연관 지어 안정과 안전감을 결합하면 평온과 명확성의 본능적인 현실에 사람을 좌초시킬 수 있다. 이는 탐험에 앞서서 안전과 힘(용기)의 중요한 원천으로서 작용하는 현실에 기반을 둔 것이다.

내성과 신경 통합의 창

우리의 치료 작업에 깊이 뛰어들도록 하는 것은 '내성의 창(window of tolerance)'(Siegel, 1999)이다. [그림 2-1]을 보면 우리에게 기능하는 본질적인

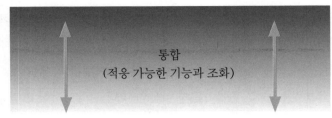

혼돈

통합
(적응 가능한 기능과 조화)

경직

그림 2-1   내성의 창

* 어떠한 감정이나 상황에 대한 정신적인 경험과 신경 발화 패턴은 우리가 최대한 기능할 수 있는 내성 영역을 지니게 된다. 그 범위 내에서, 즉 창문의 영역 안에서 우리는 해내게 된다. 창문 밖으로는 견딜 수 있는 각성 단계를 넘어서 혼돈이나 경직의 상태로 이동하게 되고 적응할 수 있고 조화롭게 기능하는 우리의 특성을 잃게 된다.

각성의 띠를 보게 된다. 창문 밖에서 우리는 제대로 기능하지 못한다. 끝부분에서 우리는 창문의 가장자리로 이동하고 혼돈 상태에 가까워지게 된다. 다른 쪽 가장자리에서는 경직 상태를 보게 된다. 당신은 이 모습이 통합의 강과 유사하다고 느낄지도 모른다. 강 바깥으로 이동하는 것은 창을 넘어서 이동한 것과 같다. 그 순간 창은 주어진 상태를 의미하며, 강은 시간에 따라 흐르는 것을 나타낸다. 당신은 어떠한 상황이라든지 감정에 대해 드넓은 창을 가지고 있을 것이다. 반면에, 어떤 상황에 대해서는 비좁고 쉽게 무너지는 창도 가지고 있을 것이다. 그 상황이 무슨 상황이든지 통합이 되면 그 창문의 영역 안에서 유연하고 적응력 있게 잘 기능할 수 있게 된다. 창문의 경계 그 영역을 벗어나게 되면—혼돈과 경직 상태로서—통합이 깨지며 균형 있고 조화로운 기능에서 빠져나오게 된다.

나는 분노 상태에 대해서 비좁은 내성 영역을 지니고 있는 것 같다. 이 예에서 누군가로부터 무시당한다고 느낄 때 내 피는 들끓기 시작하여 경직 상태에 급격하게 멈추거나 다른 가장자리 쪽으로 이동하고 혼돈스러운 분노 상태에서 폭발하기도 한다. 이러한 경우에 나는 그 창문의 영역 내에서 잘 기능하는 조화로움을 상실해 왔다. 슬픔 가운데에서는 나 스스로 또는 타인에게서 넓은 강도의 감정을 참아 내면서 이보다는 잘 기능할 것이다. 자기 스스로의 내성 영역을 아는 것, 특별히 어떠한 영역이 유독 좁고 타인의 감정과 현존하고 조율하는 것을 억제하는지 잘 아는 것은 조율의 중요한 요소이자 마음을 살피는 전문가로서 필요한 것이다. 창의 가장자리에 갔을 때, 또 수용적인 현존을 떠날 때를 아는 것은 우리가 더 이상 타인과 조율을 이룰 수 없는 상태를 따라갈 수 있도록 만든다.

만약 당신의 내담자가 이 영역을 넘어간다면, 평화로운 공간에 관한 이미지의 내적 자원과 이와 연관된 안전에 대한 신체의 감각을 사용하는 것이 그를 통합 상태로 되돌아오게 하는 데에 매우 중요한 기술이 될 것이다. 내담자들과 함께하는 우리의 몫은 유리창의 영역을 느끼고 변화가 가능해지는 '안전하지만 그렇게 안전하지는 않은' 치료 영역에서 함께하는 것이다. 내성의 중심 영역에서만 머문다면 변화가 필요한 사람의 경우 침착한 분열과 재조직이 불가능해진다. 그 창 내에서 휴식을 취하면서도 이 불안정한 이행 영역의 안팎으로 이동하며 가장자리를 감지하는 것은 '치료가 참을 만하고 자율권을 주도록 하는 움직임'이라는 사실을 만나게 돕는다.

폐쇄에 대한 주관적인 감각의 물리적 상관관계는 융통성이 없는 신경 발화 패턴으로 향해 왔던 것을 의미한다. 가능성의 개방 영역이 아닌 물리적인 영역은 개연성의 정체기로 펼쳐져 왔으며 수용적인 상태로부터 거리가 먼 절정기를 활성화시켜 왔다. 우리는 개방적이고 수용적인 방식으로 기억을 받아들일 수 없으며, 절정기에서 정체기까지 그리고 영역에 이르기까지 유연하게 이동할 수 없다. 주관적인 시각에서 감정은 수축과 반응하는 감각을 포함하게 될 것이다. 통합되지 않은 경직과 혼돈 상태를 드러내면서 말이다.

타인과 조화를 이루고자 할 때 특정한 사건에 대한 우리의 내성 영역을 알고 있는 것은 정말로 중요하다. 당신은 당신을 무기력하고 화가 나도록 만드는, 또 당신의 삶에 여전히 존재하는 무서운 마약 중독자와 관계를 맺어 본 적이 있을지도 모른다. 이러한 고통스러운 상황이 초래한 지속적인 고통을 해결하는 데에 시간을 쏟지 못했다면 마약 중독에 대한 경험을 이야기하는 내담자의 말을 듣는 것에 대한 당신의 내성 영역은 매우 협소할 것이다. 이러한 상황은 임상 실무 중 내담자에 대한 평가나 치료, 특히 마약 투여 및 남용과 관련된 작업을 하며 그와 조율을 이루고자 할 때 어렵게 만들 것이다. 당신은 현존을 멈추고 내담자와 더 이상 조율을 이루지 않으며 그의 마음 상태에 대해 개방된 마음을 보이지 않게 될 것이다. 당신은 차단 상태가 되고 또 당신을 마주하는 내담자 또한 그러하게 될 것이다.

자기 자신을 아는 것이 우리 자신이 지닌 폭넓고 다양한 상태에 대한 내성 영역을 넓히게 되는 출발점이다. 우리는 융통성 없게 가능성으로부터 멀어지지 않는 것을 감지하기 위해 자신의 마음 상태를 모니터링하는 기술을 배울 필요가 있는 것이다. 우리 측에 대한 이런 세련된 인식이 없다면 우리는 내담자에게 자신의 혼돈 또는 경직의 감정을 투사할 수 있고, 부적절하게 내담자를 안전한 장소로 이동시키려 시도하다가 내담자를 창에 그냥 두거나 혹은 그 당시 나타나는 느낌이나 기억이 무엇이든 간에 참을 수 없다는 감각을 직접적으로 전달할 수 있다. 이것이 우리 자신의 내부적인 고통 상태가 내담자의 상태에 어떻게 영향을 미치는지 보여 준다.

우리는 또한 창 너머의 움직임을 감지할 뿐 아니라 수용력을 향한 우리의 상태를 개입하고 수정할 수 있는 훈련을 개발할 필요가 있다. 이런 훈련은 가능성의 개방 영역을 확장하는 주관적 · 물리적 방법을 위해 우리 뇌를 통합해 가도록 스스로 조율하는 방식이다. 이렇게 수용적이 되는 것을 배우거나 인내의 창 아래 머무는 것은 우리의 내적 세계에 공명이 일어나도록 타인에게 조율하게끔 돕는다.

1. 조율을 위해서는 먼저 돋보기가 필요하다.

   ① 돋보기로 자신의 마음을 들여다본다.

   ② 나 자신의 내면에 초점을 잘 맞춘다.

   ③ 다른 사람의 신호에도 집중한다.

2. 관계 속에서의 조율이란 마치 라디오 주파수를 맞추어 가는 과정과 흡사하다. 라디오
   에서 들려오는 명쾌한 목소리와 음악을 듣기 위해 아날로그식 주파수를 맞춰 본 적이
   있는가? 내가 주파수를 잘 맞춰서 조율을 이뤄 냈던 것 같은 관계는 언제 가졌는가?
   나는 어떻게 해서 주파수를 잘 맞출 수 있었나?

03

공명(Resonance)

우리는 현존을 통해 타인과 우리 자신에게 개방적인
태도를 취할 수 있다. 조율은 타인과의 상호 관계적인 조율(또는 우리 자신과
의 조율) 속에서 그의 마음 상태를 우리의 자각 속으로 끄집어 오기 위하여
타인(또는 우리 자신)에게 초점을 맞추는 행동이다. 공명은 자율적인 2개의
독립체를 하나의 기능체로 이끌어 내는 것을 말한다. A와 B는 서로에게 각
각 조율하면서 공명 상태에 있고, 두 개체 모두 서로의 마음 상태를 받아들이
며 변화하게 된다. 이렇게 공명이 긍정적인 관심하에서 이루어지면 일관적
인 깊은 감정이 주관적인 조화로운 감각으로 발현된다. 예를 들어 보면, 현
악기의 두 줄이 공명을 일으킬 때에 각 줄은 다른 줄에 영향을 받아 변화한
다. 즉, A는 B로 인하여 변화하고 이후에 B는 B에 의하여 변화한 A에 의하여
변화하게 되는 것이다. 이것은 공명의 역동적이고 상호적인 상태이다. 말 그
대로 두 개체는 하나로 연결되는 것이다. 그리고 하나로서의 전체는 개별적
인 부분들을 합친 것보다 더 크다.

　상대방이 우리에게 조율되고 우리가 그것을 마음속으로 받아들였다는 것
을 느끼게 되면 우리는 다양한 방식으로 '친밀함' 또는 '경청' 또는 '보임'이라
는 감정을 느끼게 된다. 조율 상태를 택하게 되면 의식을 하든 그렇지 않든
간에 우리 고유의 상태는 변화할 수 있다. 주목을 받는 이는 주목하는 사람
이 그를 받아들임을 깨닫고 그 두 사람은 함께하게 된다. 이것이 바로 공명
을 의미한다. 타인의 주의 깊은 주목에 의한 돌봄과 관심에 대한 진실된 감
각에서 시작하여, 공명은 우리가 누구인지 때문에 변화되어 가는 충만한 차
원의 다른 존재에게로 이 긍정적인 상호작용을 넓혀 나가게 된다. 이것이 우

리가 '느꼈던' 것을 느끼는 것이자, 두 개인이 '우리'가 되어 가는 방식이다.

이런 식으로 우리는 공명을 통해 이해를 넘어서 관여하게 된다. 누군가를 이해하는 것은 매우 중요하다. 그 사람만의 시각을 제대로 이해하기 위한 이해와 주목은 치료를 요하는 관계에서 필수적인 요소이다. 타인이 우리의 진정한 호기심과 개방성, 수용성을 알아채고 전문적으로 돌봐 준다면 감히 그것을 '사랑의 치료 기법'이라고 부를 수 있을 것이다. 심리치료와 이 치유 입장의 맥락에서 '사랑'이라는 로맨틱한 감정을 혼돈하는 위험을 무릅쓰는 것은 곤란하면서도 자연스러운 일이다. 하지만 자애로운 관심, 진실된 흥미와 관계 그리고 각 사람이 다른 쪽에 있는 (상호적이지만 대칭적인) 이 감정들은 모두 '사랑'이라는 사적인 감정을 분명하게 불러일으키는 강력한 감정 요소들이다. 이러한 비대칭 상태에서조차 나는 내가 만난 내담자들이 나를 변화시켰다고 말할 수 있다. 나는 그들 때문에 지금의 나로 존재한다.

물론 사랑에는 다양한 형태—성적 파트너, 삶의 동반자, 아이, 친구, 이웃, 인류애—가 존재한다. 그리고 이 각각의 사랑이라는 형태는 호기심과 개방성, 평등한 상태의 사랑을 받아들이는 수용성이라는 기초적인 요소를 지니고 있는 것으로 나타난다. 당신은 COAL[1]이라는 두문자어를 기억하고 있을 것이다. COAL은 마음을 돌보는 상태를 의미하는 그 본질 자체이다. 당신이 자기 자신과 COAL 상태를 지닐 때 우리는 이를 자기자비라 부르는데, 이것은 나르시시즘이 아닌 자기사랑의 형태이다. 사랑이라는 개인적인 형태에 관한 관심과 돌봄이라는 전문가로서의 감정을 혼돈하는 것에 대한 윤리적인 문제는 자애심이라는 마음챙김 용어를 사용할 때에 보게 될 것이다. 본질적으로 다루는 것은 같다. 우리는 현존하고 조율하며 공명하는 COAL 상태를 의문하는 이들에게 가져다준다.

공명은 적어도 일시적으로 두 개체를 하나로 만들어 낸다. 마음을 돌보는

---

1) 역자 주: 호기심(Curiosity), 개방성(Openness), 수용성(Acceptance), 사랑(Love)을 나타낸다.

상태를 이루면서 자기 자신에게 조율하면서 우리는 자기 자신을 공명 속에서 바라보고 경험하게 된다. 타인과 조화를 이루면서 우리는 우리 자신을 하나의 상호작용하는 개체로서 두 개인을 연결하는 심오한 경험을 하게 된다. 이러한 결합은 진실로 서로 연결되어 있는 개인인 우리의 본질에 대한 친밀한 의사소통이다. 말로 표현하기는 힘들지만 공명은 우리가 커다란 개체의 일부라는 것과 그렇기에 서로가 필요하다는 것의 실재를 드러낸다. 또한 우리가 우리 사이에서 일어나는 움직임에 의하여 만들어진다는 것도 말이다.

공명은 우리에게 취약성과 겸손을 요구한다. 우리는 상호작용이 어디에서 받아들여지는지 알 수 없으며 그 결과 또한 조작할 수 없다. 공명은 우리를 미지의 곳에 몰두하게 만들며 불확실성 자체를 마주하도록 이끈다. 이러한 존재와 관련된 현실은 확실히 인지하고 통제하기 위하여 고군분투하는 임상가에게 불편한 마음을 줄지도 모른다. 우리 각각은 당연히 결과를 예측하고 내담자들을 도울 수 있는 사람이 되기 위해 즉시 이에 대한 지식을 알기를 원한다. 이러한 욕구가 바로 우리 대부분이 치료술로 진입하는 이유이다. 훈련에 열심히 임함으로써 우리는 여태껏 획득해 온 기술과 배워 온 접근 방식 그리고 믿게 된 전략에 대해 확실히 하기 위하여 애쓴다. 그러나 특정한 방식으로 결과나 지식을 통제하는 것은 임상 전문가에게 수반되는 것을 마주하는 것이다. 아이러니하게도 우리가 하는 가장 강력한 진술들은 때때로 "잘 모르겠다." 또는 "확실하지 않다."이다.

내 임상 훈련의 끝자락에 받았던 가장 마음에 드는 졸업 선물은 개인 지도를 해 주었던 정신과 의사가 준 것이었다. 그는 지금도 내 컴퓨터 스크린에 걸려 있는 배지를 주었는데, 거기에는 "너무 확신하지 마세요."라고 쓰여 있다.

우리는 관계적 역할 속에서 가이드가 되거나 교사, 또 어떤 식으로는 애착 대상—타인에게 깊게 드러내어지고 안전과 안정감을 느낄 수 있는 안전한 피난처를 제공하는 누군가—이 된다. 또 다른 때에는 마음 전문가가 되기도 한다. 마음뿐 아니라 뇌와 관계, 건강과 질병, 용이함과 부작용 영역에서도 전문가가 된다. 그러나 우리의 내담자들 또한 그들 고유의 권리와 다른 영역들에 대하여 아는 것이 풍부하다는 점에서 전문가가 되기도 한다. 내담자들은 확실히 그들 자신에 대한 전문가이다. 그 어느 누구도 이러한 독특한 기술 기반을 공유하지 않는다. 심지어 자기인식의 과정이 없더라도 그 내담자는 그들이 될 수 있는 한 최고의 '그들'이 된다.

그래서 우리는 고유의 지식을 지닌 채 개인으로 시작하여 시간이 흐름에 따라 서로를 찾기 위한 여정을 거치게 된다. 우리가 해야 할 일은 모든 것을 아는 것이 아니라 그 자체와 현존과 조율 상태를 이루고 공명에 개방된 채로 있는 것이다. 물리적인 영역에서 이 순간에 참여할 때—시계의 주어진 간격 그 자리 그 시간에 있을 때—우리의 신경계는 2개의 전기화학 개체가 공명하는 한 쌍으로 이동하는 발화 패턴을 조정한다. 이는 심박동수가 호흡과 조화를 이루면서 조정될 때에 비언어적 신호가 파동 속에서 서로 병행하는 것을 의미한다. 또 어떤 경우에는 EEG(뇌파도) 결과를 변동시켜 심장박동 변동이 함께 일어나기도 한다. 제동 장치의 균형을 맞추고 심장과 두뇌의 조화를 이루기 위한 가속 장치인 자율신경계가 지닌 기능은 우리가 타인과 조율을 이룰 때 조정된다. 이러한 변화들은 두 상태가 하나가 되는 구체적이고 물리적인, 또 정량화할 수 있는 방식을 드러낸다.

현실 속의 주관적인 영역에서, 공명은 우리가 타인을 바라보고 타인이 우리의 마음 상태로 인하여 변화하는 증거를 깨달을 때 내적으로 확인할 수 있다. 우리가 슬픈 이야기를 할 때 타인의 눈에서 눈물이 맺히는 것을 볼 수 있다. 또 직접 경험한 부당하고 거친 대우에 대해 누군가에게 이야기하면 그 사람이 분노하는 것을 볼 수 있다. 당신이 내담자가 느끼는 것을 느낀다고 알려 주는 것은 그들이 '감정을 느낄 수 있게' 해 준다. 가끔 내담자들은 그들 고유의 상태로 주의가 산만해지는 것을 경험하는데, 우리가 마음을 진실되게 느끼는 것이 표현으로 드러날 수 있도록 우리의 내적 세계를 그들에게 조심스럽게 개방하는 것이 유용하다. 예를 들어, 내가 최근에 겪었던 가슴 아픈 경험에 대해 이야기를 하면서 깊게 이동한다면 아마도 나는 그 경험의 압박을 마음 깊숙이 느끼면서도 겉으로는 가슴에 손을 얹은 채 드러낼 것이다. 이런 경우에는 현존하고 공명하는 척하지 않는 것이 중요하다. 대신에 당신의 현존이 조율과 진정한 공명을 통해 소통되어야 함(종종 비언어적으로)을 명심하라. 안팎을 뒤집는 것은 타인과의 연결을 이루는 데에 기초적인 요소이다.

뇌 기초

우리는 정자와 난자가 결합할 때, 즉 이 두 개체가 하나가 됨으로써 통합을 이루는 과정에서 형성된다. 기초적으로 사회를 이루게 되는 우리 자신의 철학적이고 세포학적인 기원은 세포의 바깥쪽 막이 신체의 신경 조직이 되는 발생 경로에서 드러난다. 손가락들을 함께 두어 손끝이 서로 맞닿도록 해 보라. 그 이미지는 난자와 정자의 결합으로부터 단일의 수태 산물이 2, 4, 8, 16, 32, 64, 128개의 세포가 되는 커다란 집합을 보일 수 있다. 우리는 쉬지 않고 계속해서 성장해 왔다. 너무나 커서 세포의 외막과 내막이 형성의 일부가 되었듯이 말이다. 다음으로는 손가락 끝을 안쪽으로 움직이면서 마디마디가 서로 맞닿도록 하면서 손바닥을 향해 손톱을 둥글게 말아 보라. 이것이 외층(외피)이 신경관이 되기 위하여 안쪽으로 들어가는 방식이다. 여기에서 중요한 것은 세포의 외층인 신경계의 원천이 내측과 외측 사이의 경계에서 뉴런이 본래 형성되는 것을 드러낸다는 것이다. 또한 그 기능들은 이 두 영역을 계속해서 연결한다.

두뇌에서의 공명은 '외부' 사람의 마음속에 있는 것을 우리의 마음속으로 가져오면서 타인과 연결되기 위하여 프로그램화되어 있는 방식을 비추는 자연스러운 발달 상태를 의미한다. 이전 장에서 우리는 거울 뉴런과 관련 영역을 통해 타인이 보내는 신호를 받아들이고 그 인지한 정보를 피질 아래의 다양한 영역으로 내려 보낸다는 것을 확인하였다. 피질 하부의 이동은 대뇌 변연계와 뇌간, 신체 내에서의 변형을 포함한다. 이를 통해 근육과 내분비계와 관련된 심박동수와 호흡, 장의 기능에 변화가 생긴다. 또한 얼굴 표정과 목소리 톤 또한 변화하게 된다. 이러한 피질 하부의 이동은 이후에 이러한 정보를 인슐라로 올리는 '공명 회로'(Siegel, 2007a, 부록 IIIC 참조)의 일부가 동반된다. 지금까지 우리는 어떻게 이러한 흐름이 '인지하지 못하는' 후부 인슐라에 위치하게 되는 반면 피질 대표구—특히 우뇌의—를 지니는지 확인해 왔다. 이후 우리는 그 정보를 오른쪽 앞뇌섬엽으로 옮긴다. 이곳은 내부 감각 수용 자각을 지니기 위해 중앙 전전두엽 피질(전측 대상회와 내측 전전두엽 영역)의 여러 부분을 연결하는 곳이다. 앞서 알아봤듯이 이것은 그저 몸의 상태가 우리에게 영향을 미치는 것이 아니라 신경에 거리를 두고 몸의 상태에 대해 자각하기 위한 부차적인 표현이다. 몸에 대한 상위 표상으로 물러서는 방식은 규제에 대한 더욱 유연한 가능성을 가져다준다. 몸의 감각이 보내는 흐름에 퍼부어지는 것이 아니라 열린 상태로 더욱 명확하게 모니터링할 때, 우리는 더욱 강력하고 민첩하게 마음 상태를 변화시킬 수 있다.

이러한 앞뇌섬엽의 중앙 전전두엽 영역의 이동과 대상회 회로는 내적 상태의 내측 전전두엽 영역의 일부에 영향을 미칠 가능성이 있다. "지금 나는 무엇을 느끼고 있는가? 이는 나에게 무엇을 의미할까?" 자기자각의 이러한 측면은 타인의 상태에 기여할 수 있게 된다. "또한 내 속에 있는 이러한 감정들이 당신에게는 무엇을 가리킬까?" 이것은 피질 하부의 공명에 대한 전전두엽 표현이 자각에 나타나는 기초적인 방법이다. 타인에 대한 감정이라든지 타인의 심리학적 프레임에 대한 공감적 통찰처럼 말이다. 즉, 우리는 신체와 뇌간, 변연계에 대한 비개념적 정보를 모두 받아들이며 우리 자신이 느끼는 것과 타인이 느끼는 것에 대한 개념적 감각을 얻기 위하여 그것들을 측정한다. 우리는 공명을 통해 타인의 감정을 헤아리게 되지만 그 사람이 될 필요까지는 없는 것이다.

이러한 공명 과정의 2개로 이루어진 이 요소(상호작용하는 한 쌍)는 자각을 요하지 않을지도 모른다. 대신에 피질 하부로 발생하는 심리학적 결합에 달려 있다. 만약 당신이 어린 시절에 겪은 슬픈 이야기를 나에게 해 주고 내가 운다면 당신은 내 자신이 나의 고유한 슬픔 앞에서 눈물을 흘린다고 자각하게 될지도 모른다. 이는 확실히 공명이 된다. 하지만 이 피질 하부의 피질 자각 없이는 이루어지지 않는다.

그렇기 때문에 공명 회로는 자기자각이 개시되기 이전에 결합하도록 만든다. 의식에 의한 경험을 포함하는 과정을 거치는 마지막 단계는 중앙 전전두엽—이마 바로 아래와 중간에 있는—의 내측 전전두엽 영역에 달려 있는 것처럼 보인다. 이를 통해 우리는 거울 뉴런에서 인슐라까지 연결되는 그 순서가 조율을 시작할 때에 첫 대인관계 인지의 과정을 가능하게 한다고 말할 수 있다. 인슐라는 이후에 피질 하부로 정보를 옮기고 여기에서 공명이 시작된다. 전측 대상회와 중앙 전전두엽 피질뿐 아니라 인슐라(처음 뒤쪽에 있는, 또 앞쪽의)는 피질 하부의 이동을 받아들인다. 이는 궁극적으로 우리가 느끼는 감정을 자각하고 우리가 상상하는 것이 타인의 마음 세계라는 이미지를 만들어 내기 위함이다. 핵심은 공명을 들여옴은 자각 아래—경험에 대한 주관적이고 물리적인 영역과 일치하여—에 발생한다는 것이다.

이런 식으로 공명 회로가 신비로운 일을 해내도록 하는 것은 자연의 방식을 만들어 내는 것과도 같다. 우리 중 대부분에게 공명은 그저 일어나는 것이다. 우리에게 동기가 있고 거울 뉴런 또한 다른 사람의 마음 상태를 받아들일 준비가 되어 있다면 우리는 공명의 과정을 지니게 될 것이다. 이것은 우리라는 신경생물학이다. 하지만 만약 우리가 좁은 내성의 창을 가지고 있고 수용적으로 남기보다 반응적이 된다면, 현존은 차단되고 조율은 발생할 수 없으며 공명 또한 결코 일어나지 않게 된다. 우리 중 누구에게도 결합을 그런 식으로 차단하는 것은 우리가 통제할 수 있는 범위를 넘고 심지어 자각을 벗어나 그 아래에 위치하게 될 것이다. 상담사로서 우리의 공명 회로를 차단하도록 유발하는 것을 아는 것은 우리의 업무에도 필요한 현존과 조율 그리고 공명을 유지하는 데에 필수적이다. 내담자들에게 그들 자신의 상태를 점검하도록 지도하는 것은 당신이 그들로 하여금 고립과 분열의 요소를 알아내도록 동행하는 기로를 제공한다. 대인관계 균열의 패턴은 공명을 피하기 위한 학습된 전략에서 기인할 수 있다. 그러한 정지 상태를 살피고 바꾸는 능력을 발달시키는 것은 타인에 대하여 개방된 상태를 유지하는 데에 필수적이기도 하다.

고립이라는 감정은 종종 특정한 상호작용 또는 의사소통의 결과를 보장하기 위한 움직임과 동반되기도 한다. 우리는 인지하기 위한 움직임과 두 반구(우뇌와 좌뇌) 간의 차이를 알아낼 때에 더욱 깊이 발생하는 것들을 수용하기 위한 의지 사이에서 긴장을 느끼게 된다. 〈표 3-1〉은 우뇌와 좌뇌가 지닌 우세한 기능을 간단하게 나타낸 것이다. 우리는 이상적으로 그 두 반구가 지

〈표 3-1〉 처리 과정의 방식

좌측 처리 과정	우측 처리 과정
발달 이후	발달 이전
1차의(선형)	전체론
논리적	시각적/공간적 이미지
말 그대로의	비유에 의한
나열	스트레스 감소
사실에 기반을 둔/의미 기억	자전적 기억
디지털 방식의 예/아니요, 위/아래	신체의 통합 지도

* 좌우 각 부분은 우리 각자에게 꽤 독특하게 나타날 수 있으며 한쪽 뇌 또는 다른 면에 뚜렷한 활성화를 보이기도 한다. 신경 기능은 좌뇌와 우뇌를 통하여 폭넓은 활동을 포함하기도 하지만 이 '모드'라는 것은 불균형적으로 우세할 수도 있고, 그 해부학적 분포가 어떠하든지 간에 독특한 그 기능은 한쪽에 뭉쳐져 있을 수 있다. 또한 각각이 구별되기에 한 개체(전체)로서 더욱 복잡하고 적응할 수 있도록 연결되는 기능을 한다. 우리는 그 덩어리의 양상과 넓게 분포된 신경 활동의 현실을 포함하기 위하여 이를 '모드'라고 부른다.

닌 힘을 연결하기 위한 방법과 그것들이 함께 작용하여 하나의 기능적인 개체가 되는 통합의 상태를 이루어 내기 위한 방법을 찾을 수 있다. 좌뇌가 지닌 우세한 전략은 세상에서 벌어지는 논리적이고 선형적인 순서에 초점을 맞추고 있다는 것을 기억하라. 예–아니요, 맞음–틀림, 상–하라는 이분법을 발견해 나가는 좌측의 '디지털 과정'은 삶에 대한 확실성과 공명에서 그것들을 제거하기 위한 것을 갈망하는 사람들이 구할 단서를 제공해 준다. 우리는 자전적 기억, 통합된 신체 지도, 피질 하부 영역에서 들어온 자발적인 정서의 원자료 입력에 쉽게 몰드는 취약하고 예측할 수 없는 우반구를 제거하는 결합 전략을 발견할 수 있다.

때때로 우리는 좌측에서 좌측으로 공명하고 지적인 추구 안에서의 연결을 찾게 된다. 그러한 결합은 사고의 힘을 지니며 언어와 선형성의 억제를 지닌다. 그러나 더 선명해지는 때에 우리는 타인과 우측에서 우측으로 결합하게 된다. 춤이라든지 음악, 친밀한 대화를 자발적으로 하는 것과 같은 신체적인 감각과 공명을 선형적으로 이루어 내기 위한 더욱더 통합된 방식을 발견하기 위해서 말이다. 우리의 내담자들과 우리에게는 좌측 또는 우측으로 가며 또 다른 결합을 이루는 것이 어렵다고 느껴질 수 있다. 나는 깊은 통합의 과정을 통해 우–좌에서 충만한 공명의 우–좌 상태에 이르기까지 모두 이루어질 수 있다고 믿는다. 임상 연구를 통해 이는 우뇌가 우세한 자각을 깊게 탐험하는 과정을 거치거나 과거와 현재, 예상할 수 있는 미래를 이해하는 깊고 강한 감정에 따른 것들을 엮어내는 서술적 탐험을 결합할 때에 발생할 것이다. 여기에서 우리는 이런 식으로 연결하는 것이 두 반구가 서로 연결되어 작용하는 조화를 촉진하는, 우리 자신과 내담자에게 있는 통합된 좌–우 과정의 방식인 것을 알 수 있다.

마음보기 기술

'우리'가 되는 것은 유아기 때부터 주로 시작된다. 하지만 우리 중 1/3은 그 시기에 불안정 애착을 형성하여 우리가 연결되어 있고 강렬한 한 개체로 가치 있는 존재라는 것을 신뢰할 수 있는 경험을 지니지 못했다. 과거에 지녔던 애착 경험을 인지하는 것은 상담사 또는 부모로서 중요한 시작점이 될 수 있다. 그로 인하여 우리는 양육 관계에서 첫 부분에 속하는 현존과 조율, 공명을 제공할 수 있는 능력을 갖추게 되기 때문이다. 이러한 이유로 이 부분에서 우리는 애착 연구의 적절한 요소를 이야기하고 당신이 지닌 어린 시절의 기억과 그것이 공명을 위한 능력에 어떠한 의미가 되는지를 보이고 변형시킬 수 있는 방식을 알아볼 것이다.

연구는 어린아이의 애착에 관한 최강의 예측 변수가 실제로는 부모가 과거에 겪었던 경험을 이해하는 방식이라는 것을 보여 준다. 과거에 일어났던 일들을 어떻게 이해했는지에 관한 일관된 서술을 지닌 양부모조차도 그들과 안정 애착 관계를 비유전적으로 갖춘 자녀가 있다(Dozier, Stovall, Albus, & Bates, 2001). 안정 관계를 갖춘 아이들은 균형된 감정과 건강한 사회 관계망 그리고 지적인 잠재력을 갖추고 있다. 부모가 그들의 삶을 이해한다면 그 아이들은 아마도 고통스러운 과거에 대해 이해하지 못한 부모에 의해 양육된 아이들보다도 더 잘 성장할 것이다.

이러한 주제를 연구하는 것이 여전히 진행 중이라 하더라도, 우리는 치료자가 일관된 서술을 이끌어 내기 위하여 자신의 어린 시절 경험을 최대한 잘 이해할 수 있는지 알고 그 삶에서 애착에 관련된 안정된 성인의 상태라 불리는 것을 지니기 위하여 성인 애착 인터뷰(Adult Attachment Interview: AAI)의 결과를 참고할 수 있다(Main, 2000). 여기에서 희소식은 부모와 상담치료자는 그들이 어린 시절 건강하거나 안정된 애착을 지니지 못했더라도 그들의 삶을 이해함으로써 안정성을 '얻을 수 있다'는 것이다. 우리의 지난 경험을 이해하는 것은 뇌를 통합하는 것이기에, 두뇌는 수명을 통틀어 변화할 수 있도록 개방되어 있다.

이 마음보기 기술 훈련을 통해 우리는 이 중요한 연구 계기의 근본적인 요소가 되는 것들을 보게 될 것이다(신경과학의 개요와 통합본을 원한다면 Siegel, 1999; 고유의 서술에서 일관성의 증가를 위한 대인관계적 신경생물학 접근을 심도 있고 실용적으로 적용하고 싶다면 Siegel & Hartzell, 2003; 다양한 임상 연구 AAI에 관한 직접적 적용을 보고 싶다면 Siegel, 2010 참조).

기억은 2개의 층에서 나타난다. 첫 번째 층은 암묵 기억으로 우리의 행동적 학습, 감정적 반응, 외부 세계에 대한 인지와 관련이 있으며 몸의 감각 또한 포함하는 것으로 나타난다. 또 우리는 순간순간의 요소 또는 사건에 대한 정신적 모델의 집적된 경험을 통해 일반화할 수 있다. 더 거슬러 올라가 우리는 점화라 불리는 행동이나 감정을 준비하는 암묵 기억의 일부를 지니게 된다.

많은 연구자는 18개월 정도의 어린아이들, 즉 해마의 치상회 영역이 성숙된 아이들은 발달을 하기 위해 외현 기억이라 불리는 두 번째 층에 들어서게 된다고 믿는다. 두 가지 기본 요소―시간의 흐름에 존재하는 것이 일화적 또는 자전적 기억이라고 한다면 그 일화에서의 사실적 기억과 자신에 대한 기억―로 구성되는 외현 기억은 주의집중과 부호화을 위한 해마의 참여가 필요하다. 외현 기억은 훨씬 유연하며 자전적 퍼즐 조각의 집합체를 엮는 것과 같이 세상에 대한 사실적인 비계를 가져다준다. 즉, 암묵 기억은 부분부분을 가져다주며 외현 기억은 그것들을 전체적인 하나의 그림으로 모아준다. 사실적 집합체든 자전적 집합체든, 외현 기억은 회상의 범위를 통하여 분류하는 유연한 능력과 관련되어 있다. 예를 들어, 어떤 생일을 기억한다고 해 보자. 또는 한 세트의 관련된 경험으로 지녀 온 모든 생일을 모아 볼 수도 있다. 또한 고등학교 3학년 시절, 행복했던 휴가, 고통스러운 관계일 때의 감각을 불러 모을 수도 있다. 우리는 외현 기억을 통해 이제껏 경험한 다양한 부분을 유연하게 탐색할 수 있는 마음의 검색 엔진을 지닐 수 있다.

또 우리는 과거 속에서 또는 우리 삶 속에서 공명이 어떠한 역할을 했는지 살펴볼 수도 있다. 우리 중 대다수에게 외현 기억은 약 5세 이전—심지어는 3세 또는 1세 또는 6개월—의 시기에 어떠한 계속적인 방식으로 이루어지지 않았을 것이다. 인생에서 처음 살게 되는 그 1년이라는 시간 동안 양육자와 우리가 연결을 맺거나 맺지 않는 대부분의 시간을 고려하면 이른 시기로부터 외현 기억에 접근하는 것이 어렵게 다가올 수도 있다. 이것은 보통의 어린아이들의 기억상실이라 불리며 해마와 같은 발달 영역이 이미 유전적으로 결정되는 때에 기능을 한다. 그렇기 때문에 만약 우리의 가장 어렸던 그 시기를 되돌아보기를 원하지만 그 시절의 기억 상실이 외현적 회상으로부터 우리를 막는다면 어떻게 해야 하는가? 우리는 암묵 감각의 마음 세계를 느끼고 지금의 삶에서 잠재적인 영향을 탐험하는 법을 배워 나간다.

2세가 될 때까지 이야기를 하고 이해하는 데에 중요한 역할을 하는 전전두엽 영역은 성장할 준비를 한다. 20대에 이르기까지 성장하고 이보다도 더욱 미묘한 방식으로 삶을 지내면서 전전두엽 피질은 신경학적인 일련의 경험을 의식적으로 인지하거나 자기인지 자각을 가능하게끔 한다. 이는 바로 우리가 과거와 현재 그리고 미래를 연결 짓는, 엔델 툴빙(Endel Tulving, 1993)에 의하여 '정신적 시간 여행'이라 이름 붙여진 것이 만들어지는 방식이다. 이러한 전전두엽의 활동으로부터 만들어지는 이야기 서술은 서술자를 포함하기도 하며 제3자로부터 우리 자신을 이야기할 수 있는 기능을 포함하기도 한다. "댄은 일을 너무 열심히 해. 그는 휴식을 취할 필요가 있어." 누가 이런 말을 했는가? 나는 머릿속으로 직접적으로 경험하고 있는 것까지 나만의 경험으로 이야기할 수 있다. 이는 우리가 신경 발화와 주관적인 경험에서의 층화된 많은 구간을 드러낸다. 우리는 정보의 흐름에 대한 수많은 경로를 가지고 있으며 이야기하는 삶은 고유의 느낌, 행동과 기대의 패턴을 반영하기 위한 현재 순간을 벗어나는 것을 지니고 있다.

당신만의 고유의 경험을 모니터링하기 위해서는 AAI에서 이끄는 성인 반영의 기초 질문들에 대한 당신의 대답을 적어 내려가는 것이 도움이 될 것이다. 당신의 가정에서 성장하는 것은 어땠는가? 누가 당신과 함께 집에 있었는가? 어린 시절 어머니와의 관계에 대한 가장 오래된 기억을 반영하는 단어 다섯 가지를 생각해 보라. 그러고 나서 그 다섯 단어를 설명하는 기억이나 경험을 묘사하는 각 단어를 또 예로 들어 보라. 그다음에는 아버지나 당신의 삶 속에서 애착을 형성했던 그 누군가에게도 똑같이 적용해 보라(조부모님, 유모, 이웃, 또는 당신보다 나이가 많은 형제자매도 좋다). 누가 당신과 가장 친밀했으며 그 이유는 무엇이었을까? 당신이 부모님이나 다른 양육자와 떨어졌던 그 경험을 처음 했을 때에는 어땠는가? 그 분리 가운데 있을 때 당신, 또 그 양육자에게는 그것이 어떠했는가? 당신이 화가 난 경우에는 어떻게 행동했을까? 만약 몸이 아프거나 부상을 당하거나 감정적으로 상했을 때는 어땠을까? 당신은 당신을 돌보아 주던 그 사람을 무서워했던 적이 있는가? 몇 년이라는 시간이 흐르는 동안 그들과의 관계에 어떠한 변화가 있었는가? 당신이 어렸을 때 혹은 최근에라도 그 사람이 생을 마감했는가? 당신과 친밀한 관계를 유지하던 그 누군가가 당신을 떠났는가? 그때 당신에게 상실감은 어느 정도였으며 그것이 당신 가족에게 어떠한 영향을 미쳤는가? 혹은 지금도 당신은 그 양육자와 가까운 사이인가? 왜 당신은 그들이 했던 대로 행동했다고 생각하는가? 우리가 이러한 질문을 통해 대답해 온 이 모든 것이 어떻게 성인으로서 성장하는 데에 영향을 미쳤을까? 그 요소들이 어떻게 당신이 상담사가 되어야겠다는 결정을 하는 데에 영향을 미쳤을까? 또 당신은 그것들이 당신이 임상 연구를 하는 업무나 연구에 어떤 영향을 미쳤다고 생각하는가? 당신의 부모로부터 양육을 받으며 학습한 것들 중 무엇이 주된 요소였는가? 만약 지금 당신이 자녀를 키우거나 가질 마음이 있다면, 당신이 키울 아이들이 무엇을 배우기를 원하는가? 당신은 아이들의 미래가 어떠하길 바라는가? 당신이 이전에 경험했던 애착 관계가 당신이 열린 자세를 취하고 조율을 하며 타인과 공명하는 데—당신 개인적으로 또는 전문적인 직종을 갖추고 나서—어떤 영향을 미칠 거라고 생각하는가?

충분한 시간을 가지고 나서 이 문항들에 대한 당신만의 답을 적어 보라. 만약 이 물음들의 순서가 당신을 녹초가 되게 만들어도 너무 당황하지 말라. AAI 연구 프로토콜을 관리하는 내 경험상, 많은 사람이 사실 90분의 인터뷰 과정(이 질문들은 구두로 이루어졌다)을 통해 대답하였다. 그것은 그들이 이제껏 경험한 '최고의 치료 과정'이었다. 또한 내 존재는 내가 할 수 있는 한 중립적이었다고 할 수 있다. 그러므로 답변을 하나하나 해 나갈 때에 스스로에게 친절하기를 바란다. 겉으로 보기에 이 질문들은 별로 복잡하지 않아 보일 수 있다. 그러나 AAI 문항들을 제작한 훌륭한 연구자들은 인간의 마음에 있는 휴회 기간을 깊이 들여다보고 중요한 감정적 표현과 재구성을 일으킬 수 있도록 만든 것이다. 그러한 이유로 AAI에 대해 배우고 그것을 임상 평가와 치료에 적용하는 것은 유용한 접근인 것이다(Steele & Steele, 2008; Wallins, 2007). 상담사에게 자기반영을 위한 AAI 문항은 우리 각각이 우리의 삶을 이해하기 위하여 준비하고 우리 자신을 타인과 충만하게 현존하기 위한 상태로 만드는 데 사용할 기초적인 자기계발 도구가 될 것이라고 제안하고 싶다. 이해한다는 것은 뇌를 통합하며 우리의 마음이 가능성과 개방된 수용성의 상태를 갖추도록 만들어 준다. 이것은 우리 자신에게 중요할 뿐만 아니라 내담자에게도 중대한 것이다.

자신만의 자기반영 답변을 다 적고 나면 어떤 느낌이 드는가? 어린 시절을 이해하게 되는 과정에서 무엇을 보게 되는가? 이러한 반영의 과정을 거친 후 간략한 개요를 따르는 것은 당신의 자기반영 여행을 더욱 잘 이해하고 유용하게 작용할 수 있도록 도울 것이다.

비임상 인구 중 65%의 사람은 안정된 AAI를 갖추고 있다. 그 개인들은 어린 시절의 부정적이고 긍정적인 경험에 대해 자세히 의사소통할 수 있다. '어린 시절'이라는 것은 특히 타인과 친밀한 관계를 이룬 그 경험에 초점을 맞추어서 당신이 기억하는 가장 어렸던 시기를 말한다. 당신의 삶을 이해하고 성인 애착 상태를 안정하게 이루어 내는 데는 너무 늦은 법이란 없다는 것을 염두에 두는 것이 중요하다. 그것은 뇌를 바꾸기 위해 (통합의 상태로 이동하는) 반영하는 마음을 갖추는 신경가소성과 능력에 관해서 좋은 소식일 것이다.

이와 대조적으로 약 20%의 사람은 일반적으로 그들의 1차 양육자와 지녔던 경험의 대부분에서 결합과 공명이 부재했을 가능성이 있는 회피성 AAI를 지니고 있다. 여전히 어린아이라도 '작은 어른'으로서 생존하기 위하여 각자의 자율권을 찾아내는 것은 그들이 성장하는 가운데에 주어진 감정적 고갈 상태에서 할 수 있는 최선의 것이었다. 그들의 뇌 속 두 반구는 통합이 차단되어 있다. 지난 20년간 AAI를 수행한 내 고유의 임상 경험에서, 우반구의 발달은 줄어든 채 좌반구가 우세했으며 사회적 상황하에 마음보기의 사용이 부재했던 것으로 보인다. 마음을 다른 사람의 삶―또는 때때로 그들 자신의 삶―에서 내적인 주관적 무게중심으로 보는 것은 자주 놓치게 된다. 전형적인 AAI 결과의 자전적이며 자세한 부분이 결핍되어 있는 이러한 정신의 결과에 대한 물리적인 부분을 이해함으로써, 우리는 개개인들이 우뇌의 자극과 그 후의 성장, 계속적인 우뇌의 처리 과정을 발달시키기 위한 비언어적인 의사소통이 결핍되어 있다는 가설로 시각을 돌릴 수 있다. 자전적 기억의 저장소가 우뇌라는 것을 기억하라. 하지만 좌반구는 이야기를 할 수 있도록 이끄는 기능을 한다.

어린 시절에 회피 애착을 지녔을 가능성이 있는 회피적인 자세를 지닌 성인을 대할 때면 그들의 좌반구가 그저 이야기를 만들어 내는 것처럼 보인다. 그 내담자가 "나는 어린 시절을 잘 기억하지 못해요."라고 주장한다 해도 말이다. 심지어는 어린 시절의 그 관계를 반영하는 다섯 가지의 단어를 이야기해 보라고 했을 때에 회피적 성향을 지닌 그들은 그 관계에 대한 측면이 아니라 부모가 지녔던 개인적 특성을 끄집어내기도 한다. 만약 명백하게도 이것이 당신의 패턴이라면, 당신과 내담자 간 상호작용의 관계적 측면이 진단 범주에서 크게 부각되지 않으며 개입에 관한 체계적인 전략일지도 모른다. 변화가 일어나는 방식에 대한 가장 원기 왕성한 예측자인 내담자와 상담사 사이에 감정이입이 이루어지고 조율된 관계가 벌어지는 연구 결과를 고려하면(Norcross, 2002) 회피적인 자세에 완전히 뿌리를 두는 것은 치료 관계에 순조롭게 도움이 되지 않을 것이다.

당신을 위한 최고의 희소식은 이러한 애착 범주들은 변화 가능하다는 것이다. 양육자 또는 파트너 또는 치료자와의 관계와 조율을 이루는 그 관계에 초점을 맞춤으로써 개개인은 불안정 AAI 유형에서 벗어나 안정 AAI 유형을 획득할 수 있게 된다. 연구는 이렇게 획득한 안정 유형을 지닌 이들의 아이들이 안정 애착을 지니며 회복력 있고 멋진 성인으로 성장할 수 있다는 것을 보여 준다.

이 연구 결과에 따르면 보통 사람들의 약 10~15%는 과거에 단지 초점을 맞추는 것이 현재와 미래에 대한 걱정을 가져다준다는 집착을 보여 준다. 개인적이고 격식에 얽매이지 않은 내 평가에 따르면, 이것은 그 시기에 많은 동료와 학생이 치료 훈련을 시작하게 되는 범주이기도 하다. 집착이라는 것은 부모들이 얼마나 비일관적이고 자녀의 삶을 침해했는지를 보여 준다. 이 결과로 회피성 범주에 속하며 연결되지 않은 자아가 된다. 하지만 여기에는 더욱더 혼란을 겪는 자신이 생기게 된다. 당신이 시작하고 내가 멈추게 되는 곳은 이러한 상황에서 모호한 경계일 수 있는데, 상호작용이 얼마나 통합적이지 않은지를 보여 준다. 양육자는 간헐적으로 여유가 있으며 때로는 그렇지 않기도 하다. 이런 관계는 양육자가 자신의 마음속에 남겨진 쓰레기로 자녀를 뒤덮는 것 같은 종종, 그러나 반복되는 침입으로 두드러진다. 만약 지금 이야기한 것이 당신이 어린 시절 겪은 애착 경험이라면 내담자와의 공명은 당신 자신의 자율권을 잃는 것에 대한 걱정으로 가득할 것이다. 당신이 누구이고 내담자가 누구인지에 대한 그 감각이 모호해지고 그렇지 않든 그렇든 당신의 혼란스러움을 공감하는 태도로 잘못 해석할 수 있게 된다. 함께 보게 되겠지만, 안정 애착을 획득하는 그 단계는 자신을 돌보는 것을 계발하는 것과도 아주 유사하다. 게다가 나는 이전에 메리 메인(Mary Main)과 에릭 헤세(Erik Hesse)와 함께 했던 AAI를 자세히 이해하는 비격식적인 검토에서 인터뷰 대상자의 마음챙김 성향과 인터뷰 그 자체 동안의 마음챙김 상태로 존재하는 것 모두와 완전히 일관성 있는 것을 확인하였다. 이러한 인상은 에이미 디노블(Amy DiNoble, 2009)의 논문 연구에 의하여 예비 경험적 지지를 받았다.

AAI의 네 번째 범주는 이야기 서술이 해결되지 않은 트라우마나 결핍에 관한 요소들을 드러내는 파괴되거나 혼란스러운 것에 관한 것이다. 이에 관한 서술자는 무서웠던 경험이나 누군가의 죽음, 또는 삶에서 중요한 애착을 형성했던 애완동물에 대하여 이야기할 때에 혼란을 겪거나 파괴되는 모습을 보인다. 그 마음은 삶에 관한 그러한 이야기를 하는 데에 대한 일관적인 방식을 잃은 것처럼 보인다. 또한 그는 일시적으로 파괴되거나 혼란스러운 모습을 보인다. 대다수에게 고통과 분리하여 생각하는 임상적인 경향이 되풀이되는 경험일지도 모른다. 분리라는 것은 현실적이지 않은, 타인의 신체로부터 감각이 없거나 연결되지 않는 듯한 느낌, 스스로 서 있는 것으로부터 비인격화되거나 거리가 먼 것 같은 느낌, 또 현재 일어나고 있는 삶을 완전히 기억하지 못하는 것과 같은 것들을 포함한 광범위한 스펙트럼을 갖고 있다. 이런 애착을 가지고 있는 파괴 상태는 어린 시절 양육자가 끔찍한 존재였던 그 갈등 상황이 원인인 것으로 느끼게끔 한다. 이러한 두려움에는 해결책이 존재하지 않는다. 어린아이가 가지고 있는 두뇌의 일부는 그 끔찍한 존재와 부모로부터 도망칠 수 있게 하거나, 또 다른 회로는 자녀가 위안과 안전을 추구하도록 유도한다. 하지만 중요한 점은 자녀에게 겁주고 위안을 주는 것이 같은 부모라는 점이다. 이것이 바로 '해결책이 없는 두려움'(Main, Hesse, Yost-Abrams, & Rifkin, 2003)이다. 그 분열은 감정적으로 견디기 어려

운 상호작용에 대한 반응을 형성하고 자신의 마음 상태에 의존하게 되는 무
능을 초래하며 성인으로 성장할 때까지 지속될 수 있다. 협소한 관용의 창은
다양한 감각과 대인관계의 상황을 많이 포함하고 있다. 그것은 어린아이의
무서운 경험에 대한 유산인 것이다. 물론 남용되기도 하지만, 부모가 두려움
에 떨거나 도취되어 있거나 어떤 방식으로는 막대하게 철회하고 자녀들을
무서워하는 식의 미묘한 방식으로 나타나기도 한다(Dutra, Bianchi, Siegel, &
Lyons-Ruth, 2009).

　우리 중 대다수는 어린 시절 경험에 대한 이상의 네 가지 각 적응 패턴의
요소를 지니고 있을 것이다. 이 연구 결과에 대한 임상 적용으로부터 얻게
되는 중요한 교훈은 우리가 어린 시절의 경험을 바탕으로 살아온 그 방식을
깊게 바라봄으로써 우리의 삶을 변화시킬 수 있다는 것이다. 상담사로서 우
리는 매일 내담자와 현존을 유지할 필요가 있다. 현존에서 조율로 그리고 공
명으로 이동하는 것은 우리가 삶의 관계 속에서 이러한 요소들을 지니지 않
았던 방식과 깊게 친밀해질 필요가 있음을 요구한다. 일단 이러한 내적 지식
을 갖추게 된다면, 우리는 우리의 존재 방식과 우리 자신 및 타인들을 변화시
킬 수 있는 권한을 가지게 된다.

　마음보기는 부모를 인지하는 것뿐만 아니라 과거를 깊이 이해하는 것까
지 관련되기 때문에 우리는 미래에 우리를 억제할 검증되지 않은 경험적 요
소에 의하여 묶이지 않을 수 있다. 지난 과거를 이해함으로써 우리는 현재의
삶에서 자유로워지고 앞으로 펼쳐질 삶에 대하여 창조적이 되며 활발한 개
척자가 될 수 있는 것이다.

　AAI를 내담자에게 제공하는 것은 적용 패턴을 분명히 할 수 있는 조직적
이고 연구에 기반을 둔 방식으로 과거를 탐험할 수 있는 완벽한 방법이다.
이 연구의 인터뷰는 체계적으로 애착 경험과 기억, 이야기 서술을 탐험하는
기술 훈련 시기를 완벽히 구현하는 것이다. 특정 항목들에 대한 형식적인 이
해가 없이도 AAI는 평가와 훈련을 기대하는 대부분의 사람에게도 중요한 임

상 요소로 자리할 것이다. 인지에 대한 이러한 요소들은 내담자들이 자신의 삶을 이해하게끔 돕고자 하는 당신에게 시작점이 될 것이다. 충만하게 이를 성취하기 위해서는 상담사인 우리가 먼저 우리의 애착 경험을 탐색하고 과거의 그 경험이 어떻게 우리의 성장에 영향을 미쳤는지 이해해야 한다.

이해와 통합

기억과 이야기 서술 과정에 대한 개인적인 이해를 높임으로써 당신은 삶을 이해하는 방식을 변화시킬 수 있다. 이런 식으로 애착 경험을 반영하는 것은 당신이 마음의 내적 구성을 모니터링하고 나서 안정을 향해 변화할 수 있게 하기 위한 근본적인 방법이 된다. 당신은 이러한 과정이 통합의 여러 영역을 환기시키는 것을 볼 수 있다. 내부 감각수용에 관한 자각은 수직적 통합과 연관되며 각각 다른 좌반구와 우반구를 연결 지음으로써 그 독특한 과정이 양자 통합의 일부가 된다. 암묵 기억에 초점을 맞추고 퍼즐 조각과 해마의 집합체를 이해하는 힘을 연결하는 것은 기억 통합의 한 형태이다. 개방적이고 유연한 방식으로 당신 고유의 삶의 주된 이야기를 말하는 능력을 계발하는 것—화합하고 제한하는 자전적 기억을 일관된 하나의 개체로 이동시키는 것—은 서술적 통합의 한 형태이다. 당신 자신의 내적 작업에 집중하며 통합을 이루어 내면서, 공명의 경험은 당신이 내담자와 더 잘 관계 맺을 수 있도록 이끈다. 다양한 방식으로 당신 자신에게 더 잘 조율되는 것은 안정 애착과 존재로서의 마음챙김의 과정을 발달시키는 첫걸음이다.

자신만의 기억 시스템을 모니터링하고 애착 경험을 이야기하는 과정은 당신이 개인적인 경험에 관하여 전문가가 될 수 있도록 이끌어 준다. 다양한 통합의 장을 발달시키는 것은 성인기의 불안정 애착에서 안정 애착으로 이동시켜 준다. 이러한 불안정 애착에 관한 AAI 결과가 손상된 통합의 결과라는 주장에 대한 많은 지지가 있다. 당신에게 적절한 초점을 맞춤으로써 당신은 불일치에서 일치의 애착 상태를 만나게 된다. 그리고 당신은 어린 시절에 당신이 무슨 일을 경험했든 삶을 이해하게 된다. 이것은 전반적인 삶에도 통틀어서 적용되는 진리이다.

그러나 우리는 애착 연구를 통해 고통스러운 어린 시절을 간직하고 있는 이들이 삶을 이해하기 위한 시간이나 기회를 지닐 때에 차선의 경험을 반복해서 적용한다는 것을 알고 있다. 우리는 상담사의 행동에 대한 이러한 연구의 적용을 상상해 볼 수 있다. 만약 누군가가 불안정한 성인 애착 상태를 지니고 있다면 그들의 내담자 또한 불안정 애착 경험을 반영한다고 취급받을 가능성이 있다. 치료 기술에서 모든 이가—자신의 삶에 대한 일관된 이야기를 만들어 내는 것을 포함해—자신을 돌보는 것은 매우 중요하다.

가끔 우리가 어린 시절에 놓쳤던 것(조화로운 관계 또는 일관된 양육 방식 등)이 있다. 이로 인해 회피하거나 애증이 엇갈리는 애착 경험이 초래되었을지도 모른다. 하지만 우리를 압도한 경험과 조직화된 접근 방식을 발달시키지 못한 것에 대한 반응의 경험을 지님으로써 우리는 분리에 대한 잠재력을 계속 지니게 되는 것이다. 말 그대로 현실적인 물리적인 방법 안에서 우리는 통합된 상태로부터 자기 자신을 귀속하듯이 분리한다. 이것이 트라우마의 과정인 것이다.

많은 면에서 트라우마란 마치 개가 무는 것과도 같다. 우리 모두는 개가 자신을 물었을 때 벗어나려는 본능적인 충동을 가지고 있다. 하지만 우리가 그럴수록 그 개는 이빨로 우리의 손가락을 더욱더 심하게 물어 우리는 심각한 상처를 입게 된다. 만약 그렇게 하지 않고 우리가 개의 목구멍 쪽으로 더 깊이 손가락을 집어넣는다면 그 개는 목이 막혀 우리의 손가락을 놓아 버릴 것이다. 또 그 물린 상처는 더 빠른 시간 안에 낫게 될 것이다. AAI를 한다는 것 또한 애착 트라우마의 목구멍에 당신의 초점을 두는 것을 의미한다. 당신은 공명이 존재하지 않았던 때, 당신을 향한 조율이 가장 필요한 시기에 부재했던 때, 그리고 양육자의 현존이 부재하여 삶에서 고립감과 침범 또는 혼란을 겪었던 때를 이해하게 된다. 또한 당신은 그 압도적인 경험을 직시하고 당신의 삶을 분열되게 만들고 충만한 삶을 방해해 왔던—특히 스트레스가 쌓인 상황 가운데에서—암묵 기억의 분열된 조각들을 한데 모으게 될 것이다.

이러한 반영의 훈련 가운데에서 모니터해 온 것들을 이해하는 중요한 변화 과정을 거치면서 당신은 그 기억의 인출이 기억 변환기가 될 수 있다는 것을 깨닫게 될 것이다. 반영과 활발한 탐험을 통해 과거의 고통스러운 경험이 지금 당신에게 지침서와도 같은 역할을 하게 되는 것이다. 과학은 당신이 과거의 포로가 될 필요가 없다는 것을 입증한다. 당신은 삶을 이해함으로써 당신이 생존하도록 한 어린 시절의 적응으로부터 자유로워지도록 만든다. 하지만 이것은 또 변화할 필요가 있는 것들이다. 이제 당신은 그저 살아남는 것 이상으로 성장할 수 있다. 지금까지 방어적인 기능을 하던 그 두터운 코트를 벗어 던지고 현재라는 시간에 충만하게 살아가고 당신만의 미래를 이루어 나갈 수 있도록 자유로움을 얻으라. 이는 당신이 안팎으로 자기 자신을 연결하는 방식이다. 또한 임상가로서의 여정 안에서 현존과 조율, 공명을 하기 위해 자기 자신을 자유롭게 하는 방식이다.

성인 애착 인터뷰(AAI)를 작성해 본다. 연인이나 배우자 혹은 동료에게도 작성하게 하고, 각자의 설문지를 공유하고 나눠 본다. 우리 사이에서 어떤 과정으로 '공명'이 일어났는가?

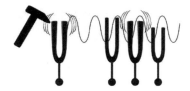

성인 애착 인터뷰

1. 가족과 관련된 이야기(성인기 이전)를 해 주세요.
   ① 부모나 형제, 자매 그리고 자신을 연령 순서에 따라 배열하고, 종교, 직업, 결혼 시기, 교육수준 등 다양한 정보를 기록해 주세요. 특별히 기록하고 싶은 가족(조부모, 이모 등)도 써 주세요.
   ② 각 사람의 성격을 나타내는 형용사를 긍정적인 것 3개, 부정적인 것 3개 적으세요. (형제의 수가 많을 경우에는 가족 이해에 따라 중요하다고 여기는 형제 몇 명에 대해서만 적으세요.)

2. 기억해 낼 수 있는 가장 어린 시절을 회상해 보세요. 그 시절에 당신의 부모님과의 관계를 한번 묘사해 보세요.

3. 쉽지 않다는 것은 알지만, 기억해 낼 수 있는 가장 어린 시절로 돌아가서(5~12세), 당신의 어머니와 당신과의 관계를 표현해 줄 수 있는 5개의 형용사나 단어를 제시해 주세요. 이 단어에 대해서 왜 선택했는지 각각 적어 주세요. (각 단어와 관련된 사건이나 기억도 적어 주세요.) 아버지와 관련된 형용사나 단어도 제시해 주세요.

4. 부모님 중 누구와 더 가까웠나요? 어느 한쪽의 부모와 덜 가까웠다고 느낀다면 그 이유는 무엇일까요?

5. 당신이 자랄 때에 감정을 어떤 식으로 다루었나요?
   ① 표현하고 나누었나요?　　　② 무시하였나요?
   ③ 참았나요?　　　④ 분노는 어떻게 다루었나요?

6. 부모님과 처음으로 분리(이별)했던 경험에 대해서 적어 주세요. 언제인지, 그때 당신은 어떻게 반응했었고 당신의 부모님은 어떻게 반응했나요? 그 외에 기억에 남아 있는 다른 이별 경험은 없나요?

7. 어린 시절 크게 실망하거나 불행했던 사건이 있나요? 그것들을 어떻게 다루었나요?

8. 어린 시절 부모로부터 거부 또는 거절당했다고 느끼거나, 위협을 받은 적이 있나요? 그때가 몇 살이었나요? 그리고 당신은 그렇게 느꼈을 때 어떻게 했나요?

9. 전반적으로 당신 부모와의 경험이 지금 당신의 성격에 어떤 영향을 주었다고 생각하나요?

10. 배우자 선택의 기준으로 중요하게 생각했던 것은 무엇인가요? 어린 시절 가족이 어떤 영향을 미쳤나요?

04
신뢰(Trust)

우리의 마음 상태에 현존하면서 동시에 조화를 이루는 사람과 함께 자리할 때 공명은 일어난다. 공명의 일부가 되는 것은 '우리'라는 존재가 2개의 각 개체가 상호작용하는 하나의 개체로 묶이는 것을 의미한다. 통합의 한 형태—균질화가 아닌—이나, 각각은 고유성과 독자성을 계속해서 유지한다. 세상에 태어난 처음, 우리는 부모의 조율로 함께 생활하는 것을 경험한다. 잠재적 두려움과 불안 투성이가 되어 타인에게 의존할 수밖에 없는 연약한 아기는 애착 유형의 조율된 현존을 통해 안정감을 느낀다. 아기가 이러한 부드러운 연결의 순간에서 모든 것이 괜찮을 것이라는 신뢰를 배우면서 반복된다. 이러한 신뢰는 얽매임에서 풀려나는 것, 타인과의 연대를 통해 기꺼이 가지게 되는 마음 그리고 평안함과 보호와 관련되어 있다. 신뢰라는 것은 포지스(Porges, 2009)의 두려움 없는 사랑이라는 개념과 유사한 수용성의 상태이다. 이 상태는 뇌에 존재하여 가치를 평가하는 회로에 의하여 생성되며 우리가 세상과 우리 내부를 들여다볼 수 있도록 이끈다. 안전한 상태에 대한 지속적인 욕구로 인하여 일어나는 경험이 형성되면서, 신경감각수용 평가는 사회적 연대 시스템을 활성화하기 위하여 조율을 시도한다. 만약 내가 슬픈 감정을 느끼고 있을 때 당신이 그런 나를 편안하게 해 준다면, 나는 홀가분한 마음으로 안정감을 느낄 수 있다. 내가 당신에 의하여 안정감을 갖게 된 것이다. 이 과정으로 나는 당신을 신뢰할 수 있게 되고 우리의 관계에 대한 믿음을 가지게 된다. 또 우리 사이의 상호작용을 편안하게 느끼며 연대에 대한 안정감을 느낀다.

　연약한 상태는 대부분의 임상적 충돌에서 시작점이 되기도 한다. 심리치료에서 마주하는 내담자들 또는 의료 업무 중 만나는 내담자들의 경우, 무언가가 옳지 않게 느껴지기 때문에 더 좋은 상태를 위해 조언을 구한다. 때때로 개선을 위해 조언을 구하는 행동은 혼란을 명확하게 하는 평가가 된다. 중재가 잘못된 것을 고치고 상처를 치유할 수 있다. 또한 발달이 침체된 상태에서의 성장 또한 촉진할 수 있다. 이러한 모든 임상적 충돌 내에서 사람들은 "나를 도와주세요."라고 말하며 상담을 요청한다.

현존과 조율 그리고 공명은 신뢰의 필수적인 조건을 임상적으로 만드는 작업이다. 내담자가 두려움 없이 치료에 호감을 느끼고 신경 감각수용의 평가에서 안전한 상태를 느끼게 된다면 신뢰는 그들의 주관적인 경험 내에서 형성된다.

심지어는 의료진에게 마음챙김 훈련을 가르치는 것에 관한 최근 연구에서도 만약 그들이 그들 자신에게 맞추고 스트레스를 줄이도록 배운다면 임상적인 피로와 소진이 상당히 줄어들 수 있음을 입증해 왔다(Krasner et al., 2009). 이러한 결과를 해석하는 한 가지 방법은 스트레스라는 생리적인 상태가 마음챙김 자각의 정신적 훈련에 의하여 줄어들었다는 것이다. 다음은 당신 자신의 내적 세계를 신뢰하는 법과 취약한 점 그리고 열린 마음과 객관적인 마음으로 자신의 고유한 마음을 관찰하면서 받아들이는 법을 배워야 한다. 또한 이것은 임상 치료에 대해 긍정적인 태도를 유지하는 데에 분명한 영향을 끼친다. 신뢰는 사치가 아니다. 개방적인 태도를 통해 우리는 내담자들이 그들의 행운 주치의와의 조화를 통해 그들 각각의 삶에서 지속적인 현존으로부터 얻는 혜택을 상상해 볼 수 있을 뿐이다.

그렇기 때문에 신뢰는 타인에게 우리 자신들을 드러낼 수 있도록 하기 위한 조율을 느끼는 것에서 출발한다. 이러한 현존-조율-공명의 연속은 이어지는 'TRs(tr로 시작하는 단어들)'의 무대를 구성하게 된다. 이러한 신뢰 상태의 신체적인 부분은 신뢰가 변화의 상태를 이끄는 방법을 우리가 볼 수 있게끔 해 준다.

뇌 기초

　우리는 타인과 연대를 맺기 위해 만들어졌다. 자궁 밖 생활의 시초부터 뇌는 임시적 의사소통의 긍정적인 형태를 탐험한다. 이것은 좋게 받아들여져 이해되고 빠른 시일 내에 효과적으로 응답받는 신호를 보내는 것이다. 모든 학문을 통해 알 수 있듯이 이것은 전 세계적으로 부모와 자녀 간의 건강한 관계라는 중심부에 위치한다.

　사회적인 뇌가 신호를 주고받듯이 그것들은 현재 상태에 대한 위험성을 평가한다. 임시적인 의사소통 패턴이 공개되면 아이는 안전에 대한 반복된 신경 발화 패턴—보고 이해하고 누군가에 의해 보살핌을 받는다는 것—을 만들어 낸다. 수용성의 상태에서 안정을 되찾게 되면서, 연약한 어린아이의 작동 중인 뇌는 상호작용 패턴을 해독하며 자신을 돌봐 주는 사람과의 안전한 유대관계를 발달시키기 위해 내적 반응을 일으킨다. 우리는 또한 마음챙김 훈련에서의 자기조율과 더불어 발생하는 아주 비슷한 것을 상상해 볼 수 있다. 우리는 자기 자신과 안정된 애착을 형성한다. 그리고 이를 통해 안전과 유대를 위해 자기 자신을 의지하는 것에 대해 신뢰를 쌓아 가게 된다. 이미 알 수 있듯이 스트레스는 감소하며 소진 상태를 방지하게 된다.

　신뢰를 느끼는 것은 연약하게 되는 감정을 특정 타인으로부터 느끼게 되는 상태 의존적인 과정—타인의 지지에 의한—이다. 우리의 안전에 대해서는 내려놓아도 좋다. 경계 중인 방어 상태와 이것을 관계에 드러내는 것은 암묵 기억을 형성하는 시냅스에 내장되어 있다. 우리는 감정을 느끼고, 신체 상태를 감지하며, 타인의 얼굴 표정을 인지하고, 어린 시절의 행동을 재현하기도 한다. 암묵 기억은 정신적 형상이나 특정한 상호작용에 대한 스키마와 같은 반복된 경험을 총체적으로 만들어 낼 수도 있다. 우리 자신들은 어느 누구보다도 점화에 의한 반응을 하도록 준비되어 있다.

암묵 기억의 이러한 각각의 요소들—정신적 형상과 점화뿐 아니라 감정, 신체 감각, 지각 경향, 행동에 의한 반응—은 우리가 타인을 믿는 데 직접적으로 영향을 미친다. 만약 당신이 보지 못했거나 믿지 않거나 배신을 당했다거나 하는 과거의 반복적인 경험을 지니고 있다면 조율되지 않는 이러한 사례에 대해 더욱 주의를 기울이게 될 것이다. 아마도 그것들을 더욱 순조롭게 바라보거나 실제로 발생하지 않은 것으로 상상하는 식으로 말이다. 임상가로서 당신의 과거 경험을 이해하는 것은 당신의 신뢰와 불신이 삶에서 중요한 역할을 했다는 것을 인지하기 위해서 필수적이다. 자기반영에 대한 지난 몇몇 장의 개관을 통해 과거의 경험이 지속적으로 관계에 영향을 끼쳐 온 방식을 탐험하게 될 것이다.

임상 치료 과정 중에 의사불통이 갑작스러운 변화를 초래하는 순간에는 우리의 개인적인 측면을 드러낼지도 모른다. 그러한 불가피한 오해와 혼돈 그리고 그 상황에 대한 내담자들의 미묘하고도 강렬한 반응은 우리의 관계가 깨지는 것에 대한 우리의 책임을 부인하거나 타인을 비난하도록 이끌 것이다. 상호작용에 대해 갑작스럽게 변화하는 역동적인 관계—함께 마주 보고 상담을 나누는 두 사람으로 만들어진—는 두 개인의 취약함으로 가득 채워진다. 치료자로서의 역할은 당신과 당신이 만나는 그 내담자를 위해서 갈라진 관계를 회복하는 것이다. 단절의 중요성을 감지하고 "나는 일어난 일에 대해 안타깝게 생각합니다."라는 진술로 존중함으로써 그러한 단절에 대한 깊은 의미를 이해하는 것은 치료 과정 중에 신뢰를 재형성하고 유지하기 위해 중요한 일이다.

함께 논의해 왔듯이, 효과적인 치료를 위해 필수적인 요소는 치료 과정 중에 발생하는 치료적 관계로, 심리치료에 긍정적인 영향을 미치는 데에 중요한 책임을 지고 있는 것들 중 하나이다. 헨리(Henry, 1998: 128)는 치료의 정의를 다음과 같은 말로 표현한다. "연구에 걸친 일반적인 동향에 따라 결과 변화의 가장 큰 비중은 이전에 내담자가 가지고 있던 특징이 원인이 아니라

치료자 개개인마다 다른 치료 그리고 치료 방법이나 기관에 상관없이 내담
자와 치료자 간의 관계에서 발생한다는 것이다." 이에 기반을 두고 노크로스
(Norcross)[1]는 연합과 동정 그리고 목표의 일치와 협동이 심리치료 관계의 중
요한 요건이라고 밝힌다. 여기에서 연합이란 관계에서 합의된 것의 질과 내
구성을 의미한다. 가장 강력한 요소인 공감은 내담자의 느낌과 생각을 이해
하기 위한 치료자의 민감한 능력이자 그들의 시각에서 바라보기 위한 노력
이다. 목표의 일치와 협동은 내담자의 인상과 개입의 효과 그리고 치료에 내
재하는 관계로부터 얻는 만족감과 관련된 피드백을 통하여 얻어진다. 노크
로스는 치료자가 각 내담자에 대한 새로운 치료법을 만들고 각 사례의 특성
에 맞게 관계를 조정할 수 있고 맞춤화할 것을 제안하지만, 연구 증거를 통해
도출된 일반적 기술 원리에 대한 지침을 갖추고 있다. 지금 이것이야말로 치
료자로서의 마음챙김이 반드시 수반되어야 한다는 것에 대한 충분한 설명이
된다.

　내담자들은 서로 다른 변화의 단계에 상담을 받으러 온다. 그리고 우리는
각 단계에 맞는 방안을 고안할 수 있다. 예를 들어, 우리는 그들을 양육하는
부모, 그들과 상호작용하는 교사나 코치, 또는 그들의 변화 단계에 따른 컨설
턴트 역할을 담당할 수 있다. 노크로스는 "치료 관계의 생성과 개발이 주요
목표이다."라고 제안한다. 내담자와의 신뢰를 고무시키는 마음챙김 상담자
가 되는 것은 효과적인 치료가 요구하는 개방적인 현존을 제공하게 된다.

　관계에서 필수적인 요소는 내담자들로부터 피드백을 찾아내고 받는 열
린 마음을 지닌 치료자가 되는 것이다. 여러 면에서 이러한 결과는 치료 중
의 마음챙김 성향이 효율적인 치료의 중심에 있다는 개념을 뒷받침한다. 신
뢰를 함으로써 사회 관여 체계에서의 두려움을 떨쳐내고 애정이라는 감정이
활성화될 수 있다. 이것이 긍정적인 신경가소성의 변화가 발현되어 유지될

---

1) 역자 주: 치료적 동맹에 대한 연구를 말한다.

수 있다고 제안할 수 있는 수용의 상태이다. 우리는 모두 인간으로서 사회적인 뇌를 지니고 있으며 호기심과 열린 마음, 수용적인 마음으로 타인의 내적 세계를 인정하고 존중하는 방법을 찾고 있다. 또한 사랑을 함으로써 우리는 신뢰라는 것이 기본적인 신경적 욕구라는 믿음을 증명하게 된다.

마음보기 기술

1장의 '아니다-그렇다' 실험과 비슷하게 신뢰라는 감정은 수용적인 상태(그렇다 모드)로, 우리가 다른 사람들로부터 환영할 만한 투입과 연대를 향한 개인적인 욕구를 인정하는 것이다. 개방적인 상태는 반응적이기보다 수용적인 존재 상태를 의미한다. 연합과 공감, 목표의 합의와 협동을 이끌어 내기 위해서는 신뢰가 필수적이다.

그러나 대부분의 우리는 어린 시절 혹은 청소년기, 성인기에 약점이 타인에게서 인정받는 영역이 아니라는 것에 대한 경험을 했다. 이 상황에서 우리는 그것들을 수용하기보다는 반응하는 쪽으로 적응되어 갔을 것이다. 이러한 적응 상태는 우리 고유의 감정을 부인하는 것, 그러한 것들을 부채질하는 신체적 감각으로부터 우리를 배제하는 것, 일어난 일에 대한 사유와 그것이 무엇인지 중요치 않게 여기는 것, 또는 우리가 잘 살기 위해서는 타인에게 의존할 필요가 없다는 자세로 그들에게서 철회하는 것과 같은 방어 전략을 보일 수 있다. 반복적으로 발생함으로써 타인을 향한 우리의 신뢰를 방해하는 것은 반응의 유연한 레퍼토리에 엮이게 되거나 심지어는 개인적 특성의 더 경직된 측면이 되는 적응으로 이끌 수 있다.

자신의 반복되었던 적응 전략을 찾는 과정은 임상가와 내담자 모두에게 취약성과 신뢰가 지금 어떻게 펼쳐질지 그려 보도록 돕는 중요한 내적 탐구이다. 사실상 이러한 것들은 저널 쓰기나 자연 산책 중에 탐색될 수 있는 내적 이야기의 측면이다. 당신의 신뢰에 대한 배반에 대처하기 위한 것들에는 어떠한 것들이 있었는가? 어떻게 해서 당신은 무시당하고 무언가로부터 침해당하거나 두려움을 느끼는 것에 대항할 수 있었는가? 사람들이 당신을 깎아내릴 때 어린 시절의 당신은 어떤 영향을 받았는가? 약점이 당신의 삶에서 지금 어떤 역할을 하고 있는가?

다양한 방법으로 우리는 개연성의 원자가 정체기 상태와 활성 상태의 절정 패턴을 형성하고 있는 지속적인 적응 전략을 인지할 수 있다. 가능성의 개방 영역으로부터 이동할 때에 우리가 삶을 시작해 온 기반은, 그것이 무엇이든지 개방적이고 그 열린 세상 자체를 수용할 준비가 되어 있다. 결국 그렇게 함으로써 우리는 우리의 통찰을 거스르는 편견에 따른 강요로 행동해 나간다. 평지에서 멀어지면서 우리는 적응에 대한 시냅스 연결 및 신경 발화와 정신 생활의 평행한 전개를 만들고 습관의 주관적인 패턴에 의해 계속 형성된다. 이것은 우리가 자유를 갈망하는 제한된 적응을 바라보는 개연성과 활성화 그리고 열린 가능성에 생존하는 실재로부터 옮겨지는 경로에 내재한다.

이러한 것은 가능성의 영역으로부터 제한적인 패턴이 우리를 떼어 놓으며 반복되는 생각과 감정, 행동에 우리를 억압하는 방식이다. 이렇게 내담자를 향한 신뢰를 가로막는 수용성으로부터 미묘하거나 그렇게 미묘하지 않은 마음의 습관은 우리가 현존할 시에 느껴야 할 것들이다. 좋은 소식은 당신이 이러한 제한적인 정체기와 쉴 새 없는 반복적인 정신적 활동 그리고 신경적 일상을 방출하는 방법을 찾는 법을 배우게 될 거라는 것이다. 당신은 가능성 영역의 개방된 공간으로 안정을 취하는 법을 배울 수 있다. 이것은 우리가 앞으로 함께 볼 장에 앞서 탐험하는 훈련이며, 이 기술은 당신이 만나게 되는 내담자들에게도 직접적으로 알려 줄 수 있는 것이다.

그저 수용할 수밖에 없는 사람은 융통성 없는 한계를 지닌 사람을 마주할 때에 그들이 우리를 수용할 수 있는 방식을 왜곡하는 한계를 감지하여 우리의 신뢰가 내적 경험에서 발현되지 않는다는 것을 느낀다. 감정을 느끼기보다 오해를 당하며 무시받고 판단받는다. 현실의 물리적이고 주관적인 측면에서 각자의 한계를 감지하는 법을 배움으로써 당신은 한계가 있는 부분을 보게 될 것이며 삶에서 당신을 옭아매는 그것으로부터 자유를 찾을 것이다. 그러한 한계는 우리를 경직된 상태로 이끌거나 우리를 혼돈의 폭발 상태에 마주치게 한다. 그 개념은 이러한 한계를 찾기 위한 것이며—앞으로 보게 되겠지만 통합을 위한 상처이다—조화롭고 편안한 삶을 영위하기 위하여 그것들을 해소하는 것이기도 하다.

당신 내면의 세계를 들여다보면, 우리의 제한적인 적용이 감각하는 방식과 그것이 우리를 계속해서 옭아매는 방식에 관하여 수용적 상태 또는 반응적 상태의 대표적인 분열이 유용한 기제라는 것을 발견하게 될 것이다. 각자의 취약성을 숨기는 보호 모드를 취할 때에 우리는 수용하기보다는 반응한다.

신뢰와 관련지어 우리의 마음을 모니터링하고 변형하는 마음보기 기술을 발달시키기 위해서 먼저 신뢰가 당신의 삶에서 존재하지 않았을 때의 과거를 회상해 볼 것이다. 그리고 나서 만족감과 신뢰를 활발하게 감지하기 위한 기초적인 반영 활동을 하게 될 것이다.

위축되고 좌절하거나 무시를 당한 상태에서 다른 누군가에게 의존했을 때에 잘 풀리지 않았던 때를 생각해 보라. 무슨 일이 일어났는가? 어떻게 해서 그 경험이 미래에도 반복되었는가? 당신은 어떻게 그 상처로부터 적응하는 새로운 패턴을 알게 되었는가? 어떻게 그 적응은 당신의 오랜 기간의 성장에 영향을 미치게 되었는가? 주변 사람들이 당신의 도전 의식을 심하게 북돋울 때에 당신은 개방된 상태로 더욱 자연스럽게 연약한 상태에서 특별한 상황을 마주했는가? 이러한 주제들에 관해 각자의 회상을 기록하는 것은 당신의 약점과 신뢰가 당신의 삶에서 하나의 역할을 하는 방식을 이해하는 데에 토대를 둔다. 기억한 것에 대해 적은 것을 절대 수정하지 말라. 펜을 쥐고 그저 적고 또 적으라(컴퓨터로 작성해도 무방하다). 수정하는 것은 대중 소비로 옮겨 갈 때에 필요한 차후의 과정일 뿐이다. 단지 당신이 적기를 원한다면, 그것은 각자의 삶에 숨겨져 있었던 것이자 마음속 깊이 기억으로 소용돌이 치고 있던 것이다. 글을 쓰는 것은 당신의 면역 체계에도 효과가 있을 뿐 아니라 웰빙 감각에도 도움을 준다(Pennebaker, 2000; Goldberg, 1986). 자기 이해의 기초를 마련하는 것은 당신의 시야가 당신이 마주하는 내담자들의 반응에도 더욱 개방적이 되도록 돕는다. 당신 자신에 대해 심도 있게 알아 가게 되는 과정은 타인에 대해 알아 가는 것 또한 연관된다. 그러한 이해는 당신이 과거로부터의 사회적 고통에 적응해 나가는 현존으로 초대하기도 한다. 당신 자신의 삶을 이해하는 것은 내적으로 그리고 대인관계에서 당신을 자유롭게 하는 통합적 과정이라고 할 수 있다.

오래된 패턴을 변화시키는 것은 우리가 타인과 함께할 때에 더욱 개방적이고 또 그들과 접촉할 수 있도록 돕는다. 당신이 반응을 해 나가는 중일 때 인지함으로써 내적 자원(예: 상상 속의 평화로운 공간)을 작동하도록 만들고 호흡이 당신을 수용의 상태로 갈 수 있도록 초점을 맞춘다. 지금 나는 당신이 명확하고 고요한 마음 상태를 만들도록 초대하겠다. 1장에서 우리가 발달시켰던 호흡 자각 훈련을 기억하면서, 호흡을 발견하여 그것의 리듬을 한 번 느껴 보라. 안팎으로 자각이 호흡의 물결을 타도록 하라. 호흡에 대한 집중이 흐트러지면 자각이 그 방해하는 것에 따뜻하게 주목한 후에 다시 호흡에 재집중하도록 해 보라.

그러고 나서 이제는 기억이나 상상 속의 어떠한 공간을 생각해 보라. 당신에게 안전하거나 안정감을 느끼게 해 주는 그곳을 말이다. 그 공간은 적막하면서 깊은 공간이자 우리가 1장에서 이야기한 평온 상태의 이미지가 될 수 있다. 아니면 토대가 되어 명확하게 나타나는 새로운 이미지일지도 모른다. 당신이 이 안전한 내적 공간을 만듦으로써 호흡의 리듬 또한 삶이 주는 동력의 안팎의 움직임을 감지하면서 자각을 가득 채운다. 그리고 팔이 편안해지고 가슴이 차분해지며 얼굴 근육이 완화되는 느낌을 받게 될 것이다. 그러한 공간을 안다고 하는 것은 그곳이 당신을 위해 언제나 존재한다는 것을 의미한다. 마음속으로나마 그 안정된 공간을 상상해 볼 때에 호흡이 둘러싸는 느낌이 올라가고 내려가는 것을 보라. 이러한 내적 조율은 현존을 착수시키며 우리 고유의 약점을 마주할 수 있는 용기를 가져다준다. 다양한 방식으로, 이것은 우리 모두가 공유하는 가능성의 개방 영역 내에서 당신 자신을 신뢰하는 법을 배우게 된다. 이 공간은 또한 불완전한 세상에서 살아남기 위해 연기하며 빗발치는 적응에 자주 묻히기 시작하는 곳이기도 하다. 타인과 상호작용하기 위한 용기 또한 개방된 상태에서 바라보며 신뢰를 향하여 상호적으로 만들어진 타인과의 원을 넓히는 내담자와의 관계에서 현존하기 위해 열려진 문이기도 하다. 이는 열린 마음이 가능성의 공유된 영역을 함께 만나는 방법이다.

다음 훈련으로는 이제 변화에 집중해서, 사회성과 자기관여 체계를 모두 활성화시킨다고 믿는 콘필드(Kornfield, 2008)의 고전적인 자애 명상을 해 볼 것이다. 연민과 친절이라는 사회적 회로를 연결하면 우리는 훈련 하나로 삶에서 쉽게 접근할 수 있는 내적 상태와 특성이 될 수 있는 타율적이고 자기자비에 관한 상태를 만들어 낼 수 있다. 〈표 4-1〉은 자애심 수련의 기본 틀을 보여 주고 있다.

눈을 감고 당신 자신의 호흡에 집중해 보라. 그러고 나서 호흡이 그 상태에 스며들어 제시된 말들이 각자의 자각에 가득 채워지도록 해 보라. 한 마디 한 마디를 마음속에 반복하여 채우라. 처음에 우리는 이 바람이 당신 자신을 향하도록 할 것이다. 그러고 난 후에, 당신의 조언자라든지 친구 또는 중립적인 친분을 갖는 이에게 간단한 상태로 제공되도록 할 것이다. 그 후에 당신과 갈등을 겪었던 그리고 풀리지 않은 관계에 있는 그 누군가에게 적용하기를 원한다. 우리는 그들을 용서하고 또 용서를 구하도록 할 것이다. 그러고 나서 그들에게 자애로운 소망을 전달하는 것이다. 다음에 우리는 이 소망을 우리 자신에게 전했던 그 원 상태로 돌아가기 전에 세상의 모든 이에게 전할 것이다. 〈표 4-1〉에서 총 네 문장을 볼 수 있는데, 어떤 이들은 처음과

〈표 4–1〉 인정의 말

> 아마도 나(또는 그 사람)는 행복하게 살 것이다.
> 아마도 나(또는 그 사람)는 건강하고 에너지 넘치는 몸을 지닐 것이다.
> 아마도 나(또는 그 사람)는 안전하고 어려움으로부터 보호받을 것이다.
> 그리고
> 아마도 나(또는 그 사람)는 웰빙으로부터 편안한 삶을 영위할 것이다.
>
> 이는 자기 자신, 조언자, 친구 또는 중립적인 친분을 유지하는 사람들에게 제공된다.
> 당신과 갈등을 겪었던 그 누군가에게 이제 용서를 구할 차례이다.
> 그 후에 그들에게 이 말을 전하고 또다시 당신 자신에게 해 주라.

* 이 문구들은 명확하면서 인정하는 내적인 마음을 유발하며 우리가 타인 또는 자기 자신과 조율할 수 있게 하는 공명 신호의 신경 발화를 용이하게 하는 통합을 일으키기도 한다. 훈련을 통해 의도적으로 발생한 이러한 친절의 상태는 연민과 우려를 다루는 오랜 기간의 특성이 될 수 있다.

끝에 이 문장을 가득 채우기를 원한다. 간략해진 문장은 이렇게 쓸 수 있을 것이다. '행복하고, 건강하기를.' '안전한 삶을 살며 잘 살 수 있기를.'

어떤 이들은 처음에 이렇게 해 보라고 하면 어색해한다. 심지어는 세뇌당한다는 반응을 보이기도 한다. 이것을 실행하면 당신에게 좋지만 내담자들을 치료하는 과정에서 이른 시점에 적용하면 그들에게 겁을 줄 수가 있다. 그렇기에 이 말들은 조심스러우면서도 적당한 시점에 적용되는 것이 적합하다. 의도를 지니고 뇌의 특정 회로를 자극하는 것은 사실 마음 훈련의 과정이자 뇌의 특정한 부분들을 연결 짓는 방법이기도 하다. 그러나 여기에서 우리는 신경 활성화와 동정 회로의 성장(SNAG)을 취하고자 한다. 나는 이러한 정신 집중의 측면이 동정심을 유발할 수 있으며 뇌에서 우리가 중요한 사회적 회로를 활성화시키는 감각을 지닌다는 것을 알게 되었다. 사실 참조하지 않는 연민—특별히 정해진 목적이 없는 순수한 동정심을 말한다—에 초점을 맞추는 전문적인 명상가들은 실제로 기록된 어마어마한 양의 감마파를 지녔다(Lutz et al., 2004). 이러한 EEG 결과는 통합 뇌의 결과로서 거대한 신경 공시 상태와 일치한다. 새로운 연구를 하는 이들은 연민을 느끼는 마음을 발달시키는 것은 생리적으로 더 건강하도록 하는 것으로 모두에게 유리한 상황이며 대인관계에 또한 효과적이라고 주장한다(Gilbert, 2010). 크리스틴 네프(Kristin Neff, 2009)는 자기자비가 자신에 대한 동정심, 즉 각자의 경험이 공통된 인간성의 부분인 감정을 포함하며 그들에 의해 명시되지 않는 우리의 생각과 감정의 의식적인 수용을 포함한다고 말한다.

호흡 자각과 동반되는 자애 수련과 우리가 이미 도입한 신체 스캔을 혼합하는 것은 조율에 집중한 마음 기술의 자연스러운 혼합이다. 우리가 우리 자신에게 조율할 때 타인에게도 조율할 수 있도록 하는 그 신경적 역량에 다가감으로써 자신을 자각하는 신경 회로를 연결하게 된다.

현재 과학적 지식 상태는 호흡이 생명과 연결된 것처럼, 친절과 연민이 뇌에 미치는 영향을 확고하게 단언할 수 있다.

신뢰와 통합

발생하는 모든 것에 가능성의 영역이 개방된 상태라고 가정해 보라. 그러고 나서 우리가 시간의 흐름에 따른 자기구성이라는 복잡함을 극대화하는 자연스러운 경향이 있다고 하는 복잡한 견해를 숙고해 보라. 전문적으로 다루는 체계의 분리된 요소로 인하여 그 조건들은 이것들을 더욱 복잡한 상태로 연결하기 위해 자기구성적인 유연한 적응 과정을 하도록 되어 있다. 이것이 바로 통합이 역동적인 체계에서 복잡함을 극대화하는 기초 과정으로 보이는 이유이다. 이러한 움직임은 시간이 지남에 따라 더욱 유연하고 적응적이며 일관되고 활기차며 안정된 상태를 이끌어 내면서 선천적으로 역동적이다. 이런 식으로 구별된 요소들의 결합이 FACES 흐름—통합의 중요한 결과—을 창출해 낸다고 말할 수 있다. 바로 우리가 우리 안에 존재하는 것들과 타인의 마음 안에 있는 것을 만나는 경로이다.

그렇기 때문에 친절과 연민은 우리 모두에게 좋은 영향을 끼친다. 이들은 매우 통합적이다. 자기 자신과 타인 그리고 우리가 살아가는 이 세상에 우리의 감각이 개방하고 연결하는 과정을 신뢰하라.

신뢰를 통해서 우리는 가능성의 영역으로 나아가고 통합의 상태로 이동하는 내적 가능성에 대한 제한을 억제할 수 있다. 방어 상태를 내려놓고 절정기를 부드럽게 하고 정체기를 넓힘으로써 우리는 두려움 없는 가능성과 활성화 상태를 더욱 유동적으로 이동할 수 있다. 이것은 자연스러운 신뢰에 관한 것으로, 우리는 타인과 현존할 때에 우리 자신이 될 수 있다. 반대로, 우리의 적응이 그러한 움직임을 가질 때에 통합의 조화로움으로부터 이동하여 혼돈이나 경직된 상태로 갈 수 있다. 그것은 우리가 떠밀리는 느낌을 갖거나 우리를 옥죄는 생각을 하게 한다. 폭발과 감금된 상태로부터 자유로워질 때, 또 우리가 반복적인 절정과 유연하지 못한 정체 상태로부터 안정을 되찾을 때 우리는 가능성의 영역으로 되돌아간다. 신뢰는 이러한 통합의 조화로운 흐름을 향한 자연스러운 움직임이 실현되도록 하는 열린 상태로 우리가 이동할 수 있도록 자유롭게 한다.

이제부터는 좀 더 깊이 들어가서 한계가 있는 정신과 신체의 상호 간에 일어나는 에너지와 정보의 흐름 패턴과 함께 가능성의 영역으로부터 이동해 보자. 물리적 신경 발화가 열린 상태로 통합된 상태를 향한 움직임을 막는다는 과거의 시냅스 학습으로 제한된다면, 우리는 다들 반복된 행동과 깊게 뿌리박힌 감정적 반응 그리고 삶의 방식을 엄격하게 형성하는 반복된 생각을 발견할지도 모른다. 이는 진정으로 우리의 내담자들에게만큼이나 치료자인 우리에게도 해당된다. 마찬가지로 상담치료자와 내담자 모두는 경직된 상태라기보다 통합이 일어나지 않는 폐색된 상태를 경험하게 된다. 그리고 우리는 우리가 충동적으로 행동하고 우리의 삶을 성가시게 하는 마구잡이의 생각을 하고, 우리의 추론을 혼란스럽게 할뿐더러 관계를 망친다는 것을 알게 된다. 우리가 한정된 상태에 있든 혼란 상태에 있든 간에, 폐색된 통합은 모두의 삶을 망가트린다. 그러한 상태에서 우리는 웰빙의 편안함에서 멀어져 타인에 대해서, 심지어는 자기 자신에 대해서 신뢰를 잃는 상태에 빠지게 된다.

이와 같이 신뢰와 통합은 관련이 있다. 우리는 통합의 복잡한 상태로 향하는 내적인 발동이 만들어지기보다 그저 드러나는 것이라고 생각할지도 모르겠다. 친절과 연민은 신뢰를 낳고 우리의 자연스러운 상태를 보일 수 있도록 준비한다. 통제하지 않고 허용하는 신뢰와 친절함 그리고 개방성을 수반하는 것으로 우리가 취약성에 자유로워지는 것이다. 상담사로서 우리의 일은 미켈란젤로(Michelangelo)가 형상을 만들어 낸 것이 아니라 돌로부터 형상을 자유롭게 해 주었다는 주장과 유사하다. 그렇기 때문에 우리는 치유를 향한 자연스러운 움직임과 우리 자신을 조절할 수 있다. 이것은 조화를 향한 자기 구성적 움직임이다. 결국은 혼돈 상태 또는 경직된 상태 내에서 드러나는 통합을 느끼고 난 후 차이와 결합이 손상되는 방법을 감지하는 영역으로 뛰어든다. 여기에서 중요하게 살필 것은 신뢰가 변화하는 삶에 더욱 깊게 관여하기 위한 시작점이라는 것이다.

궁극적으로 상담사인 우리는 내담자들과 삶의 기로에서 동행자로 함께한다. 전문가 정체성이라는 은폐된 것에 의하여 만들어진 잘못된 분리가 단지 환상이라는 것을 우리가 깨달을 때에 신뢰는 형성된다. 상담사와 내담자로서 우리 각각은 비슷하다. 우리는 할 수 있는 것에 최선을 다하고 있다. 자연스럽게 우리는 윤리적이며 치료적인 역할을 관계에 가져온다. 우리는 경계와 비밀을 존중하며 모든 만남 가운데에서 내담자의 가장 중요한 치료 목적을 비밀로 한다. 심지어는 특정한 경고가 있더라도 여전히 우리는 발견의 경로를 따르는 동료 여행자들이다. 우리의 치료 도구로 가장 중요한 것은 신뢰이다. 그리고 신뢰는 우리가 치유를 위한 여정을 함께 할 때에 일어나는 것이 무엇이든 그것을 친절과 연민으로 마주하는 과정에서 진정한 현존과 함께 일어난다.

> "신뢰는 사회적 부착에서의 두려움을 떨쳐 내고 애정이라는 감정이 활성화되게 돕는다. 긍정적 신경가소성의 변화가 발현되고 유지될 수 있다."
>
> –대니얼 시걸

trUSt

'신뢰(trust)'라는 글자 안에는 '우리(us)'가 담겨 있다. 나에게 '우리'를 남긴 신뢰는 언제 경험해 보았는가? 그것은 어떻게 가능했는가? 이런 나의 신뢰 경험은 현재 나와 내 인생에 어떤 영향을 미치는가?

05

진실(Truth)

우리가 열린 상태로 친절 및 연민과 관계를 이루는 상태를 신뢰라고 한다면, 진실은 그 자체의 현실에 기반을 둔 본질과 관련이 있다. 여기에서 사용하게 될 진실이라는 용어는 서로 엮어 있는 하나의 개체에 여러 사실과 사건의 층을 유연하게 연결하는 것에 대한 통합된 일관성을 의미한다. 당연하게도, 철학자와 물리학자 그리고 변호사는 진실에 대한 서로 다른 적용과 함축된 관념을 가지고 있다. 우리의 목적은 몇몇의 사실과 개념 또는 상호작용이 시간의 흐름에 따라 공개되는 진실의 출현에 대해 알아보는 것이다. 그것은 과거의 거미줄과 같은 얽매임과 현재의 왜곡 그리고 미래에 우리를 한계에 부딪히게 할 두려움으로부터 자유로워지는 것을 의미한다.

'진실'이란 단어를 효과적으로 사용하는 것은 특히나 어려워 보이지만, 각 페이지의 언어 형태 내에서 진실이 드러나게 할 수 있는지 살펴보자. 여기 기초적인 개념이 있다. 체계는 우리가 인지할 수 있는 (앞으로 6장과 7장에서 다루게 될) 에너지와 정보의 흐름이라는 패턴을 시간에 따라 기능한다. 이 패턴들은 그것들의 '진짜 성질'이 나타나는, 현실에 기반을 둔 특질—우선적인 상태—을 지니고 있다. 탐구해 보면 이러한 특징은 퍼즐 조각이 모여져 하나의 개체를 만들어 내는 방식으로 자연스러운 규칙으로 자리 잡는다. 이것은 짤막한 묘사본이자 현실의 한 조각이고 그렇기에 그저 일부를 나타내는 것에 불과하다. 이들은 모조리 합쳐지고 뭉쳐질 때에 지속적인 파주력(holding power)을 지니게 된다. 하지만 이 자체로 이루어진 집합은 진실의 개념을 드러내지는 않는다. 사실, 진실에 대한 여러 개인적인 묘사는 우리가 진실을 알고 있는 것으로부터 진실을 보호하는 특성을 지닌다. 시간의 흐름에 따라서 진실을 통한 조화는 그것이 '무엇인지'에 대한 커다란 틀을 가지며 통합된 전체로 공개되는 다양하면서도 이질적인 공간을 가지게 된다. 우리는 그러한 패턴이 다음에 나타날 것을 기대하며 관찰 내용을 4차원적 시간에서 연결 지으며 일관성을 감지한다. 결합은 이제 조화를 이룬다. 일관성은 과거와 현재 그리고 미래라는 현실이 엮어진 망을 드러낸다.

이에 대하여 당신이 의아해할 것이라는 생각이 든다. "그래서 진실에 대한 이 추상적인 개념이 뭐라는 거지?" 여기에 가장 중요한 감정이 존재한다. 시간이 흐름에 따라 우리를 과거에 대한 '이해'로 둘러싸고 현재의 진귀성, 미래의 정확한 예측치라는 태피스트리[1]가 서로 엮어지는 방식처럼 작은 것들이 함께 결합하는 것이다. 진실을 느끼는 것은 전체의 짜인 '긍정성(yesness)'을 감지하기 위해 우리가 과거와 현재 그리고 미래—시간의 4차원적 관념을 따라—를 바라보는 4차원적 작업이기도 하다. 이상하게 들리겠지만, 조금만 인내를 가지고 당신의 작업과 일에 실용적으로 적용하기를 기대한다.

이제 임상적 훈련의 한 사례를 제시하겠다. 심리적 외상후 스트레스 장애를 회상하도록 돕는 사람으로서, 나는 새로운 것을 시도하면 '실패할까 봐' 불안해하는 한 여성을 대한 적이 있다. 신경과학 연구에서 밝힌 것처럼, 암묵 기억의 조각들이 외현 기억과 결합하도록 하는 해마의 역할에 대해 최근 밝혀진 이론은 우리의 기준을 충족시킨다. 해마에 대해 알게 됨으로써 다른 혼잡했던 데이터의 임상적 부분들이 이해 가능할 뿐 아니라 내담자 치료에도 용이한 일관성 있는 구조를 갖추게 되었다. 이러한 관점을 통해서 우리는 과거를 이해하고 현재를 더욱 진실된 방식으로 바라보며 미래에 일어날 일에 대해 예측할 수 있다. 손상된 마음속 경험과 뇌의 구조를 통하여 심리적 외상후 스트레스 장애를 바라봄으로써 과거의 회상과 현재를 직시하는 것

---

1) 역자 주: 염색실로 모양을 짜는 직물을 말한다.

그리고 미래를 집어넣어 보는 것은 트라우마를 이해하고 그것을 해결하는데에 일관성 있는 접근법이 될 수 있다. 이 내담자의 상황을 살펴보자. 삼륜오토바이를 타다가 그녀가 당한 사고는 이후 그녀가 새로운 것, 특히 들뜬 마음일 때에 무언가 새로운 것을 시작하는 것에 대해서 암시적인 두려움을 느끼도록 만들었다. 현실에 대한 그녀의 뇌는 두려움과 신체적 고통 그리고 굴욕이라는 새로움이 흥분과 폭발로 결합되었다. 그 결과, 그녀는 새로운 도전에 있어서 암묵적인 괴로움에 의하여 묶여 버린 삶을 살게 된 것이다. 뇌의본질과 기억의 신경 구조에 대한 탐구를 통해서 그녀는 암시적인 정신적 모델을 이해하고 도전을 불가능하게 만드는 두려움을 끄집어낼 수 있다. 그 후에 나는 내담자들의 뇌를 그들에게 일러 주는 것이 그들로 하여금 일관성에대한 깊은 감각을 만드는 중요한 변화를 이끄는 강력한 힘이 있다는 것을 깨우치게 되었다. 진실은 새롭고 강력한 방식으로 그들의 내적 세계를 이해하도록 만들었으며, 그들이 현재에 더욱 충실할뿐더러 미래에 펼쳐지는 삶에대해 생각하도록 만들었다. 이것이 바로 일관성 있는 마음의 출현이다.

오토바이 사고를 당했던 그 여성이 10대 그리고 젊은 성인이 되었을 때, 그녀는 무언가 새로운 것을 도전하는 데에서 오는 두려움이라는 암묵 기억에 존재하는 어린아이의 '새로운 것을 시작하는 설렘에 대해 실패한' 기억을지니고 있었다. 그 두려움에 대한 진실과 내적 경험의 본질을 알아보는 것은과거에 겪은 사고에 대한 진실이 삶에서 일관성을 만든 방식을 보여 주었다. 단지 사고 경험에 대한 표명과 적용으로 그녀는 과거에 얽매이고 진실은 그녀의 삶과 동떨어지게 된 것이다. 그것을 명확히 바라보는 것과 과거에 대한진실을 바르게 이해하는 것은 삶을 변화시키면서 뇌의 능력이 지금의 삶에암묵 기억의 요소를 통합하도록 해체한다.

여기 그 해답이 있다. 진실은 고통 가운데에서도 우리를 자유롭게 한다. 진실은 삶의 길을 선택하게 하는 일관적인 선택지를 가져다준다. 우리는 삶의 특정한 영역을 피하려고 할지도 모르겠지만―청각장애가 있을 때에 음악을 하지 않고 미술을 하는 것이나 등에 부상을 입은 후에 농구를 하지 않는 것처럼—진실을 통하여 우리는 선택할 수 있게 된다.

한계를 인정하면 자유를 얻을 수 있다는 오래된 속담이 있다(이것이 어디에서 나온 말인지 알았더라면 그 사람 덕분이라고 하고 싶다). 어린 청소년 시절의 나는 그 역설로부터 받은 전율을 기억한다. 한계를 받아들이는 것에서 오는 자유라니? 이탈리아에서 열린 과학과 영성에 관한 학회에서 스튜어트 카우프먼(Stuart Kauffman)은 그가 활용하는 '한계를 가능하게 하는 것'이라는 개념에 대해 이야기하는 것에 흥분해 있었다. 그 개념은 우리가 할 수 있는 것과 할 수 없는 것을 형성하는 요소와 우리의 한계를 정의하는 것들이 사실은 모든 유형의 발달 과제를 성취하도록 하는 것이라는 것이다. 여기에서 느끼는 감상은 우리가 진실을 받아들이고 가능성을 규정짓는 영역을 알면 우리가 모든 것을 해낼 수 있다는 착각에서 정말로 자유로울 수 있다는 것이다. 우리를 제한하는 그 한계를 가능케 함으로써도 진실은 우리를 자유롭게 한다. 그 자유를 통해 우리는 치유와 희망 그리고 일관성을 발견한다.

뇌 기초

패턴이 잘 이루어지도록 하기 위해 그것들이 동시에 발생할 수 있도록 하는 신경 발화가 있다. 우리가 이야기하는 것은 바로 진실의 신경 기초이다. 진실의 이러한 감각은 이 중심에 의미를 두고 있기 때문에 의미의 정신적 경험이 신경 발화 내에서 물리적인 징후와 일치하는 것에 대해 의아해하는 것은 자연스러운 현상이다. 나는 신경 처리 과정(또 다른 기억 도구)의 A, B, C, D, E를 통하여 뇌가 의미를 해독한다고 제안해 왔다. 우리는 접촉하고 믿음을 가지며 인지를 생성한다. 또 발육 상태에 영향을 받으며 경험에 의하여 감정을 일으킨다. 이것이 우리가 삶의 여정의 의미를 만들어 내는 방식이다.

진실을 파헤치기 위한 의미는 이 5개의 차원을 가로질러서 만들어진다. 유연하고 적응할 수 있는 방식으로 일관되기 위해서이다(그것들이 특정한 방식으로 '응집력이 있다'고 말하지 않는 것에 주목하라). 과거에 사고를 당했던 앞서 언급한 젊은 여성은 새로운 유대를 형성하고, 믿음을 점검해 보며, 인지적으로 새로운 방법을 생각할 수 있었다. 또한 어린 시절 겪었던 사고의 발달적인 영향에 대한 통찰을 얻을 수 있었으며 그 사건에 대한 사실이 밝혀지면 새로운 직업을 얻는 것에 대한 감정적 반응을 재평가할 수 있었다. 진실이 존재하면 의미 또한 일관된 형태를 갖추게 된다. 하지만 반대로 진실이 존재하지 않는다면, 우리 뇌 속에 남아 있는 의미는 순응성 없는 연대에 의하여 와해되며('내가 도전해 보고 싶은 새로운 직업을 가지게 된다면 나는 실패할 거야.') 억제된 믿음('나는 새로운 것을 도전해 볼 수 없어.')을 지니고 경직되고 유연하지 못한 인지('직업을 선택할 때에 도대체 난 어떻게 해야 하지?')를 하게 된다. 또한 이미 때가 지나고 기형적인 발달 욕구(실제 그녀의 인간관계는 흐트러져 있었으며 그녀 역시 새로운 직업 생활의 국면으로 나아가지 못하고 있었다) 또한 넘치거나 무딘 감정적 반응(지속적인 걱정과 불안)으로 가득 차게 될 것이다. 그녀는 그러한 삶에 얽매여 도움을 필요로 하는 중이었다.

　　진실로부터 멀어지는 이러한 요소들은 경직, 혼돈 또는 이 두 상태의 혼합 사례로 보인다. 그러한 통합 상태의 결과를 보고 우리는 진실과 통합이 병행 처리 과정인지 알아볼 수도 있다. 잠깐 숨을 돌리라. 당신은 이 모든 것이 통합을 촉진하기 위한 과정이라고 생각하는가? 놀라운 것은 통합이 구성 원리로 임상 경험을 한 틀로 묶는 것, 즉 일관적인 방식으로 이루어진다는 것이다. 우리는 자기 안에 있는 에너지와 정보의 흐름이라는 내적 자원을 분명히 하기 위해서 내적인 시야와 마음보기의 능력을 사용한다. 진실이 나타나면 통합 또한 더욱 강하게 일어난다.

　　이해하는 것 자체도 통합의 과정이다. 각자 고유의 주관적인 경험을 통해 우리는 각각의 과거 경험과 현재 진행되어 가는 일을 어떤 일이 일어나는지,

어떻게 여겨지는지 그리고 어디로 가야 하는지에 대한 유연하고 개방된 감각으로 연결 짓는다. 육체적인 면에서 또한 서로 일관되는 방식으로 활성화된 신경망을 연결하기도 한다. 신경 통합을 방해하는 충동적인 생각의 분리라든지, 각성된 정서의 상태라기보다는 신경 발화 패턴의 A, B, C, D, E를 일관된 한 개체로 연결한다. 우리가 주어진 현실을 바라보는 시각에서 빈번한 왜곡 상태로 인생의 어려움에 적용해 나가면서 우리의 뇌는 통합을 가로막는 경직된 보상에 의해 반응한다. 우리는 또 연결 자체를 손상시킬 수도 있으며 (해결되지 않은 과거의 트라우마 상황에서 빈번하게 발생한다) 구별 또한 파괴시킬 수 있다(발달 정지의 상태에서 볼 수 있다). 진실이 왜곡되고 통합이 손상되는 그러한 여러 방식은 활력을 잃게 할뿐더러 조화로운 삶을 방해한다.

마음보기 기술

진실을 알고 그것을 발달시키기 위해서는 자각의 경험 그 자체로부터 우리가 인지하는 것을 구별할 필요가 있다. 생각이나 감정 또는 그에 대한 자각을 구별하는 것은 진실이 충만한 삶을 살기 위한 일관성 있는 상태에 적응하려는 응집력 있는 상태로부터 빠져나오기 위한 첫 단계라고 할 수 있다.

여기에서 우리는 내적 경험하의 몰입을 통한 마음의 자각 바퀴 은유를 탐색해 볼 것이다. [그림 5-1]에 나와 있는 바퀴의 기본 개념은 다음과 같다. 자각은 자각 과정이 우리가 인지하고 있는 것과 완전히 별개의 것이라고 알게 하는 수용성의 주관적인 상태이다. 바퀴의 시각적 은유는 수용 자각의 상징인 중심과 자각하는 모든 것으로 구성되는 가장자리 그리고 중심에서 가장자리의 모든 지점까지 초점을 맞추는 바퀏살 간의 차이를 상상하는 데에 유용하다. 바로 그것이다. 이는 간단하게 들린다. 그러나 그것은 내담자와 우리 자신을 위해 지속적인 응집 상태를 버리고 응집을 향해 가는 경로의

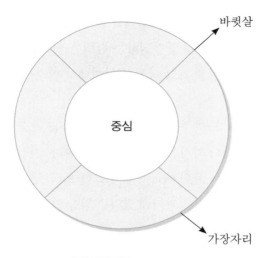

바퀴살

중심

가장자리

그림 5-1 자각의 바퀴

* 가장자리, 바퀴살, 중심으로 이루어진다. 자각의 바퀴는 내적 및 외적 세계의 요소를 우리가 인지하는 방식(가장자리에서 중심을 통해)에 대한 시각적 은유이다. 우리는 가장자리의 어떤 요소에도 초점을 맞출 수 있으며(바퀴살), 중심 자각의 개방된 광활한 가장자리로부터 발생하는 모든 것을 모니터링하는 데 열려 있을 수 있다.

자각 요소를 계속 재분류하면서 참고할 사항을 공유하는 과정을 의미한다. 각자의 주관적인 경험에 기반을 두고 은유적 개념을 형성하기 위하여 경험적 활동을 해 보자.

당연하게도, 어떤 사람은 다양한 목표와 함께 내적 반영에 관여할 수도 있다. 또 어떤 사람은 반복적으로 되풀이하여 목표로 삼은 타깃에 초점을 맞추어 단순하게 힘을 기를지도 모른다. 이 기초적인 활동이 심오하게 느껴진다고 할지라도 우리는 자각을 인지할 필요가 있으며 이를 성취하기 위해 이 의도에 집중해야 한다. 이는 모든 마음챙김 훈련에 공통적으로 나누어진 두 요소이다.

우리의 주의집중이 1장과 앞으로 함께 볼 호흡 자각을 통하여 안정화되기 때문에 자각이라는 개념 자체의 구조에 대해 더 깊이 탐구해 볼 수 있다. 이는 우리가 마음보기 기술을 더욱 넓고 깊게 파고드는 첫 훈련이 될 것이다.

먼저, 호흡이라는 가장 기본적인 영역을 넓혀 보자. 호흡을 느끼는 폭넓은 훈련은 자각의 바퀴라는 중심을 연결하는 강력한 영역을 제공한다. 더 멀리 나아가서 호흡 자각 훈련을 하고 당신의 경험에서 이것을 더욱 발달시켜 보는 것으로 하자.

일단은 호흡을 그저 느끼는 데에서부터 시작하자. 들숨에서 날숨까지 호흡에 대한 당신의 감각이 자각을 가득 채우도록 하라. 자각이 들어가고 나가는 호흡의 흐름으로 가득 채워지도록 그저 느껴 보라. 당신의 자각이 호흡의 흐름을 따라갈 때에 이미 지난 과거에 있었던 일을 말해 보라.

우리의 마음은 바다와도 같다. 바닷속 깊은 곳은 고요하며 깨끗하다. 그 표면의 상태가 어떻든지 간에 그 아래 깊은 곳은 안정적이며 평온하고 고요하다. 바다 깊은 곳에서 당신은 표면 위를 바라볼 수 있으며 그곳이 평평한지 또는 파도가 일렁이는지, 사나운지 또는 극심한 폭풍우가 몰아치는지 확인할 수 있다. 모든 조건 가운데에서도 그 내면은 고요하고 안정적인 것이다.

우리의 내면이 바다와 같다는 가르침은 오래전부터 내려오던 것이다. 호흡을 느끼는 것만으로도 당신은 내면 속 바다의 표면으로 갈 수 있다. 이 공간에서 당신은 마음의 활동을 바라보고 고요하고 평온한 상태를 관찰하게 된다. 호흡을 감지함으로써 당신은 정신의 활동을 바라볼 수 있고 마음의 표면에 존재하는 뇌의 흐름을 바라보며 고요한 상태를 맞이하게 된다. 이러한 활동들은 발생하고 사라지기도 하는 생각과 감정이자 기억과 인지, 희망 그리고 꿈이자 갈망이다. 당신은 당신 자신의 마음 깊은 곳에서부터 자각으로 들어오고 나오는 것들의 감각과 이미지, 감정과 생각을 단지 바라봄으로써 자신의 명확성을 느끼게 될 것이다. 단지 호흡을 느끼는 것만으로도 당신은 마음속 깊은 공간의 평안함과 깨끗한 상태에 갈 수 있다.

짬을 내어 당신의 내적 상태의 고요함을 느껴 보라. 준비가 되면 눈을 감고 있었다면 눈을 떠 더욱 의도적인 호흡을 깊게 느낄 수 있을 것이다. 그리고 함께 이야기해 보자.

다양한 방식으로 내면의 바다 안에 있는 마음 깊은 곳은 자각의 바퀴에 있는 중심과도 같다. 중심으로부터 우리는 가장자리를 바라보고 그곳에서 발생하는 모든 것을 관찰할 수 있다.

　이 활동을 통해 마음속 바다의 시각적 이미지를 그저 느끼고 중심에서 휴식을 취해 보라. 이 모든 것은 많은 이에게 효과가 있는 시각적 은유이다. 하지만 당신은 자기에게 특히 더 잘 맞는 방법을 찾아낼 수 있을 것이다. 그 이미지가 어떤 것이든지 간에 개념은 일관적이다. 명확성의 내부에서부터 가장자리의 요소들이 초점의 대상이 되도록 한다.

　기초적인 호흡 자각 훈련에서의 설명은 간단하다. 의도적인 초점의 대상은 당신의 호흡이다. 당신의 자각이 더 이상 호흡이 아니라는 것을 발견한다면 온화하고 따뜻한 마음으로 호흡에 주목해 보라. 분산되는 마음이 드는 것은 마음의 행동이라는 것을 기억하라. 한 훈련에서처럼 우리는 집중하고, 그것을 분산시키고, 그럼으로써 의도된 것을 마음에 다시 집중함으로써 마음의 근육을 수축하고 이완시킨다. 어떤 이들은 방해받은 자각인 가장자리 활동의 조용한 정신적 표상—생각, 기억, 감정—을 만들고 싶어 한다. 그 방해가 소거되면 다시 호흡에 집중한다.

　매일 호흡 자각 훈련을 해 왔더라면 우리는 순환적인 집행 기능을 구축했을 것이다. 우리는 각자의 자각과 의도를 모니터링하고 초점을 변경해 보았다. 자각의 바퀴에서 우리는 마음의 중심을 강하게 이끌었던 것이다.

　몇 주 동안 이 훈련을 하고 나면 또는 이것을 앞으로 시도해 보면 좀 더 어렵게 느껴질 바퀴 발달의 새로운 단계가 있다. 이것은 마음 자각 훈련이라 불릴 수 있는 것으로, 의도적인 초점으로서의 가장자리 전체를 모두 아우른다. 이것은 호흡을 어떠한 목표로 여기기보다는 개방된 모니터링 훈련이라고 할 수 있으며, 이를 통해 가장자리에 있는 것들이 우리의 자각 속으로 들어올 수 있다.

　중심에 멈춰 있다고 상상해 보라. 그렇다면 아마 당신은 생각과 감정이라는 것이 처음에 어떻게 나타나는지—갑작스러운지 아니면 점진적으로 일어나는지—에 대해 관찰하기를 원할 것이다. 어떻게 생각과 감정이 자각에 집중하는 것인가? 또 어떻게 시야에서 사라지는 것인가? 마음속 세계를 가만히 느껴 보면서 자각에 어떤 것이 들어오는지 살펴보라. 호흡 자각 훈련과 다르게 우리의 호흡이 배경으로 나아가 우리의 의도가 딱히 어떠한 목표를 지니지 않도록 하라. 그 후에 어떤 일이 발생하는지 한번 보라.

이제 때때로 당신 자신이 '생각에 잠기거나 특정한 감정에 몰입했을 때'의 감각을 지켜보라. 자각의 흐름을 잃었거나 코르크 부표가 바다 표면 위아래로 휘젓는 것처럼 움직일 때가 있었는가? 완전히 가장자리와 동일시할 때, 또 더 이상 중심의 명확한 곳에서 정지하지 않을 때 우리는 자주 우리가 누구인지에 대한 총체적인 마음과 동일시한다. 마음챙김은 가장자리로부터 중심을 분리하도록 하기 때문에 우리는 정신적 활동에 편입되지 않는다(그 흐름에서 길을 잃도록 의도와 자각을 가지지 않는다면). 여기에서 우리는 의식이라는 것이 흐름을 잃는 선택을 포함한다는 것을 보게 된다. 하지만 흐름이 의식과 같은 의미로 쓰이는 것은 아니다. 마음챙김 태도는 친절과 연민 있는 태도와 연관되며 우리가 각자의 자각과 의도를 모니터링하는 자기관찰이라는 능력을 지닌다. 흐름을 통해서 놀랍게도 우리는 경험 중에 가장자리의 경험으로써 하나가 되어 자기 자신을 잃어버린다.

당신은 잠시 동안 중심에 머물면서 가장자리에서 일어나는 현상에 대해 살펴보고 싶을 것이다. 마음속으로 처음에 나타나는 방식을 더욱 자세히 보라. 자각 내에서 어떻게 그것들이 현존하고 있는가? 그것들은 어떻게 사라지고 초점의 대상에서 벗어나는가? 어떤 이들은 생각을 카운트하고 싶어 하고, 또 어떤 이들은 그냥 자리에 앉아서 마치 기차에서 창밖의 풍경을 응시하는 승객인 것처럼 정신적 활동이 지나가도록 가만히 놔두는 것을 선호하기도 한다. 이제 당신은 자각의 목적인 정신적 활동으로부터 자각 그 자체를 구별할 수 있는 중요한 능력을 발달시키고 있다.

이것은 우리가 중심을 연결하고 초점의 대상으로부터 자각을 구별하는 활동을 시작하는 것과 같은 유용한 장소이다. 다음에 우리는 더욱 자세하게 자각의 바퀴의 다양한 요소를 정교하게 만들어 낼 것이다.

진실의 일관성

마음의 중심에서 우리는 우리가 누구인지에 대한 정신 활동을 동일시하는 억압으로부터 벗어날 수 있다. 이것은 지나친 식별 활동이자 각자의 가능성을 무심코 가로막을 수 있는 가장자리의 정신적 부분의 사실과 이 자체를 혼합하는 것이다. 다음을 고려해 보자. 중심은 가능성의 개방 영역에서 경험을 나타낸다. 개인 주체성의 응집력 있는 관념과 해결되지 않은 트라우마의 그물 그리고 자기 자신이나 타인에 대해 내재된 증오에 매달려 있는 성격 구조, 이 모두는 영역을 넘어서는 움직임이 한정 짓는 방식들이다. 내담자들과 함께 작업할 때에 우리는 경직된 맥박을 감지하고 내적 중심부에서는 고갈이나 폭풍우의 상태에 빠져들지 않기 위해서 개방 영역 내에 머무르기도 한다. 이 내적 공간으로부터 우리는 뇌를 SNAG하는 상태—차이를 분명히 하고 연결 짓는 행위—에서 내담자에게 집중할 수 있게 된다. 적어도 우리가 마주하는 내담자 또는 우리 자신은 가장자리에서 중심을 구별해 본 적이 없다. 우리는 통합되지 않은 상태를 유지하고 연결을 하지 않은 채로 이 차이를 고집하는 경향이 있다. 강화된 중심을 통해 다양한 정신적 활동을 수용하고 '옳은 것'을 분별할 수 있게 된다. 또한 유지와 육성 그리고 '거짓'에 접근하고 연못의 잔물결과 같이 소멸할 수 있도록 한다.

치료에서 진실은 우리와 친구가 된다. 상담치료자이건 내담자이건 간에 통합된 상태가 나오는 일관성과 진실을 추구하는 것은 치료의 길에 들어선 것이다. 이런 식으로 진실과 일관성 그리고 통합이 서로 중복되는 구조라는 원칙이 있다. 이전의 가혹한 트라우마를 마주한다 해도 기억을 통합하는 것은 개인의 삶에서 활력의 깊은 감각을 자유롭게 한다. 진실은 고통으로 가득할 지도 모르지만, 과거에 발생한 일과 실제로 발생한 일에서 자유롭기 위해 막대한 에너지를 소모한 일은 결국 자유라는 깊은 감각을 생성한다.

중심부와 개방 영역, 수용 부분을 그 자체로 반영하면서 당신은 의아해할 것이다. 그리고 아무런 행동도 하지 않고 다리를 꼬고 앉아 있는 불교에서 말하는 열반 상태—무슨 일이 일어나도 그 모든 것을 받아들이는 것—로 있을 필요가 있다는 생각을 하게 될 것이다. 마음챙김 상담사가 '그 모든 것'이라는 감각을 과장한 것인가? 전혀 아니다. 여기서 말하는 것은 우리가 마음의 바다 표면에서 헤어 나오지 못한 상태로 있고 자각 바퀴의 가장자리에 매달려 있을 때(다른 비유지만 같은 개념), 우리는 바닥짐 없이 (바다의) 방향을 바꾸거나 쉬지 않고 계속 빙빙 돌면서 밀려 나간다(낯선 바퀴의 함축). 자연스럽게 우리는 삶을 이어 나가야 하고 항상 열린 가능성의 영역에 있어서는 안된다. 정체와 절정은 필수적이다. 잭 콘필드(Jack Kornfield, 2008)가 말하는 것처럼 우리는 사회보장번호[2]를 기억해야 한다. 일상적으로 우리는 아침에 일어나 식사를 하고, 양치질을 하며, 일터로 나가야 한다. 우리는 개연성의 정체기와 특정한 절정기를 필요로 한다. 하지만 때로 이러한 정체기와 절정기가 우리를 부적응 패턴에 묶이게 하거나 진실로부터 멀어지도록 하는 것으로 가득 채워지는 경험을 한다. 마음의 중심은 그저 현존의 본질이 아닌, 회복과 명확성의 기초가 되는 토대를 제공하기도 한다. 우리의 능력을 중심에 연결할 때, 우리는 가장자리를 더욱 명확하게 볼 수 있으며 절정기를 유연하게 만들 수 있다. 또 정체기를 넓히고 사실의 일관성이 이전에 응집성 있었으나 혼돈에는 도움이 되지 않는 것으로부터 나오도록 한다. 통합의 어떠한 형태로든 우리는 서로 분리된 요소들을 결합할 필요가 있다. 중심과 가장

---

2) 역자 주: 출생과 함께 공식적으로 부여되는 주민등록번호를 말한다.

자리, 정체기와 절정의 개방된 영역 그리고 표면의 깊이까지 말이다. 이것이 바로 우리가 일관된 삶을 살기 위한 통합 의식을 사용하는 방식이다.

　진실에 대한 명확한 견해와 일관성의 경험은 우리가 가장자리로만 과도하게 식별되는 것을 피할 때 나타난다. 이런 식으로 자각의 바퀴는 마음보기 렌즈를 안정화시키고 우리의 내적 경험에 들어오는 깊은 훈련을 시작해 나간다. 우리는 중심과 가장자리를 구별하고 자각과 우리가 인지하고 있는 것을 각각 다르게 느끼면서 의식의 통합을 이루어 나간다. 중심을 연결하는 이 상태의 주관적인 부분은 서로 연결되어 있고, 열려 있으며, 조화롭고, 수용적이며, 새롭고, 지력에 관한 것이며, 연민적 및 공감적이다. 서술적인 두문자어는 통합의 물리적인 부분에서 발현되는 주관적인 일관성의 중심에 존재한다. 이러한 시각의 객관적인 부분은 일관된 그 자체의 수학적 분석에 의한 것이며(Thagard, 2000), 복잡한 구성의 통합적 기능과 함께 발현되는 것에 기반을 두고 있다. 우리는 시간에 따른 통합의 깊은 감각—조화로운 웰빙의 편안함—을 일관적으로 느낀다. 합창단의 조화로운 목소리를 다양한 간격에서 듣는 것은 당신이 그러한 감각을 느끼게끔 한다.

　처음에 자각 바퀴 활동을 연습하는 것은 그저 상담사와 내담자를 지지하는 중심적인 정신 경험—내적 안식처—과 친해지는 출발점이다. 또한 우리가 함께 평안한 삶으로 나아가기 위해 접촉하고 마주하는 중심이다.

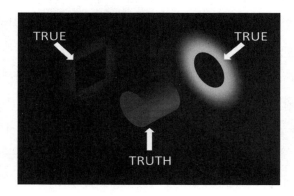

1. 너도 진실이다. 나도 진실이다. 우리 모두는 진실이다. 진실은 하나만 존재하는 것이 아니라 보는 각도에 따라 달라질 수 있다. 다만 내가 진실할 때 너도 진실할 수 있고 함께 진실을 만드는 것이다(I'm true. You're true. We're TRUe togeTHer).

2. 내가 인간으로서 가장 진실했던 순간을 떠올려 보라. 그 진실된 순간에 누가 함께 있었는가? 나의 진실은 타인의 진실과 어떻게 만날 수 있는가? 진실과 진실이 엮여서 무엇이 된다고 생각하는가?

06

삼각대(Tripod)

내적 세계를 탐험하기 위해 정신의 바다로 뛰어들면 내적 환상은 처음에 불안정하고 깜깜하며 너무 강력해 보일 수 있다. 지난 장에서 연습을 하면서 당신은 가장자리에서 중심부까지의 투입을 받는 것은 조마조마하고 불명확할 수 있다는 느낌을 지난 장에서 연습을 하며 가질 수 있었을 것이다. 그것은 우리 대부분이 주의를 안정화시키는 훈련을 한 경험이 적기에 당연한 것이다. 여기서 이상한 점은 많고 많은 학교 교육이 우리가 마음을 발달시키도록 원하는 것처럼 보이지만 그것을 직접적으로 행하도록 훈련시키지 않는다는 것이다. 우리는 배움을 행하는 마음에 교육적인 강조를 두지 않은 채 아이들이 사실과 기술을 익히도록 한다. 내적 세계를 바라보기 위해 우리는 안정적으로 내면을 바라보도록 하는 마음보기 렌즈를 사용한다. 만약 그 카메라가 장소를 고정하지 않는다면 불안정한 인지적 렌즈를 통해 우리가 만들어 낼 수 있는 이미지는 흐릴 뿐이다. 비유적으로 내면의 카메라라는 것은 우리가 물체를 더욱 자세하고 명확하게 바라볼 수 있도록 마음보기 렌즈를 안정화시키는 삼각대로상상해 볼 수 있다. 벌떼가 윙윙거리는 것과 같은 혼란 속에서 마음보기 렌즈를 강화시키는 것은 우리가 안정적이고 명확한 것을 보도록 돕는다. 또한 이러한 명확성을 통해 우리는 유연한 평정 상태로 미묘한 것을 더 자세히 그리고 더 깊게 볼 수 있다.

 이 렌즈의 삼각대(똑같이 생긴 중요한 3개의 다리)를 그려 볼 수 있다. 이것은 우리의 마음보기 시야에 안정성을 부여하는데 [그림 6-1]에서 보는 것과 같다. 이는 'ㄱ'으로 시작하는 단어들로, '개방성'과 '관찰' 그리고 '객관성'으로 표현되는 근본적인 정신 특성이다. 삼각대는 다양한 방식으로 자각을 가

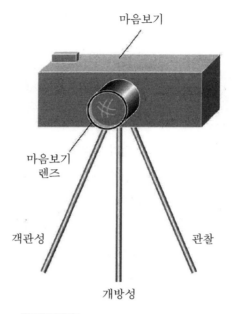

마음보기

마음보기
렌즈

객관성

관찰

개방성

그림 6-1 'ㄱ'으로 시작되는 마음보기 삼각대

* 내적 세계를 명확하고 깊이 있고 강도 있게 바라보고 형성하기 위해 마음보기 렌즈를 안정화하기 위한 세 가지 과정인 개방성과 객관성 그리고 관찰이 나타나 있다. 개방성을 통해 우리는 그것들을 있는 그대로 받아들인다. 객관성을 통해 우리는 우리가 자각하고 있는 것이 개체의 전체를 나타내는 것이 아니라 우리의 경험 중 한 요소에 불과하다는 것을 깨닫게 된다. 관찰을 통해 우리 자신은 밝혀진 경험을 바라보면서 이것이 순간순간 발현되는 것을 바라본다.

장자리의 대상에 대한 주의와 구분할 수 있도록 힘을 길러 준다. 여기에서 우리는 삼각대의 각 다리를 보고 마음의 여러 면을 계발할 수 있는 법을 알아볼 것이다. 이 계발은 각자 고유의 마음보기 렌즈를 강화하기 위해 개개인으로부터 출발한다. 그 후에 우리에게 익숙해진 기술을 우리가 마주하는 내담자들에게 용이하게 전파하는 중요한 단계에 이르게 될 것이고, 각자의 발달에 적용할 수 있는 마음보기 기술 훈련을 직접 지도할 수 있다. 이것은 치료 관계에서 간접적으로라도 내담자에게 나의 마음챙김 현존을 보여 주며 강력한 효과를 얻는 것에서, 내담자에게 마음가짐 기술을 적절한 시기에 가르칠 수 있는 직접적인 효과로 이동할 수 있는 방법이 된다.

개방성

개방성(openness)은 우리 자신의 마음속에서 수용적인 상태를 만들어 내는 것이다. 이 상태는 판단과 기대라는 표층 아래에 있는 것을 의미한다. 이런 상태에 도달하고 또 유지하는 것은 우리가 내적 반응성을 모니터하도록 돕는다. 마치 우리가 자동 조종 장치를 조작하는 것과 같이 느끼고 타인에 대한 인지를 왜곡하는 감정을 포기하게 되는 것이다. 이러한 깨달음이 명확해지면서 비난을 멈추고, 우리는 그것을 수용하거나 변형시키기도 한다. 이것이 마음의 역할을 변화시키는 것이다. 마찬가지로 우리는 가혹한 비판에 대한 감정적 반응을 받아들이기 위해 개방된 상태로 있거나 죄의식 또는 수치심으로 인한 기대나 감정으로 물들여지기도 한다. 우리의 지각에 대해 편견을 갖도록 하는 동시에 마음을 열고 그것을 수용하는 감정적 반응을 받아들이는 것은 좀 엉뚱해 보일지도 모르겠다. 그러나 이것은 도전의 핵심이다. 이는 감정적 반응성 아래에, 판단과 기대 이전에 아마도 우리가 발휘할 수 있는 것에 가까운 것들을 받아들이는 개방된 공간에 존재한다. 이것이 여정을 시작한 가능성의 개방 영역이자 마음보기 삼각대의 개방성을 발달시킬 때에 발현되기 시작하는 현존의 본질이기도 하다.

당신은 우리가 개방성을 지니고 마음보기 렌즈를 안정화시키도록 이미 실행해 왔다는 것을 알아차렸을 것이다. 현존하는 상태로 그것들을 변화시키는 것보다 그것이 어떻게 되기를 원하는지 그리고 순간마다 발생하는 것에 대한 반응을 보는 것이 시작하는 사람에게 유사한 개방성의 다양한 면이다. 우리는 우리의 능력이 일상 경험으로부터의 역행 투입을 받아들이도록 하는 상의하달식 제한을 살펴볼 것이다.

뇌 기초

이용 가능한 정신적 처리 형태에 관한 연구는 우리가 현실을 대표하는 데에 적어도 두 가지 양식을 지닌다는 것을 드러낸다. 한 양식은 지금 바로 당신이 경험하고 있는 것인 언어적·구어적 표현 양식이다. 이런 말들은 공유되는 언어적 의미와 결부되는 정보의 함축된 표현들이다. 하지만 말은 그 자체만을 의미하는 것이 아니라 현실의 본질을 포착하기 위한 한정된 범위의 말을 인정하는 것을 요구하는 것이기도 하다. 다른 한 양식은 더욱 직접적인 이미지화 양식으로, 세상과 우리 자신에 대한 것을 비언어적으로 표현하는 것이다(Kosslyn, 2005). 이 이미지들은 시각적인 부분을 차지할 뿐 아니라 감각에 대한 모든 형태—청각과 촉각, 미각, 후각까지 모두—를 표현하기도 한다. 심지어 우리는 신체적으로 형상화된 이미지—순간적으로 지각적인 현실을 채우는 몸 전체의 지도—를 지닐 수가 있다.

우리의 이미지 맵은 언어 영역의 구조적이고 개념적인 부분보다 그 자체에 더욱 가까울 수 있다. 우리의 정신적 이미지에 대한 뇌의 신경적 상관은 정보의 일부이자 그 자체를 넘어서 무언가를 대표 또는 상징하는 것이라 할 수 있다. 심지어 장미꽃 향기에 대한 후각조차도 사실은 그 향기 자체뿐 아니라 그것에 대한 신경 발화 패턴 또는 정신적 감각이다. 하지만 우리의 이미지 양식은 우리가 그 장미꽃에 닿는 것만큼 밀접해 있다.

신경피질에 일렬로 늘어져 있는 수직 기둥의 여섯 층을 생각해 봄으로써 개방되어 있는 신경적 밑받침을 이해할 수 있다(Hawkins & Blakeslee, 2004). 상향식의 데이터는 1층에서 2, 3층으로 이어지는 이전의 상의하달식의 정보 흐름과 달리 6층에서 5, 4층으로 이동한다. 본질적으로 4층과 3층에서의 두 방식의 충돌은 지금 순간에 대한 자각과 상호 관련이 있다. 마음챙김 뇌에 대한 한 가지 개념은 우리가 명확하게 상향식 수위를 감지하도록 하기 위한

상의하달식의 우세를 약화하는 법을 실현한다는 것이다. 누군가는 의식적
으로 행동하는 것이 마치 생각하는 것보다 감각에 몰두해 가는 것과 유사하
다고도 말할 것이다. 나는 이에 대해 좀 다르게 생각한다. 마음챙김 삶은 우
리가 서로 다른 자각을 각각의 흐름으로 구별하게 만들고 그것들을 서로 연
결한다. 마음챙김은 완전히 통합적이라 할 수 있다. 이러한 시각으로 감각의
흐름(관찰이나 생각 또는 비개념적 인지와는 상반되는)은 우리를 현재 이 순간에
몰두하도록 하는 중요한 요소이다. 다양한 방식으로 감각 흐름을 살피는 것
은 우리가 지금 여기에서 세부적으로 출발할 수 있게 돕는다. 단순히 관찰하
는 것과 개념을 다지고 인지하는 서로 다른 흐름들은 현재 순간에 존재하지
만 시간에 따른 일화이기도 하다. 그러므로 상향과 하향의 다양한 위치의 혼

〈표 6-1〉 6층의 외피 원주와 상향식/하향식 정보 흐름에 대한 도식

층	하향식	하향식 지배	하향식
1	⇩	⇩⇩⇩	⇩
2	⇩	⇩⇩⇩	⇩
3	⇩	⇩⇩⇩	⇩
자각	⇒→⇒→	→⇒⇒⇒	⇒→→→→→
4	↑	↑	↑↑↑↑
5	↑	↑	↑↑↑↑
6	↑	↑	↑↑↑↑
층	상향식	상향식	상향식 지배

* 6-5-4층 순으로 흐르는 낮은 층으로부터의 '상향식' 감각 흐름으로부터의 정보를 나타낸 것이다. 이
전에 학습한 '하향식' 흐름은 1-2-3층으로 흐른다. 자각이 이렇게 서로 다른 두 가지 흐름이 서로 얽
히는 것으로 발현된다. 첫 번째 조건으로 이 두 방향의 흐름은 균형을 잡고 그 결과로 생긴 자각은 두
흐름이 섞이도록 한다. 두 번째 조건으로는 하향식 투입이 우세를 지니고 이전의 기대와 분류가 자각
내에 들어오는 감각 흐름에 그림자를 드리운다. 그다음에는 지금 여기에 있는 감각 투입이 우세를 띠
며 자각은 이 감각 흐름으로부터의 투입의 지배를 반영한다. 의식은 3층과 4층이 현재 감각 경험의 상
향식 강화를 통해 구분되도록 할 것이다.

합적인 결과이다.

만약 마음챙김이 무언가에 대해 열린 상태라면 자각의 이러한 모든 흐름을 수용하는 것은 중요한 시작점이 된다. 이 자각 아래의 메커니즘을 이해하기 위하여 말과 이미지를 살펴보자.

만약 말이 주로 좌반구의 신경 발화로부터 파생되는 디지털 표현으로 이루어졌더라면(켜기-끄기, 예-아니요, 오른쪽-왼쪽), 이미지는 유추적 표현으로 나타난다(마치 이미지가 그 자체의 스펙트럼을 나타내는 것처럼). 이러한 유추적 표현은 우반구의 우세로 인하여 발생한 것이다. 가능성의 개방된 영역으로부터 외부로 상상 속의 주관적인 영역을 향하여 이동할 때에 우리는 동시에 신경 발화 패턴의 물리적인 영역으로 향한다. 어린아이가 말을 하기 전의 개념은 적어도 그것이 무엇인지에 밀접하게 가깝다는 것이며 그러므로 개방성의 삼각대에 있어서 중요한 부분이다. 여기에서 집으로 가져갈 메시지는 개방되어 있는 것이 우리가 현재의 자각을 지배하고자 그 언어나 하향식 구성을 내버려 두는 경향을 요구할 수 있다는 것이다.

여기에서 당신에게 비교 신경 구조에 관한 회의에서의 매력적인 결과를 제공하고자 한다. 샌디에이고 캘리포니아 대학의 캐터리나 세멘디페리(Katerina Semendeferi)는 '마음의 진화에 대한 신경 해부학적 관점'에 대해 이야기했다(UCLA, 2009년 11월). 그녀는 인간의 뇌의 진화에 대해서 유인원 사촌과는 완전히 다른 영역에 대해 이야기하였다. 세 가지 측면은 매우 다르다. ① 인간의 두뇌 속 두 반구는 각자 더 멀리 분리되어 발달해 있다. ② 주어진 반구 내에 서로 분리된 영역을 연결하는 중간 뉴런이 있다. ③ 전전두엽 피질의 대부분은 정면 쪽을 향하는 급증한 신경망들의 3개 층으로 이루어져 있다. 이는 단순히 세포체에 지배받는 다른 층들과는 대조되는 것으로, 세포를 서로 연결하는 축삭돌기가 주가 된다. 이 결과는 반구가 정확히 분리되어 있지만 그 반구 내에서 상호 연결이 일어나고 있음을 나타낸다. ④ 이는 또한 인류가 영장류보다 정보의 흐름을 더 많이 지니고 있음을 시사한다.

사실 우리 인간 영장류—특히 청소년기에 접어든 후—가 지금 여기에서 충만하게 살 수 있음을 차단하는 하향식 외피 흐름에 지배된다.

앞서 소개한 세 층은 상향식 흐름이 하향식 흐름과 만나는 방식에 기여한다. 우리는 더 많은 축삭돌기를 지니는 것이 두 흐름 사이의 중요한 시점에서 정보 처리가 일어날 수 있게 돕는다는 것을 상상해 볼 수 있다. 이 발견은 마음챙김이 의도적인 방식으로 창조적 피질의 복잡성을 계승해야 하는 하향식 방식을 자유롭게 만들어 주기에 흥미로워 보일 수 있다. 아마도 인간의 유산은 우리의 경험이 정보의 흐름 3개 층으로 구별되어 작동하도록 도울 것이다. 이는 기회이자 복잡한 뇌가 가지는 부담이다. 그리고 우리가 유년 시절을 지나 성인기의 내적 망상으로 들어설 때에 우리를 힘겹게 하는 피질 장치로부터 자유롭게 하는 정신적 훈련을 요구하는 이유가 된다.

나는 대뇌 피질성의 폭격과 같은 분주한 삶에서 안정을 되찾기 위해 춤과 음악에서 위안을 삼는 편이다. 음악에 나를 맡기는 것은 내가 행복을 느끼게 하는 자유이다. 우리는 사실 음악 또한 매우 통합적인 형태로 만들어졌다는 것을 알고 있다. 멜로디는 피질에서 넓게 퍼진 영역을 연결하는 반면, 리듬은 두개골에 기반한 신체를 연결한다(Levitin, 2008).

음악은 우리 안에 있는 직설적인 표현에 다가가는 가장 가까운 신경의 언어일지도 모른다. 두개골에서 울려 퍼지는 신경의 교향곡과 우리의 경험에 있는 말로 할 수 없는 언어는 음악을 통해 썰물 시기와 에너지의 흐름에서 외부적 표현을 발견해 낸다. 시인이자 철학자였던 지금은 고인이 된 내 오랜 친구 존 오도나휴(John O'Donohue)와 아주 활발하게 토론했던 경험이 생각이 난다. 우리는 '딱 알맞게 좋은' 것을 표현하는 단어의 한계의 본질에 대해 이야기했다. 음악을 사랑하고 시를 사랑하는 존은 산문으로 된 언어의 일반적인 한계에 동의하기는 했지만 시에서의 독특한 용어 사용에 대해 강하게 주장했다. 그는 시에서의 용어들이 그 용어 자체 이상의 무언가를 드러내지 않는다고 이야기했다. 그냥 그 자체를 나타내는 것뿐이라는 것이다. 어떤 것을 덧붙이지도 덜하지도 않은 것이다. 비록 우리가 시인이 아닐지라도 우리는 시를 깊게 이해하고 또 시의 능력으로 직접적인 감각 경험을 감상할 수도 있다. 존과 나는 통합적인 시가 뇌에서 어떻게 작용하는지, 또 서로를 연결하는 다리인 '우리 사이의 공간'에서 어떻게 활동하는지를 알아보기 위한 프로젝트를 진행해 왔다.

존은 자신이 강물처럼 살아가길 원하며 앞으로 펼쳐지는 놀라운 삶을 살기를 원한다고 했다. 가끔 난 그가 했던 말을 재인용하여 떠올리기도, 큰 소리로 외치기도 한다. 이는 아마도 나의 좋은 친구였던 그가 세상을 떠났기 때문일 것이다. 그렇기에 그러한 말들은 내 마음속 강물을 만드는 방식으로 서로 간의 연결이 일어나는 것이다. 인생은 너무나 귀중한 만큼 너무나도 연약하다. 당신이 사랑하는 누군가가 세상을 떠난다면, 당신의 마음은 결코 같지 않을 것이다. 존은 철학을 공부하고 학생을 가르치며, 게일어(스코틀랜드 켈트어)를 계속해서 공부하는 가톨릭 신부로서 일평생을 산 후 여전히 그를 괴롭힌 한 가지가 시간이라고 말할 것이다. 그 시간이란 마치 고운 모래 같아서 그가 무엇을 하든 충분한 시간을 확보하지 못하는 것을 말한다. 모든 것은 일시적이고 순간적이라는 삶의 불확실성이라는 강물에서 자유롭게 이동하는 것 그리고 삶은 시간이 제한적인 모래 시계와 같다고 표현하는 것은 각각 일시적인 통합의 근본적인 부분을 보여 준다. 나는 존이 무엇을 하든 내 삶에서 계속 하고 있는 것, 그리고 마음과 두뇌가 우리 삶의 시간을 추적하는 방법의 핵심에 있는 실존적 문제들에 대해 열린 느낌을 갖는다.

개방성이란 자각의 세계를 향하는 가능성의 영역을 맞이하고 불확실성을 감싸 안는 것이다. 우리는 구조적인 개념과 용어가 가지는 이점을 존중하며 우리 또한 새로운 가능성을 향해 나아가기도 한다. 개방적인 자세를 취하는 것은 삶이라는 강물의 흐름에서 다가오는 모든 것에 대해 긴장을 풀도록 해 준다.

마음보기 기술

자각의 수레바퀴 훈련으로 다시 돌아가 보자. 몸이 자연스러운 상태를 찾도록 하기 위해서 바른 자세로 앉아 주위의 소리가 당신의 자각을 가득 채우도록 하라. 그리고 나서 자각이 호흡의 들숨과 날숨을 따르고 자연스러운 리듬을 향하도록 하라. 들숨과 날숨의 흐름을 지금 따르자. (나 또한 이것이 필요하다.) 이제 자각이 중심에 머무르고 호흡이 바탕이 되도록 하라. 호흡 자각 훈련에서와는 달리 이전 장에서 마음 자각 훈련에서 했던 것처럼 중심을 채우는 활동을 해 볼 것이다. 의식의 영역에서 어떤 일이 발생하든지 그대로 가만히 앉아 그것들을 받아들이라. 어떠한 감각, 이미지, 감정, 생각이든지, 또 외부에서 어떠한 인지, 기억, 꿈, 우려가 발생하든지 간에 그것이 발생하는 것을 중단시키지 말고 연못의 잔물결처럼 느껴 보라.

이것이 바로 개방성이다. 안정적인 공간을 인지하면서 중심에 머물고, 이 내적으로 명확한 보호 구역에서 당신은 세계를 향한 가장자리로부터 발생하는 모든 것에 대해 두려워하지 않을 수 있다. 우리가 봐 온 대로 이것이 현존의 본질이다. 이것은 마음보기의 삼각대에서 개방성이라는 다리에 해당된다.

객관성

우리가 누구인지에 대한 총체적인 마음을 확인할 수 없을 때, 우리는 객관성(objectivity)을 보게 된다. 객관성이란 의식의 흐름(theater of consciousness) 안에서 오고 가는 정신적 과정을 보는 것을 말한다. 생각이나 감정은 우리가 누구인지에 대해 정의 내리지 않는다. 그것들은 그저 순간적인 정신적 활동을 의미한다. 따라서 앞에서 말한 상향식 또는 하향식 흐름에 대해 우려할 필요가 없다. 객관성을 지님으로써 우리는 자각 내에서 벌어지는 경험이 단지 그 순간의 무언가일 뿐이라는 것을 마음의 중심에서 감지한다. 이는 마치 우리가 시간에 따라 이동하며 발생하고 없어지는 시기의 영역을 감지하지만 우리가 누구인지에 대해 정의 내리지 않는 것과 같다.

　주목하는 대상으로부터의 자각을 구분하는 이러한 능력은 우리로 하여금 가장자리와 중심을 구분하도록 만든다. 이것은 마음챙김 명상에 집중하는 것이자 우리를 자동 조종 장치로부터 자유롭게 하는 분별력을 의미한다. 삼각대의 이 다리를 발달시킴으로써 우리는 '전전두엽 피질 내에 앉은 채' 그저 다른 신경 영역들이 다양한 결합으로 발화하는 것을 바라볼 수 있다. 우리의 정체성이 아닌 이러한 활동을 감지하는 것이 객관성의 본질이다.

뇌 기초

　서로 다른 자각의 흐름을 구분하는 강한 능력—심지어는 자각하는 것으로부터의 자각 그 자체—은 객관성을 갖추기 위한 뇌의 핵심 능력이라고 할 수 있다. 어느 누구도 어떻게 일이 벌어질지 알 수 없다. 하지만 우리는 사전 연구를 통해 마음챙김 훈련이 뇌의 다양한 모습을 구분할 수 있다는 것을 확실히 안다(Farb et al., 2007; 서로 다르며 통합하는 흐름에 대한 논의는 Siegel, 2007b 참조). 예를 들어, 내적 자각을 훈련하고 그것이 마음의 중심에 머물도록 하는 행위를 통해 사로잡혀 있던 내러티브로부터 앞으로의 감각을 구분 짓게 돕는다. 우리는 이 내적 인지가 의식 훈련이 발달시킬 중심이 되는 마음보기의 정제된 형태라는 것을 어렴풋이 알 수 있다. 또한 마음보기는 우리가 어떻게 다양한 정신적 활동을 구분하는지—신체적 상관관계로 전전두엽 회로의 중간선에 의존하는 능력 그리고 에너지와 정보의 흐름을 관찰하고 변경하는 능력—로 더 나아가 보일 수 있다. 이 영역들은 특히 타인이

나 자기 자신의 정신적 경험을 반영한다는 점에서 내측 전전두엽 영역을 포함한다. 자기자각과 전측 대상회 또는 앞뇌섬엽에 있는 폰 에코노모(von Economo) 뉴런(방추 세포)에 대하여 이야기 나눈 것처럼, 이 두 영역은 우리의 자기자각과 연관 지어질 것 같다. 이는 마치(그리고 이것은 만화 이미지이다) 우리가 이 중간 영역을 따라 흐르는 에너지 파동을 상상할 수 있는 것과 같다. 그 파동이 자신의 경험—그저 정신적 활동을 가지는 것뿐 아니라 그것을 감지하는—의 내적 이미지라는 신경 지도를 구성하는 것처럼 말이다. 이것은 우리가 단순히 마음을 품고 있는 것과는 다른 방식이 마음보기라는 것을 알려 준다.

엔델 튤빙과 동료들은 안와 전두 영역 또한 신경 인지 의식(autonoetic consciousness)에서의 핵심이라고 설명했다(Tulving, 1993). 바로 그것이 우리가 과거와 현재 그리고 상상하는 미래에 무언가를 연결하는 '정신의 시간 여행'을 만들어 낸다는 점에서 말이다. 또다시 우리는 신경 발화 패턴에서의 에너지의 흐름을 상상해 볼 수 있다. 그것은 과거와 현재 그리고 자기인지 자각에서의 미래를 만들어 내는 분리된 영역과 발화 패턴을 연결한다. 우리는 이제 막 중앙 전전두엽 피질의 각 영역에 대해 알아보았다. 안와 전두, 내측, 대상회, 복외측(앞뇌섬엽을 포함하는) 영역들은 각각 객관성과 자기자각의 역할을 한다. (당신은 왜 중앙 전전두엽 영역과 같이 마음보기가 풍부한 영역을 언급하는 것이 훨씬 효율적인지를 알 수 있을 것이다. 왜냐하면 이 영역은 우리가 마음챙김 자세를 지닐수록 더욱 활성화되고 강해지기 때문이다.)

좀 더 정교한 설명을 해 보겠다. 어떤 이들은 마음챙김이 주로 정중선의 전전두엽 영역에 의해 조정되는 감각적인 상향식 및 하향식 서술 묘사의 폐쇄에 몰입하는 방식이라고 생각한다. 이 표현에 따라 마음챙김 자세가 중앙 전전두엽 영역이 증가하는 것이 아니라 오히려 폐쇄한다는 것은 말이 되지 않는다. 나는 과학 그리고 마음챙김에 관한 임상적 적용으로부터의 이러한 관점에 동의하지 않는다. 한 예를 들어 설명해 보겠다.

나는 자기 자신이 수십 년간 마음챙김을 지니기 위해 훈련해 왔다고 말한 내담자 B 씨를 만난 적이 있다. 그는 상담 중에 처음에 과거의 어린 시절을 회상하는 것이 '현재를 사는 것이 아니기에' 하지 않겠다고 거부했다. 그래서 나는 과거 경험에 대해 회상함으로써 현재를 살아갈 수 있으며 그 과정을 통해 신경 발화 패턴을 이해할 수 있을 거라고 설명하였다. 또 그렇게 의식적인 기억을 함으로써 갖게 되는 지속적인 감각 경험과 서술적 몰입이 삶을 이해하는 데에 도움이 된다고 전달하였다. 결국 그것은 애착 연구에 관해 과학이 입증한 방법이었다. 약간의 저항을 했지만 결국 그는 치료에 임했다. 당신은 우리가 발견한 것—대단히 충격적인 과거의 고통—을 상상해 볼 수 있을 것이다. 그는 '지금 여기'에 집중하는 마음챙김의 구조 속에서 기억으로부터 숨을 곳을 찾는 '영혼의 우회'를 시도한 것이다. 마음챙김 자세가 추구하는 큰 그림을 끌어안음으로써—인생의 모든 자각에 현존하면서—우리의 치료로 그의 경험을 통합하기를 시작할 수 있었다. 결국에 그 내담자는 잘해 냈으며 과거에 그를 괴롭혔던 관계에서 자유로워질 수 있었다. 또한 과거와 현재 그리고 미래로부터 모든 것을 감싸 안을 준비가 되었다. 이제 그는 새로운 활력을 지니고 가능성의 개방된 영역을 만들어 낼 수 있는 자유로움을 지니게 되었다.

마음보기 기술

앞서 거쳤던 중심에서 머물고 가장자리에 발생하는 모든 것을 수용하는 마음 자각 훈련을 통해서 우리는 이 '개방성 모니터링' 훈련으로 삼각대 다리를 받칠 뿐 아니라 객관성을 발달시키는 가장자리로부터 중심을 구분할 수 있었다. 주의집중으로부터 자각을 명백하게 구분 짓는 것이 객관성을 키우는 일이다.

몸을 탐험하는 것은 중요한 객관성의 삼각대를 발달시키는 데에 유용한 훈련이다. 2장에서 봤듯이, 신체의 부분부분을 이동할 때 우리는 육감으로부터 가장자리의 서로 다른 점을 경험하면서 자각의 중심 내에서 또한 느끼게 된다. 다양한 방식으로, 이것은 우리가 몸을 직접 느끼도록 할 뿐 아니라 객관적인 중심과 감각 투입의 중심적인 수용 영역을 직접 경험하도록 하는데, 우리는 마치 우리가 몸을 통과하는 듯한 느낌을 갖는다. 이에 덧붙여서 우리는 다리나 무릎 아래 안쪽에 집중하여 걸어 다니면서 명상을 할 수 있다. 약 20걸음을 걷고 반대 방향으로 다시 천천히 전환하라. 그리고 주의를 반대편에 집중하라. 마음이 방황을 할 때에 온화한 마음으로 집중하는 부분으로 되돌아가라. 단계적으로 그 자체 감각에 집중하고 분산을 주목하고 다시 주의를 되돌리는 과정을 반복하라. 몸을 스스로 느끼며 걷거나 명상을 함으로써 마음의 중심을 강화하여 바큇살의 지정된 부분을 목표로 향하게 할 수 있다. 적절하게 진행이 되면 이 객관성은 순간순간 감각의 흐름에서의 자각 능력을 감지하고 우리 자신에 몰입하기 위한 능력을 정제할 수 있다.

　하지만 극단으로 치닫는 객관성은 덜 긍정적인 면이 있다. 여기에서 안목과 남용이 분열의 한 형태가 될 수 있다는 것을 언급하는 것은 중요하다. 어떤 개인들이 그 자신들을 풍요로운 내적 세계로부터 거리를 두는 것처럼 말이다. 예를 들어, 신체 스캔에서 누군가는 그 자신이 신체 영역을 자각하고는 있지만 실제로 몸 자체로부터의 상향식 투입을 감지하지는 않는다는 것을 알아챌 것이다. 경험자 그리고 경험을 자각하는 자가 아니라 삶에 대해 객관적이 되는 것은 단절된 존재 방식으로 이끌 수 있다. 이렇게 거리를 두는 것은 감정에 방어하는 수단—분별력으로 충만한 삶 대신에 삶을 지속하는 영적 우회 형태(162쪽 내담자 B 씨의 경우처럼)—이 될 수 있다. 마음챙김 자세를 지니는 것은 구멍이 많고 오용될 수 있음을 깨닫는 것이 중요하다.

　감각을 마비시키는 방어로써 객관성을 사용하는 것을 방지하기 위해 마음챙김 자세를 시작하고, 감각적 경험을 지속해야 한다. 삶에 대한 이러한 객관성은 균형을 맞추는 행위이다. 때로는 삶의 흐름에 들어가기 위해 의도적인 보류가 필요하기도 하다.

이에 대한 논의는 우리의 관심을 관찰(observation)이라는 삼각대의 세 번째 다리로 이끌어 준다.

관찰

머릿속에서 계속해서 진행 중인 흐름을 바라보고 심지어 자각하는 능력을 지닐 때에 우리는 마음의 흐름과 감각의 구성 그 자체를 관찰하게 된다. 그렇다면 도대체 누가 관찰하는 것인가? 정신적 활동이 발현될 때에(개방성) 만약 우리가 그에 대해 수용적이고 그것을 자각과 또 정체와 구분한다면(객관성) 우리 대신에 이 전체의 과정을 경험하는(관찰) 그 '누군가'를 인지하는 것일까? 서술자로 들어가 보자.

뇌 기초

펼쳐지는 인간의 삶을 연구하면서 우리는 스토리텔링 창작자라는 것을 깨닫는다. 그렇기에 우리 자신을 호모 사피엔스 사피엔스 서술자—우리가 인지하는 것을 알며 그에 대해 말하는 사람—라고도 말할 수 있다. 심지어 어린아이들도 자신들의 삶에 대해 이야기한다(Nelson, 1989). 하루하루의 사건을 요약할 때, 이전 경험과 지속적인 감각적 투입을 연결 짓고, 약간의 상상력을 더한다. 마음을 서술할 때 내적 신경 드라마를 외적으로 표현하는 것이다. 신체 영역—서술하는 뇌(storytelling brain)—은 독특한 배열로 이루어져 있다. 3장에서 봤듯이 좌반구를 통해 우리에게 일어나거나 목격하는 사건에 대해 직설적이고 논리적이며 언어적인 사건으로 말하게 된다. 반대로 우뇌는 우리가 시간에 따른 기억의 표현에 기초한 자전적 상상을 이끌어 낸다. 이러한 긴장 상태는 경험의 여러 에피소드를 만들어 내기 위한 쌍방향적 통합을 형성하는 것으로 보일 수 있다. 이는 급속안구운동(REM) 수면 상태가 기억과 감정, 지속적인 감각 경험의 통합을 불러일으키기 때문에 꿈의 신경학적 활동일 수 있다.

당신은 이러한 관점을 통해 좌반구가 서술자의 신경 자리라고 생각할 것인데, 이것은 마이클 가자니가(Michael Gazzaniga, 1998)가 언급한 것이다. 흥미로운 것은 루스 베어(Ruth Baer)와 동료들(2006)이 2006년에 마음챙김 성향에 대해 연구했는데, 관찰이 공식적인 마음챙김 훈련을 받는 개인에 한해서만 독립변수로 작용하였다. 그러나 다른 네 가지 요소(비심판적, 비반응적, 자각에 의한 행동 그리고 내적 세계의 언어에 이름을 붙이고 묘사하는 것)와 서로 연결되어 있었다. 리처드 데이비드슨(Richard Davidson)과 동료들(2003)이 마음챙김 기반 스트레스 감소 훈련을 사용하는 마음챙김 이후 좌뇌로의 이동이 나타났다고 밝혔다(Kabat-Zinn, 1991; Davidson & Kabat-Zinn, 2004). 좌뇌이동은 '철회' 상태이기보다는 '밀접한' 상태로 뇌의 전류 활성화가 이루어지는 것이다. 이는 신경의 회복탄력성으로 관찰된다.

이 모든 것을 조합함으로써 우리는 누군가의 삶을 안팎으로 서술할 수 있는 능력을 갖추게 된다. 그리고 어려운 순간으로부터 무작정 빠져나오는 것이 아닌 그에 대해 맞서 좌뇌로 이동할 수 있는 마음챙김 자세를 갖추게 된다. '혼잣말을 하는' 아이들 또한 더 큰 회복탄력성을 보인다. 이는 아마도 바르게 처리되는 삶의 경험과 감정에 대해 언급할 수 있는 좌반구의 능력에 의존한 것이다. 또한 메리 메인, 에릭 헤세와 함께 성인 애착 인터뷰(AAI)에 대해 나눈 대화를 통해 알게 된 것은 그것이 마음챙김의 특성을 나타내는 일관된 내러티브 지도에 대한 독립된 측정 도구라는 것이다. 이 상황에서 누군가가 일관되게 자신의 삶을 기술하는 것은 마음챙김 특성과 밀접하게 관련이 있다. 그렇기에 우리 중 대부분은 마음챙김이 과거의 기억을 통합하고 삶을 이해하도록 돕는다는 것을 알 수 있다. 우리는 회피하는 대신에 접근하며 길들이기 위해 이름도 붙인다(name it to tame it). 그러면서 우리는 외피에 이름을 붙이며 피질 하부의 발화를 줄일 수 있다(Cresswell, Way, Eisenberger, & Lieberman, 2007). 여기에서 우리는 관찰이 회복탄력성의 강력한 특성으로 독립적인 영역(부합이라고 불리는 과정; Wilson, 1998)이지만 겹치기도 한다는 사실을 볼 수 있다.

마음보기 기술

이제 다시 '자각의 수레바퀴' 훈련에 집중해 보자. 먼저 우리는 가장자리에 대해 개방적인 상태를 지니고 나서 몸을 탐색하는 중심과 거리를 두고 그것의 활동에 대해 객관적인 태도를 취한다. 그럼으로써 우리는 전체적인 과정에 대해 객관적인 태도를 유지할 수 있게 된다.

이제 몸이 자연스러운 상태를 맞이하고 호흡이 일상적인 흐름으로 흐르도록 준비한다. 그리고 난 후, 호흡의 들숨과 날숨을 오가는 과정을 집중해 보자.

그다음에는 이 '가장자리 검토'에서 가장자리가 주의의 초점이 되게 한다. 첫 오감—소리를 자각하고 감긴 눈커풀을 통해 빛을 인지하는 것—으로부터의 감각을 가져온다. 옷을 어루만질 때 피부로 느끼는 감각 그리고 자리에 앉을 때 그곳에서 나는 향기와 음식의 맛을 느끼는 감각, 이 오감이 바큇살을 중심에서 가장자리의 첫 영역으로 보낼 때에 당신의 자각을 채우도록 한다.

이제 몸에 집중하여 당신의 육감이 다리뼈와 근육 그리고 이어서 팔과 얼굴에 직접적으로 느껴지는 긴장을 채우도록 한다. 그렇게 하면 그 주의는 몸 안의 감각으로 이동하게 된다. 가슴의 중앙부는 자각 속으로 피어오르고 당신의 주의를 끌게 된다. 아마도 심장박동과 삶에 존재하는 당신을 감싸는 호흡의 리듬을 느낄 것이다. 이번에는 폐가 가슴의 팽창과 복부의 움직임을 감지하면서 자각을 채우도록 한다. 이제 장은 배가 감지하는 모든 것과 함께 감각 정보를 자각에 채우게 된다. 이것들은 내부 감각수용기인 육감의 내장 감각이다.

이제 신체의 이미지가 당신이 바큇살을 가장자리의 영역으로 보낼 때의 정신적 활동의 칠감으로부터 발생하는 생각과 이미지, 느낌 또는 감정으로 발생하는 그 어떤 것에 향하도록 한다. 정신 영역에 그 어떤 것이 들어와도 그저 받아들이라. 당신은 시각적으로 또는 청각적으로 말로 된 생각이나 이미지를 받아들일 것이다. 이 정신적 활동은 꽤 안정적이고 지속적이거나 열정적이고 일시적일지도 모른다. 이 칠감에 어떤 것이 들어오든지 그저 자각만 하고 잠잠히 있으면 된다.

이제 당신의 주의는 다음 감각—팔감인 관계적 감각—으로 넘어간다. 이는 가장자리 영역인데, 당신은 신체 그 자체를 넘어서 연결하는 그 무엇인가를 발견할지도 모른다. 우리는 지인들과—한 번도 본 적이 없는 이, 심지어는 직접 만나지 않을 이들과도—관계를 유지한다. 당신은 심지어 우리와 마주한 누군가와의 연결을 감지할 것이다. 그리고 이 세상을 떠난 후에도 그렇다. 당신은 세월의 흐름에 따른 세상에서의 연결 또한 감지할지도 모른다. 이것이 당신의 관계적 감각이다. 당신은 이 팔감으로 가득 채워진다.

이것은 마음의 '가장자리 자각' 여정이자 자각에 접근하는 가장자리 감각을 지니는 초대이다. 이제 개방성과 객관성 그리고 관찰의 삼각대 다리를 결합하고 우리는 칠감으로 돌아가 정신적 활동에서 일어나는 것을 관찰해 나감으로써 '마음의 영역'을 탐험해 볼 것이다. 나는 당신에게 당신의 생각과 감정, 기억의 자각이 처음 나타나는 것을 그저 바라보라고 하고 싶다. 그것이 갑자기 일어나는가 또는 차츰 발생하는가? 어떻게 현존하는가? 그리고 그것이 당신의 자각에서 어떻게 벗어나는지를 관찰하라. 이러한 정신적 활동—가장자리로부터의 지점—을 바라보고 어떻게 그것이 나타나고 현존하고 자각에서 사라지는지 보라.

이 이상의 훈련을 더 할 수 있다면 이제 정신 활동의 간격 사이에 들어가 본다. 당신의 정신 활동은 배경 속으로 들어가고 정신 활동 사이의 공간에 주목한다. 생각들 사이에는 무엇이 존재하며 기억 또는 이미지 사이에는 또 무엇이 있는가? 정신 활동이 출현하는 마음의 공간에서 당신은 무엇을 보게 되는가? 이 '간격'이 당신의 마음을 가득 채우도록 한다.

많은 사람의 경우 이 단계에서 중지한 후 호흡에 접어드는 것이 좋다. 당신은 정신 활동의 본질과 심지어는 공간들 사이까지 탐험해 보았다. 여러 면에서 이것은 활성화의 절정기와 아마도 절정기 사이의 공간에서 개연성의 정체기를 기록할 수 있는 방법이다. 아마도 당신은 다음 단계—그 자리에 앉아 그 경험을 그대로 두는 것—에 접어들기 전에 기다리기를 원할지도 모른다. 당신이 준비가 된다면 자각 훈련의 다음 단계를 계속해도 좋다.

각자의 호흡을 발견하고 잠깐 동안 그 흐름을 그대로 따라가 보라. 중심에서 휴식을 취하고 외부 세계의 첫 오감을 가장자리로부터 자각에 가져오는 것을 인지하는 모습을 상상해 본다. 또한 몸의 육감과 정신 활동의 칠감, 심지어는 더 큰 세상의 상호작용에서 오는 관계성 감각의 팔감까지 그렇게 상상해 보라.

이제 중심의 자각으로 이동해 보자.

가장자리에서 오는 이러한 다양한 감각이 배경 안에서 희미해지면 우리는 자각 자체에 주의를 기울이고 감각의 중심 위치에 그것을 가져올 것이다. 명확하고 고요한 드넓은 중심에서 자각이 그저 휴식을 취하도록 한다. 당신이 자각을 느끼게 될수록 그 자체를 느끼게 된다. 시간을 가지고 자각이 마음의 드넓은 중심에 있도록 한다.

이제 호흡의 흐름을 타면서 그 호흡으로 다시 돌아갈 좋은 상황이다. 지금 만약 멈추고 싶다면 그래도 좋다. 눈을 뜨고 당신이 경험했던 사건에 멈추어 본다. 이런 반영적 연습이 초기라면, 중심의 자각은 어렵고 좌절스러울 것이다. 중심에 대한 자각의 경험은 마음을 열도록 하는 경험이다. 지금 당신에게 그 경험이 어떻게 다가오든지 간에, 미래의 자각 훈련을 하는 것은 자기인지 형태의 훈련을 깊이 있게 하도록 만든다.

준비가 되면 자각의 수레바퀴와 관찰의 감각 사이를 연결하도록 돕는 명확성의 감각을 가져오는 더 큰 훈련이 하나 더 기다리고 있다.

당신 자신이 자각의 수레바퀴에 내적 주의를 기울이도록 하면서 각자의 경험 전반에 걸친 감각을 얻게 되는지 살펴본다. 당신은 아마도 자신과 주변의 관계 그리고 자신을 증명하는 몸을 넘어선 것들에 대한 감각의 충만함을 자각하면서 가장자리와 중심 그리고 전체적인 수레바퀴를 감지할 것이다. 전반에 걸친 당신의 경험을 자각하는 것은 당신이 시간의 순서에 따른 여정을 이야기할 수 있다는 것을 의미한다. 때때로 당신은 가장자리의 특정한 지점—감각, 기억, 생각, 신체가 느끼는 감각, 외부 세계로부터의 인지—에 몰두할 수 있다. 또한 자신의 삶에 대해 이야기하고 명확한 감정과 관점으로 현재의 경험을 관찰하는 것이 가능한 동시에 삶의 경험에서의 전체적인 감정을 감각할 수 있게 된다. 삶이 큰 배라면, 사건의 필경사이자 그 배의 선장인 서술자는 목격자와 작가가 되어 중요한 역할을 하게 된다. 삶의 서술자로서 당신의 삶과 경험의 풍부함을 즐기라. 이것은 당신 내러티브 중력의 중심이다. 그곳은 내면세계를 삶에서 경험한 사람과 증인들이 만나는 곳이다.

분명히 바라보기
그리고 우리의 삶을 통합하기

안정된 마음보기 렌즈를 통해서 우리는 우리의 마음을 더욱더 깊고 명확하게 바라볼 수 있게 된다. 개방성과 객관성 그리고 관찰을 함으로써 우리는 마음보기 렌즈를 안정시키고 마음속으로 볼 수 있는 능력을 더욱더 키우게 된다. 마음보기의 이 세 가지 기초를 세우는 것은 마치 체육관에서 균형적으로 운동하는 것과 같다. 우리는 절대 다리에만 집중해서 팔을 무시하지 않는다. 또 복부 중심 운동 또는 등 근육 운동만 하지도 않는다. 운동을 할 때 우리는 전체를 움직이며 몸을 강화한다. 마음보기의 삼각대는 우리의 능력이 마음의 충만한 내적 세계를 관찰하고 변화시키도록 강화하는 역할을 한다.

건강해지기 위해 마음을 성장시키는 것이 결국에는 내적 세계를 통합을 향해 움직이게 한다는 개념을 수용할 때에 우리는 강화된 마음보기 렌즈가 혼돈과 경직 상태에 매우 필수적이라는 것을 알게 된다. 그리고 나서 우리는 삶의 구성 요소가 통합 요소와 구별되거나 연결되지 않고 촉진시킨다는 것을 명확하게 하는 능력을 가지게 된다.

우리의 내담자들에게 자각 바퀴 훈련의 기초를 안내하는 것은 이전의 혼란스럽고 경직된 그들의 삶을 하나의 열린 가능성으로 변화시키는 능력 있는 경험이 될 수 있다. 나는 사람들로 하여금 개방성과 객관성 그리고 관찰 능력을 발달시키도록 하는 수레바퀴를 통해 내적 세계를 경험하는 반영적 기술을 깊이 있게 탐험해 본 적이 있다. 중심을 취하는 법을 배울 때, 다양한 배경의 개개인들이 그들의 삶을 완전히 변화시키는 안정성을 가지고 내적 바다를 바라볼 수 있었다. 우리 각자의 내적 세계 여행을 이제 시작하며 타인에게도 이 기술에 대해 알려 줄 준비가 될 것이다. 최종적으로 우리는 마음을 바라볼 때에 무엇을 감지하게 되는지 질문할 수 있지 않을까? 이 중요한 물음을 다루기 위해서 우리는 마음과 두뇌 그리고 관계를 이루는 삼각형에 기초를 둘 것이다.

마음보기를 안전하게 할 수 있는 3개의 요인은 개방성, 객관성 그리고 관찰이다. 모두 ㄱ으로 시작하는 단어들이다. 열린 마음인 개방성을 통해 있는 그대로 세상을 이해하고, 객관성을 통해 우리의 한계를 깨달으며, 관찰을 통해 순간순간 나를 돌아볼 수 있다.

1. 나는 삼각대의 세 가지 영역 가운데 어떤 것이 가장 발달되어 있다고 생각하는가?

2. 이 발달된 영역을 경험했던 순간을 떠올려 보라.

3. 나머지 삼각대의 영역은 어떻게 하면 더 발달시킬 수 있을까? 노하우를 전수해 보자.

07
삼각지각(Triception)

개방성과 객관성 그리고 관찰을 이루는 삼각지각[1]은 우리의 마음보기 렌즈를 안정화시켜 우리가 깊고 명확한 새로운 시각을 가지고 현실에 접근하도록 해 준다. 내적 세계에 대한 이 지각적인 예리함은 에너지와 정보의 흐름이 우리 삶에 접하도록 분명히 한다. 서론 장에서 간단히 언급했듯이 우리는 마음과 관계 그리고 두뇌의 세 지점을 구성하는 '웰빙 삼각형'을 개념화할 수 있다([그림 7-1] 참조). 이제 당신과 깊이 탐구하고자 하는 것은 이 삼각형의 본질 그리고 그것을 명확하게 관찰하는 것이 우리로 하여금 어떻게 내적 세계를 정확하게 관찰하고 그것을 더 세밀하게 바꿀 수 있느냐에 관한 것이다. 이것이 마음보기가 우리로 하여금 강하고 유연하게 규제하고 관찰하고 변경하도록 하는 것이다.

에너지와 정보의 흐름 자체를 바라보는 것은 처음에 어색하고 또 낯설게 느껴질 것이다. 심지어 누군가에게는 기이하게 느껴질 것이다. 정신건강 분야에 있는 내 친구 한 명은 자연스럽게 나에게 에너지와 정보의 흐름을 주제에서 떨쳐 내고 대신에 감정이나 인지 또는 감각과 같이 독자들이 친숙하게 느끼는 용어들을 사용하는 게 어떤지 제안했다. 어떤 이는 '에너지'라는 단어를 좋아하지 않는다. 왜냐하면 에너지가 캘리포니아 출신인 그로 하여금 부드럽거나 끈적거리는 것을 생각나게 할 수 있기 때문이다. 다른 이들은 에너지의 개념을 마음에 들어 하지만 '정보'라는 용어가 너무 과학적이고 기술적으로 느껴진다는 이유로 진절머리가 난다고도 한다. 만약 에너지와 정보

---

1) 역자 주: 삼각지각(triception)은 tri와 perception의 합성어이다.

그림 7-1 웰빙 삼각형

* 조화로운 통합은 공감이 형성되는 관계, 일관된 마음가짐 그리고 통합된 두뇌로 이루어진다. 두뇌는 몸 전체를 통해 퍼지는 에너지와 정보 흐름의 메커니즘이다. 이와 달리 관계는 흐름을 공유하고, 마음은 에너지와 정보의 흐름을 조절하는 형체를 갖춘 관계 과정을 의미한다.

가 핵심 용어로서 만족스럽지 않다면, 우리의 정신적 삶의 기본 요소로서 필수적인 개체는 무엇이란 말인가? 우리는 '연결망의 감각'이나 '의미의 감정'뿐만 아니라 '자각'과 '의식'을 덧붙일 수 있다. 우리의 마음은 그런 것들로 가득, 심지어는 그 이상 채워져 있다. 인간의 정신은 너무나 풍부하고 특별한 질감으로 이루어져 있다. 에너지와 정보의 흐름에 초점을 맞추어 아직 당신에게 에너지와 정보의 흐름이 매우 중요한 것이자 구성 요소로서 빼먹을 수 없는 경험의 근본이라는 어려운 이야기를 하고 싶지는 않다. 나는 단지 정의되지 못했던 이 영역에 대해 알고 관심을 가지게 된 것뿐이다. 에너지와 정보의 흐름을 규제하는 관계적인 과정으로서의 마음을 구성하는 핵심 요소를 정의 내리는 것은 이제 앞으로 나와 함께 가는 당신이 발견하게 될 함축과 유용한 적용을 강하게 지니고 있다.

　에너지와 정보의 흐름이 우리의 정신 경험과 신경계 그리고 타인과의 관계 속에서 떠다니는 것처럼, 이들의 실제적인 개체를 따라가는 법을 배우는 것은 삶의 질을 향상시키는 데에 매우 도움이 된다. 이것이 바로 삼각대의 기초—마음과 두뇌, 관계를 이루는 삼각형을 가로지르는 에너지와 정보의 흐름을 따라가는 것—가 된다. 각 요소들은 우리의 주관적이고 물리적인 세계의 실제적인 양상이라고 할 수 있다.

만약 우리의 눈으로 직접 환상을 볼 수 있다면 마음보기 또한 삼각지각을 이룰 것이다. 삼각지각은 우리가 웰빙 삼각형에서 에너지와 정보의 흐름을 지각하는 방식이다. 우리는 이 흐름이 신경계(메커니즘으로서의 뇌 흐름)에 이동할 때 그리고 그것을 관찰하고 변화시킬 때(규제로서의 마음), 또 사람들과 의사소통을 하면서(공유로서의 관계) 인지하게 된다. 이것이 단지 에너지와 정보의 흐름을 이루는 삼각형이 아니라 웰빙을 이루는 것이기 때문에 삼각지각은 통합 상태를 인지하고 통합적인 흐름의 조화를 이루는 혼돈/경직 상태로부터 체계를 이동시키는 방식이 된다. 이 삼각형은 통합된 두뇌, 공감을 형성하는 관계 그리고 일관적이며 탄력적인 마음을 가리킨다.

뇌 기초

삼각지각은 연습을 통해 기를 수 있는 인지적 능력이다. 이는 다양한 방식으로 상담치료자들로 하여금 내담자의 내적 세계를 탐구하는 데에 매우 중요한 기술이기도 하다. 몇몇 사람은 유전적으로 발달된 마음보기 기술을 지니고 있기도 하다. 그들은 발달에 중요한 시기 동안 각자 고유의 내적 세계를 정확하게 성찰할 수 있는 선천적인 기질이 있으며 마음보기 지도가 젊은 시기에 자리 잡을 수 있도록 하는 중앙 전전두엽 통합 섬유를 발달시킨다. 아마도 당신은 마음보기가 이러한 개념을 포함하는 용어인지에 대해, 또 이를 명시하는 새로운 단어가 나오지 않는 것에 대해서도 의아해할 것이다. 당신은 이 용어가 유용하다고 생각하는지의 여부와 상관없이 이야기할 수 있으며, 나는 이 용어를 쓰지 않을 의향도 있다. 하지만 나와 내 학생들에게 마음보기의 임상적 함의에 대해 깊이 이야기할 때에 이것은 '삼각형 내의 에너지와 정보의 흐름을 바라보는 것'이라는 또 하나의 개념으로 유용하게 쓰였다. 즉, 마음보기는 삼각지각이라고 우리가 칭하여 타인과 우리 자신을 바라보고 또 내적 세계를 형성하는 것을 포괄하는 넓은 개념인 것이다. 삼각지각은 에너지와 정보의 흐름이 마음과 뇌, 인간관계를 감지하는 특별한 지각적 능력인 마음보기의 하나의 양상이다.

마음보기는 지난 25년간 이루어진 임상 훈련 가운데에 아주 유용하게 사용되어 온 용어이다. 이 시기 동안 과학 문헌은 마음 이론, 비언어 가설, 마음-마음챙김, 반영적 기능 그리고 정신화[피터 포나지(Peter Fonagy)의 연구(특히 Allen, Fonagy, & Bateman, 2008) 참조]와 같은 주제로 부각되었다. 하지만 이러한 놀라운 학술 용어 중 그 어느 것도 통합된 상태를 목표로 하는 에너지와 정보의 흐름에 대한 모니터링과 변형을 포함한 마음보기의 본질을 다루지 않았다. 또 그 어떤 것도 어떻게 우리가 일관된 틀을 가지고 마음과 두뇌, 관계—에너지와 정보의 흐름—를 탐구하는지 포함하지 않는다. 그렇기 때문에 마음보기는 이러한 내적 세계가 건강과 통합을 더욱 효과적으로 이루기 위한 중요한 방식을 이끌어 내고 사람들을 돕기 위한 역할을 임상에서 발견했다.

이제 우리는 삼각지각 이외의 다른 새로운 용어를 필요로 하지 않는다. 그러나 이제 웰빙 삼각형 안의 에너지와 정보 흐름을 인지하는 특별한 방식에 있어 마음보기의 핵심 각도라는 특정 개념을 사용하는 법에 대해서 볼 차례이다. 삼각지각은 우리가 마음보기 용어를 생각하는 것과 같이 우리의 마음 앞에 놓인 삼각형을 가져온다. 신경 회로, 관계적 경험 그리고 에너지와 정보의 흐름을 조절하는 요소를 모니터링하고 변형하는 것을 탐구한다. 삼각지각은 마음보기의 인지적 과정이 인간 경험의 중요한 요소에 온전히 집중되도록 한다.

두뇌에서 기술 훈련이 반복적으로 일어나면 우리는 인지하는 모든 것에 대한 지도를 만들기 위해 신경 회로를 활성화시키게 된다. 예를 들어, 내가 테니스를 배우고 있다고 가정해 보자. 그렇다면 나는 코트의 물리적 지도와 뻗은 팔에 대한 나의 감각에 라켓을 끼워 넣기 위한 신체적 지도를 만들게 될 것이다(Blakeslee & Blakeslee, 2007). 이번에는 내가 악기 연주를 배운다고 가정해 보자. 나는 이번에도 마찬가지로 내 손가락을 어떻게 두어 피아노나 바이올린 연주를 해야 하는지에 대한 손가락 지도뿐 아니라 청각 지도를 추가할 것이다. 이제는 연구에서 제시한 대로 내가 음계를 연주한다고 가정해 보자. 그렇다면 나는 내가 피아노의 각 키보드를 통해 손을 실제로 사용하여 연주하는 것처럼 신경의 구조를 기르게 될 것이다(Doidge, 2007). 흥미로운 것은 재즈 즉흥연주에 대한 연구에서 우리가 언제 즉흥적으로 연주하고, 악보를 읽으며 기억한 대로 연주할 때보다 중앙 전전두엽 영역을 더 많이 사용하는지를 밝히고 있다는 것이다. 여기에서 말하고자 하는 것은 그 즉흥연주가 우리가 악보를 보며 기억하여 악기를 연주하는 것보다 각자 고유의 내적 세계에 더욱 곡조가 어울리도록 한다는 것이다(Limb & Braun, 2008).

　삼각지각은 우리가 우리 자신(두뇌) 또는 주변 사람들(관계) 내에 존재하는 에너지와 정보의 흐름을 인지할 수 있도록 하는 신경 영역의 활성화를 포함할 가능성이 있다. 심지어 우리는 이 흐름을 바라보고 변화시킬 수 있게 된다(마음). 삼각지각에 대한 이러한 관점을 통해 우리는 마음보기를 통하여 통합을 위한 에너지와 정보의 흐름을 형성하고 웰빙을 위한 움직임을 위한 새로운 능력을 얻는다.

　하지만 어떻게 해서 우리의 뇌가 이런 역할을 수행한다는 것인가? 에너지의 흐름을 인지한다는 것은 결국 무엇을 의미하는가? 또 정보의 흐름은? 그리고 우리는 어떻게 이 둘 사이의 차이를 말하는가? 또 그것이 그렇게 중요한가? 이러한 뇌 기초 관련 물음들에 대한 경험적 통찰력을 얻기 위해서, 또 객관적인 대답이 여전히 작성되기 위해서 우리는 우리의 마음보기 기술을 더욱더 증강시킴으로써 현실의 주관적인 영역에 빠져들 필요가 있다.

마음보기 기술

우리가 이미 함께 작업해 왔던 대부분의 기술은 개방성과 객관성 그리고 관찰이라는 3개의 다리를 만들기 위한 능력을 향상시켰다. 안정적인 마음보기 렌즈를 발전시킴으로써 우리가 정말로 보고자 하는 것은 무엇인가? 가장자리에 위치한 마음의 중심으로부터 당신이 바라보는 것은 무엇인가? 여기가 우리의 논의가 매우 깊게 갈 수 있는 지점이다. 그러니 머리를 붙들고 모자를 쓰라. 당신은 아마도 "음, 나는 감정과 생각을 바라봐요. 그게 다예요."라고 답할지도 모른다. 물론 그게 당신이 보고 있는 거라면 그것은 당신의 경험이다. 좋다. 하지만 당신이 마음보기 시야의 새로운 측면을 사용하고 있다면, 그리고 아마도 이전의 하향식 정의에 그렇게 얽매이지 않고 색다른 용어를 사용한다면, 당신은 당신의 지각이 이동하는 것을 발견할 수도 있다. 달이 뜨기 전에 구름 한 점 없는 밤하늘을 올려다본다고 생각해 보라. 반짝이는 조명으로 가득한 도시에 있었다면 당신의 눈은 밝은 빛에 익숙해 있을 것이다. 말 그대로 특별한 수용 세포와 망막에 있는 간추는 당신이 세상에 존재하는 세밀한 작은 물체들을 구별할 수 있도록 하기 위해 수많은 광자에 적응될 것이다. 이것이 우리가 '주간시'라고 하는 것이다.

이제는 당신이 해변을 떠돌아다니며 달이 존재하지 않는 밤을 지낸다고 가정해 보자[이 여행에 대해서는 『The Mindful Brain』(Siegel, 2007a)에서 말한 적이 있다]. 그때 나는 존 오도나휴를 오리건주에서 처음 만났다. 눈이 적응되면 이 막대기가 있는 당신의 주변 시야는 당신을 감싸 안는 어두운 세계로부터 쏟아붓는 광자의 감소한 밀도에 더욱 민감해질 것이다. 주간시로 인해 그것들은 차단되고 더 많은 중심 화구는 색각을 일으켜 반짝이는 물체가 더 인지될 것이다. 하지만 이제 당신은 강렬한 초점이 휴식을 취하게 할 때에 인지적 탈바꿈을 허용하며 낮잠에서 깨어날 때 눈 뒷부분의 망막에 맺히는 미

묘한 불빛이 막대 수용체를 잡도록 한다. 이제 야간 시력이 인지적 세계를 물들도록 하는 것이다.

야간 시력이 나타나면 검정색 하늘처럼 보이던 것이 우주와 먼 거리에 반짝이는 별들로 가득 차 보인다. 하지만 이 별들은 여전히 쭉 그곳에 있던 것들이다. 즉, 여전히 낮 동안 존재하는 것이다. 그렇지만 태양 빛은 야간 시력을 압도하여, 유출되는 태양빛의 더 많은 강렬한 것이 빛에 대한 당신의 자각을 없앤다. 야간 시야가 활성화되는 저녁 시간에는 갑자기 커다란 세계의 자각이 출현한다. 별을 인지할 때에 당신은 아마도 몇 마일이나 떨어져 있는 엄청난 양뿐 아니라 은하계를 가로지르는 서로 다른 것들로 모인 에너지의 흐름을 감지하고 있을 것이다. 별은 때로는 어렴풋이 희미하게, 또 때로는 (별을 멀리서 바라보면) 놀라울 정도로 강하게 보이는 것을 느낀다. 시야가 휴식을 취하면 당신은 무언가를 강렬하게 바라보지만, 그저 시야가 가볍게 흑백의 빛을 받고 그것을 자각에 전달하면 하나의 새로운 세계가 나타나게 된다. 당신은 심지어 유성까지도 볼 수 있다.

어두운 해변까지도 변동하며 시야에 나타나 발광성을 띠게 된다. 놀라운 것은 당신이 확신하기 이전에 눈으로 볼 수 없지만 귀로는 잘 들리는 어마어마한 파동이 있었던 것이 몸짓하여 파도 물결을 그리며 저녁 파도에 들어와 이제 눈으로 볼 수 있다는 것이다.

그러므로 이것이 마음보기와 삼각지각이다. 마음보기는 우리를 행동에 동기를 부여하는 미묘한 세계에 민감하게 반응하도록 만든다. 낮 시간 동안 해변에 있는 것과 태양 아래서 즐겁게 뛰어놀며 물결이 튀는 것은 놀라운 것이다. 더욱 깊은 바다의 표면에 떠다니며 우리 자신이 이 파도 속에 다이빙하는 것도 좋다. 아는 것과 감정을 느끼는 것 그리고 생각을 알아차리고 사고하는 것 모두 우리가 표면 너머로 뛰어들거나 내적 세계에서 밤의 시야의 중요한 부분을 감지할 때에 인지할 수 있게 되는 에너지와 정보의 흐름의 커다란 복합체이다. 이들은 에너지와 정보의 미묘한 흐름이자 각자의 주관적인 세계 중심의 내적인 움직임이다. 이 에너지와 정보의 흐름은 행동의 신체적인 면과 완전히 다르다. 마음보기는 우리가 인지와 감정의 중심에 있는 에너지와 정보의 흐름이라는 미묘한 흐름을 감지할 수 있도록 돕는다. 또한 우리는 삼각지각을 통해서 우리의 정신적인 활동을 넘어서는 더 깊은 본질을 탐지하고 인식할 수 있는 미묘한 특질을 사용할 수 있다. 그리고 나서 결국 우리는 팔감을 이루는 가장 근본은 에너지와 정보의 흐름이라는 것을 깨닫게 된다.

당신이 만약 지난 장에서처럼 지금 여기에서 가장자리를 스캔하게 된다면 감정의 흐름을 느낄 수 있는지 확인하라. 이 활동에 대한 우리의 첫 번째 몰입은 각자의 다른 감각을 구별하는 데에 있다. 이제 이 활동을 통해서 변화의 본질에 초점을 맞춰 볼 것이다. 가장자리로부터 자각에 이르기까지 발현되는 그 어떤 것이든 당신 마음의 눈과 자각의 바퀴의 중심에서 그 존재를 주목하라. 가장자리의 요소가 시간의 흐름에 따라 고정되어 있는지 또는 이동하는지 지켜보라. 어떻게 변화했는가? 에너지든 정보든 그 어떤 것이든 간에 그것에 이름 붙이는 것을 두려워하지 말라. 그저 당신의 마음이 변화하고 있는—움직이거나 흐르고 있는—그 무언가의 감정에 문을 열 수 있도록 한다.

중심에서 가장자리까지 바큇살을 첫 오감의 영역으로 전달하면서, 지금 입고 있는 옷이나 앉아 있는 의자에서 어떻게 소리들과 눈에 보이는 것, 입에서 느껴지는 맛 그리고 냄새, 촉감이 어떻게 느껴지는지 본다. 이 각각은 감각의 흐름이 된다. 그 무언가는 움직이며 변화해 간다. 이제 수레의 바큇살을 육감의 바깥에서 빠져나오게 해 몸의 내적인 세계로부터 자각으로 이동하도록 한다. 그리고 그 상태에 머무른다. 무엇이 보이는가? 시간이 흐름에 따라 어떻게 이 감각이 변화하는가? 무엇이 발현되고 강화/약화되고 소멸되고 사라지는가? 이제는 칠감에서 빠져나와 생각과 감정, 기억과 인지 그 모든 정신적 활동을 중심에 초대한다. 이러한 '무언가의 집합'은 시간의 흐름에 따라 어떻게 이동하고 변화하는가? 어떤 것은 고정되어 변화하지도 움직이지도 않는가? 만약 당신이 원한다면(그리고 이것은 다른 7개의 감각들처럼 처음에 접근할 수 없는 경우), 당신의 '자기' 밖에 있는 것들과의 관계에 대해 '무언가'를 인식하도록 팔감에 말을 걸어 보겠다. 여기에서는 무엇을 볼 수 있는가? 시간이 흐르면서 자각에서의 이들 요소는 어떻게 달라지는가? 그 '무언가'의 흐름 단계를 느낄 때에 팔감은 우리 본질과 상호 연관된 깊은 인지를 드러내게 될 것이다. '당신'과 '나'의 경계는 스며들 수 있게 되며, 우리 사이의 가파른 벽은 낮아지고 완전히 분리된 각자의 자아도 녹아진다. 이것은 마음의 속임수가 아니겠지만 우리의 능력으로 하여금 표면을 넘어서 더 깊은 단계를 인지하여 외피상으로 구조적인 차이를 이루게끔 하는 것이다.

우리 중 다수에게 일반적으로 이 가장자리 검토 연습을 하는 것으로 분명해지는 것은 그 어떤 것도 마음에는 고정되지 않는다는 것이다. 우리는 지금까지 가장자리와 중심을 구분하는 법과 가장자리 그 자체에서 서로 다른 감각을 지니는 것을 배워 왔다. 이제 우리는 일시적인 것과 시간의 강물이 모든 것을 앞에 두며 흘러가는 방식을 탐색하고 있다. 그 어떤 것도 예측 불가능하다. 모든 것은 계속해서 변화한다. 이러한 아무것도 아닌 것과 모든 것 또는 어떠한 것에서 '것'이란 도대체 무엇인가? 자각을 통해 우리가 실제로 경험하는 것은 도대체 무엇이란 말인가?

많은 사람이 에너지와 정보라는 개념을 실제로 잘 느끼지 못하겠다고 나에게 말한 적이 있다. 심지어 우리에게 있어 에너지라는 것의 정의, '무언가를 해내는 능력' 또한 다양하고 의미가 변형될 수 있다. 그 에너지가 무엇을 의미하느냐에 따라서 말이다. 물리학자가 이야기했듯이 실제로 에너지의 의미에 대해서 정확히 밝히기는 어렵다. 또한 누군가에게 에너지란 단지 뉴에이지에서 이야기하듯이 그 어떠한 것도 의미하지 않기도 한다. 그러나 에너지는 세상의 모든 요소(자산)를 의미한다. 물질적인 목표를 연구하는 모든 학문은 에너지라는 개념을 공유하게 된다. 그리고 에너지는 우리의 정신 세계에서 근본적인 부분에 속하기도 한다. 주관적인 자각의 시점에서부터 에너지는 자각의 활력을 느끼며 시간의 흐름에 따라 이동하고 흐르기도 한다. 에너지에 대한 물질적 함의를 이야기하자면 그것이 산을 움직이거나 생각을 하는 자체이든 간에 '효력을 발휘하는 능력'이기도 하다. 에너지는 움직임이 발현되도록 한다. 심지어 궁극적으로 중요한 것은 간결한 에너지이다. 에너지(e) = 질량(m) × 빛의 속도(c)², 즉 질량과 에너지가 서로 같은 값(등가)이라는 아이슈타인의 공식을 기억하는가?

첫 단계에서 일단 우리는 모든 것이 에너지라는 것을 인정할 수 있을 것이다. 어떠한 에너지의 소용돌이는 높은 개연성을 지니고 있다. 돌이라든지 펜 같은 것처럼 말이다. 그것들은 그 자체로 존재하며 바위 또는 필기용품으로도 쓰인다. 하지만 감정이란 어떤가? 포만감이 들고, 마음이 공허하고, 머릿속에 흥분이 가시지 않는 느낌이란 과연 어떤 것인가? 이러한 감정들과 각자의 삶에 대한 다채로운 감정은 무엇인가? 에너지로 충만하게 됨으로써 우리의 감정은 우리로 하여금 감정을 움직이고 일으키도록 만든다. 또한 감정을 발현시키는 것 이상에 주목하면 우리는 그 움직이는 것을 알아차리게 된다. 정보, 우리는 그 정보라는 것이 그 자체 이상으로 무언가를 지니며 존재한다는 것을 알고 있다. 'word'라는 단어를 보자. W−O−R−D로 이뤄진 이 단어는 도대체 무엇인가? 당신이 일단 정보의 요소라는 바다에 뛰어들면 표현하는 것 이상으로 의미를 전달하기 위하여 쓰인 '그것'은 그 자체가 의도하는 어떠한 상징적인 의미가 아니다.

그렇다. 정보 자체는 어떻게 보면 우리를 움직이게 하는 능력을 가지고 있다. 우리는 정보의 상징적인 자연스러움을 느낄 수 있다. 또한 그 상징은 우리 안에 특정한 상태와 감정, 관계, 믿음을 형성한다. 머릿속으로 우리에게 있어 ABC의 의미를 상기시켜 보라. 우리는 연관 지으며, 믿음을 지니고, 인지하며, 발달시키고, 감정을 과장되게 드러낸다(어떠한 경험에 대한 반응으로서 그 사건에 대해 의미를 만들어 내는 것). 정보의 흐름은 우리의 마음속에서 이동하고 있다.

　어떤 것으로부터 정보를 수용하면서 우리는 내재적으로 그 메시지 안에서 의미를 탐색함으로써 상징 속에 들어 있는 의도를 느끼게 된다. 그리고 여기에 중요하지만 덜 알려진 정보의 양상이 있다. 정보는 동사라는 것이다. 상징 작용은 이 고유의 '정보 처리 과정'을 촉진시킨다. 그럼으로써 상징 그 자체가 그 이상의 상징화를 낳게 된다. 의미는 의미를 창출하는 우리의 마음으로부터 발현된다. 시간의 흐름에 따라 경험의 기초적인 요소가 발생하고 패턴을 변형시키는 것처럼 이것은 에너지의 흐름을 통하여 유발된 정보의 흐름이다.

　그런데 여기에 우리의 주관적이고 신경의 현실에 숨겨진 함정이 있다. 바로 정보 그 자체가 에너지로 구성된 것이라는 것이다. 어떠한 정보 조각이든지 그것은 공개적인 과정의 폭포와도 같이 휙 쏟아지는 현상을 유발한다. 그렇다면 왜 우리 마음의 중심에 대한 정의를 내리기 위한 작업에서 '에너지와 정보의 흐름'이라는 말을 사용하는 것일까? 정보 그 자체가 에너지로 구성되어 있음에도 불구하고 왜 단지 '에너지'라는 용어를 쓰지 않는 것일까? 그 차이는 바로 우리의 어떠한 경험이 직접적이라는 것에 있다. 장미꽃의 향을 맡으면 그 꽃의 향에 가능한 한 더 가까워지게 된다. 이것은 단지 '향'이라는 단어를 말하는 것이 아니다. 그것은 그 향—또는 우리가 정말로 그것에 가까이 가서 얻게 되는 것—을 의미하기도 한다. 그러기 위해서 감각적인 경험은 에너지를 포함하고 자각에 의한 주관적인 경험은 데이터는 지녔지만 정보가 아닌 그 무언가인 것이다. 이 자체로 그것은 그 무엇도 상징하고 있지 않다. 그것은 단지 그 자체—장미꽃의 향—이다.

　어떤 에너지는 그 자체 이상의 무언가를 의미하는 정보에 소용돌이치기도 한다. 장미꽃이라는 단어와 같이 말이다. 그렇기 때문에 우리는 마음으로 인하여 2개의 직접적인 에너지에 흡수되어 그것을 '형상화' 또는 '감각' '상징적인 에너지'라고 부른다.

마음보기를 통해서 우리는 각자의 주관적인 삶 뒤에 숨겨진, 또 우리의 두 눈 사이에 존재하는 열린 마음을 흡수하게 된다. 마음보기를 통해 우리는 흐름이 마음에 의하여 그리고 우리의 관계 안에서 공유되면서 신경계를 통과할 때 에너지와 정보의 흐름을 인식하게 된다. 삼각형을 통과하는 이 흐름을 인지하는 것이 바로 삼각지각이다. 내적 세계를 변화시키는 법을 터득하기 위해 이 삼각지각을 사용하는 것은 우리의 삶을 통합으로 이끌기 위한 마음보기의 힘이다.

삼각지각과 통합

나는 적어도 지금 이 순간에 당신과 내가 함께였으면 한다. 그래서 마음보기라는 능력에 매우 기초적인 더욱더 미묘하고 깊은 단계에 뛰어들고 싶다. 지금 나는 타이핑을 하지만 당신이 거기에 있음을 상상하고 있다. 그렇다. 지금 시간과 장소는 당신과 나를 떼어 놓으려 한다. 하지만 그 어떤 특정한 시점과 장소에서 이러한 언어는 페이지 또는 화자로부터 갑자기 확 튀어나와 당신 각자의 주관적인 삶 속으로 뛰어들게 될 것이다. 그것들은 당신이 그것을 받아들일 때에 당신을 가능성의 영역으로부터 이동시켜 개연성의 원자가 정체기에 두거나 특정 사건의 절정 외부에 둘 수도 있다. 이것이 우리가 정보의 흐름을 받아들여서 우리의 것으로 만드는 방법이다. 이 삼각지각이라는 개념 뒤에 숨은 나의 의도는 이후에 통합을 이루는 삶을 위해 마주치는 기회를 위해서 이 개념의 절정기와 정체기가 당신의 마음을 예비시킬 것이라는 것이다. 우리는 최고의 학문과 주관적인 음파 반사를 받아들일 수도 있고 우리를 옥죄는 혼돈과 경직을 인정하도록 도울 수도 있다. 삼각지각을 통해서 손상된 통합의 상태를 이해할 수 있게 되고 차별화/결합이 이루어지지 않은 것을 구별할 수도 있게 된다. 나는 이것이 당신에게 익숙할 것이라

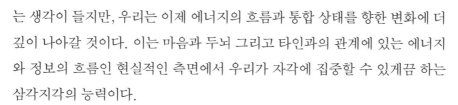

는 생각이 들지만, 우리는 이제 에너지의 흐름과 통합 상태를 향한 변화에 더 깊이 나아갈 것이다. 이는 마음과 두뇌 그리고 타인과의 관계에 있는 에너지와 정보의 흐름인 현실적인 측면에서 우리가 자각에 집중할 수 있게끔 하는 삼각지각의 능력이다.

예를 들면, 우리는 좌뇌 또는 우뇌의 특정 회로로부터 발현되는 에너지와 정보의 흐름을 감지할 수 있다. 좌뇌의 언어적·선형적·논리적·문학적 및 라벨링, 리스트 작성 언어의 현존을 감지할 수 있는가? 또 우뇌의 비언어적, 전체론적, 상상에 기초한, 은유적, 자전적 및 전신 매핑 세계는 또 어떠한가? 이들은 뇌의 삼각 영역 내에서 신경 메커니즘에 수평으로 분포된 에너지와 정보의 각기 다른 흐름을 유지한다.

일단 경직/혼돈이 발생하면 우리는 다음 단계의 개입을 도입할 수 있다. 만약 그 특정 기능이 발현되어 좌뇌 또는 우뇌의 처리 과정이 존재하지 않는다는 것을 알게 되면, 암묵 기억이 통합적인 외현 기억으로부터 떨어져 있다면, 또는 신체의 에너지와 정보가 피질의 자각에 들어가지 못하고 있다면, 우리는 신경 활성화와 이 고립된 영역의 성장을 고무하듯이 뇌를 SNAG함으로써 차별화된 이러한 기능을 더욱 계발하게 된다. 차별화가 이루어지면 우리는 이 다양한 기능의 결합을 촉진하면서 통합을 향해 더 나아갈 수 있게 된다.

우리는 또한 삼각지각을 통해서 에너지와 정보의 흐름이 각 사람별로 구별되고 유대를 이루는 방식으로 관계를 형성하게 된다. 만약 당신과 내가 관계를 이루고 있다면, 나는 당신의 관점과 우리 교류를 중요시하지 않게 되고 우리의 내적 세계 안에서 이루어지는 상호 존중 또한 이루어지지 않게 될 것이다. 그렇다면 그 차별화는 우리 관계의 일부가 아닌 것이다. 우리 사이의 에너지와 정보가 흘러가듯이 우리는 통합에 손상을 일으키는 혼돈과 경직 상태를 발견할 수 있을 것이다. 아마도 우리는 분노로 주기적으로 폭발할 수도 있고, 좌절로 가득 차게 될 수도 있으며, 서로에게서 그러한 존중이 결핍되어 있다는 사소한 오해로 인해 짜증을 느낄 수도 있다. 그렇지 않다면 우리 자신이 서로의 차이를 느끼면서 전혀 결합되지 못하거나 서로 연결되기 위하여 아무것도 하지 않는다는 것을 보게 될 것이다. 여기에서도 우리의 관계는 혼돈이나 경직 상태가 되기 쉽다. 아마도 우리는 타인과의 관계 안에서 지루함을 느끼고 활력을 절대 느끼지 못할 것이다. 그렇게 되면 곧 우리의 관계는 그것들을 자각하지 못하는 상태에 다다르게 될 것이다. 우리 자신의 삶에서 일하든 내담자들과의 관계를 원활하게 하든 간에 삼각지각은 상담치료자인 우리가 순간순간 현존할 수 있을 뿐만 아니라 우리 앞에 있는 것의 전체를 바라볼 수 있는 인지적인 능력을 지닐 수 있게도 한다.

또 삼각지각 덕분에 우리는 우리가 자각하는 방식—점검과 개입이라는 것에 마음을 여는 메커니즘을 이루는 방식으로서—을 자각하게 된다. 우리는 통합을 향한 삶으로 이동하면서 우리 안에 있는 에너지와 정보의 흐름을 모니터링하고 변형시킬 수 있다. 이것은 우리가 내적 세계조차도 변화시킬 수 있는 방식에 대해 깨어 있고 의도를 첨가할 수 있는 매력적인 방식이다. 또한 지금까지 함께 봐 왔듯이, 우리는 서로의 여정에 대한 것을 공유할 수도 있으며 에너지와 정보의 흐름이 순간순간의 상호작용 외부에서도 존재하게끔 하기 위해 우리의 이야기에 관한 책을 쓸 수도 있을 것이다. 우리는 지금껏 마음보기에 관하여 학습한 것과 삼각지각을 통해 자각하게 되는 에너지와 정보의 흐름을 통한 통합 치료법을 통과할 수도 있다. 이것이 바로 우리가 삶을 더욱더 풍요롭게 만들게끔 하는 드넓은 에너지와 정보의 흐름의 연결을 발견할 수 있게 하는 방식이다.

대다수의 우리가 최후의 밀레니엄 시대에 의학을 훈련받을 때, 신경생물사회 모델은 질병에 대한 환원주의자의 시각으로서 싸우고, 우리가 '전체적인' 한 인간임을 잊지 않도록 하는 중요한 단계를 밟을 것이다. 삼각지각은 '전체적인' 시스템의 부분으로서 세 개체를 점검함으로써 목표를 취하게 한다. 에너지와 정보의 흐름은 우리가 내담자 또는 자기 자신의 이점을 인지하고 생각할 수 있게끔 하는 마음과 관계, 두뇌 안에서 규제되고 공유되며 형성된다.

1. 정보는 명사가 아니고 동사이다. 정보 자체는 우리는 움직이게 하는 능력을 가지고 있다. 나는 어떤 정보들을 선호하는가? 나는 SNS나 인터넷 검색 사이트에 주로 어떤 정보를 얻고자 접속하는가?

2. 그 정보들은 나에게 어떤 영향을 미치는가?

3. 앞의 답변들은 내가 어떤 사람이란 것을 말해 주는가?

08

발자국 기법(Tracking)

삼각지각 사용의 능력을 통해 우리는 이전에 내면이라는 바다 속의 희미한 이미지 가운데 미묘한 차이를 느낄 수 있었다. 에너지와 정보가 우리의 자각 안으로 흘러들어 오고 나서야 우리는 외부 세계에서 들어오는 감각(오감)과 신체 영역(육감: 직감) 그리고 정신 활동 세계(칠감)를 주관적으로 가득 채울 수 있다. 또한 우리가 다른 사람들과 더 넓은 세계의 요소와 맺는 관계(팔감)조차도 여기에 포함된다. 이 감각들은 가장자리 부분의 배열을 통과하면서 느끼는 것들이다.

내담자들과 현존하는 결정적인 방법은 그들이 경험하고 있는 그 순간순간을 따라가는 것이다. 발자국 기법[1]은 지금 여기에서 경험하고 있는 것을 소통하는 것이며, 자각 안에서 무엇이 일어나든지 간에 그저 '함께 있을 수 있는' 수용적인 자세를 갖도록 돕는 것이다. 실제 이런 팔감을 추적하는 것은 함께하는 그 순간에 치료를 위한 대화를 시작하게끔 하는 중요한 순간이다. 그렇다면 발자국 기법은 왜 이렇게 중요한 것일까?

두 사람의 구분된 사이를 가로지르는 자각 내에서 공유하는 것은 내담자와 치료자 사이에 더 통합된 존재감을 지니도록 조성할 수 있다. 복잡성 면에서, 제럴드 에델먼과 길리오 토노니(Gerald Edelman & Guilio Tononi, 2001)의 저작은 신경 발화 패턴이 특정한 복잡한 수준에 도달할 때에 의식이 발생

---

1) 역자 주: 'tracking'은 '추적하기'라고 번역되지만 역자는 연구에서 발 모양을 그대로 따라가는 발자국을 연상하여 '발자국 기법'이라 명명한 바 있다. 여기서도 그대로 내담자의 이야기를 따라가는 반영의 의미를 살리기 위해 발자국 기법을 추적하기와 혼용하고자 한다(은유를 활용한 내러티브 슈퍼비전을 통한 상담자의 경험에 대한 질적 연구, 한국기독교상담학회지, 28(2), 179-212 참조).

함을 주장한다. 복잡성 이론을 살펴보면, 각각 구별화된 요소들이 서로 연결되면서 복잡성을 늘려 가는 쪽으로 역동 체계의 자기조직화가 움직인다. 즉, 공유된 자각은 복잡성의 정도가 두 자율적인 개인이 의식을 공유하여 하나의 상태 안에서 서로 연결될 수 있는 수준으로까지 발생할 수 있도록 하는 것이다.

어린 시절에는 자각을 공유하는 이런 발자국 기법의 경험이 조율의 기초로 보인다. 연속적인 공명은 아동들이 '느낀 것을 느낄 수 있도록 돕고', 잘 자랄 수 있게 돕는다. 대인관계 신경생물 관점에서 우리는 그러한 조율이 뇌의 통합적인 섬유다발의 성장을 이끈다고 본다. 즉, 대인관계적인 통합이 신경의 통합을 촉진한다는 것이다.

에드 트로닉의 저작(Ed Tronick, 2007; Fosha, Siegel, & Solomon, 2010에서 그가 쓴 장 참조)은 '의식의 이자 관계' 상태가 부모-자녀 관계의 조율된 한 쌍 안에서도 존재한다고 제안했다. 이런 이자 관계 상태는 복잡한 사항의 새로운 수준—새로운 수준의 복잡성—에 도달하는데, 이것은 아이들이 대인관계 속에서 훨씬 더 통합된 연합에 도달할 수 있도록 허용해 준다. 트로닉의 저작과 에델먼과 토노니의 저작에서 유추할 수 있는 것은 치료에서의 '발자국 기법'은 그 순간에 적응적으로 존재하는 상태나 더 통합된 이자 관계 상태를 달성할 수 있게 한다는 것이다. 이것은 발자국 기법이 치료적 경험에서 왜 그렇게 중요한지를 나타낼지도 모른다.

그러나 발자국 기법은 정확하게 무엇을 말하는가? 그런 이자 관계에서 조율한다는 것은 사실상 무엇을 말하는가?

잠시 멈추고 우리 내면의 경험을 고려한다면 발자국 기법의 과정 안에서 우리가 공유하는 '요소'들을 구성하는 자각의 층층을 알게 된다. 현재 순간에서의 감각적 경험, 즉 우리의 신체에 대한 감각과 외부 세계를 지각하는 것이 발자국 기법 안에서 자연스럽게 공유된 요소들이 된다. [그림 8-1]을 보라. 이 그림은 자각의 바퀴이며 그 둘레를 따라 잇는 점을 정교화한 것이다. 그

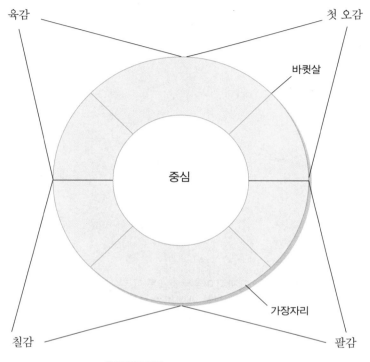

그림 8-1 ┃ 정교화된 자각의 바퀴

* 가장자리, 바큇살, 중심과 가장자리의 영역들, 즉 첫 오감(외부 세상), 육감(신체), 칠감(정신적 활동)
  그리고 팔감(관계)이 나타나 있다.

러나 거기에는 또한 그 순간에 우리를 채우는 감각의 흐름으로부터의 어떠
한 명확한 측면이 존재한다. 자각의 바퀴는 가장자리에서 중심으로 데이터
들을 가져오는 하나의 흐름 그 이상을 가지고 있는 것으로 보인다. 예를 들
어, 우리는 사과를 맛보는 자기 자신을 관찰할 수 있다. 여기에 사과의 맛(그
리고 촉감, 냄새, 시야, 심지어 소리까지)에 대한 감각으로 이루어진 자각 및 자
각의 흐름이라고 일컫는 몇몇의 다른 양상(관찰에서 비롯된)을 지닌다. [그림
8-2]에서 필터의 개념이나 가장자리 점 데이터가 상당히 독특한 흐름의 경
로를 통하여 자각의 중심에 들어갈 수 있도록 하는 자각의 흐름을 볼 수 있
다. 관찰에 대한 감정은 감각으로 느끼는 감정과는 다르다. 상당한 거리가

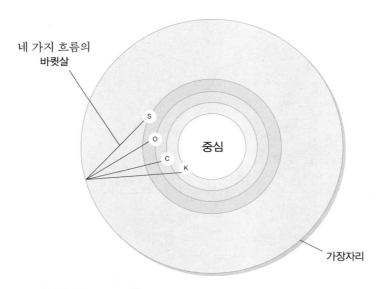

그림 8-2 마음의 중심에까지 이르는 흐름을 거르는 자각의 네 가지 흐름:
감각, 관찰, 개념, 앎(지식)

* 감각은 내부의 가장 직접적인 투입 또는 자각에 이르는 외부 데이터이다. 관찰은 전개되는 경험을 우리 자신이 감지하는 능력이다. 개념은 내·외부 세계가 작동하고 과거의 경험에 대한 사실과 기억뿐만 아니라 상상되는 미래의 가능성에 대한 이미지까지 포함하는 방식의 구조화된 생각이나 표본이다. 앎은 진실하고 개념적이지 않은 내면 감각이며 현실을 인지하는 방식의 직관과 비언어에 기초한 방법이자 더 큰 세상에서의 우리의 장소이며 우리 삶의 흐름 내에서의 연속이다.

있는데, 관찰에 대한 감정은 서술자가 시간이 흐른 후에도 사건을 목격하는 것과 같은 인지인 것이다. 그래서 적어도 하나의 직접적인 감각기관과 관찰 줄기가 존재하는 것이다. 발자국 기법은 감각과 함께 머무는 것과 관찰의 흐름을 연결하는 것 모두와 연관된다.

하지만 우리가 공유하고 있는 이러한 생각들—심지어 사과를 맛보는 것에 관한—은 어떠한가? 우리는 의식이 걸러지는 틀인 더 구조화된 개념을 지닐 수 있다. 사과라는 단어는 손에 쥐고 있는 과일 이상의 의미를 지닌다. 당신은 이것이 당신을 포함한 사람들을 위해 과수원으로부터 수확되어 왔다는 것을 알 수 있다. 또 당신은 전 세계의 농부들이 팽창하는 인구들을 먹이기 위하여 새로운 과일과 채소를 경작해 왔다는 것을 안다. 우리는 DNA 와 복제에 대해 알고 유전학적인 개념과 세대 간 특질의 추이를 이해하면서 사과 이상의 것과 씨앗을 들여다볼 수 있다. 이 모든 것은 중요성 이상을 지 니는 구조화된 개념적 지식이며 감각의 흐름과는 다르다. 그리고 당신은 심 지어 생각하는 자신을 관찰할 수 있으며 생각의 질감을 감지할 수 있다. 즉, 적어도 우리의 감각, 관찰, 개념을 포함하는 3개의 자각 '흐름'을 지니는 것 이다.

다시 말해, 발자국 기법은 우리가 사건들이 자각 내에서 변화하는 방식에 서 존재하도록 하기 위해 각각 다른 것과 '함께 있는 것'이다. 생각과 함께 존 재하는 것 또한 우리의 내담자들의 치료를 위해 서서히 펼쳐지는 여정에 동 행하는 중요한 방법이다.

내 경험상 나는 이 세 가지 흐름의 자극이 에너지와 정보가 마음의 중추에 들어가는 데에 각각 고유의 역할을 한다고 본다. 이러한 특징들이 당신의 마 음보기 시각을 정화하는 데에 도움을 주거나 매우 발달된 삼각지각의 능력 을 지지해 준다면 참 좋을 것이다. 자각의 세 가지 흐름이 당신이 내담자들 과 동행하기 위한 넓은 범위를 포용할 수 있도록 하는 고유의 발자국 기법 경 험을 열어 줄 수 있다면 참 멋질 것이다. 만약 발자국 기법이 당신에게는 작 용하지 않는다면, 만약 당신의 직접적인 경험에 적용되지 않는다면, 그저 다 른 사람들이 이런 방식으로 세상을 바라보는 것이 당신에게 유용할 것이라 는 것에 주목하라.

이것은 의식할 수 있게 하는 하나의 열쇠이다. 우리 각각은 고유한 내적 경험을 가지며 다른 방식으로 경험을 인지하게 된다. 또 이것을 다른 말로 설명하며 우리의 '의미가 통하는(making-sense)' 개념적인 마음을 개개인의 방식대로 조직화한다. 우리의 대화 공간인 이 책에서 나는 당신에게 단지 나 의 경험과 내부 세계를 경험하고 바라보고 이해하는 방법을 묘사하는 몇몇 용어만을 제공할 수 있다. 우리가 함께였더라면 당신과 내가 서로 따라가기 위해 나는 당신의 경험에 대해 직접 듣고 싶다. 오후에 나는 해야 할 일이 쌓여 있었다. 아내가 내 방에 들어왔고, 그녀는 고민이 많았다. 나는 내 책상 위에 있는 물건을 보고는 산만함을 느꼈다. 그래서 서류를 내려놓고 컴퓨터 화면을 정지시킨 후 그녀와 마주 보도록 시선을 돌렸다. 나는 깊은 숨을 내쉬었고 내 자신에게 그녀가 그 순간 겪게 되는 어떤 단계에서든지 그녀와 함께 존재해야겠다고 생각했다(이 장를 쓰던 중). 그때 나는 내 안의 마음이 열리는 것을 느꼈고 산더미같이 쌓인 해야 할 일들은 희미하게 사라졌으며 그녀와 함께 존재하는 것으로부터의 깊은 감각이 생겨났다. 이런 감각은 우리의 상호작용에서 매일매일 드러나는 것이 아니다. 하지만 우리는 우리 자신이 함께 연결될 수 있도록 하는 것을 선택할 수 있다. 이 연결은 단지 기본적인 감각에 관한 것이 아니다. 신체 감각으로 하여금 우리가 현재 순간의 세부적인 데에서 출발하는 데 입각하도록 시작할 수 있으며, 우리 관계에서의 추적하기는 타인을 위해 그리고 그들과 함께 현존하는 것은 자각의 모든 흐름을 가로지르는 이자 관계 상태로 우리를 이끈다.

우리의 논의에서 우리가 계속하는 것처럼 자각의 다양한 흐름이 당신에게도 작용하는지 확인해 보라. 아마도 이 논의는 당신이 경험하고 인지하고 자신 고유의 내부를 구성하는 방식—어떻게 내면의 바다를 바라보는지—을 더 알아차릴 수 있도록 도울 것이다.

나는 경험을 통해서 또 다른 자각의 흐름이 존재할 것 같다는 것을 발견했는데, 이는 서로 다른 세 가지 흐름에서 나오는 지하 샘물과 같다고 말할 수 있을 것이다. 네 번째 흐름은 비개념적 인지에 대한 것으로 마음의 진실하고 깊은 감각이며 세상의 일관성 있는 감명이다. 앎(지식)은 내가 이 네 번째 흐름을 설명하기 위하여 사용해 온 것인데, 이 앎은 그저 용어로 설명되지만 아마도 용어 이상의 것을 지닐 것이다. 이는 우리가 진실을 알게 된 비어(존재하지 않는 말) 방식이다. 나의 내담자들과 함께했던 가장 심오했던 몇몇 순간은 말 그대로 말 없이 우리가 이러한 인지의 공명을 공유한다는 것을 드러냈다.

내가 괴로워하는 두문자어 중독을 공유하는(좋아하는) 사람들은 이것이 어떻게 흘러가는지 보게 될 것이다. 이 네 가지 흐름은 SOCK이라는 단어로 간결하게 설명된다. 앞의 [그림 8-2]에서 SOCK이 두 가지 방식으로 시각적으로 묘사된 것을 볼 수 있을 것이다. 하나는 우리의 전반적인 의식에 반영되는 독특한 흐름이다. 다른 하나는 마음의 중심이 가장자리로부터 들어와 중심으로 향하는 그 어떤 것이든지를 거르는 4개의 S, O, C, K라는 흐름을 대표하는 동심원을 지니고 있다는 것이다. 예를 들어, 우리는 정서에 관한 느낌을 가질 수 있고 마음을 감지하는 자신을 발견할 수도 있다. 또한 각자에게 영향을 미치는 육감의 중요성에 대해서도 생각해 보게 되며 신체의 지혜가 우리 삶을 진실에 가깝게 이끈다는 것을 알 수 있게 된다. 이렇게 해서 SOCK 중심 여과는 육감의 가장자리 점을 우리의 자각으로 흘러가게 한다. 그리고 이것은 치료 중에 내담자 경험의 펼쳐지는 자각을 함께함으로써 경험하는 단계이다.

뇌 기초

　어느 누구도 어떻게 신경 발화와 의식이 동시에 형성될 수 있는지에 대해 모르기 때문에, 우리는 그저 이차적인 추적하기 의식을 창출하는 것을 상정하기 위한 추측 상태에 머물러 있었다. 이전에 봐 왔듯이 우리는 바로 지금 우리가 무언가를 알아차린다는 것을 아는데, 이는 전전두엽의 활동에 따른 결과일 가능성이 있다. 우리의 마음에 무언가(휴대폰 번호 같은 것)를 둔다면, 배측 전전두엽 피질—측면 전전두엽 영역이라고 부르는—이 활성화된다. 주의하라. 측면(side)이라는 용어는 많은 사람에게 기억하는 것이 더 수월하도록 하며 이런 단어들은 내담자들과 함께 활동하고 그들의 뇌에 대해 설명해 줄 때 매우 도움이 된다. 뇌에 대해 알려 주는 것—내담자들의 신경 발화 패턴의 내면 흐름을 추적하는 것—은 실제로 웰빙의 삼각형에 집중하는 중요한 부분이다. 뇌의 기능과 구조에 대하여 아는 것은 인간으로 하여금 앞으로 나아갈 수 있도록 하며 그들에게 겁을 주지 않는다는 조건이 있다. 또한 매일의 일상생활에 연결 짓는 것은 매우 유용할 수 있다(측면과 가운데처럼). 나는 많은 비전문가(즉, 우리의 내담자들)가 자주 그리스어와 라틴어에 직면하게 될 때의 경험을 피하도록 노력해 왔다. 그래서 측면은 배측이라는 용어보다 더 받아들이기 쉽고 더 잘 기억되는 것이다. 따라가는 과정 때문에 이러한 세부 사항을 염두에 두지만, 자각을 공유하는 것은 유동적이고 자유로울 수 있다. 이것은 두려운 일이 아니기 때문이다. 정확하지만 사용하기 쉬운 용어들을 사용하는 것은 사람들을 압도시켜 그들이 "뭐가 뭔지 모르겠어요!"라고 말하고 느끼도록 하는 것이 아니라, 편안한 상태로 뇌와 함께 공존할 수 있도록 하기 위해 필수적인 것이다.

우리가 신체를 인지할 때 앞뇌섬엽은 활성화된다. (몇몇 연구자는 이 중요한 부위가 복외측 전전두엽 영역으로 간주된다고 한다. 그러므로 이것은 우리가 중앙 전전두엽 피질이라 부르는 곳에 포함될 수 있는 것이다.) 사회적 연결망을 알아차릴 때, 중앙 전전두엽 영역과 연결된 전측 대상회는 활성화되고 스캐너에 표시된다. 이때에 신체적인 고통 또한 더해진다. 이 결과는 아이젠버거와 리버먼(Eisenberger & Lieberman, 2004)이 발견한 중요한 것으로, 사회적 거부와 신체적 고통은 뇌의 같은 영역인 전측 대상회 피질에서 일어난다는 것이다. 자신의 생각이나 자전적 기억을 알아차릴 때 내측과 안와 전두 영역이 활성화된다. 여기에서 중앙 전전두엽 피질의 기본적인 영역—전측 대상회, 내측 전전두엽, 안와 전두, 복외측 전전두엽(앞뇌섬엽을 포함한)—을 보게 되는데, 이 영역들 모두는 이전에 제시했듯이 '자기인식'에 중요하다. 두정엽 같은 다른 영역들은 우리 신체가 직접 여러 부분을 알아차리도록 하는 역할을 담당한다. 하지만 공감과 조율이 이러한 비슷한 전전두엽과 관련이 있다는 이 결과를 증가시키면 마음보기가 대부분 '중앙 전전두엽의 활동'이라는 것을 알게 된다. 이 중앙 전전두엽 영역들은 그것들 대부분이 피질, 대뇌 변연계 영역, 뇌간, 신체로부터의 적절한 투입과 다른 신경 체계들(우리가 '사회적 투입'이라 부르는)과 통합된다. 피질, 대뇌 변연계, 뇌간, 신체 그리고 사회적 투입은 하나의 기능적인 완전체에 연결된다. 이제 이것은 최선의 신경인 것이다.

내담자들을 추적함으로써 우리는 그들이 실제로 에너지와 정보의 공급 장치로서의 뇌의 개념을 가지도록 권한을 줄 수 있다. 내가 '권한을 주다'라는 단어를 사용한 이유는 내 경험과 학생들의 경험에 의하면, 뇌에 관하여 가르치는 것은 내담자들로 하여금 그들의 삶을 더 효율적으로 바꾸도록 하는 힘을 더해 주기 때문이다. 우리는 그들이 신경 회로와 상관관계에 있는 현실이라는 틀 안에서 에너지와 정보 체험을 옮김으로써 자신들의 신경 메커니즘에 대해 알도록 해 준다. 궁극적으로 이 개념 단계를 따라잡을 때에 우리는 웰빙의 삼각형의 자각으로 우리 자신을 깊이 연합하게 한다.

삼각지각은 에너지와 정보의 움직임이 신경층 내에서, 또 이 다양한 신경층을 통해서 흐른다는 것을 인지하게끔 한다. 상호 간의 삼각지각을 따라잡음으로써, 통합이 우리의 신경계와 관계 안에서 촉진되는지에 대한 심오한 방법을 공유할 수 있다. 이 통합에 관한 움직임은 각자의 몸에 관한 공통적인 초점에 의하여 완수된다. 이것은 공유되는 치료—발자국 기법과 돌보아 주는 사람과의 가장 초기의 관계에서 굉장히 중요한—이다. 이미 봐 왔듯이 조율은 기본적인 내적(마음) 상태에 주목하며 주의집중은 어떻게 이러한 상태가 에너지의 방향과 정보 흐름의 방향을 형성하도록 향하는지의 본질이다. 주의와 의도에 대한 집중을 형성하는 것은 별개의 내부 세계와 연결 짓는 것이다. 그러한 마음보기 기술이 중앙 전전두엽 섬유 조직으로 하여금 다양한 양상을 통하여 내담자와 우리 자신들의 에너지와 정보 흐름을 따라잡으면, 다양한 구성으로 이루어진 지도를 만들도록 하는 힘을 활용한다는 것을 추측해 볼 수 있다. 예를 들어, 이 5개의 층(피질, 대뇌 변연계, 뇌간, 체강, 사회적)을 구분하는 법을 배우면서 우리는 시간대에 따라 그것들의 흐름을 따라잡으면서 연결시키는 위치에까지 오게 되었다. 어떻게 완전히 통합되는 중앙 전전두엽의 신경 구성원들이 더 나아가 조율과 추적하기에 증폭되는지(이어지는지)를 상상해 보라. 이 좌측과 우측 피질에 보태면 통합 분야를 넓힌 셈이며, 우리는 에너지와 정보 흐름의 모든 차별화된 요소를 통하여 또 다른 것을 연결하는 것이다.

　발자국 기법의 핵심은 이것이다. 복잡한 체계—마음이나 뇌, 우리의 관계와 같은 것들—는 복잡성을 오히려 극대화하는 자연스러운 경향이 있다. 복잡한 체계의 이 자율 형성이라고 하는 것은 방해를 받지 않으면 차별화되어 전문화되고 서로 연결하는 구조적인 성격을 지닌다. 이것은 단지 복잡한 체계가 자연스럽게 작동하는 것을 보여 주는 것이며, 프로그래머도 프로그램도 감독도 스크립트도 없다. 물리학과 수학에서는 일반적으로 차별화된 요소들의 연결을 묘사하는 방식인 '통합'이 쓸모가 없다. 이러한 분야에서는 그러한 용어가 '추가'와 같은 말이다. 3 더하기 5는 8이며, 3과 5의 특징은 잊혔다. 수학자에게 통합은 부분들의 합일 뿐이다.

　하지만 일상적으로 '통합'은 사실 전체는 개체들의 합보다 더 훌륭하다는 결과를 야기한다. 보통 언어의 사용에서 통합은 개체 각각이 전문화된 요소를 가지고 있는 차별화된 부분들의 결합이다. 사실 이것은 확실히 복잡한 방식을 예측하는 수학이다. 복잡한 것들을 극대화하는 움직임은 차별화된 요소들을 연결 짓는 방식에 의하여 이루어진다. 이것들을 합함으로써 우리는 복잡한 체계—모든 경험, 마음, 뇌, 관계의 수준에 있는 인간과 같은—를 볼 수 있다. 그 복잡한 체계는 합쳐지는 경향이 있다.

　방해받지 않을 때 통합은 자연스럽게 이루어진다. 여기 그 비결이 있다. 체계가 합쳐지면 유연한, 적응할 수 있는, 일관적인, 활기가 북돋아진 그리고 안정적인 흐름을 마주하게 된다. 이 흐름에 의하여 우리는 체계가 엄격하거나 혼란스럽거나 혹은 그 둘 모두에 해당되는 경향이 있다는 것을 확인했다. 그것이 복잡한 체계의 자기조직화 방식이 인간 삶의 자기규제 패턴과 같은 것에 영향을 주는 방식이다. 발자국 기법은 우리로 하여금 빠져나갈 수 없는 혼돈의 상태에 있던 사람이 빠져나올 수 있도록 북돋아 주며, 이자적 체계가 통합되도록 도와주어 궁극적으로는 내담자의 내부적인 상태를 자기규제와 통합이 흐르게 함으로써 자유로워질 수 있도록 변화시키는 것을 목적으로 한다.

발자국 기법과 함께 이를 덧붙임으로써, 그 생각은 무언가가 통합하는 자연스러운 경향—우리가 심리적 안정과 건강을 지향하는—을 막았다는 것이다. 발자국 기법은 조율된 치료자의 현존으로 하여금 내담자와 공명을 형성하고 이 연합 안에서 조율과 공명을 향하여 다양한 층과 수준의 경험을 각각으로 하여 결론적으로는 공유되는 것이다. 이 발자국 기법은 한 쌍의 허용 범위를 넓혀 주어서 통합을 향한 자연스러운 구동의 잔류를 완화시켜 주고, 궁극적으로 변환 및 해제할 수 있다. 뇌 용어에서 방어적인 반응과 관련된 시냅스 연결과 암묵적 인출, 혼란 상태 또는 엄격한 배경이 마침내 바뀔 수 있는 개인을 반복적으로 보호하는 제한하는 자기 상태를 상상할 수 있다. 신경가소성은 전류 비율에서 통합의 신경 개요를 바꿀 뿐 아니라 뇌의 섬유질을 강하게 할 것 같은 조율된, 깊이 울리는, 상관관계에 있는 경험에 의하여 유도되어 변화한다. 이 섬유질들은 폭넓게 분리된 영역에서 자기규제와 뇌의 사회적 중심부인 다른 영역에까지 연결된다.

이러한 생각(관념)들이 우리 마음의 앞에 더 깊게 놓이게 하면서 계속해서 이 발자국 기법의 다양한 층을 살펴보자. 이후에는 추측으로 이어지겠지만, 나는 당신이 이 추측된 단계를 나와 함께 따르고 함께 접근하는 과정을 즐기기를 원하며, 실제 치료 과정에서 이러한 시각의 힘이 강력하게 변화시키는 많은 층을 추적하기를 바란다.

SOCK의 중심 필터를 자각의 바퀴를 바라보는 복합층에 배치하자. 그러면 감각, 관찰, 개념 그리고 이 다양한 흐름의 지각을 알아 가는 것을 따르게 될 것이다. 이러한 시각은 단지 함께 감각하는 것을 넘어서 발자국 기법의 개념을 확장시킨다. 뇌의 관점으로부터, 감각 줄기가 외피 원주의 낮은 층들(6, 5, 4층)로부터 입력을 포함하고 4층과 3층이 우리의 자각과 어우러지거나 자각에 이동할 때의 데이터 흐름을 지배하는 상향식 흐름일 거라는 것을 추측할 수 있다. 이전 장에서 우리 인간들은 상하향−하향식의 균형을 잡는 정보의 흐름을 바꾸기 위한 의식적인 자각을 사용하는 전전두엽의 정면에 위치한 주 3층―중앙 전전두엽 영역―이 더 많은 축삭돌기를 지닌다는 것을 보았다. 마음챙김 자각과 마음보기 기술을 이루는 것은 상향식 감각 경험을 무색하게 만드는 하향식 지배에서 벗어나도록(disentangle) 만들 것이다. 우리가 관찰 흐름을 받아들일 때, 서술자로서의 '자기감각'의 주관적 경험을 갖는 하향식 중앙 전전두엽의 입력을 더 많이 관여할 수 있게 된다. 이 서술자 기능이 좌측 모드 처리 과정이 주로 선형적 형태에서 시간대에 따른 경험을 나타내기 위한 언어를 나타낼 때에 지배적일 수 있다는 것을 상기해 보라(좌측 뇌는 너무 논리적이다).

이제 우리는 개념들을 통해서 상향식 신호로부터의 투입의 영향을 받지 않는 하향식 흐름으로 이동하게 될 것이다. 여기서 우리는 구성된 개념에 대한 인식의 흐름에 1, 2, 3층의 우세를 예상할 수 있다. 이러한 개념이 사실 기반이고 단어 기반일 경우는 개념적 흐름에서 더 많은 좌측 영역의 활동을 볼 수 있다. 하지만 확실히 하향식이지만 단어 기반이 없는 개념이나 생각에 기초한 이미지를 더 지닐지도 모른다. 그렇다면 비개념적인 인지는 어떠할까? 여기에서는 직관과 직감이 작용한다. 그래서 아마 우리가 상향식 투입으로 되돌아가는 것일 것이다. 하지만 어떤 영역에서부터일까? 진실에 관한 5장의 논의에서 봤듯이 일관성은 있는 그대로 연결되는 경험에서 작동한다. 일관성은 그것의 신경 상관에 내장된 전반적인 동시성을 지닐지도 모른다. 그래서 우리가 이 신경 상관을 감지하는 몇몇 방법―감마파는 방추 세포를 생산하고 그것들을 조직하며 넓은 곳에서 변화가 일어나는 부분의 균형을 맞추어 형태를 지닌다—을 지녔을 것이다. 나는 그런 단어들이 많은 걸 안다. 기본적으로 이런 말을 한다. 아는 걸 추적하는 게 통합적이다.

그러한 신경 통합이 일어날 때 그것을 어떻게 알아차리는 걸까? 측정 기술의 관점에서는 우리가 어떻게 성공할지 알 수 없다[우리는 감마파를 비참조적 연민 명상과 같은 몇몇 연구에서 볼 수 있다(Lutz et al., 2004 참조)]. 하지만 이것은 다른 때에도 얼마든지 일어날 수 있다. 우리는 미래 합성(elaboration)을 사용할 수 있을 것이다. 예를 들어, 골수가 있는 백질 내에서의 구조적인 연결을 탐지하도록 사용되는 확산 텐서를 개선하는 것은 길이가 긴 축삭돌기 뉴런을 따라가게끔 한다. 우리가 상상할 수 있는 일종의 뇌에서의 발자국 기법을 추적하는 것이다. 아마 의도와 함께 정보 흐름을 바꾸는 그들의 능력의 해부학적 신호가 될 수 있는 통합적 기능을 하는 더 높은 수준인 3, 4층에서 축삭돌기인 신경망을 더 잘 발견하게 될 것이다. 시간의 흐름과 기술의 진보가 이를 증명할 것이다.

다른 수준에서 우리는 신경 단계에서의 이 인지를 우리가 수족관 전체를 보는 능력을 탐지하고 이 자체를 생명 체계로 생각할지도 모른다. 지금 내 옆에 있는 이 수족관은 돌멩이, 물고기, 물 그리고 각자만의 동굴에 사는 다양한 생물체로 가득 차 있다. 이들은 서로의 친구나 적을 찾고 고립되어 있거나 산란, 부화하거나 먹이를 찾는다. 이 모든 것은 흐르는 물에 포함된다. 새로운 물고기가 오면 그 체계는 새롭게 차별화된 하위 집단과의 연결에 변화하여 적응하고 다시 균형을 유지한다. 이것이 통합된 바다 체계이다. 그들을 이렇게 전체론적인 시각으로 바라보는 것은 병행 처리를 하는 유추적 우뇌에 나타나는 감정하의 우측 모드의 지배일지도 모른다. 심지어 지각 발달의 문화적인 영향에 관한 연구에서는 이것이 우측 모드의 지배라고 시사한다(Nisbett & Miyamoto, 2005). 만약 이 전반적인 느낌이 참이라고 나타난다면 시간과 연구는 우리가 우측의 지배하에 비개념적인 인지를 가진다고 말해야 할 것이다. 하지만 인간의 진화로부터 얻은 두 해부학적 발견은 사실이다.

즉, 우리의 두 반구와 그들이 지지하는 정보 처리는 영장류보다도 더 우리에게 분리된 채 더 고립된다. 또한 우리의 전전두엽 영역은 독특한 축삭돌기의 과정으로 그리고 상향식과 하향식 방향이 만나는 바로 그 지점에서 해부학적으로 만들어졌다.

마음보기 기술

더 나아가 발자국 기법 능력을 계속해서 발달시켜 보자. 이제 당신은 기본적인 단계를 잘 알고 있다. 신체의 자연적인 상태로 돌아간다. 지구가 우리를 잡아당길 때에 우리 몸이 앉거나 눕는 것을 감지하는 자각을 채우는 소리에까지 귀를 기울인다. 자각이 호흡의 흐름을 단지 따르면서 호흡이 안과 밖으로 자연의 리듬을 찾도록 한다. 호흡의 자각은 우리의 주의를 안정시킨다. 규칙적인 연습을 통해 우리가 봐 온 이 간단한 행동이 우리의 마음보기를 진정시키도록 도와주며 내면의 바다에 더 깊숙이 들어가 보도록 한다.

이제 자각의 중심, 가장자리 그리고 가장자리의 활동과 중심의 폭넓은 자각을 연결하는 잠재적인 바큇살과 함께 자각의 바퀴를 상상해 보라. 처음에는 오감에서 육감까지 그리고 정신적 활동의 칠감까지, 결국에는 관계의 팔감까지 가장자리의 각 영역에 발자국 기법을 실행해 보았다. 심지어 자각이 가능성의 넓은 개방 영역을 느끼며 중심 그 자체에서 자각에 집중하도록 하였다. 이 각각은 자각의 바퀴 내에서 흐르는 에너지와 정보를 추적하는 방법이다.

이제 가능성의 차원과 활성화의 절정이라는 관점에서 이것들을 엮으며 더 나아가 본다. 첫 번째 가장자리 자각을 중심으로, 각 영역의 중심을 하나하나의 자각으로 채우도록 했다. 우리는 활동이 들어올 때의 자각을 채우기 위해 가장자리에서 발생한 어떤 활동이든 이제 막 허락된 열린 모니터링의 상태에 들어섰다. 이러한 가장자리 활동을 통해 의도적으로 활동의 중심을 마음의 앞쪽에 위치시켰다. 이제는 '사이 공간'의 정신적 활동에 더욱 깊이 들어가 보자. 마음의 주관적인 감각을 자세히 들여다보는 것이 정신적 활동이 없는 것이기 때문에 어떤 사람들은 이를 '마음의 공간'이라고 부를지도 모르겠다.

이전의 몰입으로부터 이 마음의 공간에 초점을 깊이 두기 위해 활성화가 일어날 때 직접 주시해 보라(오감에서부터 육감, 칠감 또는 팔감까지). 하지만 이제는 어떻게 처음에 활성화되는지, 자각에 현재 어떻게 머물러 있는지, 어떻게 그것들이 소멸되는지에 주목하지 말고 그저 이 요소들이 지나가도록 하라. 자각의 앞에서 가장자리의 이러한 중심들 사이의 간격에 주의가 집중되도록 하라. 정신적 활동들 사이의 공간의 감각은 무엇인가? 당신의 중심 자각에 있는 그것들이 어떻게 느껴지고 보이고 감지되는가?

이 내부적인 집중은 우리가 마음의 공간과 정신적 활동 안에서 헤엄치는 물고기를 품는 물이라는 정신적 개방을 느끼도록 한다. 우리는 마음의 영역에서 흐르는 에너지와 정보까지 따라갈 수 있으며, 아마 이것을 현실의 정신적인 측면에 개연성의 정체기로 하강하는 활성화의 절정기(가장자리 점)로부터의 움직임으로 감지할 것이다. 아마 신경 발화의 신체적인 측면에서 이 흐름에 상응하는 것은 잠재적인 신경 발화 패턴의 점화를 준비하는 것일 것이다. 마음속에 존재하는 이 상관관계는 단지 학습의 감정 또는 명확한 모델이 없는 확실한 방향에서의 충동이나 생각, 아니면 의도 감각과 같은 경향일 수 있다. 이런 식으로 뇌 스스로 정해진 방식대로 우리가 반응하게끔 하여 특정한 지시를 일으키거나 마음 또는 충동을 감지하는 것이다. 이것은 개연성의 원자가 정체기로, 새로운 충만감, '원자가'를 한 방향 또는 다른 방향으로 밀면서 간격을 채울 수 있다. 그리고 신경 발화와 정신적인 경험 안에서의 실제 절정기에서 휴지기의(interval) 개연성이 실현되는 것처럼 활성화의 절정기 쪽으로 흘러가는 흐름을 따라갈 수 있다. 물리적으로는 활성화되어 가는 특정 순환을 감지할 수 있을 것이며(그렇다–아니다 훈련에서처럼) 특정 생각, 감정이나 이미지를 알아차리게 될 것이다(우리 마음의 눈으로 에펠탑을 보는 것에서처럼). 이렇게 우리는 정체기에서 절정기로, 휴식기에서 자각 바퀴의 가장자리 점까지 이동하였다.

어떤 이들은 이 휴지기의 초점을 약간 다른 질감 정도로만 여길지도 모른다. 임박한 움직임을 감지하는 것과 함께 원자가 정체기에 그대로 머물러 있는 대신 감정을 묘사하는 것은 더 막대한 광대함이며 열린 바다이자 넓은 하늘과 같다. 그러한 직접적인 일인칭 경험이 가장자리에서 공간 사이 그리고 중심 자체의 자각의 움직임—꼭대기에서 절정기까지 그리고 가능성의 넓은 개방 영역까지—에 영향을 미친다고 생각할 수 있다. 다음 장에서 특정한 중심 자각을 통해 더 깊게 살펴보겠지만 여기에서 나는 발생할 것이라고는 상상도 못했던 이러한 행동에 대해 짚어 보도록 하겠다. 핵심은 호기심, 개방성, 수락 상태의 COAL과 우리의 어떠한 경험에서든지 발생하는 자애심을 가져오는 것이다. 이것이 우리 자신에게 대하는 친절과 연민의 본질이라고 할 수 있다. 개방 영역에서 휴식을 취하면서 자각 그 자체에 초점을 맞추는 것은 무한한 잠재력에의 직접적인 몰입을 가져다준다. 곧 보게 되겠지만, 이 깊고 현실에 기반을 둔 공간은 치료 과정과 한정된 습관과 개인적 성격 패턴의 인지를 넘어서 내담자들이 성장하게끔 하는 특별한 역할을 할 것이다.

내담자들을 추적하는 것은 절정기에서 정체기, 다른 영역까지의 다양한 영역에 이어지도록 한다. 마침내 당신은 당신 자신에 관하여 이런 한계를 느끼는 것이 타인들과 함께 감각을 느끼고 그들을 추적하도록 한다는 것을 발견할 것이다.

이제 우리는 발자국 기법의 새로운 면으로 이동하게 되는데, 이것은 현실의 개방 영역의 세세한 부분과 그 위의 정체기, 이 영역에서 빠져나온 절정기까지 확대되면서 현실의 더 미묘한 자각 바퀴의 가장자리와 중심 요소까지 구분한다. 이제 SOCK의 흐름들이 우리의 중심에 있는 자각에 들어오는 것들을 거를 때에 그 흐름을 따라갈 수 있다. 당신은 지금 마음(room)에서 소리의 성질을 감지하면서 가장자리에 있는 감각 흐름을 알아차릴 수 있다. 또한 소리를 감지하는 것을 관찰하는 당신을 완전히 느끼게 하는 자각을 채우는 관찰의 흐름을 알아챌 수 있다. 이제 소리 그 자체와 고막에 들리는 공기의 입자 이동의 패턴인 에너지 파동을 생각해 보라. 청신경으로부터의 신경 신호는 뇌의 두개골의 위쪽으로 2개의 신경을 따르는 활동 전위와 같은 이 에너지 패턴을 전도시킨다. 신경 발화의 파동은 좀 더 이동하여 궁극적으로는 전전두엽에 걸러지고 이동되며 우리는 소리의 인지를 알게 된다.

소리를 감지하는 것, 이런 감각의 자각을 관찰하는 것, 소리 자체와 당신 자신과 심지어 마음보기 기술까지 상상하는 것은 당신 자신이 목적과 의미, 이 모든 활동의 의도에 대해 생각하도록 한다. 의미와 우리 고유의 삶에서의 마음을 일깨우는 방법들을 알아차리는 것 또한 다른 이들을 돕도록 만들며 당신 자신이 인지의 깊은 감각을 탐험하도록(bathe) 한다. 깊은 인지는 내적 지식에서부터 타인을 대신하여 오는 외부적인 행동으로까지 이동할 수 있다. 이것이 의도가 열정을 행동으로 변화시키는 연료인 이유이다. 감각에서부터 관찰과 개념, 인지에까지 자각의 흐름을 통합하는 것은 우리의 문제가 해결되게끔 할 수 있는 명료성의 내부 공간으로, 내부 인지를 대인관계적 치료로 이동시킬 것이다. 이에 대한 언급을 너무 많이 한 것 같다. 얼마 동안 한번 시도해 보라. 그리고 이것이 당신에게도 효과가 있는지 살펴보라. 만약 그것이 당신의 상담에서 효과적인 방법이 아니라고 밝혀진다면 이 방법에 대해 심각하게 고려하지 않아도 좋다.

발자국 기법과 통합

함께 봐 왔듯이, 통합으로 가기 위한 복잡한 체계의 선천적인 움직임이 있다. 조화는 이러한 움직임의 자연스러운 결과이다. 임상의로서 우리가 할 일은 이 자연스러운 본능에 다가가 통합을 이루고 공개를 꺼리는 장애물로부터 자유로워지도록 하는 것이다. 우리의 역할은 사람들이 편안하고 행복하게 살 수 있도록 그들의 생득권에 협조하는 것이다.

발자국 기법은 우리와 현존하는 내담자들이 자유로운 마음으로 통합에 점차적으로 이끌리도록 하는 협동이다. 이것이 단일 체계가 훨씬 많이 통합된 배열을 촉진하는 두 자각 상태에 의한 복잡성을 확대하는 방법이다. 통합은 우리가 '나'에서 '우리'로 이동할수록 더 향상된다. 이것이 단순할 수 있다는 것이 낯설게 보이겠지만, 우리가 더 큰 전체의 각 존재라는 것을 깨닫게 된다면, 전체로 가는 길이 우리의 조성으로 이루어진다는 것을 안다면 심리치료는 깊고 변형적인 공동 작업의 형태로 보일 것이다. 내담자들은 우리의 동료이다. 우리는 함께 통합을 이루어 나가는 여행의 동반자이다.

발자국 기법에 대한 자세한 경험은 사적이기는 하나 공유될 수 있다. 예를 들어, 제임스 페니베이커(James Pennebaker, 2000)는 사람들이 다른 일상에 대하여 저널을 쓰다가—비록 그것이 어느 누구와도 공유되지 않거나 글쓴이에 의하여 다시 읽히지 않았더라도—한 사람의 일생에는 생리적이고 주관적인 향상이 있다는 것을 발견했다. 마찬가지로 EMDR(Shapiro, 2002)과 같은 방법은 치료 과정에 내재하는 발자국 기법이 언어와 연결될 것을 요구하지 않는다. 육체적인 방법(Minton, Ogden, & Pain, 2006; Levine, 1997)도 발자국 기법과 연관되어 있지만 경험한 것에 대한 말하기를 요구하지 않는다. 이 두 방법은 다른 자취를 남기는 동안 현존하는 사회적 환경과 연관되어 있다. 저널을 쓰는 것은 아마도 자신의 이야기를 개방하여 글쓴이 자신이 현존함으로써 마음의 자세한 이야기를 추적하는 것을 포함한다. 이 중요한 방법 각자는 의식을 포함한다. 사실 난 아직 변화를 위한 이 필수적인, 의식이 없는 효과적인 형태의 치료법이나 개입을 발견하지 못하였다.

왜 의식이라는 것이 치료에서 꼭 필요한 것일까? 왜 발자국 기법은 우리로 하여금 자각이라는 것에 시시각각 변화하는 내적 상태를 외부에 드러내도록 요구하는 것일까? COAL 상태의 마음챙김 의식—호기심, 드러내기, 수용 그리고 개방되는 경험의 감각을 불어넣는 사랑으로 구성되는—은 만들어진다. 연구 결과로 나타나듯이, 만약 공감해 주지 못하고 마음을 보살피지 못하는 치료자가 있다면 내담자들은 좋은 치료를 받지 못할 것이다. 또한 사적인 반영을 따라잡는 개방된 공간을 파괴하는 거친 내적 목소리가 있다면, 당신에게 이야기를 하는 것이 그렇게 도움이 되지는 않을 거라고 말하고 싶다. 이러한 각 단계에는 상태를 더 악화시키는 내적 전쟁과 공격을 가하는 비판이 있을 것이다. 많은 이에게 이것은 가혹한 내적 비판이며 마음이 통합되지 않은 상태에 머물도록 하는 상처가 있을 수 있다. 이것이 한 사람의 삶에서 혼란과 경직성을 유발하는 비마음챙김(non-mindful) 의식이다. 자신에 대하여 동정을 유발하도록 하는 특정한 개입의 힘을 연결하는 것이 이때 나타날 수 있다(Naff, 2009; Gilbert, 2010).

그러므로 발자국 기법은 의식 자체에서가 아니라, 통합이 마음챙김에 널리 퍼져 있을 상태에서만 자유롭게 할 수 있다. 이전에 봐 왔듯이 마음챙김 의식은 단지 전전두엽에서뿐 아니라 중앙 전전두엽 피질의 통합적인 섬유질들을 포함한다는 면에서 평범한 자각과는 완전히 다르다. 이것이 의미하는 바는 발자국 기법—마음챙김 의식이나 마음의 중심에 집중을 하는 것—은 신경 발화가 생성되는 새로운 결합이 일어나도록 돕는다는 것이다. 이런 방식의 의식은 선택과 변화가 일어나도록 한다. 경험을 마음으로 알아차리는 것이 심리치료 요법에서 긍정적인 결과를 초래하기에 개방된 현존과 조율 그리고 공명은 중요한 역할을 한다.

복잡한 체계로서 우리가 통합을 이루기 위한 본능을 내재하고 있다는 것을 알아차린다면 발자국 기법은 체계의 차별화된 요소들의 결합의 자연스러운 움직임을 나타낸다. 놀랍게도, 우리는 추적함으로써 자연스럽게 치료를 할 수 있게 된다. 마음챙김 의식의 두 상태는 내담자들로 하여금 일상에서 벗어나 통합을 향하여 자유로워지도록 돕는다.

1. 나 스스로에게 발자국 기법을 사용하기 위한 일기를 써 보도록 한다. 먼저 펜을 들고 비밀 노트에 최근 경험했던 깊은 감정의 이야기를 적어 보자. 기분이 좋았던 때도 좋고, 감사했던 순간 혹은 절망스럽고 좌절했던 순간을 떠올려도 괜찮다. 그 이야기들을 적어 내려간다.

2. 그 이야기들을 보고 읽으며 마치 남에게 답장을 쓰듯이 답변을 써 보도록 하자.

3. 이 활동을 하고 난 느낌은 어떠한가? 어떤 부분이 가장 좋았는가?

09

성향(Traits)

스스로 마음을 돌볼 줄 아는 상담사가 되기 위해서는
3개의 용어(양심적인, 창의적인, 비판단적인 의식) 중 하나라도 중요한 메시지
로 받아들일 수 있어야 한다. 어떻게 해야 내가 변화시킬 수 없는 것들을 받
아들이는 침착함과 용기 그리고 그 차이를 분별하는 지혜를 지닐 수 있을까?
상담사로서 우리는 우리의 한계와 우리가 할 수 있는 것 그리고 우리의 내면
그리고 내담자들의 내면을 알 수 없다는 것을 숙지할 필요가 있다. 또한 우
리 자신들이나 내담자들의 모든 면이 바뀔 수 없다는 현실도 받아들여야 한
다. 우리가 서로 현존을 조율하며 각자의 경험을 드러내고 그것을 점차 따라
갈 때 한계가 드러나지는 않는다. 사람들은 기질이라는 신경적 성향을 지니
고 있는데, 그것은 어느 정도의 변화, 아니 완전한 변화도 가능할 수 있다. 물
론 내담자와 우리의 발달 과정에서 제한되는 무언가가 있기는 하다. 그러나
이러한 제한들은 유연해질 수도 있다(즉, 변화할 수 있다). 아이러니하게도 우
리의 한계를 받아들일 때 우리는 진정한 자유를 맛볼 수 있다.

　보통 이러한 한계는 우리가 성향의 개념을 점검할 때 나타난다. 물론 마음
챙김 과정을 경험해 볼 수 있고 의도적으로 만들어진 일시적 상태 내에서 의
식의 상태를 발달시킬 수 있다. 또한 연습을 통해서 이렇게 반복적으로 나온
상태들이 성향—의도적인 노력이 없이도 존재하는 방식으로—이 됨으로써
삶을 변화시킬 수 있다. 이것이 우리가 뇌를 낚아채는(SNAG) 방식이다. 우
리는 신경 단위를 활성화시켜 뇌의 구조가 변하도록 만든다. 이것이 기본적
인 심리치료에서 고정된 인간의 성격이라고 믿어 왔을지도 모르는 본질과
특정한 정신 질환의 과정으로까지 변화시킬 수 있는 것이다. 예를 들면, 좌

뇌의 순환을 일으켜 어려움을 회피하는 행동을 하기보다는 그 어려움으로 나아갈 수 있도록 접근 상태로 이동하는 것이다. 이것이 회복의 본질이다. 우리는 연결, 의미, 지혜, 평정심의 감각을 기르면서 행복주의(eudaimonia) 를 키울 수 있다(Urry et al., 2004). 하지만 변화시킬 수 있을 정도의 무언가가 없을지도 모르는, 우리 기질에서 발생하는 각 고유의 성향이 있다. 이것은 차후에 더 깊은 연구가 필요한 분야이지만, 우리는 중요한 전환기에 꽤 개방적이지 않았을지 모르는 이른 유년기 때부터의 기질의 양상을 살펴볼 수 있을 것이다. 이런 가능성을 염두에 두는 치료자의 의식은 치료를 통해 바뀔 수 있고 바뀔 수 없는 것을 구분할 수 있는 용기와 침착함을 지닐 필요가 있다.

보통 한 아이는 자신의 기질에서 유연함을 발휘할 수 있도록 돕는 좋은 의도와 애정 관계를 경험한다. 우리 각자는 특정한 신경 체계의 성향—매일의 생활 리듬이 어떤지, 우리가 어떻게 강렬하게 반응하는지, 한 사건에 대하여 반응하기 위해서는 어떤 강도의 자극이 필요한지, 우리가 얼마나 변덕이 심할지, 참신한(새로운) 것에 얼마나 잘 접근하고 또는 물러설지, 환경의 변화가 우리에게 어떠한 반응을 일으킬지—을 지니고 세상에 태어난다. 체스와 토머스(Chess & Thomas, 1990)의 기질에 대한 고전 연구에서는 9개의 요소가 다수의 아이가 편하고 까다로우며, 따뜻해지기에는(안정되기에는) 시간이 오래 걸릴 것으로 분류될 것이라 확인된다. 편한 상태에 있는 아기는 안정되어 있고 행복하고, 유동적이며 즉각적으로 반응하는 아기이다. 까다로운 아기는 초조해하며 짜증을 잘 내고 변덕스러우며 강렬하다. 수줍음이 많은(소심한) 아기는 변화에 적응하는 데에 시간이 좀 걸렸으며 다른 사람들처럼 새로운 경험에 접근하기보다는 그로부터 물러서는 경향이 있다. 이것은 미래에 어떠할 것이라고 예상되는 고정된 기질이라기보다 아이들의 성향과 부모 또는 학교의 기대 사이의 연결이라는 점이 중요하다.

다행스럽게도, 부모가 억압적으로 자신이 원하는 모습으로 자녀들이 성장하도록 하기보다는 우리의 기대나 자녀를 바라보는 눈을 좀 더 유연하게 바꿀 필요가 있다. 요컨대, 이것이 마음챙김 부모가 되기 위한 필수 요건인 것이다. 이전에 말했듯이 아이를 돌보는 사람과 부모의 마음가짐의 특성이 아이들의 안정 애착을 이루는 관계적 경험과 확실하게 밀접한 연관이 있다. 이것은 자녀들과의 애착을 제공하는 중요한 관계적 요소이다. 부모로서 우리가 아이들의 성향이 어떻든 간에 그들을 받아들이는 마음과 부모에게 요구되는 큰 어려움에 물러서기보다 그것들을 맞닥뜨릴 수 있는 접근성을 가져다준다. 이 책에 걸쳐 계속해서 볼 수 있듯이, 마음챙김은 우리가 마음챙김 심리치료자가 되는 것에 대한 모든 TR을 시작하기 위한 필수 시작 부분으로서 현존과 조율 그리고 공명을 제공하는 방법이 될 수 있다.

상담사로서 우리는 우리 내담자들의 발달을 위해 애착 대상의 역할을 한다. 부모로서 우리는 아이들에게도 이런 역할을 하게 되며 기존에 만들어진 생각을 확인하고 벗어나기도 하면서 우리의 내담자들을 바라보고, 그들이 누구인지를 명확하게 바라보는 자유로움을 경험할 필요가 있다. 그들을 정확하게 바라보는 방법 중 하나는 우리 모두가 빈 석판이라는 생각에서 모든 것을 내려놓는 것이다. 성향은 성격이 발달하는 것인데, 어린 시절의 애착 경험과 후에 또래 집단에서 만들어지는 것으로서 진실하고 영구적인 신경계 변화로 보인다. 그러나 성향이 종합적인 모델을 제공하는 성인의 성격 발달의 모델에서는 없다는 면에서 놀랄 만하다. 그렇다. 몇몇 연구에서 지속적 주의, 반응도, 낯가림과 같은 것으로 성향의 지속성이 나타나기도 한다(Kagan & Snidman, 2004). 예를 들어, 낯을 가리는 아동과 성인들에 관한 연구는 새로운 변화를 거부하는 뇌 반응(우쪽의 회피성과 같은)을 보여 준다. 또 이런 연구들은 새로운 상황을 회피하는 내적 반응이 적절한 애착 경험으로 극복될 수 있다고 설명한다(Kagan, 1992). 회피하는 내적 반응이 지속되지만 외면적인 다른 행동으로 극복할 수 있다. 아이들에게 위협적으로 느껴지는 탐색 가운데 충분한 양육적 지지가 주어진다면 말이다. 낯을 가리는 아이를 과잉보호하는 것과 어떠한 보호 없이 깊은 물에 내버려 두는 것 사이에는 하나의 길이 있다. 이러한 조율되지 않은 양극단의 접근들은 불안 상태를 야기하며 억제 행동을 유발한다. 안정 애착은 중간 지점을 찾아 서로 연결감을 획득하고 양육의 발판을 제공할 뿐 아니라 추후 탐색의 모험을 지원하기 위해 여지도 제공한다. 아이들은 부모의 조율된 보호를 통해 처음에 참을 수 없는 것처럼 보이는 것이 사실은 참을 수 있는 것임을 배운다. 이것이 우리가 관용의 창을 넓힐 수 있고 행동적 특성 또한 변화시킬 수 있는 애착 경험이 되는 것이다. 그럼에도 불구하고 케이건(Kagan)과 동료들이 이야기하듯이 아마 우리는 여전히 신경 반응성의 내적 특성을 지닐 것이다.

몇 년 전에 나는 스탠퍼드 대학교의 정신의학 임상 교수로부터 전화를 받았다. 그는 그 분야에서 가장 많이 인용되는 과학 논문 중 하나의 공저자로 성격 유전학 연구자이다. 그들은 나에게 대인관계와 관련된 신경생물학에 관하여 토론하기 위해 점심에 만나자고 제안하였다. 내가 어떻게 거절할 수 있었겠는가? 내 고유의 작업은 애착—기질이나 유전적 영향과는 완전히 별개로 보이는 경험들—에 관한 것이었다. 그래서 나는 그들의 요청에 매우 기뻤고, 우리가 함께 내재적인 특성 분야를 대인관계 신경생물학의 틀 안으로 편입시킬 수 있을지에 대한 열망이 생겼다. 궁극적으로 데이비드 대니얼즈(David Daniels) 박사와 드니즈 대니얼즈(Denise Daniels) 박사(부녀)는 대중문화에 속했지만 주류 임상 및 과학 세계에는 속하지 않았던 성향 체계에 대한 연구에 초대하였다. 이후 일주일에 걸친 워크숍에서 나는 전 세계에서 모인 의학 박사들로서 데이비드 대니얼즈와 그의 동료인 총 50명의 사람에게 성인 애착 연구에 대해 이야기하였다. 드니즈 대니얼즈 박사도 그 자리에 있었다. 그리고 우연히 USC에서 유전적 성향을 연구하는 로라 베이커(Laura Baker) 박사와 국립보건원에서 의학 박사로 있는 잭 킬런(Jack Killen)을 만났다. 그들은 나에게 성격 모델에 대한 연구를 함께 하자고 제안했으며, 우리 다섯 명은 5년 동안 함께 일해 왔다[검색 창에 드니즈 대니얼즈, 로라 베이커, 데이비드 대니얼즈, 잭 킬런과 나의 「에니어그램 성격 체계: 과정의 아홉 가지 패턴

(The Enneagram Personality System: Nine Patterns of Processing)」을 검색해 보라. 만약 받아들여진다면 과학이나 임상 프로 문학에 이러한 분야를 드러내는 첫 번째 논문이 될 것이다.

성격 체계의 상징적인 모형인 이 에니어그램은 9개의 대중화된 모델로 구성되어 있는데, 이것은 현재 일반인들을 목표로 책, 회의, 워크숍을 통해 그야말로 수백만 명의 사람들에게 알려져 있다. 인터넷에 에니어그램을 검색해 보면 '세대별로 이어지는 고대 지식이라 불리는 다수의 종교적·정신적 지향적인 이해'라는 결과가 바로 나올 것이다. 그러한 검색 결과는 종종 내담자와 동료들로 하여금 이 주제에 대한 흥미를 잃게 만든다. 왜냐하면 그들이 검색 결과를 통하여 에니어그램을 너무 과학에서 '벗어나거나' 혹은 입증되지 않은 것으로 볼 수 있기 때문이다. 처음에 이러한 반응을 보이는 것은 정말 당연하다. 나도 그랬다. 하지만 현실에는 지난 수십 년 동안 아직 연구되지 않은 신경의 상관관계를 포함한 매력적인 일련의 주관적 경험이 존재한다. 또한 학계에서는 사실상 어느 누구도 이것을 과학적 영역에서 주목하지 않았다는 것이다.

이런 관점의 역사는 드러나기 시작한다. 1960년대에 서구식 훈련을 받은 정신과 의사 클라우디오 나란조(Claudio Naranjo)는 칠레에서 오스카 이카조(Oscar Ichazo)라는 신비주의자와 함께 성격 체계의 아홉 가지 부분이라는 개념을 형성하였다. 나란조는 버클리와 캘리포니아에 돌아가 다양한 의사와 그 분야의 여러 사람에게 이 체계를 전하였다. 최종적으로 이런 교육이 비밀리에 예수회 집단에 전파되었으며 처음에 헬렌 파머(Helen Palmer)에 의하여 전달되었다. 또한 많은 이에 의하여 에니어그램이 대중 속으로 들어왔다.

이러한 체계와 관련되는 요소들이 수백 년 전에 드러난 반면, 모든 요소는 지난 50년간 전체로 조직화된 것이다. 독자 중 이를 완전히 처음 접해 보는 사람을 위해 내가 여기에서 가장 흥미로운 부분 몇 가지를 이야기해 주겠다. 혹시 에니어그램에 익숙한 이들에게는 이 체계가 이전의 관점과 다르게 사실은 신경생물학적 기초를 가졌다는 것에 대해 열린 마음으로 봐 주길 바란다. 에니어그램에 대한 몇 가지 진실이 대중적일 수 있는 근본적인 이유를 밝힐 것이다. 즉, 이 매력적인 체계에 생물학적인 근거가 있다는 것이다. 어떠한 실험과 마찬가지로 에니어그램의 의미와 기원에 대한 많은 해석은 인간인 우리가 내면 경험의 이야기를 어떻게 이해하고 그에 대해 어떻게 이야기하는지를 포함한다. 이러한 의견에 어떤 장점이 있는지 평가하기 위해서는 당신 고유의 개인적인 평가를 사용하는 것이 현명하다. 그러므로 나는 이제 당신에게 '의혹에 대한 자발적 보류'를 하며 당신의 세상에서 이 체계가 작용하는지를 스스로 보도록 하고 싶다. 단지 이 체계가 누구에게나 맞고 무조건적인 진리라고 생각하지는 않기 때문이다. 테스트는 이 체계에 예측치가 있는지를 나타낸다. 개인의 통합적인 삶을 위해 유아기 애착과 기질은 어떻게 상호작용하고 성격을 형성하는가?

　의사, 연구자, 이론가로 구성된 과학 기반의 우리 다섯 명 팀의 방법론은 우리 자신들의 개인적 경험에 의해 이루어졌는데, 이것을 다른 사람들의 이야기가 깊이 탐색되도록 하기 위해 집단 환경에서 학습했으며, 그다음 그것을 사회, 인지, 정서적 신경생물학(SCAN)에서의 최근 발견 및 대인관계 신경생물학(IPNB)의 시각과 연결 지었다. 나는 애착에 관한 공식적인 평가와 이러한 개념을 깊이 알아볼 수 있도록 하는 에니어그램과 인터뷰들을 제공하였다. 우리의 목표는 '청소년기와 성인기까지를 통해 유아기의 성향과 애착의 기원으로부터 성격 발달을 발견할 수 있는 모델을 설정하는 것'이었다. 가능하다면 커다란 표본의 쌍둥이 피실험자(내담자)들이 성장할 때 이 실험의 예측치를 연구해 보기로 했다. 이미 언급했듯이 장기간에 걸쳐 성격의 발달에 애착과 기질이 영향을 미치는지에 대한 종합적인 연구를 제공하는 모델은 아직 존재하지 않는다. 성인의 성격 설명에 대한 체계는 그러한 발달적 시각을 지니지 않는다. 또한 어떤 에니어그램의 유명한 버전을 제외한 어떠한 체계도 내부적으로 초점을 맞춘 조직을 갖추지는 못했다. 즉, 단지 행동이 아닌 정신적 기능의 내부적 구조를 바라보는 시각이 발달 단계를 통해 구성된다. 또한 어떤 체계도 SCAN의 과학과 유아에서 전진적인 성격 모델을 결합하려는 시도를 보이지 않는다.

다행히도, 이 체계는 자금 획득을 통해 조사할 수 있는 무려 600명의 쌍둥이를 피실험자로 마련할 수 있었다. 하지만 과학적으로 제일 먼저 이론적 틀이 필요하고 미리 시험해 보기 위한 가설이 필요하다. 그래서 이것이 새로운 모델을 만드는 데에 그렇게나 많은 시간을 할애한 동기 중의 하나였던 것이다. 어떠한 모델이든 그것은 단지 영토의 지도이다. 하지만 지도를 갖고 새로운 영토를 여행하는 것은 당신으로 하여금 어두운 곳을 나아가는 것보다 이해하는 것에 더욱 가깝게 할 것이다.

뇌 기초

자, 여기 간단한 모델이 있다. 당신에게 더 상세하게 설명하면서 내가 했던 실험에 대해 이야기하겠다. 어느 여름 120명의 내담자에게 에니어그램이라는 용어는 전혀 언급하지 않고 대신에 이 모델이 기초로 한 IPNB, SCAN에 집중하여 이 모델을 소개했다. 그 집단은 성공적으로 차별화된 9개의 다른 성향 세트—또는 내가 PDP-3 또는 PDP라고 부르기 좋아하는, 발달 경로 패턴, 성질, 경향(patterns of developmental pathways, proclivities, and propensities)—에 대한 임상 인터뷰를 하는 것으로 드러났다. 5명으로 이루어진 집단에서 PDP 용어를 사용하지 않기로 한 반면(대신에 맥락, 과정의 아홉 가지 패턴을 사용하였음), 나는 축약본이 병렬 구조(그래서 뇌가 거미집 같은 서로 연결된 구조를 지니는 것)이며 내가 이 모델의 독특하고 중점적인 요소로 가장 중요시하는 발달 경로(고정되어 있지 않지만 경로와 경향—우리의 성질에 의하여 만들어지는 발달 경로—이 일반적이다)라는 이중적 의미를 가지고 있어서 이것을 선호한다. 이것은 우리 다섯의 공동 합작으로 제출한 것에 대해 서명을 했다. 또한 내 저서와 수업에서 처음으로 이 조직적 구조를 언급하기 위해서 PDP 용어를 사용할 것이다.

내 생각에는 중요한 발달 개념과 성격 주제를 설명하기에 이것이 가장 도움이 된다. 여기에서 그들은 우뇌가 가만히 반영하는 동안 좌뇌가 그것들을 받아들이도록 하는 일차적 형식을 이룬다.

① 자궁 안에서 대부분의 태아는 출생 전 어떠한 시점에 '자궁 속 개인'의 상태에 대한 경험을 지닌다. 일반적으로 대부분 우리의 욕구는 충족된다. 음식, 온기, 안전, 산소 모두는 어떤 노력 없이도 공급되는 것들이다. 초기에 나쁘지 않은 방법이다. 그리고 우리의 내재적 기억은 일체(일치)의 감각으로 채워지는 것으로 예상된다. 이것을 존재의 근거라고 부르자. (이것은 아마 가능성의 개방 영역과 어느 정도 관련이 있을 것이다. 그러므로 지금 그 기억을 되살려 보자.) 이것은 아마 프로이트가 말했던 바다의 상태이며 아마도 사색을 통해 생겨나는 일치 감각과 관련되어 있을 것이다(이것은 실제로 종교와 문화에 걸친 하나 됨의 감각이 우리가 세상을 향해 갖는 상호 연결감이라는 주장은 깎아내리지 못한다).

② 우리는 세상에 태어났다. 그러므로 생계를 유지하기 위해서는 일을 해야 한다. 또한 폐에 공기를 주입하기 위하여 영원히 숨을 쉬어야 한다. 춥거나 배고프거나 외로울 때에 눈물도 흘려야 한다. 혼자 남겨지면 우리는 죽을 것이다. 으악! 누가 이러한 포유류 유산을 만들었는가? 괜찮다. 이것은 존재의 근원과는 꽤 구분 지어지는 엄청난 변화이다. 존재의 근원과 생계를 위해 사는 것의 차이는 그것들을 다시 좋아지도록 만든다는 것이다. 이것이 우리가 삶에서 균형 감각을 이루려고 하고 모든 것이 작동할 거라는 확신을 하게 하는 방식이다. 이것은 고단한 하루

끝에 휴식을 취할 때 베개 위에 머리를 올리고 눈은 부드럽게 감으며 호흡을 느끼고 편안한 수면을 취하는 것과 같은 느낌에 대한 갈망이다.

③ 일치하는 삶과 생계를 유지하는 삶의 사이에 존재하는 긴장을 경험하면서 부정적인 정서가 발생한다. 이 '혐오스러운 상태'는 독특한 회로망을 가지고 있으며 대부분 우리는 어렸을 때부터 지속적인 발달로부터 하나 또는 그 이상의 이것을 가지고 있다. 이 회로망은 우리 삶을 거의 지배하게 되는 3개의 신경 경로를 포함한 부정적 상태를 포함한다. 자크 판크세프(Jack Panksepp, 1998)는 이것을 그의 정서적 신경과학에 대한 중요한 연구에서 설명하였으며 더 나아가서는 새로운 IPNB 시리즈 책(Panksepp & Biven, 2010)에서도 연구를 넓혀 간다. 여기 성격 발달을 이해하는 데에 중요한 적절한 3개의 요소가 있다. 두려움, 고통, 분노가 그것이다. 아주 최소한 PDP 모델은 우리 중 몇몇이 삶에서의 사건에 대한 반응으로 두려움을 느끼는 경향이 있다는 것과 다른 이들은 특히 사회적 단절을 이유로 고통을 느끼고, 어떤 이들은 분노를 경험한다는 것을 시사한다. 대부분의 사람이 어떻게 빨리 매일매일 다양한 사건에 대한 반응으로서 순조롭게 그러한 3개의 감정—실망, 불만, 짜증—을 경험하는 것을 인식할 수 있는지는 굉장히 놀라운 것이다. 당신이 아는 사람들을 떠올리고 무시와 오해에 대한 그들의 선천적인 반응을 생각해 보라. 당신은 그러한 경험에 대해서 처음에 어떤 감정적 반응을 보이는가? 당신은 보통 두려움(예기 불안 또는 위험에 대한 경계), 고통(특히 연결 상실에 대한 슬픔), 또는 분노(특히 통제감에서 오는 한계에 대한 반응)를 겪는가? 이 세 가지의 폭넓은 유형 각각을 겪고 우리 중 일부는 외부적으로, 또 일부는 내부적으로, 그리고 다른 이들은 내·외부적으로 우리 주의에 초점이 맞춰진 것을 발견한다면, 이 폭넓은 3개의 집단에서 더 온전한 9개의 범주로 이동하는 것을 볼 수 있을 것이다.

④ 이것은 우리가 어떻게 해서 공동 작업으로 9개 유형의 기본적 특징을
설명했는지를 보여 주는 관념적인 요약이다(대니얼즈 등의 개관에서 허
락하에 사용하였다).

각각의 9개의 성격 유형은 매일 일어나는 사건의 특정한 요소를 이끄
는 주의를 위한 강한 성향을 지니는데, 특히 대인 상호작용 영역에서 그
러하다. 9개의 성격 유형의 예시는 특히 다음의 주의를 포함한다. (a) '옳
은 것' vs 오류 또는 실수, (b) 타인의 욕구와 바람, (c) 과제, 목표, 성취,
(d) 잃어버리고 갈망했던 것, (e) 잠재적 침범과 특히 타인으로부터의 시
간, 공간, 지식에 관한 요구, (f) 잠재적 위험과 최악의 경우 그리고 그것
들을 대처하는 방법, (g) 계획에 중점을 둔 긍정적인 선택 그리고 기회,
(h) 부당함과 제한이나 자기주장에 대한 욕구, (i) 신체적·사회적 환경
에서 조화를 이루는 것.

일반적으로 우리는 현저한 존재 양식—새로운 상황에 대한 우리의
첫 번째 주의집중 방식, 감정적 평가를 우선시하는 패턴, 타인들과 사
회적으로 어울리는 방식—으로서 이러한 것들 중의 하나로 살아가는
경향이 있을 수 있다. 어떤 사람들은 1개 이상이 결합된 유형을 지니는
데 촉진적이거나 꽤 어려울 수 있다. 전반적으로 이러한 경향들은 내부
초점이며 다른 이들은 주의가 기울여질 수 있다는 것을 알아차리지 못
할 수도 있다. 이것은 당신 고유의 PDP 유형을 결정짓는 것은 개인적
인 일이지, 어느 누군가가 대신해서 결정하는 것이 아님을 의미한다.

⑤ PDP 체계는 다음의 특징들을 가진다. 우리는 주의라는 독특한 패턴들
이 조직화되어 있고 어린 시절에 선택적으로 집중된 것이라고 가설을
세워 왔다. 앞에서 언급한 바 있듯이, 이 체계는 PDP 범주가 마음이 단

지 타인이 외적 행동으로 볼 수 있는 것이 아니라 구조화되어 있다는 것을 드러낸다는 점에서 '내면의 일(inside job)'이다. 이 모델은 주의가 어디로 가는 경향이 있는지에 관한 것이다. 이런 식으로 내부적인 방법이 될 수 있지만 타인에게 이러한 성향을 숨기도록 학습해 왔다. 그렇기 때문에 당신은 PDP가 멀리서부터의 관찰에서 온 것을 주시할 필요성을 느끼지 못했을 것이다. (나는 가족 구성원들을 인터뷰했으며 몇몇은 다른 이들의 유형을 알게 되고 나서 매우 놀라워했다. 하지만 이 체계는 온전히 자기 자신만이 알아낼 수 있는 것이다. 외면적인 행동만으로는 알 수 없다.) PDP는 우리의 내·외적 세계에 적응시키는 체계이며 우리 자신의 방향과 환기를 약화 또는 집중시키는 방법이고 기본 정서이기도 하다. 시간이 흐르면 경험의 특정한 특징을 지향하는 일반적 성향은 발달을 형성한다.

에너지와 정보의 흐름을 규정짓는 과정의 존재로서 마음의 핵심 측면을 정의하였기 때문에, 이제 주의―정보의 흐름을 지배하는―가 필요한 것은 마음이 어떠한가이다. PDP 유형에서 주의가 어디로 가는 경향이 있고 어떤 감정 상태가 그러한 주의를 따르는지에 대한 분별 가능한 패턴은 이 발달 체계의 본질이다. 이것은 전적으로 마음의 발달 모델인 것이다. 물론 시간에 걸쳐 발달하듯이, PDP 집단화는 강화될 수 있으며 내부 집중에서 약간은 엄격하게 될 수도 있다. 마음챙김 치료자로서 갖는 큰 그림은 우리 또한 내담자와 마찬가지로 평생 우리의 삶과 함께하는 그런 성향을 가질 수 있다는 점이다. 심리치료는 몸을 편안하게 하도록 하는 것이며 그것을 잃지 않도록 하는 것이다. PDP는 마음의 신체 구조를 규정짓는 피부와 같다. 우리는 피부를 유연하게 만들 수 있지만 그것은 특정한 특징적 모양을 지닌 몸을 감싼다. 치료의 요점은 마음이 주의집중하는 유연성을 증가시키는 것이다. 여기에서 당신은 자각의 바퀴와 발달 중인 관찰(developing observation), 개방성, 객관성이 삶에서 PDP 유형을 안정화시키는 데에 유용한 동안 우리의 모든 작업을 이해하게 될 것이다.

⑥ 선천적인 기질과 애착, 또래 관계에서의 경험들은 성격 형성에 영향을 미칠 가능성이 있다. 많은 피실험자와 그들의 유형을 알아보기 위해 직접적인 '성인 애착 인터뷰(AAI)'를 수행하였을 때 PDP 모델에서 각자의 유형에 한정되는 방식이 애착 일관성을 결정짓도록 만드는 것으로 나타났다. 즉, 당신은 확실히 애착이 형성될 수 있으며 9개의 유형 중 어느 것이든 가진다는 것이다. 하지만 지속적인 애착 불안을 겪는 사람들(이 성인들은 비일관적인 AAI 결과를 보였다)은 제한적인 유형을 오히려 증가시킬 수 있다. 치료를 통해서도 그 유형은 사라지지 않는다. 오히려 더 적응적이고 유연하며 일관적인 흐름이 된다.

어떻게 해서 애착 불안이 PDP 불가변성과 연관된다는 개념을 이해할 수 있을까? 여기 그 궁금증을 풀어 주는 하나의 설명이 있다. 우리는 관계적 경험이 얼마나 도움을 주는 것인지, 또 그것들을 어떻게 이해하게 되었는지에 기초하여 더 많거나 더 적은 양의 통합을 가질 것이다. 우리 연구 집단의 인상—성인들을 통해 진행한 예비 조사와 임상 실험과 일치하는—은 애착 범주와 PDP 집단이 범주에 독립적이지만 각 유형 내에서 자유롭게 상호작용한다는 것이다. 안정 애착은 누군가의 특정한 성향인 PDP에 대한 감정과 연관되어 있다. 그들은 그들이 누구인지를 알고 있으며 그것에 대해 유머 감각을 가지고 있다.

그러나 만약 사람들이 이전에 불안정 애착을 경험하여 계속해서 성인기에 불일치성을 보여 준다면(지속적으로 손상된 통합과 성인기의 애착 불안정의 신호), 그들의 PDP 패턴은 그것들을 제한하는 것으로 보였을 것이다. 그들은 각자의 성향에 따라 화를 내고 제한된 것으로도 모습을 드러냈을 것이다. 여러모로 불안정 애착과 마음챙김이 아닌 상태는 밀접하게 연관되어 있다. 만약 당신이 불안정 애착 유형이라면, 당신은 당신 자신에 대해 친절하거나 연민을 가지지 않았을 것이다. 의문을 품기보다는 열린 마음으로 수용하고 당신 자신이 이어 온 성향을 사랑하라. 그러면 기운을 내어 누구도 이길 수 없었던 마음의 전쟁에 맞설 수 있을 것이다. 불안정 애착이 일반적인 IPNB 모델에서 점점 더 발전되어 손상된 통합을 초래한다는 것을 기억하라. 통합의 불충분함은 혼돈 또는 경직으로 나타난다. 만약 여전히 불안정 애착을 형성하고 있는 성인이라면 지속적이고 조화로운 통합과 안락한 삶의 결핍이 나타날 수 있다. 안정을 더욱더 넓혀 가면서—관계에서의 대인관계 조율과 신경의 통합을 조장하는 마음챙김 실행에서의 내부적인 조율로—사람들은 성격을 계속 유지하게 된다. 그들은 이것을 더욱 편하게 생각한다. 사실 그들은 이러한 면을 없애려는 압박을 느끼기보다 자신의 성격에 대해 기쁨을 느끼는 것으로 보인다. 이것이 치료의 목적이며 통합의 결과이다. 우리는 우리의 성향을 중요시하게 된다. 그럼으로써 그것들이 삶에서 얼마나 억압적인지를 잊어버리게 된다. 우리는 관계 안에서 그것들을 발휘하여 더 자유로워지며 피부는 더욱더 편안해지고 삶에서 더 안락함을 느끼게 된다.

⑦ 이러한 발달 경로 패턴에는 식별 가능한, 그 후의 과정을 형성하는 몇 개의 정교화된 요소(PDP)가 있다. (a) 핵심 동기, (b) 감정적 반응성, (c) 주된 배향 편향성, (d) 그 결과로 초래된 적응할 수 있는 전략. 여기에서 이들 요소에 대해 완전히 자세하게 설명할 수는 없겠지만 어린 시절 시작되는 발달 경로를 밝힐 수 있는 이러한 요소들에 대해 설명하고 나서 계속해서 삶을 통한 내적 경험을 형성해 보자.

핵심 동기

　신체적 양육 외에 유아들은 ① 안정/확신, ② 사랑받음/친밀성, ③ 가치 있음/안락함을 필요로 한다(Brazelton & Greenspan, 2000; Daniels & Price, 2009). 안정 욕구는 성장할수록 정교화되어 더 발달하게 되고 안전과 확실성, 각오와 기회의 영역을 더욱더 크게 포함하게 된다(두려움 집단에서 지배적인). 사랑받고 연결되는 느낌은 재인식과 인정이라는 개념을 필요로 하며 짝/집단과 연결된 애정(고통 집단), 가치와 보호를 느낄 욕구는 존경, 힘, 통제와 일치, 편안함, 조화(분노 집단)를 포함하게 될 것이다. 이러한 마음에서 나오는 사회적이고 기본적인 생물학적 욕구는 각 집단의 독특한 패턴을 이루게 하는 행동을 조장하는 외적 동기의 표현을 초래한다. 즉, 우리의 가치에 대한 내적 집중과 의미는 차례로 우리의 행동에 영향을 미치는 주의가 어디로 이끌릴지를 지배한다. 내적 활동들은 외적 징후가 따르고 서로 상당히 다른 원동력인 것이다.

감정적 반응성

　분노, 슬픔/고통, 일반적인 초기 감정적 반응과 두려움은 자극을 위한 초기 방향을 조직하는 것에 도움을 주며 기본 욕구와 바람을 향한 주의에 집중하게 해 준다. 이 모델의 제안은 태어난 후 즉시 기능하며 더 복잡한 인지 기능의 출현 전에 오랫동안 우리 속에 남아 있는 분노와 고통, 두려움이 불편하거나 혐오스럽다는 것이다(Panksepp, 1998). 이러한 혐오스러운 감정적 반응은 특히 우리의 필요와 욕망을 충족하는 데 실패하는 것에 달렸을 때 공포/걱정, 슬픔/분리 불안, 분노/격분으로 특징지어진다. 이렇게 우리는 자궁과 한 몸이 되어 양육자가 얼마나 좋은 사람인지와는 관계없이 일상의 경험 속에서 이러한 감정적 반응에 의하여 작동된다. 이것은 단지 자궁 밖 현실이며 공기로 가득 차 있는 '바쁜' 세상의 외부이다.

PDP 모델은 우리 모두 첫 달과 첫해에 이 3개의 체계 중 하나는 다른 2개보다 우리의 내적 상태를 조직화하는 데에 더 지배적이라고 말한다. 3개 모두 우리에게 가용하듯이 어떤 사람들은 상대적으로 여러 경향을 가지고 있기도 하다. 하지만 많은 이와 인터뷰를 한 결과, 사람들은 하나의 집단 또는 다른 집단에 의지하는 경향이 있다. 왜 이런 경우가 불확실해 보일까? 아마 기초 감정 반응까지도 신경 발달 특수화(전문화)를 조장하기 때문일 것이다. 우리가 오른손잡이 또는 왼손잡이인 것처럼 그리고 사회적으로 또는 기계적으로 이끌리듯이(Baron-Cohen, 2004), 뇌는 활동에 대한 반응으로 부동산 시장에서처럼 '대단히 적극적인 가격 제시자'의 역할을 할 것이다. 그러므로 우리는 하나의 감정적 반응을 활성화할 수 있으며 동시에 다른 감정을 억제할 수 있는 것이다. 우리는 특정한 성향이 기질과 유전학에 대한 고전적 관념과 관계가 있는지(내가 왜 그렇게 PDP를 좋아하는지 보라), 아니면 이러한 요소들의 총합과 가족 환경이 감정적 반응을 일으키거나 절제시키는지를 결정하는 연구를 하게 되어 흥분되었다. 이 시점에서 우리가 예측한 것(아직 입증되거나 통제된 연구는 없다)은 경로가 삶에서 핵심적이고 지배적인지는 선천적인 기질과 각자가 가지게 되는 경험을 통해 영향을 받아 궁극적인 결정 요인이 된다는 것이다. 이것은 우리가 누구인지에 대해 알아내는 IPNB 시각과 일치하는 관점이다.

주된 지향 편향과 적응 전략

각각의 경로는 두 측면에서 편향을 가지게 하는데, 그것은 내용과 방향이다. 내용은 주의라는 것이 우리의 경험 중 덜 중요한 다른 것들은 최소화하면서 특별한 정보나 특징에 의하여 이끌리는 것과 관련되어 있다. 방향 차원은 자기규제 전략을 포함하는데, 이는 특히 혐오스러운 감정적 반응과 관런되어 있다. 이 전략은 내적으로(예: 초기 유년 시절의 자기진정, 내면의 규칙의 발달, 자족, 성인기의 이상화), 외적으로(예: 초기 유년기에 타인이 진정시켜 주는 것을 필요로 하거나 능력을 발휘하고 성인기에는 안전이나 대인관계를 추구하는 것), 아니면 내적·외적 동시에(이것이 내적/외적 차원이다) 향해질 수 있다. 이 것들은 앞에서 설명한 분노, 고통, 두려움을 지배하는 가장 중요한 욕구들이며 내부와 외부 그리고 두 곳에서 동시에 발생하는 편향된 3개의 다양한 원천이다. PDP 모델의 결과는 9개의 발달 경로 패턴이다. 이것들은 우리가 가족과 함께 살도록 하며 학교를 통해 길을 찾고 관계 영역과 일터에서 우리의 패턴을 만들도록 하는 적응 전략이다.

마음보기 기술

마음챙김 치료자로서 우리는 내담자들과 상담을 시작하기 전 그들을 잘 이해하도록 하는 경로 패턴에 익숙하여 각자의 PDP 경향들을 반영하고 상담을 시작할 능력을 갖춘다. 이 책에서 마음보기 기술로 소개된 것들을 통해 자신의 내적 세계를 탐색하고 내담자들에게 마음의 교육을 직접적으로 적용할 수 있다.

성격과 PDP에 대한 개념은 우리가 신경 발화의 내적 성향과 정신적 활동 그리고 타고난 기질과 과거의 애착 경험으로부터 발현되는 대인관계 상호작용을 가지고 있다는 것이다. 우리는 현실적으로 이것들이 특정한 방법들로 우리를 활성화시키고 준비시키는 특정한 절정의 반복된 패턴 경험을 만든다는 점에서 원자가 정체기라고 생각할 수 있다. PDP 모델은 최소한으로 우리가 분노, 분리 불안, 슬픔 또는 두려움이라는 성향을 지니고 있음을 제안한다. 이 3개의 커다란 감정은 내적·외적 또는 그것들이 합쳐진 의도에 집중하는 성향으로 더 세분화될 수 있다.

여기 다양한 집단화의 주관적인 천성을 묻고자 하는 질문이 있다(〈표 9-1〉 참조). 어떤 유형을 엄격하게 규정짓기보다 이러한 질문들은 당신의 주의가 어디로 기울어지는지에 대해 개방적으로 나누고자 하며 9개의 다른 정

〈표 9-1〉 PDP 문항

집단	문항
S-c집단	• 당신에게 성공이란 무엇을 의미하나요? • 승인과 수락이란 것은 당신에게 무슨 뜻인가요? • 당신은 과업 지향적인가요? • 근무 도중 그만둔 적이 있나요? • 다른 사람들이 당신을 어떻게 바라보는지가 중요한가요? • 무언가에 유능하고 강하고 잘하는 것이 당신에게는 중요한가요? • 다른 사람들에게 당신이 알려지는 것은 얼마나 중요한가요? • 환경에 쉽게 적응하나요?
F-c집단	• 삶에서 중요한 역할을 하는 것에 대해 두려움을 느끼나요? • 회의감을 느낄 때가 있나요? • 두려움을 쉽게 느끼나요? • 당신에게 안전이라는 것이 얼마나 중요한가요? • 그렇다면 당신의 보안을 어떻게 지키나요? • 진실이라는 것이 삶에서 어떤 역할을 하나요? • 권위에 대해 의심하기도 하나요? • 위험한 환경에 대해 살펴보나요? • 어떤 것이 당신에게 위험을 줄 것이라고 생각하나요?
A-c집단	• 당신에게 안정이란 얼마나 중요한가요? • 타인을 향한 관계에 대해 당신의 주의는 어디로 기울여지나요? • 당신 자신을 위해 하는 일이 어느 정도로 쉽게 느껴지나요? • 당신에게 조화란 무엇인가요? • 갈등을 어떻게 대처하나요? • 갈등을 겪으면 어떤 감정을 느끼나요? • 당신은 주장을 잘 고수하나요? • 당신 자신을 위해 행동하는 것이 얼마나 쉽게 느껴지나요? • 모든 관점에서 쉽게 바라볼 수 있나요?

S-i집단	• 타인과 자신을 어떻게 비교하나요? • 가끔씩 남의 떡이 더 커 보인다는 생각을 하나요? • 당신의 삶에서 질투는 어떤 역할을 하나요? • 삶에서 결핍이 존재한다고 느끼나요? • 타인이 고통에 처해 있는 상황을 보면 어떤 생각이 드나요? • 얼마나 쉽게 상처를 받나요? • 당신이 잘 이해하지 못한다는 것을 느끼는 게 어떤가요? • 당신의 배우자나 친구가 충분치 않다고 느끼나요? • 불충분하다는 것이 당신의 삶에서 얼마나 크게 작용하나요?
F-i집단	• 지식과 기술이 당신에게 얼마나 중요한가요? • 당신만의 공간에서 혼자 시간을 보내는 것은 얼마나 중요한가요? • 자립적인 성격이 중요하다고 생각하나요? • 언제 타인이 거슬리나요? • 다른 사람이 당신의 시간을 빼앗을까 봐 걱정스러운가요? • 수집이 중요하다고 생각하나요? • 당신은 어떠한 일이 진행 중일 때보다 그 일이 끝난 후에 그것에 대해 더 생각하게 되나요? • 스스로 무언가를 발견하나요? • 사람들과 함께 오랜 시간을 보낼 때에 당신은 그곳에서 벗어나 에너지를 재충전해야 한다는 생각을 하나요?
A-i집단	• 이 세상에서 옳지 않은 것을 발견하나요? • 불완전한 것을 보거나 타인에게서 잘못된 것을 보았을 때에 어떠한 반응을 보이나요? • 당신이 하고 싶어 하는 것보다 해야 하는 것을 발견하는 것이 더 쉽게 느껴지나요? • 어떠한 일을 다양한 방법으로 하나요? • 타인을 바로잡아 주는 것이 갈등을 자주 일으키나요? • 타인에 대해 분노를 하나요? • 타인의 기대에 부응하는 것에 대해 어려움을 느끼는 가혹한 내면의 비평가를 지니고 있나요? • 과제를 완수할 때 스스로 멈추는 순간을 찾은 적이 있나요? • 무언가를 고치는 데에 책임을 느끼거나 당신의 그런 모습에 대해 "왜 내가 이 행동을 했지?"라고 말하기도 하나요?

S-o집단	• 관계에 대해 얼마나 많은 시간과 에너지를 소비하나요? • 당신이 보살펴야 할 누군가를 필요로 하나요? • 사람들과 관계를 맺기 위하여 어떻게 하나요? • 타인과 연결을 맺지 않은 상태에서 그들과 함께하기 위해서 어떻게 하나요? • 사람들은 당신을 얼마나 필요로 하나요? • 사람들이 어떤 걸 필요로 하는지 어떻게 아나요? • 다른 사람들이 당신에게 고마움을 느끼지 않을 때에 어떤 기분이 드나요? • 얼마나 빠르게 당신의 감정을 이용할 수 있나요? • 당신 자신보다도 타인의 감정을 생각하나요?
F-o집단	• 무언가를 기대하는 것을 중요시하나요? • 당신이 원하는 것을 알고 얻는 것이 얼마나 쉬운가요? • 한계에 대해 어떻게 느끼나요? • 선택이 당신의 삶에서 얼마나 중요한가요? • 당신에게 선택의 여지가 없거나 빠져나갈 수 없을 때 어떤 느낌인가요? • 고통에 대해 어떻게 대처하나요? • 당신이 필요로 하는 것을 가질 때에 안정감을 느끼나요? • 부정적인 평가가 어떻게 다가오나요? • 당신이 하는 것에 대해 합리화를 하기도 하나요?
A-o집단	• 타인의 주요 성격 안에서 강점을 찾나요? • 세상의 불공정함을 바로잡아야 한다고 생각하나요? • 어느 정도까지 타인들은 당신을 위협하거나 공간을 제공해 주나요? • 사람들은 당신의 행동이 과도하다고 판단하나요? • 당신 자신이 적극적이라고 생각하나요, 아니면 반대로 소극적이라고 생각하나요? • 갈등을 대처할 때에 분노를 느끼나요? • 정직과 진실이 당신에게 중요한가요? • 누군가가 당신에게 정직하게 행동하지 않는다면 당신은 어떻게 반응하나요? • 당신의 반응이 통제할 수 없다고 느낀 적이 있나요?

* 당신을 설명하는 3개의 형용사를 말해 본다. 이것들은 아홉 가지 발달 경로 패턴을 구분하기 위해 사용되는 일반적인 문항들이다. 여기에서는 각 개인의 관심이 기울여지는 성향을 환기시키는 폭넓은 문항들이 있다. 당신 자신이 이 질문들에 답해 보고 친구와 동료들에게도 권해 볼 수 있다. PDP에 익숙해지기까지 시간을 투자하자. 당신의 교육을 위해—이 순서에서 꼭 필요하지는 않지만—이것들은 기본 정서 편향의 중요한 집단화를 따라 이루어져 있다. S집단(슬픔/분리, 불안), F집단(두려움/공포), A집단(분노/격노). 그 문자 다음의 집단은 내부(i), 외부(o) 또는 혼합(c)이다.

보들을 가로질러 어떠한 패턴이 발현될지를 보는 것이다. 당신은 당신 자신을 위해 지금 테스트해 볼 수 있으며, 다양한 질문에 관해 반영한 후에 당신은 타고난 자신의 성향에 대한 내적 성찰과 함께 성찰적인 마음가짐 연습을 통해 더 깊이 들여다보는 것 자체가 당신의 존재 내부 패턴을 더 깊이 이해하는 데 도움이 된다는 것을 알게 될 것이다.

성격의 내적 세계를 탐험하기 위해 여기에서 마음과 뇌, 관계의 삼각형에 초점을 맞춘 연습을 소개해 보겠다. 훈련 중 이 정제된, 가장 기본적인 마음보기가 이 흐름을 서로 다른 것들과 어떻게 조정하고 형성하고 나누는지 관찰하고 변경할 수 있도록 하는 에너지와 정보의 흐름을 감지할 수 있는 능력이라는 것을 떠올려 본다.

이 마음보기 기술 훈련이 삼각형에 초점을 맞추기 때문에 당신의 중심에서 시작할 수 있도록 초대하겠다. 호흡을 느끼면서 자각의 굴레를 상상하고 당신의 신체가 자연적인 상태와 당신의 자각을 채우는 소리에 자리 잡도록 하라. 그러고 나서 날숨과 들숨에 주의를 기울이도록 한다. 중심은 이 모든 연습을 위해 우리가 가꿔 온 장소이며 내적 세계를 알기 위한 깊은 과정을 시작하기 위한 장소이다.

삼각형 연습은 현재의 감각을 수반하지만 관찰과 개념, 인지로부터의 감각의 모든 흐름까지 수반한다. 그래서 우리는 시시각각 발생하는 자각을 거르는 4개의 동심원인 SOCK 서클로 둘러싸인 중심의 충만함을 수용하게 되는 것이다.

이제 당신에게 이 삼각형 초점을 이용하여 관계에 대해 먼저 이야기하고 싶다. 자연스럽게 일단은 당신이 휴식을 취할 때, 혼자 있을 때 이 사색적인 연습에서 기억의 요소로 초대하고 싶다. 하지만 타인과 활발하게 상호작용할 때에 이중 초점을 지니거나 타인과 실시간으로 함께 실행할 가능성이 있다. (이는 가족과의 오래된, 당연시된 의사소통 패턴으로 실행하면 더 유용할 수 있다.)

지난날의 애착 경험을 생각해 보라. 특히 이 책의 1장에서 탐색한 것에 대해서 말이다. 우리는 우리 성인의 애착이 대인관계 생활에서 내적인 삶을 통합하고 감정의 연결을 만들도록 하기 위해 안전하게 되게끔 할 수 있다. 이렇게 함으로써 우리의 PDP 성향을 강화해 온, 통합되지 않았던 융통성 없고 혼란스러운 반응을 침착하게 할 수 있다. 이미 이러한 작업을 많이 해 왔다면 당신의 특정한 고유의 PDP 유형을 결정하는 것이 더 어려울 것이다. 이미 봐 왔듯이, 때로는 좀 더 어린 나이에 반영적인 성장과 개인적 변화를 이루기 전의 당신의 존재 방식을 생각해 보는 것이 도움이 되기도 한다. 우리가 성장하고 더 통합적인 사람이 될수록 PDP 유형은 더 느슨해지고 우리 자신과 더 편하게 될 수 있다. 그것은 놀랍지만 약간은 당신의 PDP 범주가 더 도전적이라고 느껴질지도 모른다. 통합되는 것은 이러한 경향을 잃어버린다는 것이 아니다. 오히려 부분적으로는 우리 인생의 기준점일지도 모르는 우리의 기질과 신경학적 성향을 인정하게 되었을 것이다. 앞으로 보게 되겠지만 삼각형의 신경 부분은 특정한 패턴에서 마음과 관계 지점 모두를 이끄는 것처럼 느껴진다.

당신은 타인과 관련된 경험에 대해 어떤 것을 떠올리는가? 당신은 그 공포와 두려움이 친밀감에 대한 반응으로 당신을 지배했다고 생각할 수 있는가? 타인의 필요에 의해 압도된 친밀감으로부터 종종 철수하는가? 그러한 두려움을 마주하는 것이 지속적인 계획을 만들어 내고 현재가 아닌 미래에 대해 생각하게 만들까? 아니면 고통과 슬픔이 감정적 상태의 본거지로 작용할까? 누군가에게 분리는 고통스럽게 느껴지며 대인관계를 형성하는 것을 갈망하게 만든다. 어떤 이들은 항상 타인이 자신을 훌륭하고 가치 있고 중요하고 인상적으로 바라보도록 하는 욕구를 지닌다. 고통이 우세한 이들의 경우는 타인을 만나는 것이 삶에 주는 평안의 원천이자 연결고리가 됨으로써 사회적 헌신을 보호하는 중요한 사람이 되려고 할 수도 있다. 아마 대신에 관계 안에서 분노가 주로 발생하여 이를 피하려는 경향이 있을 수도 있다. 여기에서 당신이 타인에게 짜증을 쉽게 내거나 어떻게 일이 진행되는지에 대해서도 기대하지 못할 것이다. 분노 집단의 구성원들은 모든 것이 떠날 것이라 확신하면서 무슨 수를 써서라도 갈등을 피하고자 한다. 또는 분노를 직접적으로 표출하여 상황에 대한 의견을 쉽게 주장하기도 한다. 이런 것은 PDP 유형이 우리가 에너지와 정보를 타인과 공유하는 방법에 대한 관계적 측면에 영향을 미칠 수 있다는 것을 보여 주는 다양한 방법이다.

이제 뇌의 삼각형 쪽을 고려해 보자. 지금 당장 또는 기억을 떠올려 보면 어떻게 에너지와 정보가 특정한 불편한 감정적 원자가 내에서 흐름을 이어 나가는지 감지할 수 있는가? 분노, 분리 불안, 슬픔 또는 두려움이라는 감정이 당신의 마음의 바다를 지배하는가? 만약 이런 혐오스러운 상태가 반응 패턴을 형성하게 되면 이런 저런 정서 상태에 익숙해져서 편안함을 느끼게 될 것이다. 이런 내적으로 일어나는 변덕스러운 경향은 우리의 일부가 되어 반응의 규칙성에 얽매이게 된다. 이것은 우리 삶의 에너지와 정보 흐름 메커니즘에 대한 신경적 측면이다.

마음의 삼각형 부분을 알아보기 위해 우리는 에너지와 정보의 흐름이 통제되는 방식을 볼 수 있다. 여기 교묘한 부분이 있다. 바로 마음이 상징적이며 상관적이라는 것이다. 이렇게 하여 PDP 유형은 특정한 정신적 활동이 신경 성향에 의하여 만들어지고, 시간이 흐르면서 관계 패턴이 밝혀진다는 것이 감지될 것이다. 당신은 원자가를 갖는 반응이 당신의 인간관계에서 반복적인 패턴을 형성하기 위한 에너지와 정보의 흐름을 공유하는 방식에 영향을 미쳤다는 것을 느끼는가? 마음은 자기 자신을 형성하기 위하여 관계와 뇌를 이용한다. 핵심은 정신적 활동이 우리를 자동 조종 장치에 두고 많은 통제 없이 신경 발화 패턴을 따라 달린다는 것이다. 변형의 비밀은 우리가 이 패턴을 의도적으로 조절할 수 있으며 뇌를 발화하고 관계 속에서 의사소통 접근 방식을 바꾸기 위해서 마음을 일깨우는 것이다.

삼각형의 세 가지 요소를 감지하면서 에너지와 정보의 흐름이 신경 메커니즘에 의해 어떻게 형성되는지에 대한 더 큰 깨달음을 가질 수 있는지 확인해 보라. 이 경우 흐름을 조절하고 공유하는 경험을 유도할 수 있다. 이것은 우리가 느끼고 관찰하고 상상하고 어떻게 이러한 패턴이 삶 속에서 발현되는지를 아는 감각과 같은 중심 내의 커다란 삼각형에서 작용한다. 나는 당신이 더 깊게 숨을 들이마시고 더 친밀해져 눈을 열어 잠시 멈추기를 권한다.

시간에 따라 이동할 때에 우리는 이 에너지와 정보의 흐름을 따라간다. 마음보기 기술은 최종적으로는 우리의 삶을 더욱더 통합되도록 하는 자각을 일깨움으로써 우리가 더 깊게 이 흐름—공유되고 틀이 만들어지고 통제되는—을 알아차리도록 만든다. 그러나 뿌리 깊게 박힌 이 흐름의 패턴은 내재적인 시냅스 회로와 반복된 학습, 반응으로부터 나온다. 또한 인간관계는 특정한 패턴을 강화하게 만드는 시스템을 만든다. 삶에 영향을 미치는 PDP의 이러한 패턴을 연구하기 위해 두 번째 훈련으로 넘어가 보자.

삼각형 훈련의 자각을 형성하기 위해 당신이 자각 바퀴의 기초를 적용함으로써 PDP 경험을 탐험해 볼 것이다. 이것은 우리가 수행한 삼각형 훈련의 훨씬 더 유도된 고심작이 될 것이다. 이제 각 PDP 유형의 특징에 명확하고 깊숙이 들어가 보자. 편안하게 앉아서 방의 소음에 집중하고 당신이 앉은 의자나 바닥의 몸을 느끼면서 눈을 감으라. 잠깐 동안 호흡의 절정을 타면서 몸이 이러한 자연스러운 상태를 느끼고 호흡이 자연스러운 리듬에 맞춰지도록 하라. 그리고 중심과 가장자리와 함께 자각의 바퀴를 상상하라. 중심은 무엇이 발생하든 간에 우리가 경험할 수 있는 고요하고 명확한 자각의 내적 공간과 안정성을 느끼는 곳이다. 가끔 우리는 멍한 상태로 그것들이 발생하는 것을 받아들이며 집중이 서서히 줄어들도록 한다. 이제 당신이 칠감 밖으로 바퀴살을 내보내는 것을 기다리고 있다. 그 칠감이라는 것은 생각과 느낌, 지각과 기억을 가지는 가장자리이다. 이 경험의 목표가 자전적 기억이 되도록 만들라.

우리는 주의의 일반적인 패턴과 우리 마음을 형성한 감정이 있는지를 알 수 있게 하는 PDP의 성격 모델을 탐구해 왔다. 우리는 이러한 패턴을 분노—또는 슬픔이나 고통—나 공포라는 감정으로 처음에 반응하는 경향이 있는지를 주목하면서 타인과의 일상적 상호작용에서 탐색할 수 있다. 또한 기억에 더 깊이 들어가고 이러한 같은 패턴을 접근하면서도 알아볼 수 있다.

가장자리 쪽으로 향하면서 칠감에 대해 상상하고 자각을 들여다보기 위하여 필요한 과거의 경험을 떠올릴 수 있는지 본다. 당신 자신의 감정적 반응이 타인과의 상호작용에서 어디로 제일 먼저 향하게 되는지 자문해 본다. 어떤 사람이 나의 기준을 넘어서면 당신은 언짢은 상태에서 화가 나는가? 타인과 있을 때에 나는 분노가 수그러들어서 사람들과 잘 어울리도록 하기 위하여 감정을 조절하면서 화내는 것을 피하는가? 분노가 당신에게 1차 정서라면 그러한 분노를 타인 앞에서 표출하는지, 아니면 특히 자신의 기대에 부응하지 못했을 때에 생기는 분노를 당신 자신에게 표출하는지 생각해 본다. 이러한 질문에 대해 어떤 반응을 했든 그것이 당신의 자각에 머무르게 하라. 곧이어 다른 탐구적 질문들로 넘어갈 것이다.

당신이 마음을 쓰고 있는 것으로부터의 분리에서 생기는 고통을 어떻게 대처하는가? 첫 반응은 쉽게 '슬픔'으로 다가오는가? 누군가에게 이런 감정 상태를 억제하는 것은 그들이 어떻게 행동하는지와 타인의 기분에 맞춰 주는 데 초점을 맞춤으로써 이루어진다. 타인의 필요에 따라 사는 사람들은 고통스러운 순간에 누군가에게 도움이 되거나 든든하게 지원하는 것이 매우 중요하다. 또 다른 PDP 패턴은 다른 이들이 항상 더 좋다고—남의 떡이 더 커 보인다고—느끼는 것이다. 거기에는 당신 자신이 진짜 누구인지 아무도 이해하지 못한다는 감정이 있을 수 있다. 당신의 특정한 성향은 이 중에서 어떤 것에 속하는가? 다시 한번, 앞의 질문들에 대한 반응들이 떠오르는 것이 무엇이든 당신의 자각에 머물게 하고 중심을 채워 본다.

공포라 하면 개개인의 일상을 지배하는 불안일 것이다. 공포와 두려움은 다양한 형태로 발생한다. 어떤 이에게는 주의집중의 어려움이 나타난다. 즉, 최악의 상황을 생각하는 것은 외부 세계에 바짝 경계하면서 앞으로 발생할 것에 대해 준비하여 확인하는 이점이 있다. 그러한 집중은 내부 세계에서도 존재하는데, 나쁜 일이 일어날 것만 같아 항상 무언가에 대비하여 심지어 타인의 생각까지도 의심하는 것이다. 이런 유형의 단점은 당연히 분위기를 다운시키는 사람(지속적인 불평으로 타인의 기분까지 우울하게 만드는 자)이 되어 부정적인 생각으로 긍정적인 경험을 헤쳐 버린다는 것이다. 큰 두려움을 가진 사람들은 자신들의 배터리를 재충전하기 위하여 내적으로 필요한 시간, 공간, 지식을 보호하는 데에 집중한다. 그들의 우선적인 외적 관심사는 두려움이라는 감정으로부터 벗어나 대부분의 다른 감정들에 대해서도 항상 계획하는 것이다. 다른 사람의 마음을 깊게 생각하면서 외부 세계에 대해 감정의 내적 자각을 배제하는 것은 이 집단의 전형적인 패턴이다. 이러한 외적 주의는 두려움의 감정이 계속해서 외적인 계획에 집중하여 그들이 지향적인 삶을 살도록 만드는 감각이다. 이러한 반응들이 당신의 자각을 채우고 어떠한 일이 발생하든지 간에 감각에서 남아 있도록 하자.

분노와 슬픔/고통 그리고 두려움의 집단화라는 이 3개의 주요 유형을 살펴보면서 당신은 어떤 것을 발견했는가? 어떠한 방향에 집중하는 것이 당신의 과거 경험과 맞다고 생각했는가? 내부적 또는 외부적? 아니면 이 둘이 혼합되는 경향이 있었는가? 어떠한 감정적 반응을 보이는 패턴이 다른 사람들보다도 당신의 경험에서 잘 울려 퍼졌는가? 당신의 PDP 특징이 무엇이든지 간에, 당신은 자동으로 움직이는 조종사로부터 벗어나고 마음을 일깨울 수 있도록 하는 연습을 통해서 고유의 성향을 편하면서도 더 유연하게 다룰 수 있을 것이다. 이것이 통합의 본질이다.

이 마음보기 연습의 다음 단계에서는 중심으로 돌아가 바큇살을 내버려 두고 가장자리의 기억 측면으로 향하라. 자각의 바퀴에 있는 개방된 중심에 머무르면서 다음 관점을 상상해 보자. 우리는 가능성의 개방 영역에서의 시각적 이미지를 헤쳐 왔다. 우리는 지대의 바깥쪽으로 이동할 때, 개방된 잠재성이 특별한 방식으로 반응하는 가능성을 증가시키는 개연성의 원자가 정체기로 나아가게 된다. 이 정체기는 말 그대로 신경적 성향과 기질의 그래픽 표현이다. 수백만 년의 진화 과정을 통해 우리가 감정적 반응의 신경 회로를 물려받은 것처럼 특정 혐오 회로를 사용할 수 있다. 게다가 가끔 그것들은 우리를 함정에 빠뜨린다. 지금까지 봐 왔듯이 이러한 독립적인 길들은 분노와 고통 그리고 두려움의 회로이다.

예를 들어, 당신은 어린 시절에 분노 회로를 두드러지게 사용했을 수도 있다. 그리고 '함께 활성화되는 세포들은 함께 연결된다.'는 신경가소성 원리는 다른 회로들의 강화로도 이어졌다. 이전 여행자들이 걸었던 눈 덮인 언덕을 걸을 때 같은 스트레스 상황에서 분노 회로가 활성화될 가능성이 더 높은 것처럼 당신의 인생에서 이 분노 회로는 더 '쉽고' 택하기 익숙한 길이었다. 당신은 이것이 더 '쉽고' 순조롭게 취할 수 있는 길임을 당신 삶의 여러 해 동안 발견해 왔다. 이 증가된 가능성은 반응의 원자가 패턴을 생성하며 특정한 양상의 개연성의 정체기라고 일컬어진다. 여기에서 분노는 당신의 정체기이다. 당신이 가는 장소와 비슷하며 근본적인 성향일 뿐더러, 당신의 기질과 학습된 경험에 의한 반복된 패턴이다. 특정한 순간에 화가 나는 것은 활성화의 절정기—정신적 활동 또는 신경 발화 프로파일—로 묘사된다. 그러므로 아주 간결하게 PDP 관점으로부터 우리의 성격은 단지 반복된 신경 발화 방식이며 오랜 시간에 걸쳐 반복되고 지속된 패턴으로 정체기와 절정기를 형성해 온 정신적 경험인 것이다.

이러한 패턴의 몇몇 요소는 어쩌다가 유전적으로 획득한 것이며 어떤 것들은 경험의 신경 발화를 통하여 강화된 것들이다. 이것이 바로 우리가 성격 특성을 발달시켜 온 모습이다. 이 관점의 또 다른 차원을 소개해 보겠다. 우리가 표면적으로 가능성의 개방 영역으로부터 이동할 때 성격이 형성된다. 그렇다면 성격은 숨겨진 성향이고 기질이며 가능성과 개연성이 활성화되기까지 경로를 만들어 가는 것이다. 이 모델은 우리가 굳어진 성격을 마음챙김을 통해 절정기와 정체기에서 가능성의 영역으로 옮겨 가는 과정을 잘 보게 해 줄 것이다. 개방 영역으로 이동하면서 우리는 성격을 '유연하게' 만들어 더욱더 융통성 있고 넓게 펼쳐진 가능성의 수용적인 상태에 더 쉽게 접근하게 되는데, 그 상태는 과거의 성격 패턴에 의한 것이 아니라 넓게 펼쳐진 가능성의 상태이다. 우리가 절대 이러한 성향을 전부 다 제거하지 않을지라도 중심을 염두에 둔 채, 즉 마음보기를 실행하면서 성향을 유연하게 만들고 현존하는 경로를 느끼는 마음과 가능성의 기초를 넓히는 감각을 일깨울 수 있다. 그렇게 함으로써 사고와 감정, 행동의 실제 활성화가 더 유연해지고 잘 적응하며 일관될 수 있는 것이다. 우리의 성향이 반응적으로 방어적이기보다 우리 자신과 타인을 위하여 사전에 수용적이게 된다.

개방된 중심으로부터 이것을 상상할 수 있는지 보라. 우리 모두는 존재의 본질과 중심의 거대함, 가능성의 개방성을 공유한다. 이렇게 해서 과학에 근거한 관점으로부터 우리는 성격이 필연적이지만 제한적일 수 있으며, 존재의 근원과 마음의 중심은 우리가 서로를 발견하고 심지어 자기 자신을 발견할 수 있는 곳이라고 말하는 것이다.

당신의 호흡을 인지하고 잠시 동안 들숨과 날숨을 느껴 보라. 호흡을 느끼는 것은 마음의 중심이라는 개방된 광활함을 가져오며 명확성의 깊은 공간과 고요는 항상 당신에게 존재한다. 함께 탐험하면서 마음의 중심은 일상에서 성향의 절정기와 정체기를 통한 여러 경험으로부터 되돌아갈 수 있는, 항상 강해지는 안식처가 된다. 마음의 중심은 우리가 활기를 되찾게 하는 은신처이며 매일매일의 순간순간마다 경험을 느끼는 드넓은 자각이다.

중심에서 우리는 가장자리의 활성화된 지점에 집중하는 것으로부터 사고와 감정, 충동 사이의 간격으로 이동하는 법을 연습해 왔다. 기술을 연습하면서, 시간이 흐름에 따라 당신은 활성화된 절정(가장자리 점)을 느끼는 훨씬 더 정제된 방식을 발달시킬 수 있는 것과 원자가 정체기(점들 사이 간격의 감정)를 발달시킬 수 있다는 것을 발견할 것이다. 또한 우리는 가장자리(이 점과 간격) 내에서부터 중심 자체에까지 이동하는 법도 배워 보았다. 이 시각적인 이미지와 자각의 바퀴라는 표현은 절정기에서 정체기까지의 자각에 초점을 맞출 수 있도록 반영하는 것으로 보이며 이제는 정체기에서 평평한 면(plane)에까지 이어진다. 우리는 절정기의 활성화된 지점(가장자리 점)으로부터 원자가 정체기(간격)에서 가능성의 개방 영역(중심)으로까지 이동할 수 있다. 잠깐 동안 이 중심이 어떤 느낌을 갖는지 다시 한번 느껴 보라. 무엇을 느끼는가? 지금까지 봐 왔듯이, 우리의 마음보기 탐색에서 어느 정도 어려운 단계이기는 하지만 과거 경험의 가장자리와는 다른 어떠한 특별한 것이 발생하지 않아도 걱정하지 말라. 당신은 여러 시각적인 은유를 통해 마음의 영역이라는 지도와 새로운 빛이 길을 비출 것임을 발견하게 될 것이다. 이것은 방해하는 지도가 아니며, 직접적인 경험으로 인도하고 내적 세계를 있는 그대로 해석할 것이다. 이전에 설명했듯이, 마음보기의 삼각대를 조립하는 더 많은 연습은 당신의 가능성 연습의 중심 자각/지대를 지지해 줄 것이다.

연습을 통해서 어떤 이들은 마음이 넓게 펼쳐지는 광활함을 느끼기 시작할 것이며, 우리는 지대에서 휴식을 취하는 열린 가능성을 상상할 수 있다. 그리고 여기에 그 개념이 있다. 마음챙김 연습에 매우 중요한 '자각에 대한 자각'은 우리로 하여금 열린 가능성의 영역으로 직접적으로 이끈다. 이것이 자각의 바퀴에서의 중심이라는 우리의 비유와 우리의 현실 지대가 진실로 나타낼 수 있는 것이다. 또한 마음의 중심은 우리의 PDP 성향의 기질 아래에 시선을 돌릴 수 있는 곳이다. 중심을 연결하는 것은 우리가 성격의 '감금'으로부터 벗어날 수 있도록 하고 뇌와 마음, 타인과의 관계 그리고 나 자신과의 관계를 통합시킨다.

기질을 넘어선 통합과 성장

PDP가 우리의 시작점을 받아들이는 것을 도와주는 동안, 반영적 연습은 우리의 마음보기 시각을 안정되게 하며 우리가 더 수용적인 공간에서 휴식을 취할 수 있도록 존재의 본질로 돌아가고 가능성의 개방 영역으로 우리를 데려오기 위해 중심을 발달시킨다. PDP 유형은 우리가 배운 방식으로 볼 수 있고, 특정 활성화 절정기에 대한 성향과 개연성의 원자가 정체기의 일반적인 지형을 우리는 가지고 태어났다. 통합되지 않을 때 절정기는 가파르고 경직 경향성은 패턴을 강하게 만든다. 반면 통합은 절정기를 이완시키지만 정체기의 일반적 패턴은 절대 지우지 못한다. 에너지와 정보의 흐름을 따라가는 마음보기 통합 훈련을 통해 우리는 평범한 일상의 안전지대로 돌아갈 수 있고 개방된 공간에 도달하게 된다.

이러한 방식으로 마음챙김 성향이라 불리는 것을 발달시킬 수 있을 것이다. 우리 자신의 반영은 이러한 존재 방식을 구축할 수 있다. 우리의 내담자에게는 노력 없이도 매일의 삶에 그러한 성격 특성을 엮으면서 지원하는 마음보기 기술 형성을 도울 수 있다. 다시 말해(그리고 이것은 아직 증명되지는 않았지만 개념상으로는 명백하다), 마음챙김 연습을 통해 의도적이고 반복적으로 만들어진 상태는 우리 존재의 극히 자연스러운 성향이 될 수 있다는 것이다.

이러한 것은 베어(Baer)와 동료들(2006)이 식별한 성향으로 공식적인 마음챙김 연습을 하거나 하지 않은 개인들을 통해 확인한 것이다. 이것은 자연적인 결과로, 일반 대중(대학생)에게 마음챙김 성향에 관한 몇몇 질문지를 대량으로 제공하여 얻은 것이다. 그 성향의 목록은 다음과 같다. 자각하면서 행동하기, 개인적 판단을 피하기, 감정적 균형 상태(무반응) 가지기, 마음의 상태에 이름 붙이고 묘사하기, 자기관찰(이러한 공식적인 마음챙김 연습에서 이것만이 독립변수였다). 연구를 통해서 이러한 마음챙김 성향이 공식적인 연습을 통해 발달될지는 아직은 모른다.

다양한 추론과 데이터로부터 우리는 마음챙김 명상이 9개의 중앙 전전두엽 기능을 촉진시킨다는 것을 안다. 신체 규제, 조율, 감정 균형, 두려움 조

절, 반응의 유연성, 통찰력, 공감, 도덕성, 직관력이 바로 그것이다. 이제 내
담자와 우리 자신의 마음챙김 연습을 돕는 것이 성장을 자극하고 통합적인
전전두엽 회로를 유지한다는 점에서 이것을 뇌 훈련 형식으로 간주할 수 있
다(Lazar et al., 2005; Luders et al., 2009). 특정한 기술 연습과 함께 깨어 있는
자각 상태를 매일 발현하는 것은 일상생활에서 이러한 통합적인 성향을 만들
어 낼 수 있다. 성향이 되어 가는 상태의 마법은 반복적인 발화가 시냅스 연
결을 활성화시키고 마음 세계를 알아 가는 기술 전문가가 되는 것처럼 골수
를 내려놓을지도 모르는 신경가소성 원리로 설명된다. 우리는 정기적인 마
음챙김 연습을 통하여 스스로 주의에 대한 강한 집중과 감정적 관여와 결부
된 반복적인 발화를 만들 수 있다. 당신은 왜 우리가 이것을 생활 적용에 있
어서 가장 기본적인 형태로 여기는지 볼 수 있을 것인데, 그것은 통합적인 기
능을 크게 하고 우리의 신체와 뇌 건강, 관계와 마음을 향상시킨다.

성향에 관한 이 절을 결론지으면서 이제 대조되는 것처럼 보이는 몇몇 차
원으로 넘어가 보자. 그렇다. 우리는 마음챙김 상태를 만드는 연습을 하면서
시냅스 연결을 변경할 수 있을지도 모른다. 이것은 우리 자신 그리고 우리의
내담자 모두가 더 통합적인 성향을 지니도록 하기 위함이다. 의도적으로 상
태를 만드는 노력(규칙적인 마음챙김 연습)이 필요한 활동은 노력이 필요하지
않게 되며 '성격'은 자동적인 영역이 될 것이다. 우리는 이것을 성향이라고
부른다. 기초선으로 모든 이 9개의 중앙 전전두엽 기능을 가지도록 일부러
발달시킨 성향이었다. 이것은 우리가 균형 잡힌 자기규제, 자신과 타인에 대
한 친절, 중앙 전전두엽 기능의 특징들을 보완하는 좀 더 유연한 원자가 정체
기를 어떻게 갖게 되는지도 드러낸다.

이처럼 우리는 PDP 모델을 탐구해 보았다. 이 모델은 어린 시절 부모나
친구들과의 경험, 기회, 유전적 기질로 상호 연결된 시냅스가 회로를 연결
해 간다는 과정을 제안한다. 차선의 경험들은 통합을 훼손하거나, 더 경직되
거나 덜 유연한 우리 경험의 정체기 또는 절정기를 만들거나(즉, 혼란의 폭발

을 야기할 수 있는), 우리의 삶에서 그리고 우리와 상호작용하는 이들의 삶 속에서 더 많은 성격 문제를 만들 수 있다. 이와는 대조적으로, 우리는 동일한 PDP 경로를 가졌을지도 모르지만 대신에 젊을 때에 최적의 관계 경험을 했고, 그럼으로써 우리의 성격은 자연스러운 상태가 되고 누적이 되며 방해가 되지는 않았다. 마음챙김 상담사로서 이러한 성격 특성이 정체기와 절정기의 평생 동안의 특징—즉, 선천적인 경향—이 된다는 것은 치료의 목적이 우리의 기질과 성격을 저버리는 것이 아니라는 것을 수용하게끔 한다. 대신에 우리가 타인과 우리 자신을 돕고 성격이 골칫거리라기보다는 재산이 되도록 하는 통합을 촉진하는 것이 목표이다.

PDP 모델과 성격에 대한 일반적 논의는 몇몇 성향이 우리의 긴장을 풀어 줄 수 있고 심지어 사랑하는 법을 알도록 한다는 것을 보게 한다. 신경 통합으로부터 나오는 다른 성향들, 일반적인 마음보기와 같은 것과 특정한 마음챙김에서 나오는 것들로 우리는 발달을 배울 수 있다. 예를 들어, 마음챙김을 하나의 성향으로 발달시킨다면 인생의 좌절에 위축되지 않고 오히려 접근함으로써 뇌가 좌뇌적 움직임을 갖게 된다. 이것이 바로 신경학적 회복탄력성이다. 우리가 어떤 기질을 가졌든 상관없이, 나를 포함하여 나의 삶에 헌신하는 자들 모두 통합으로 향하는 행복을 누릴 수 있도록 평정심과 의미를 만들어 갈 수 있는 그런 존재이다.

---

1. 231~233쪽에 있는 〈표 9-1〉에 해당하는 PDP 문항을 살펴보자. 이 표에 적힌 내용들을 누군가와 함께 작업해 보자.

2. 나를 가장 잘 표현해 줄 수 있는 형용사 3개를 써 보자.

10
트라우마(Trauma)

우리는 치료자로서 무슨 일이 발생하더라도 마음챙김을 하면서 개방된 상태로 있어야 한다. 하지만 동시에 우리는 마음보기와 통합, 발달과 신경 형성의 주요 개념을 포용하는 틀과 마음과 뇌의 상관관계에 있는 그대로를 탐색한다. 심지어 성격 유형의 발달에 대한 기질의 내재적인 특징을 따라가는 PDP 모델의 개념을 탐구해 왔다. 그렇게 함으로써 우리는 떠오르는 생각에 완전히 개방하게 되는 하향식 한계 역할을 하는 아이디어와 개념으로 마음을 채워 왔다. 이것이 우리에게 주어진 도전이다. 인지와 이해, 행동을 통제할 수 있는 것들의 예상보다 빠른 경화를 피하기 위한 기발한 상황에서 마음챙김을 사용하기 위한 것이다. 한편으로 우리는 열린 마음을 가지고 있지만 어떻게 건강해지는지에 대한 지식을 알고 있기도 하다. 트라우마라는 것이 건강에 어떠한 막대한 손해를 끼치는지에 대해 알아보기 전에 우리가 그것을 명확히 바라보고 그 틀에 어떻게 트라우마가 들어맞는지를 적용할 수 있게 하는 간단한 개념화를 해 보자. '기회는 준비된 마음을 편애한다.'라는 말은 이 영역의 이런 지도를 갖기 위한 기본 근거이다. 그렇기 때문에 해결되지 않은 트라우마의 어두컴컴하고 혼란스러운 바닷속으로 빠질수록 길을 쭉 따라서 참을성을 잃지 않을 것이다.

다음 단계인 마음챙김, 마음보기, 통합 그리고 총체적 경험 확장으로 향하기 전, 우리는 마음챙김 치료자가 되는 지식을 지금까지 단계적으로 쌓아 왔다. 이것은 분명 1인칭 몰입과 2인칭 기술, 3인칭 개념이 함께 공존하는 '발자국 기법'의 일종이다. 여러 면에서 이것은 치료 중 관계를 위해 질문하는 데 필요한 되새김 처리 과정이다. 또한 감각과 관찰, 개념의 흐름으로 하여금 공유된 앎이 발현되고 경험을 통합하기 위하여 도입하는 방법이기도 하다. 같은 종류의 통합은 우정에 함축적 진실로 통할 것이며 이 관계에는 부모와 아이, 교사와 학생, 직장 동료 그리고 연인 관계 모두가 포함되어 있다. 그렇지만 여기에서 우리는 탐색의 이 단계들을 반영하는 과정을 다루고자 한다. 메타커뮤니케이션—의사소통에 대한 의사소통—이 새로운 정보의 흐름으로부터 한 단계 나아가게 하는 동안 우리가 지난 길을 비추는 것은 다음 단계로 우리가 또 전진할 수 있음을 확신할 수 있다는 점에서 중요하다.

우리는 웰빙의 삼각형을 통해 에너지와 정보 흐름의 특정 패턴을 규정지을 수 있다는 것을 보았다. 마음은 에너지와 정보의 흐름이 관찰되고 변경되는 규칙적인 기능을 지닌다. 뇌에는 온몸을 통하여 분배되는 신경 체계가 수반되며 에너지와 정보의 흐름이 구조화되는 신체적 메커니즘을 가지고 있다. 또한 관계는 우리가 서로 에너지와 정보의 흐름을 나누는 방식인 것이다.

또한 우리는 통합으로부터의 정신건강 발현이라는 개념화와 체계의 서로 다른 요소들의 결합을 제공하였다. 통합이 존재할 때에 체계는 유연하고 적응할 수 있고 일관적이며 강하고 안정적인 'FACES'로 이동한다. 통합이 연결 그리고/또는 차별화의 한계로 인하여 손상되면 체계는 혼돈의 상태를 맞게 되거나 경직되거나 혹은 이 두 상태 모두에 처하게 된다.

발달 경로(성향과 기질) 패턴, 즉 PDP 모델을 살펴보면서 특정 성향이 개인의 기질과 성격 발달의 유전적 기여라는 개념을 알게 되었다. 이러한 성향들이 일생 동안 지속되는 동안 개연성의 정체기 또는 활성화의 절정기 패턴을 형성하며 치료는 통합을 촉진하고 이러한 패턴이 발현되는 내에서 더 유연한 길을 만들기도 한다. 우리의 각 성격의 본질이 변하지 않을지라도 이러한 한계 내에서 사는 것은 손해보다 가능성을 전달한다. 자유를 향한 경로란 가능성이라는 영역 내에서 가파르고 비좁은 정체기와 엄격하고 유연하지 않은 절정기로 묘사되는 성향을 유연하게 만들고 새로운 자아가 되도록 하는 경험을 확장시키는 것을 포함한다. 이러한 패턴들을 그저 우리가 누구인지의 일부로 인정함으로써, 우리는 그것들을 느슨하게 쥘 수 있다. 깨달음과 각자의 한계를 소유함으로써 자유를 얻는 것이다.

하지만 역사적 적응으로부터 경험의 부차적 기능에 이르는 성격적 경로를 어떻게 구분할 수 있는가? 중요하든 그렇지 않든 해결되지 않은 트라우마가 치료와 성격 특성을 통해 변화되어야 한다는 것을 어떻게 알 수 있는가?

이것은 학술적인 질문이 아니고 그저 상담치료자로서의 일상에서 마주해야 하는 핵심이다. 나는 은행 강도인 윌리 서턴(Willie Sutton)의 이야기와 사람들이 그에게 왜 은행을 털었는지 물어봤을 때 그가 한 대답을 떠올리는 것을 좋아한다. 전해진 바에 의하면 그는 "그곳에 돈이 있었기 때문이지요."라고 답했다. 이와 비슷하게, 치료자들은 구체적으로 무슨 일이 다른 사람의 삶에 일어나고 고통을 주는지 평가하고 초점을 맞춘 개입을 한다는 측면에서 돈이 있는 곳으로 가면 안 되는 것일까? 그것은 진실에 기반을 둔 일관적인 틀을 지니는 개념으로써 이러한 중요한 질문을 전달하고 우리의 활동이 더욱더 효과적이고 효율적으로 진행되기 위한, 정확하지만 유연한 가이드맵(map of the territory)이다.

나는 당신에게 트라우마라는 것이 치료에서 진행되어야 하는 것을 구분할 수 있는 법을 강조하는 매우 중요한 발달 경험의 예라고 말하고 싶다. 해결되지 않은 트라우마라는 것과 PDP 유형을 구분해 보면서 가장 중요한 어려움에 마주하게 되었다. 우리는 어떻게 해서 무엇이 변화되어야 하고 또 무엇은 변화시키면 안 된다는 것을 알 수 있는가? 또한 어떻게 우리는 이 차이를 알기 위한 지혜를 만들어 내는가?

이 장에서 나는 안팎으로 뒤집어서 내 고유한 트라우마가 담긴 경험을 사례로 들어 보고자 한다. 당신은 많은 IPNB 책과 트라우마를 직접적으로 대하고 이 치료법에 관련된 책을 통해서도 그것에 대해 유용하게 알아낼 것이다. 여기에서 우리는 트라우마와 성향을 구분할 수 있는 의식하는 치료자의 역할에 초점을 맞추고자 한다.

뇌 기초

학생인 내 두 아이가 등교하기 전에 나는 가족과 함께 아침을 먹는다. 나는 축농증을 치료받고 있어서 항생제를 먹고, 오빠는 여동생을 학교에 데려다주기 전에 함께 시리얼과 주스를 마시고 있었다. 그들이 다가올 주말에 있을 일에 대해 하는 얘기에 정신이 팔렸던 나는 하고 있던 일을 놓치고 바닥에 알약을 떨어트렸다. 별일이 아니었다. 약을 줍기 위해 몸을 구부리고 있는데 그때 우리 개 중 한 마리가 쿠션에서 뛰어내려 내 알약을 자기 입 속에 넣어 버렸다.

그렇다. 이것은 별일인 것이다. 그렇지 않은가?

그렇다. 나는 자리에서 뛰쳐나와 집 안에서 개를 쫓아다녔다. 개의 턱을 벌리려고 안간힘을 썼고 결국 입 속에서 항생제를 꺼냈다. 내 심장은 곤두박질쳤고 손은 부들부들 떨렸다. 결국 나는 변화된 의식 상태를 지닐 수밖에 없었다.

아이들이 나에게 무슨 일이냐고 물었다. 그래서 나는 개가 알약을 삼킬 수 없고 삼킨다면 죽게 될 것이며, 그래서 개의 입에서 억지로 그것을 빼낸 것이라고 말해 주었다. 내 딸은 책상 다리 아래에서 알약을 찾아내어 건네주고는 눈을 굴리며 나에게 정신을 바짝 차리라고 말했다. 아이들은 학교에 가고 난 회사에 가기 전에 샤워를 하러 들어갔다. 내가 정말로 해야 하는 것은 치료—내가 최종적으로 해 온—였고 무슨 일이 벌어지는지 파악하는 것이었다.

이제 당신은 '댄, 당신 자신에게 잘해 주세요. 당신은 그 알약이 개를 죽음에 이르게 할 것이라 생각해서 개를 보호하기 위해 안간힘을 썼잖아요.'라고 지지하며 생각할 것이다. 고맙다. 당신이 확실히 옳을지 모른다. 그러나 사실 내가 일주일 동안 하루에 2번씩 먹는 항생제가 개를 실제로 죽일 것 같지는 않았다. 그렇기는 해도 개가 알약을 먹는 것에 대한 나의 두려움은 그 개가 그것을 삼키지 않는 것을 실제로 보지 못해서 발생하였다. 두려움은 자각을 넘어 주목을 끌고 사건의 가장 위태로운 상황에 집중하도록 하여 우리를 혼란의 풍파에 빠트린다. 즉, 두려움이 삶을 구제하는 반면, 자각을 막아 존재하지 않는 것을 우리가 보도록 만든다.

조셉 르두(Joseph LeDoux, 2002)를 포함한 많은 이가 편도체에 대해 연구를 해 왔으며 이를 통해 지각 입력의 흐름이 온다는 것을 보았다. 만약 과거의 가슴 아픈 경험, 이를테면 트라우마나 죽음 같은 것으로 인해 예민한 적이 있다면, 편도체는 인생을 사는 데 조심해야 할 많은 목록을 더해 간다. 새로 일어나는 일을 겪으면서 만약 지난 과거의 트라우마와 비슷한 무언가를 발견한다면 현재 일어나는 일에 두드러지게 관심을 갖게 된다. 만약 그 후의 분석이 현재와 과거의 부호화된 일 사이의 조화를 평가한다면 두려움의 생리적인 상태가 증가할 것이다. 이것은 위험을 피하기 위해 두려움이라는 존재가 자원을 빠르게 동원하는 데에 얼마나 유용한지를 보여 준다. 이 교감을 통해 이끌어진 놀람 또는 두려움은 두렵고 경계하는 감각과 함께 패닉 상태를 가속화시킬 수 있다. 나는 내 개가 떨어진 알약을 입에 넣었을 때에 엄청난 패닉에 빠졌다.

하지만 개가 알약을 위해 달려왔을까, 아니면 단지 떨어진 순간 시리얼을 위해 달려왔을까? 개가 달려오는 것을 봤을 때에 나의 편도체는 가득 찬 조절판의 비상 스위치에 응답했다. 그리고 패닉 상태에서 나는 개가 약을 삼켰는지, 아니면 그냥 사람이 먹는 음식을 위해 온 건지를 구분할 수 없었다.

왜 이런 일이 일어났을까? 그저 내가 최악의 상황을 염두에 두는 성향을 지닌 것일까? 음, 그렇다. 나는 그러한 PDP 성향을 지니고 있다. 또한 이것이 그 결과이다. 우리 가족과 내가 감수해야만 하는 별난 점이다. 강아지가 알약을 삼키는 것에 관하여 집착한 것인가?

아니면 또 다른 무언가가 있을까? 단지 어떠한 기질이라기보다는 트라우마를 떠올린 걸까? 만약 이것이 해결되지 않은 트라우마라면 그것은 과연 무엇일까? 이런 경우에 해결되지 않은 매우 압도적인 과거의 경험이 현재 나의 삶에 스멀스멀 나타난다.

내가 14세였을 때 내가 가꾸던 정원의 달팽이 독에 관한 슬프고 고통스러운 경험을 했다. 그때 나는 부모님께 내가 잠자리에 들고 나서 내가 키우던 강아지가 정원으로 나가지 못하도록 해 달라고 말하는 것을 깜빡 잊었다. 잠에서 깨었을 때 나의 강아지인 프린스 주니어가 죽은 걸 발견했다. 강아지의 죽음에 대한 고통과 부모님께 자기 전에 경고를 하지 않은 것 그리고 내 가장 친한 친구를 보호하지 못했다는 것에 대한 죄책감은 수년간 나를 괴롭힌 충격적인 감정을 가져다주었다. 나는 항상 무언가에 대해 두려움의 감정을 느끼고 걱정을 해 왔다. 하지만 이 트라우마를 남긴 경험은 내 성향에 영향을 미쳤고 나를 지나치게 크게 걱정하는 이(bigger worrier)로 만들었다. 그 후에 학교를 다니면서 나는 준비해야만 하는 것들에 항상 곤두서 있었다. 의대에 다닐 때 나는 내담자의 치료에 관한 모든 요소에 아주 미친 것처럼 그리고 너무나 심하게 책임 있는 자세로 임했다. 성격 특성과 전문적인 헌신은 관련이 있었다. 어떤 방식으로는 좋은 것이기도 했다. 하지만 그 모든 것에 트라우마는 어떠한 역할을 한 것일까?

통합 시스템은 평정심이 형성되도록 한다. 뇌과학적으로 말하자면, 통합 시스템이 신경계를 통하여 이동 기억이나 감정에 깊게 반영되는 신경 발화의 흐름이 일어날 수 있지만 중앙 전전두엽 영역과 같은 우리의 통제적인 부분들은 이러한 다양한 전두엽의 조화와 균형을 이끌어 낸다는 것이다. 리처드 데이비슨(Richard Davidson)과 위스콘신 동료들(개인적 의사소통, 2009)은 갈고리섬유다발이라 불리는 중앙 전전두엽 회로의 일부를 보여 주었다. 이것은 반응 상태가 일어나는 동안 아래쪽 대뇌 변연계의 편도체의 발화를 감소시키는 억제성 전달물질을 방출한다. 데이비드 크레스웰(David Creswell)과 동료들(2007)이 UCLA에서 복외측 전전두엽 피질을 포함한 중앙 전전두엽 영역은 우리가 정확하게 감정에 이름을 부여할 때에 활성화된다는 것을 발표했다. 내적인 라벨링(internal labeling)은 감정적으로 표현되는 얼굴 관찰 후에 편도체 발화가 감소되는 것과 연결된다(주로 질문지 작성을 통해 높은 마음챙김 성향을 보이는 사람들은 길들이기 위해 이름을 붙이는 행동을 확고하게 보이고 있었다). 대체로 통합적인 중앙 전전두엽 영역은 아래쪽의 대뇌 변연계와 뇌간의 발화 패턴을 모니터링하고 변형하는 중요한 역할을 한다. 이것은 우리 신경계의 조화와 균형을 맞추기 위해 필요한 규제이다. 또한 이루어져야 하는 FACES의 흐름을 원활하게 하는 신경 통합이기도 하다.

여기 기초적인 제안이 있다. 트라우마는 통합을 손상시킨다. 해결되지 않은 트라우마는 지속적인 혼돈과 경직을 야기한다. 내가 항생제 캡슐을 떨어뜨린 후에 겪은 공황 발작은 혼돈 반응의 한 가지 예였다. 독에 감염되는 사람이나 동물에 관한 나의 경계는 내가 의학이라는 전문성을 가진 것을 고려할 때에 칭찬받을 만하다. 하지만 아침 식사 중 알약이 떨어졌을 때 그러한 경직 상태를 지닌 것은 나의 상호작용이라는 맥락에 적응하기 위한 단호한 태도를 보여 준다. 이 혼돈과 경직은 손상된 통합을 가진 뇌—그리고 해결되지 않은 트라우마를 가진 마음—를 보여 준다.

내 뇌에서 강아지와 독이 연관된 신경 묘사를 만들어 낸다. 그리고 통제 불가능한 상태라는 작은 폭포를 일으켜 낸다. 이것은 공황/혼돈과 과도한 경계/경직을 야기할 수 있다. 말로 표현하기는 어렵지만 한번 상상해 보라. 나의 풀리지 않은 트라우마 내에서 신경 연합은 FACES 흐름을 감소시키고 이후의 발화 패턴을 일으켰다. 그것들은 유연하지도 않으며, 적응도 쉽지 않고, 일관적이지도 않으며, 기운을 북돋지도 않는다(활력으로 가득 찬 느낌이 아니라는 의미에서). 또한 적응 과정에서 자신을 드러내도록 지지하는 견고한 상호작용을 이끈다는 의미에서 안정적이지도 않다. 자연스럽게 패닉 가운데에 에너지가 있었고 경계심이 반복적으로 형성되는 가운데에 이것이 내 삶에서 되풀이된다는 점에서 당연히 안정적으로 해석된 것이다. 하지만 여기에서 힘이 있고 안정적이라는 말은 활력을 통해 더욱 풍요롭다는 것이며 오랜 기간 힘과 안정성이 밑바탕이 된다는 것을 의미한다.

　해결되지 않은 트라우마는 우리의 내적 세계를 불일치하게 만든다. 일관성의 두문자어는 아직 만들어지지 않았다. 나는 연결된 느낌도 받지 않았으며 개방되거나 조화롭거나 어떤 것과 관련이 있거나 수용적인 느낌도 들지 않았다. 또 어떠한 새로운 느낌(신선하고 새로운 것의 출현과 같은)도 들지 않았고 지력(앎의 깊은 감각)도 느낄 수 없었다. 또 공감하거나 동정심이 들지도 않았다. 내가 어렸을 때처럼 나의 행동은 불일치했다. 이해할 수 없는 것이었다. 나는 자동 조종 장치였고 의식하지도 못했으며 말 그대로 '정신이 나간 상태'였던 것이다.

마음보기 기술

　미해결된 트라우마를 탐색하고 해결하는 기본적인 사색 활동 중 하나는 통합 상태의 손상된 기억을 알아보는 것이다. 거대한 과거 경험의 외상후 스트레스 장애[1]와 손상을 해결하는 것은 기억의 중요한 두 가지 범위의 분리 상태로 보일 수 있다. 그것은 바로 외현 기억과 암묵 기억이다. 〈표 10-1〉에서 볼 수 있듯이 암묵 기억은 처음에 발달하여 지각, 감정, 행동, 감각, 정신적 모델링, 점화의 여섯 가지 측면을 가진다.

---

1) 역자 주: 큰 정신적 충격 때문에 의학적 증상을 겪게 되는 질환을 말한다.

〈표 10-1〉 기억의 수준

기억	특징
암묵 기억	• 태어나기 전후—인생 전반에 걸쳐—에 발생한다. • 부호화를 위한 중심 집중, 의식적인 집중을 요구하지 않는다. • 부호화나 정보를 되찾기 위한 해마를 요구하지 않는다. • '암묵적으로만' 또는 순전히 통합되지 않은 형태를 회수할 때에 의식의 상태로 들어가지만 과거로부터 회상되는 내적 감각을 지니지 않는다. • 적어도 6개의 측면을 포함한다. 지각, 감정, 행동 그리고 감각일 가능성이 있고, 추가로 정신적 모델(스키마, 윤곽)과 점화(특정한 반응에 준비된 상태)가 있다. • 암묵 기억은 자동적이므로 유연하지 않다.
외현 기억	• 한 살 때부터 발달한다. • 부호화를 위한 중심 집중, 의식적인 집중을 요구한다. • 강화되지 않은, 오랜 기간의(영구적이지는 않은) 기억 정보를 되찾기 위한 해마를 요구한다. • 인출되면 의식의 상태로 들어가지만 과거로부터 회상되는 내적 감각을 지니지 않는다. • 적어도 2개의 측면을 포함한다. 사실에 기반을 둔 기억(좌측 우세)은 의미 기억이라 부르고, 자전적 기억(우뇌 우세)은 시간의 흐름에서 사건으로 기억되어 일화 기억이라 부른다. • 외현 기억은 유연하며 의도적으로 인출되고 다시 재조직되기도 한다. 또한 분류될 수도 있고 기억의 기본 형태에서 새롭게 추출되기도 하며 사람들은 자전적 서술 과정을 통해 '이해한다'.

강아지가 알약을 먹을 뻔한 그 소동이 있고 나서 며칠 동안 나는 사무실에 조용히 앉아 이 사건에 관하여 생각해 보는 시간을 가졌다. 혼돈 속에 빠져 마음속에 무언가가 떠올랐다. 무언가 내 뇌 속에서 해결되지 않은 상태로 남아 있던 것이다. 자각의 바퀴의 중심으로 이동하면서 나는 호흡을 따라 내 자연스러운 박자를 찾도록 시도했다. 중심의 명확성을 느꼈을 때 나는 기억의 가장자리 요소가 자각으로 흐르도록 했다. 이 말이 좀 우습게 들릴지도 모르겠지만 다양한 각도로 자각의 바퀴 연습을 반복적으로 한다면 당신도

이 접근법이 얼마나 유용하고 효과적인지를 알게 될 것이다. 부모들은 자주 이 시각적인 마음의 은유를 놀라운 속도로 그리고 아주 효과적으로 사용한다. 기억의 층이라는 지식을 가장자리 사건의 해석에 적용할 때 우리는 새롭고 해방되는 관점으로부터 내적 마음을 보게 될 것이다.

암묵 기억은 과거로부터 출현하는 감각이 부족하다. 그러나 이러한 지식으로 무엇이 발생하는지를 관찰하는 것과 각 새로운 이미지와 함께 출현하는 감각을 따라잡는 것이 가능하다. 나는 SIFT(sensation, images, feelings, thoughts)라는 용어에 대해 생각하는 것을 좋아하는데, 이는 자각의 다양한 흐름으로부터 나오는 감각, 이미지, 감정 및 생각을 따라가는 방법에 대한 것이다. 이 경우에 내 배에서 무섭고 불길한 감정이 개가 알약을 먹을 뻔했던 때의 그 공황처럼 나타났다. 내가 생각하기에 그것이 공황이라는 것이 우리에게 가져다주는 것이다. 하지만 암묵 기억에 대해 알아 가면서 나는 이것이 아주 오래전부터 발생한 감각 표상이라는 가능성에 대해 열려 있기로 했다. 그리고 사실 이러한 요소들은 내가 그날 아침에 (또는 어느 때라도) 기억하고 있던 감정을 지니고 있지 않았다. 그러므로 아마 그것들은 현재의 평가 또는 아마 그것들이 해결되지 않은 과거 암묵 기억의 감정에서 나오는 것일 것이다. 중심으로부터의 이런 질문을 고려함으로써 우리의 경험은 가장자리에 휩쓸리는 것을 벗어나고, 무엇을 떠올리건 간에 그것은 일곱 번째 감각의 기억이 아니라 '지금 여기'에 있는 것처럼 느껴지는 것이다. 우리는 이것이 현재에 관한 것이 아니라 과거로부터 온 것임을 알 수 있다.

중심으로부터의 내 기억 속에서 발현된 것은 바로 식탁과 알약 그리고 음식을 계속 바라보고 있던 내 반려견이었다. 이 이미지들은 그날 아침의 기억, 즉 '과거에서 있었던 그 무엇'으로 연상되는 외현 기억으로 느껴졌다. 그러고 나서 나의 소중한 반려견이었던 프린스 주니어가 내 마음속으로 들어왔다. 이것이 외현 기억으로 느껴지는 동안(이 트라우마를 이전에 반사적으로 느낀 적이 있다), 단지 하나의 기억이라기보다는 더 생동감이 느껴지는 어떤

한 내적 자질(inner quality)로 다가왔다. 그 차이를 설명하기가 어렵기 때문에 이에 대해 더 명확하고 쉽게 당신에게 설명하기 위해 다른 이야기로 들어가 보겠다.

나는 스무 살이었을 때 세계보건기구를 위해 멕시코에서 민간치료(folk healers)을 공부하고 있었다. 함께 공부하던 친구와 나는 한 유명한 여성 민간치료자를 인터뷰하기 위해 산에 올라갔다. 전속력으로 등반하던 중에 내가 타던 말의 안장이 느슨해져 말의 배 부분으로 미끄러졌다. 내 발은 (말 안장 양쪽에 달린) 등자에 있었고 오랜 시간 동안 끌려갔다. 내 뼈와 치아가 부러졌음에도 불구하고 내가 살아남은 것을 보고 사람들은 놀라워했다. 수십 년이 지난 후, 〈씨비스킷(Seabiscuit)〉이라는 영화를 보다가 갑자기 내 얼굴과 팔에 강한 통증을 느꼈고, 내가 몸을 옆으로 구부렸을 때에는 근육이 조여지는 것 같은 느낌을 받았다. 아까 말한 그 위급한 상황을 겪고 난 후에도 나는 말을 탔고 미국에 귀국한 몇 년 후에도 말을 볼 때 찌릿한 통증을 느끼지 않았음에도 불구하고 그 영화를 보면서 통제할 수 없는 무언의 압도당하는 느낌을 겪은 것이다. 또한 비록 그 영화에서의 사건이 내가 겪었던 것과 비슷하다고 깨달았을지라도 지금 여기에서 그 느낌을 받았다는 것이다. 이것은 과거에서의 경험에 대한 무언가를 내가 기억하는 것이 아닌 것 같다는 생각이 들었다. 그것이 바로 '유일한 암묵' 기억이 출현한 것이다.

이제 독을 먹은 내 개의 이야기로 돌아가 보자. 이 반영 경험을 통해서 프린스 주니어의 이미지를 느끼면서 무언가가 희미하게 반짝이는 것을 느꼈다. 나는 의도적으로 기억을 찾고 있었으며 달팽이 독에 관한 트라우마를 알게 되었다. 그리고 나서 이 경험을 내 항생제가 바닥에 떨어져 있던 그날의 곤혹스러운 패닉과 연결 지어 보았다. 그 사건은 더 이상 새롭거나 생생하지 않을 정도로 많이 반복된 이야기처럼 거리가 먼 내적 자질을 지녔다. 하지만 이와 동시에 프린스 주니어의 이미지는 그가 독을 먹고 세상을 떠난 후 시간이 하나도 지나지 않은 것처럼 무섭게도 정말 현실처럼 느껴졌다. 마치 그 시절 내가 그와 함께 지금 여기에 있던 것처럼.

우리 인간들은 주관적인 경험의 정신적 측면을 유사하게 하는 다양한 층의 신경 회로를 지니고 있다. 이 마음보기 기술 연습이 무엇인지에 대한 하나의 관점은 그것이 동시에 자각의 두 가지 흐름을 환기시킨다는 것이다. 하나는 SOCK라는 개념의 C에 해당하는 개념적 지식(conceptual knowledge)의 서술적 흐름이었다. 이러한 경우에 개념들은 이야기 형식에 속했다. 또 다른 흐름은 전혀 꾸미지 않은 감각 같은 것을 지녔는데, 그것은 마치 이미지들이 지금 일어나고 있는 것과 같이 지각된다. 이것은 암묵 기억의 재활성화라는 감각이었다.

파브 등(Farb et al., 2007)의 연구에서 보여 주듯이 마음챙김 훈련은 우리가 자각의 다양한 흐름을 구별할 수 있도록 한다. 『Journal of Social, Cognitive, and Affective Neuroscience』(Siegal, 2007b)에서 나는 마음챙김이 통합을 촉진시키는 아주 강력한 도구라고 주장한 적이 있다. 이 연구에서 드러난 것은 다양한 흐름이 이어지는 마음챙김 훈련을 통하여 서로 구별될 수 있다는 효과적인 방법인 것으로 보였다. 내 개였던 프린스 주니어의 이미지에 대한 고유한 경험을 사례로 보면 나는 서술적 인지와 자각의 흐름의 암묵 감각을 모두 느끼고 있었다. 이 두 가지 흐름의 개념적 지식과 외현 대 암묵 기억의 본질로서 우리는 마음이 내적 세계의 다양한 각도를 구별할 수 있도록 준비한다. 이 과정을 통하여 우리는 내적 세계를 이해할 수 있게 되며, 우리의 감각과 개념을 바라보고 암묵 기억으로 하여금 그다음에 위치한 더 통합되어 있는 외현 형태로 흘러가게 된다. 이 단계와 함께 우리는 삶의 이야기를 경험의 의미에서 더 폭넓은 감각으로 엮어 나갈 수 있다. 이것이 트라우마를 해결하는 첫 번째 단계이다.

자연스럽게 우리는 이와 비슷한 해결되지 않은 많은 트라우마를 살펴보게 되며 치료와 해결의 단계로 전진하게 된다. 이 장에서 내가 당신에게 제공하는 것은 당신 자신의 삶에서 아직 해결되지 않은 트라우마가 남아 있는지를 생각해 보는 시간을 가지라는 것이다. 혼돈이나 경직의 순간은 과거의 외상 경험이 통합에 지속적인 장애를 가져온다는 신호이며, 조화로운 삶을 갑자기 혹은 교활하게 제한할 수도 있다.

때때로 트라우마에 적응하기 위한 과정은 단지 일관적이지 않은 순간이 아닌 존재의 지속되는 습관으로서 집요하게도 작용한다. 만약 사실 이 과정들이 경험상으로 관련되어 있다면 통합 작업을 하는 것이 우리를 함정에 빠트리는 그것들의 방식을 깊게 바꿀지도 모른다. 좀 더 선천적인 우리의 성향들은 유전적인 기원을 가지고 PDP 성향에 그것들을 함유하거나 반대로 치료 과정에서 어떠한 요법이 사용되든지 상관없이 계속해서 지속될지도 모른다. 이러한 기질들은 해결되지 않은 채로 남아 있는 트라우마에 대한 적응과 구별되는 것이며 치료의 초점이 될 수도 있다. 또한 이러한 외상 후 상태의 통합을 촉진시킬지도 모른다. 우리의 PDP 성향의 경우, 그 개념은 굳건하게 우리를 지배하는 것으로부터 우리가 자유를 얻는 것이고, 그것이 우리를 옭아매는 감옥이 아니라 우리의 친구가 될 수 있는 신체의 구조라는 것을 깨닫는 것이다.

해결되지 않은 트라우마와 치료 그리고 통합

가능성의 개방 영역으로부터 우리는 개연성의 정체기로 이동한다. 이곳은 이전의 경험에 의하여 형성되는 시각을 통하는 사건을 이해하기 위하여 우리의 마음을 우선시하는 곳이다. 이것이 바로 지각과 우리의 대응 구조를 거르는 마음의 상태—개연성의 정체기—를 만드는 방법이다. 나는 개가 일상적인 식단을 넘어선 물질을 섭취하는 것이 치명적인 행동이라는 정신적 모델로 유도된 상태의 트라우마를 가졌다. 이러한 하향식 영향은 우리의 환경을 처리하는 영역과 편향을 지각하는 것을 형성하고 우리가 보는 것과 빠르고 구체적인 연관성을 만들어 낸다. 우리의 인지적 해석, 감정 반응, 행동 반사 작용 그리고 심지어 감각적 반응도 각각 암묵적 여과 장치(implicit filter)의 일부로 만들어질 수 있다. 이 암묵적 여과 장치란 과거로부터 형성되는 무언가를 덜 지각하는 것이다. 아직까지 해결되지 않은 트라우마를 경험해 오면서 이러한 하향식의 암묵적인 영향들은 외현 기억의 사실적이고 자전적인 측면들로 통합되지 않았다. 우리는 그러한 해결되지 않은 정체기로부터 발생하는 절정을 경험한다. 마치 과거의 한 시점으로부터 나온 것이 아닌 지금 여기의 경험인 것처럼 말이다. 내가 먹으려 했던 항생제가 떨어진 그 순간 내 뇌는 갑작스러운 엄청난 경보를 울리고 내 마음 상태는 테러를 경험했다. 그리고 나는 내 반려견이 알약을 삼키면 죽을 수밖에 없을 거라고 확신하게 되었다. 나는 내가 그런 행동을 한 이유를 잊고 살아왔으며 해결되지 않은 트라우마의 자동 조종 장치처럼 있었던 것이다. 여기에서 해결의 결핍은 나를 통합되지 않은 뇌의 혼돈 속으로 빠트렸다.

우리의 마음보기 기술에 대한 논의는 이렇게 통합되지 않은 형태에서 암묵 기억이 어떻게 암묵/외현의 과정들의 혼합으로부터 꽤 다른 것을 어떻게 느끼는지를 알아보기 위한 첫 단계에 대해 간단하게 몰두하는 것이었다. 그리고 그 혼합은 자전적인 지식과 트라우마의 해결과 함께 나타난다. 나의 경우 과거에 비록 반려견의 죽음에 관해 생각해 볼 다양한 기회와 관점을 가졌음에도 불구하고 트라우마에 대한 해결이 충분히 되지 않았다. 하지만 아침 식사 중에 있던 그 에피소드는 나의 고유한 치료 요법으로 전환해 내 삶에 대해 더욱더 깊게 되돌아보고 생각하는 시간을 갖게 했다. 결국 이러한 시간은 강아지의 죽음 뒤에 숨겨져 있던 더 깊은 의미를 찾는 것을 가능하게 했다. 나에게 있어서 익숙한, 무조건적으로 사랑했던 친구를 잃었다는 것뿐만 아니라 그의 죽음에 대해 무책임했던 나 자신을 용서할 수 없었던 것이다. 몇 년이 지난 후 나는 여전히 부모님께 미리 개를 정원에 가게 하는 걸 막아 달라고 경고하지 못했던 것에 대해 죄책감과 부끄러움을 느꼈다. 용서할 수 없는 그 행동은 내 안에 가혹한 비판을 만들어 냈으며 그와 비슷한 어떠한 실수도 피하려고 조심하면서 내 몸은 긴장과 불안에 휩싸이게 되었다. 또한 내 생생한 상상력에는 최악의 상황이 계속적으로 모니터링되고 있었다.

만약 나의 PDP 성향이 두려움보다는 분노에 더 가까웠더라면, 아마 개의 죽음 이후에 내 삶은 동물에게 상처를 주거나 인간을 보호하지 않는 이들에 대한 더 큰 분노로 휩싸였을 것이다. 그게 아니고 만약 슬픔과 괴로움에 더 의존된 PDP 성향을 지녔더라면 아마 나는 과도하게 거절당하고 사회적으로 버려지고 사랑받지 못한 상태로 관계에 사로잡혔을 것이다. 하지만 내 PDP 성향은 두려움으로 기울어져 있었으며, 그래서 기억했어야 할 것을 다시 잊어버림으로써 선행하는 두려움에서 높은 경계 상태에 있었던 것이다.

내 자신의 치료에서 그 열네 살 난 소년을 받아들이는 방법을 찾는 것에는 친구나 가족, 숙제나 집안일 그리고 재구성의 한가운데에 있는 전전두엽 피질과 같은 많은 것이 놓여 있었다. 그리고 나는 그에게 다가가는 것이 가능했으며 마침내는 일어난 일에 대해 그리고 일어나면 안 됐을 일에 대해 그를 용서하였다. 나는 부모님에게 미리 경고하지 않은 어린 시절의 나를 용서했다. 내 자신에 대해 분노와 인지된 실패를 끊지 않고 계속 쥐고 있으면서 나는 내 자신과의 전쟁에 가두어져 있었다. 내 대처 방식으로 휴전 없이 나는 문제를 뛰어넘을 수 없었으며 내가 할 수 있는 한 나는 최선을 다했다.

이 시간 즈음 내 치료자와의 현존과 조율 그리고 공명은 내 자신 앞에 설 수 있도록 만들었다. 나는 내 개의 죽음이 '내가 어떤 사람이었는지', 내가 누구인지 그리고 내가 어떤 사람이 될지 계속 진행 중인 묘사로 통합된다는 사실을 받아들여야만 했다. 또 나 자신이 개를 죽음에 이르게 한 잘못을 저질렀다는 것뿐 아니라 나에게 무언가 잘못된 것이 있었다는 두려움과 역겨움이라는 고통스러운 내적 감각으로 이끌어 감금한 수치심이라는 감정을 인정해야 했다. 암묵적인 감옥에 갇혀 있던 어린 소년에게 다가가는 것은 나 자신이 자유롭기 위해서 꼭 필요한 첫 번째로 중요한 단계였다.

하지만 자유가 우리의 성격 자체를 없애 주는 것은 아니다. 그것은 우리가 누구인지에 조화를 잘 이루게 한다. 적어도 자유는 우리 자신에 대해 더욱 자유롭게 만들어 준다. 그렇기 때문에 나는 두려움으로 기울어져 있는 내 고유한 PDP 성향의 경로가 바뀔 거라고 기대하지는 않는다. 그 성향은 단지 좀 느슨해질 수 있으며 나 자신을 가두지 않을 것이다. 나는 이후로 무언가가 바닥에 떨어질 때에 말 그대로 그리고 은유적으로 마음이 좀 더 편해지는 것을 발견하였다. 또 심지어는 내 청소년기에 내가 어디에 있는지와 지금 이 시간 내가 어디에 존재하는지를 받아들임으로써 그 시절에 대해 좀 더 편하게 생각하게 되었고 그것의 오고 감에 대해 덜 반응적이게 된 자신을 발견했다.

---

1. 나에게 트라우마라는 단어를 들으면 떠오르는 개인적인 경험이 있는가? 남들이 생각하는 심각한 트라우마든 그렇지 않든 상관없다. 나의 개인적인 경험을 떠올려 보자.

2. 나는 이 트라우마 경험에 어떻게 대처하였는가?

3. 나는 어떻게 트라우마(trauma)를 나만의 독특한 드라마(drama)로 만들 수 있었는가?

4. 무엇이 혹은 누가 도와주었고 또 나는 무엇을 하였는가?

5. 이 이야기를 누구에게 알려 주고 싶은가?

11

이행(Transition)

마음챙김 상담치료자가 되는 것은 일어나는 사건들
에 대해 파헤쳐 보는 것뿐 아니라 어떻게 그것들이 순간마다 변화하는지의
과정에 대해 알아보는 것을 요구한다. 마음챙김 반영의 심오한 이해 중 하나
는 그 어떤 것도 똑같은 상태로 멈춰 있는 존재가 아니라는 것이다. 명상을
하거나 조급한 범주화를 내려놓음으로써 이러한 관점에 다다르거나, 마음챙
김 상태에 존재하며 고유의 내부 세계와 외부 세계에 진지하게 집중하는 것
은 내부 현실과 바깥 세상의 변화무쌍한 자연을 향해 마음을 일깨우는 것을
포함한다.

　우리 고유의 내적 세계는 지속적으로 변화한다. 기본적인 내적 발견을 하
기 위해 시간을 투자했던 사람들이 그 과정에서 처음으로 놀라는 것 중 하나
는, 그들이 내적으로 안정적이거나 예측 가능한 것이라 생각했던 것 자체가
사실은 직면한 현실이 아니라는 점이다. 그들이 직면한 것을 적중했다고 생
각할 때조차 말이다. 보라, 그것이 또다시 변했다!

　안팎으로 명확하게 느껴지는 삶의 이러한 역동적인 본성은 마치 우리가
한 해, 한 달, 하루, 한 시간, 일 분, 일 초 동안 변화하는 모습을 느끼는 것처
럼 시간의 특성을 나타내는 4차원을 환기시킨다. 여러모로 이행에 대해 주
목하는 것은 일시적인 통합―어떻게 우리의 도덕성과 씨름하기 위한 확실
성과 비영구성을 갈망하는 삶에서의 존재에 관한 중요한 일들을 직면하는
지―의 본질이 된다.

　댄 스턴(Dan Stern, 2004)이 최대 5~8초의 다리를 제안한 각 순간에는 일부
사람들이 '모래 한 알 속의 전체 우주'라고 부르는 것이 포함된다. 음악의 구

절 또는 춤의 동작은 각각 시간의 그 순간을 포착한다. 심지어 뇌에서도 특정한 순간에 자각 내에서의 사물에 대한 우리의 이미지를 나타내는 전자 물체의 개념은 우리가 세상을 경험하는 방식에 대해 매우 주관적인 감각과 상관관계가 있는 신경 발화 패턴의 집합을 나타낸다. 이렇게 이루어진 순간들은 우리가 마음챙김 상담치료자로 현존할 수 있는 현실에서 중요한 차원이기도 하다. 순간들의 사이에 이행을 가져오는 것은 우리의 지각 능력을 연마하고 마음을 더 예리하고 깊게 바라보는 방법을 배우는 것—우리 자신에 대한, 그러고 나서는 타인에 대한 마음보기를 배양하기 위하여—에 초점을 맞춘다.

이행은 우리가 명확한 상태에서 변화를 관찰하는 데 준비되도록 마음 앞에 존재하기 위해 중요하다. 변화가 일어나면 그 중요한 기회를 발견하기 위하여 창문이 열리기 시작한다. 다시 말하면, 어떤 내적인 과정이 변화를 일으킨다는 것이다. 그리고 이 변화가 발견되면 그 변화의 방향에 대한 의도적인 구조가 가능해진다. 이것이 우리가 모니터링에 대한 마음보기 능력을 연결하는 방법이며 그렇게 함으로써 마음을 강화시키는 본질이 되는 정보와 에너지의 흐름을 변형시키는 것이다. 이것을 우리 자신에게 제공함으로써 마음챙김으로 존재하는 능력이 향상된다. 우리의 내담자에게 그러한 마음보기 훈련을 지도한다면 그들 또한 자신들의 삶을 변화시키는 능력을 가지게 되는 것이다.

트라우마에 관한 앞 장의 논의를 되짚어 보면, 남겨진 트라우마 문제의 해결되지 않은 상태에 마음챙김으로 존재하는 것은 상태에서의 갑작스러운 변화로 나타나기도 했다. 나는 감염에 대비하기 위하여 항생제를 복용하는 중이었는데, 어느 날 아침 식탁 밑에 실수로 그 약을 떨어트렸다. 그리고 우리집 개가 그것을 보고 달려왔고 나는 그 순간 갑작스럽게 공황에 빠졌던 것이다. 이는 아침 식사의 일관된 상태로부터 내가 개를 쫓느라 집 전체를 뛰어다녔던 그 혼란까지의 한 무의식적인 변화의 사례라 할 수 있다. 그 후에 이러한 변화를 모니터링해 보면서 나는 통합에서 분해에 이르는 과정을 감지할 수 있었다. 우리가 봐 왔듯이 내 어린 시절의 해결되지 않은 트라우마로부터 이러한 에너지와 정보의 흐름을 지각하는 것이 드러났다. 이것은 그것들의 배열을 강조하는 상태 사이의 이행에 주목하는 것이다. 자연스럽게 순간은 시간에 따라 이동하며 계속적으로 경험의 요소를 따라가고 지속적인 전체의 감각을 구성해 나간다. 하지만 마음의 상태—관련되어 있는 순간들의 더 큰 집합체—는 각각 분리된 요소들보다도 더 긴 지속기간을 가질 수 있다. 이것이 우리로 하여금 경직된 절정기와 비좁은 정체기를 거닐고 우리의 삶에서 더 유연한 움직임을 만드는 것을 볼 수 있게 하는 이행의 상태이다. 하지만 우리는 이행에 대해 먼저 주목해야만 한다. 색상을 서로 대조하면서 다른 음영의 색조를 더 잘 이해할 수 있듯이, 상태 변화에 초점을 맞추면 상태 자체의 세부 질감을 인식하는 능력이 향상된다.

상태를 넘어 과도기에 초점을 맞추는 것은 해결되지 않은 트라우마의 치료에 굉장히 필수적인 요소이다. 마음보기를 통해서 우리는 명확하게 에너지와 정보의 흐름을 배울 뿐 아니라 그것들을 좀 더 특별하게 형성하는 법도 배우게 된다. 마음보기의 이러한 변화하는 요소는 상태의 변화가 조절될 수 있을 때에 드러난다. 다양한 치료 형태는 '왔다 갔다 하기'(Cozolino, 2002, 2010)와 '진자추 흔들림'(Levine, 1997) 그리고 '공존'(Minton et al., 2006; Shapiro, 2002)과 같은 다양한 타이틀로 불려 왔으며 이러한 변화의 방식들을 상정해 왔다. IPNB 관점에서 근본적인 개념은 사람들이 수동적인 관찰과 각자의 해결되지 않은 트라우마의 희생자가 되면서 그들의 내적 상태의 적극적인 형성자로 성장할 수 있다는 것이다. 그들은 혼란의 가장자리 또는 경직된 상태로부터 조화된 상태의 통합에 이르기까지 자신들의 내적인 상태를 조절하는 법도 배울 수 있다. 자연스럽게, 이것은 종종 치료를 통하여 내담자에게 지도와 우정을 나누는 마음챙김 상담치료자의 친밀하고 협력적인 관심을 포함한다.

감정 상태나 기억을 위한 관용의 창 가장자리에서 중심에 이르기까지 왔다 갔다 반복하면서 내담자는 마음보기의 강화를 경험하게 된다. 이것이 왔다 갔다 하고, 진자추처럼 흔들리고, 공존하는 방식이다. 또는 관용의 창을 넓히기 위한 안전한 공간을 상상하는 것이기도 하다. 우리는 내담자와 함께 작업할 때, 마음챙김을 하는 현존으로 확장된 이원성과 통합된 상태를 유지하면서, 또 의도적으로 가장자리에 있는 경험을 제공함으로써 창의 경계를 넓힌다. 내담자가 어떤 감정이나 이미지가 나타나는지에 상관없이 그가 함께 자리하는 그곳이 안전하다고 느낀다면 그 두 안식처는 내부적으로 창을 넓혀 간다. 그리고 신경가소성 관점에서 창의 경계로 이행하는 것을 추적하는 경험은 트라우마 기억이 암묵적으로 내재된 뇌의 자기규제 수용력을 구성하는 적극적인 집중력을 촉진한다. 과도기를 향한 주의에 초점을 맞추는 이러한 변화들은 관용의 창을 넓히고 결국에는 트라우마 경험과 그에 적응하려던 사람의 삶의 정체 또한 변화시킨다. 내 오래된 멘토인 로버트 비요크(Robert Bjork)는 '기억 인출은 기억 변환기'라는 말을 했다. 여기에서 이행의 적극적인 조절은 말 그대로 해결되지 않은 트라우마의 분열된 요소를 더 일관적인 상태로 통합시키는 시냅스 변화를 일으킬 수 있다. 그것들은 또한 비좁은 정체기와 탄력이 없고 유연하지 않은 성격 패턴에서의 견고한 절정기를 유지하는 불안정 애착에서의 억압적인 감금(restrictive hold)을 느슨하게 하는 데에 초점을 맞출 수 있다.

뇌 기초

마음의 상태는 우리의 주관적인 상태를 형성하는 기분에서 기억에 이르는 기능들을 아우르는 개념을 사용하기 위한 영역이다. 이 상태는 상대에게 다양한 방식으로 보일 수 있는데, 그들과의 상호작용에 영향을 주기도 하고 우리가 보내는 비언어적 신호 내에서 외부에서 내적 세계와 소통도 하기 때문이다. 눈 맞춤, 목소리 톤, 얼굴 표정, 제스처와 자세, 강도와 이러한 반응들의 순간은 각각 마음의 내적 세계에 드러난다.

가능성의 영역에서 개연성의 원자가 정체기로 이동하면서 우리는 특별한 마음의 상태와 활성화된 뇌 속을 탐험해 볼 수 있었다. 이것이 바로 삶을 살아가는 방식이다. 우리는 가능성의 가변적인 개방된 상태에만 머물러 있지 않는다. 그 대신 우리는 성격 성향의 정체기, 특정 정체기의 마음 상태, 그리고 다른 사람들과의 상호작용을 가능하게 하는 끊임없이 변화하는 특정 정신 활동의 절정기를 유지하며 세상에 온전히 참여하게 된다. 가장 기초적인 단계에서 지대에서 정체기로 나아가는 움직임의 주관적인 부분은 감정의 경험을 만들어 낸다. 신체적인 부분에서 점화(priming)라 부르는 신경적 준비를 경험하면서 우리의 활성화의 절정기라는 기저를 이루는 특정한 시냅스 패턴을 가장 잘 활성화시키게 된다. 우리의 정체기는 마치 성격이 마음의 준비가 되어 있는 특정 원자가 상태를 만드는 것과 같이 발생하게 될 특정 절정의 경향을 마련해 놓는다. 차례대로 정체기는 특정한 절정 세트를 더 잘 만들게 된다. 우리의 상태는 의존적인 상태의 어떠한 생각이나 느낌 또는 기억을 유발한다.

앞에서 보아 온 것을 검토하면서 [그림 11-1]을 보자. 이 그림은 가능성의 영역(1장)을 나타낸 것이며 당신은 이행의 관점을 통해 이를 눈여겨볼 수 있다. 각 지대로부터의 움직임은 신경 발화 또는 정신적 경험의 개연성 증가를 나타낸다. 지대에서 더 멀리 나아갈수록(y축) 더 특별한 발화/경험이 발생하게 될 것이다. 정체기에서 더 좁아질수록 가능성이 제한되는 영역은 특정한 마음의 상태나 신경 발화를 일으키게 된다. 그리고는 z축을 좁혀 보면서 경험의 다양성—신경이든 정신이든—은 더 한계를 갖게 된다. 시간에 따라 절정기에 들어서면서 개연성은 확실한 것, 즉 100%가 되고 딱 그 시점에 우리는 그 생각이나 감정, 신경 발화 프로파일을 갖게 될 것이다. 여기에서 말하고자 하는 것은 이행이 삶을 가두어 버릴 수도 있는 절정기의 반복된 패턴

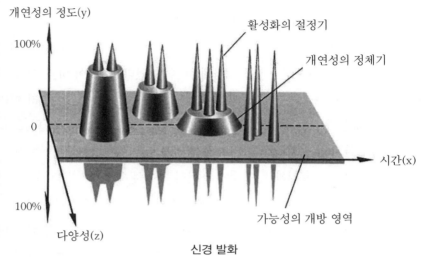

그림 11-1 가능성의 영역과 상태를 넘어선 이행

* 이것은 우리가 1장에서 봐 왔던 경험의 다양한 관점을 포함하고 있는 시각적 비유이다([그림 1-1] 참조). 마음의 특정한 활성화를 대표하는 절정기나 그에 즉시 예시하는 뇌―어떤 한 순간의 특별한 행동에 대한 것에 드러내기를 전념하는 활성화들―를 회상해 보라. 절정기를 유연하게 만든다는 것은 우리의 삶을 옥죄는 특정한 활성화의 반복되는 패턴에서 벗어나도록 돕는다는 것을 의미한다. 정체기는 높이와 넓이의 다양한 형태와 각도를 가질 신경 발화의 마음 상태나 프로파일을 의미한다. 이는 발화가 가능하며 더 넓은 의미들이 더 다양하고 더 광범위한 성향으로 존재한다는 확실성을 낮추는 것이다. 이렇게 해서 우리 자신들과 내담자들이 자신들의 고유한 정체기를 낮추고 넓히기를 돕는다. 그리고 그것들을 회피하도록 하며 일어나지 않을 가능성이 높은 반복적인 감정이나 생각과 행동을 돕는다. 또한 다양한 상황으로 우리에게 있을 가능한 상태의 영역들을 탐구해 본다. 마음챙김 훈련은 우리 마음과 뇌가 의도적으로 움직여 가능성의 개방 영역으로 향하도록 하는 것과 연관되어 있다. 우리는 이 상태로부터 새로운 절정이 발생하도록 만들 수 있다. 더 유연하고 적응력 있는 유리한 지점으로부터의 생각, 기억, 감정, 지각을 경험하면서 말이다. 이행은 마치 마음챙김 자각과 수용적인 신경 프로파일이 그 순간 그 상태로 형성되는 것과 같은 방식으로 도움이 된다. 또한 이러한 마음 상태와 신경 발화를 만들어 내는 반복적인 훈련은 시간이 흐름에 따라 이러한 유용하며 지속적인 특징들을 함양할 수 있다.

이 되어 버린 우리의 성향을 유연하게 만들 수 있다는 것이다. 또한 이것은 삶에서 가능성의 범위를 더 넓히기 위해 우리의 정체기 또는 마음의 상태나 신경 점화를 낮추거나 넓히기도 한다.

절정기의 재활성화를 감소시키기 위해 절정기부터 정체기까지의 이행에 초점을 두는 치료적 노력과 정체기를 낮추고 넓히기 위한 임상적인 움직임은 정확히 변형의 과정이 포함하는 것이다. 우리를 몸담게 하는 가능성의 개방 영역에서의 마음챙김 훈련은 우리의 개인적인 행동의 타깃이 되면서 이러한 원뿔형 모양의 변형을 한다(절정기를 유연하게, 정체기는 낮추고 넓힘으로써).

가능성 영역의 시각적인 모델이 가능성의 필수적인 개념을 기반으로 했다는 것을 상기해 보라. 이것은 양자역학이라는 과학 분야와 1인칭 주관의 시점으로부터의 지식에 비추어진 현실의 깊은 시각에 기초한 마음과 뇌의 지도이다. 각 정신 상태와 활성화된 신경 회로 집단은 가능성을 형성하고 다음에 오는 것의 전개 가능성을 구성하는데, 평지 위와 아래에서 개연성의 정신적 또는 신경적 측면의 특정 방식으로 움직임의 출현이 생긴다. 평지 안에 있는 동안 우리는 모든 잠재력이 똑같이 발생할 가능성이 있는 열린 공간에서 비로소 휴식을 취할 수 있다. 하지만 우리의 성격으로 이동하면서―우리 모델에서 특정한 정체 패턴에 이르는―시간을 따라 흐르는 움직임이 특정한 방식에서 드러날 것이라는 가능성의 변화를 설정하게 된다. 우리의 성향으로부터 정해진 방향에 우리는 원자가 영역 모델의 상태와 정체기를 향한 움직임을 보인다. 그런 후에 특정한 상태의 정체기로부터 우리는 발생할지도 모르는 더 정제된 형태를 지닌다.

만약 내가 슬픈 상태에 있다면 기분이 저하되고 우울했던 과거의 경험과 연관을 지어서 기억의 활성화를 설정할 것이다. 이 특정한 기억들은 나의 절정기이다. 슬픈 감정의 상태는 나의 정체기이다. 또 만약 내가 PDP 집단에 속한다면 이것은 폭넓은 정체기의 무리가 될 것이다. 슬픈 기분을 느끼는 상태(특정한 정체기)를 고려하면, 어떠한 특정 기억 활성화가 이루어지지 않을 것이며 어떠한 절정기도 예시로 들어맞지 않을 것이다. 하지만 어떤 순간의 포착으로 인하여 나는 무의식적으로 또는 의도적으로 내 인생에서의 슬펐던 기억을 되살릴 수 있었다. 우선 나는 그 정체기로부터 특정한 절정기로 이동하였다. 전반적인 결과는 현재의 주관적인 경험과 과거로부터의 회상된 경험으로 인하여 기분이 저하되고 슬프고 내 기를 꺾었다는 것이다. 그러고 나서 이 상황이 지속되거나 더 악화되지 않을까 하는 생각으로 낙담하고 절망하게 되었다. 절정기에서 절정기로 나아가면서 내 삶이 얼마나 끔찍할지 생각해 볼 수 있었다. 나는 무언가에 갇히는 느낌을 받았고 좌절감에 빠졌다. 뇌가 슬픔으로 점화하면 상태 의존적 시냅스 발화를 불러일으키고 기억, 이미지, 추론 및 사회적 협력 관계의 신경 표상 다발의 폭포는 결국 슬픔의 음악이 가득 차게 만든다. 내 기분은 정체기와 낮은 집착의 절정기였다.

하지만 만약 내가 슬픈 PDP 집단이 아니라면 슬픔이라는 일시적인 감정은 정체기의 영역에서 내 전체적인 부분을 차지하지는 않을 것 같다. 우울한 감정에 속한 절정기를 아주 약간만 지니고 있다 하더라도 내 분노와 두려움에 대한 PDP는 이 슬픈 과정 중에 괴로워하는 정체기로 강화되지는 않았다. 이러한 절정기로부터 벗어나기 위해 나는 빠르게 이동하여 그 슬픈 상태의 정체기를 낮추고 다른 PDP로 전환하였다. 아마도 나는 우울감에 빠지는 성향이라기보다는 내 슬픈 감정의 PDP와 연관된 감정이 그 성향을 지닌 것 같다. 그 대신에 만약 내 고유의 PDP 렌즈가 분노라는 감정을 택한다면, 나는 슬픔이나 우울한 감정보다는 다른 감정에 더 쉽게 무너져 즉시 스트레스를 받고 폭발하기 쉬운 사람이 될 것이다. 슬픔/분리의 고통, 분노/격노와 두려움/불안에 대한 혐오 회로는 지속적인 어려움, 즉 미래 연구의 주제가 될 수 있는 기능장애인 정신적 무질서라고 불리는 특정 형태를 갖는 경향이 있도록 만든다. 이것을 앎으로써, 치료자로서 우리는 신경가소성의 힘을 연결하여 통합에 이르는 뇌가 탐험 형태로 준비되어 있다는 방식으로 내담자의 주의를 지도할 수 있는 조율되고 공명된 상태의 관계 내에서의 우리의 존재를 용이하게 만들 수 있다.

마음과 뇌의 지속적인 활성화 상태를 아우르는 (안팎으로의) 이행은 치료 과정에서의 기회의 순간이기도 하다. 내담자 자신들의 경험은 절정기에서

절정기로 이동할 수 있으며—우리의 자각의 바퀴 훈련에서의 내부 면—그들은 그러한 절정이 발생하는 정체기를 감지하는 법을 배울 수 있다. 이전에 함께 논의해 보았듯이, 관용의 창은 개인이 통합되고 기능적인 상태에서 머무를 수 있는 넓은 정도의 활성화 상태가 주어질 때에 드러낸다. 창문 밖으로는 혼돈과 경직 또는 이 둘 모두 존재한다. 나는 특정한 정체기에 있기 위해 슬픔을 경험하고 그것에 완전히 떨어지지 않는 법을 배울 수 있다. 이것은 우리가 정체기를 넓히는, 그럼으로써 관용의 창을 더 활짝 여는 방식으로 보일 것이다. (나는 당신의 시각적인 은유를 위한 창이 여기에서 좁혀질 것임을 안다. 하지만 이 시각적인 모델들 또한 꽤 유용하니 조금만 참아 주길 바란다. 또한 이를 통해 당신이 곧 자신의 일과 생활에 실용적인 방법으로 직접 적용할 수 있기를 바란다.) 하지만 다른 때에는 또는 다른 사람들에게는 그 창이 우리를 폭락으로 이끄는 이 엄격하게 뿌리 깊은 슬픈 감정에서 그러한 좁고 높은 정체기의 작은 단서가 될 수 있다. 트라우마는 우리의 창, 특히 과거의 특정 경험과 공명이 잘 되는 현재 상황의 내·외적인 면을 좁히는 중요한 경험이다. 통합이 이루어지면 우리의 상태는 일관성을 이루었다가 경직, 혼돈 또는 이 둘 모두의 일관적이지 않은 상태로 이동한다. 상태들 사이에서 그리고 그 안에서 이루어지는 이행을 지켜보는 것은 치료자로서 모니터링해야 하는 핵심 측면이기도 하다.

뇌 내부에서의 신경 통합은 서로 넓게 나누어진 영역들의 조화와 균형으로 이루어져 있다. 이들이 통합되면 이 체계들은 조화로운 흐름을 이룬다. 통합을 위해 필요한 차이 그리고/또는 연결이 손상되면 조화는 통제 불가능한 감정, 과도한 행동이나 거슬리는 기억들, 활력 감소, 묶인 듯한 느낌의 형태로 기능장애로 대체된다. 이렇게 손상된 통합에서 나타나는 혼돈되고 경직된 상태들은 마치 맥박(리듬)처럼 느껴지고 우리 치료자들로 하여금 언제 어디에서 통합이 손상되었는지를 알 수 있게 한다.

통합을 향한 신경 체계를 지도하는 것은 우리가 건강을 위해 뇌를 SNAG

하는 직접적인 방법이다. 이를 수행하는 방법은 확장된 신경계(뇌) 내에서 에너지와 정보 흐름을 감지하는 능력, 즉 자신과 타인 간에 어떻게 공유(관계)되고 (마음을) 조절하는지에 달려 있다. 이것은 치료자로서 웰빙의 삼각형 내에서의 흐름을 인지하기 위한 삼각지각의 능력을 갈고 닦도록 요구되는 것이다. 대부분의 삼각지각은 조화에서 혼란까지의 이행에 따른 에너지와 정보의 흐름이라는 물결을 따라 움직이며 통합된 상태로 돌아가는 그러한 흐름을 지도하기 위한 마음보기 기술을 사용한다.

지금까지 봐 왔듯이 심리치료에 대한 IPNB 접근 내에서의 주의의 초점이 될 수 있는 통합의 영역이 있다. 개개인들은 차선의 애착 경험과 너무나 크게 다가오는 트라우마 또는 기질의 내부적인 특성을 지닐 수 있는데, 그것은 유전적으로 물려받거나 어떠한 기회에 의해 발달했을 수도 있다. 그리고 통합의 일관적인 상태를 이루기 위하여 이렇게 다양한 영역을 억제해 왔을지도 모른다. 상태에서의(심지어 영역을 넘어서의) 이행에 주목함으로써 마음챙김 상담사가 어떠한 통합의 영역이 손상되는지를 분별할 수 있다. 예를 들어, 우리는 각 개인이 다른 이들에게 자신의 고유한 내적 경험을 이야기하는 신호로서 우측의 비언어적 신호를 자주 사용하지 않는다는 것을 알 수 있다. 사람들이 좌측 지배적인 삶에서 좌우 두 면을 포함하는 쪽으로 이행하도록 돕는 것은 양측의 통합을 이루는 방법이자 동시에 상호적인 통합을 향상시킬 수도 있다. 이와 유사하게, 사람들은 신체의 정보를 제대로 받아들이지 않고 수직적으로 통합되지 않은 삶을 영위할 수도 있다. 이러한 경우에 의식적인 집중을 하는 것—양심적이고 창의적인 동정심 어린 의식을 가져오는 것—을 통해 이 중요한 신체 신호가 매일의 삶에서의 자각에 의해 만들어지는 일부가 될 때에 더 수직적으로 통합된 상태에 접근할 수 있을 것이다.

그러나 이행의 흐름을 따라가는 또 다른 사례는 일시적인 통합을 점검할 때에 발생한다. 전전두엽 피질은 우리로 하여금 시간을 표상하게 한다. 우리는 과거가 현재가 아니라는 것을 알게 됨으로써 미래가 이제 바로 눈앞에 와 있다는 것을 알게 된다. 이러한 전전두엽의 일시적인 지도는 우리가 존재하는 목적과 삶의 의미에 대해 걱정이 되는 상황에서 우리가 계획을 하게 하여 현실 그대로를 숙고해 볼 수 있는 기쁨을 가져다준다. 겉보기에는 확실성과 영속성과 불멸, 삶의 불확실성이라는 현실과 무상, 언젠가는 죽어야 하는 것에 모순적으로 보이기도 하지만 이것들은 시간의 통합에 대한 도전이다.

　이전에 봐 왔듯이, 통합은 서로 구분된 부분들이 연결된 것이다. 일시적인 통합에서 관념은 우리의 이끌림을 버리거나 그것들을 현실과 대체하지 않는다. 그 대신에, 예를 들면 우리는 확실성에 대한 자연스러운 바람을 가질 수 있으며 불확실한 상태의 현실을 수용하게 된다. 현실과 욕망 사이에서 이동하고 현실로 돌아감으로써 우리는 전쟁 중인 경험에서 마음의 이행을 도울 수 있다. 에너지와 정보의 흐름 패턴에서 이렇게 중요한 이행을 조정하기 위해 우리 내부 상태의 변화를 조절하는 법을 배움으로써 그 자체는 통합을 향한 경로의 중요한 부분이 된다.

마음보기 기술

　당신 자신을 마음의 중심으로 데려와 호흡이 자연스러운 리듬을 찾고 몸이 자연스러운 상태(바라건대 지금 자연스러운 연습을 통해)를 이루도록 하라. 경험을 통해 이제 우리는 우리가 의도적으로 선택하는 집중의 주체가 무엇이든 간에 중심의 열린 자각 내에서 머무는 것이 가능하다는 것을 안다. 형식적인 마음보기 기술 훈련을 해 봄으로써 단지 중심을 마음속에 두고, 호흡을 느끼는 것은 자각의 굴레라는 이 감각에 새로운 힘을 불어넣을 수 있다. 그리고 가장자리에서 중심을 구분하며 그것이 무엇이든 간에 자각의 영역으로 펼쳐지게끔 초청한다. 날숨과 들숨의 흐름을 따라서 호흡에 주목할 수도 있다. 또 우리는 외부 세계의 오감과 신체의 육감을 통해, 정신적 활동의 칠감과 우리 관계의 팔감을 통해 가장자리를 다시 한번 검토할 수도 있다.

또한 우리의 마음 상태를 더 큰 전체로 생각하면서 가장자리의 모든 상태도 살펴볼 수 있다. 가장자리의 활성화된 영역들 사이의 내부를 느끼면—이러한 일들이 일어나는 영역을 감지하는 그 무엇으로부터—우리는 우리의 뇌가 특정한 방식으로 발화하기 위해 점화되는 방식을 직접적으로 훑어볼 수 있다. 이것이 바로 자각 내에서 다양한 영역이 활성화될 때에 절정이 일어나는 정체기이다.

마음을 더 깊게 탐색하기 위해서 자각의 바퀴의 수많은 훈련을 종합해 보자. 호흡을 따라가 중심으로 들어가 보면 이 열린 자각이 얼마나 넓게 펼쳐져 지금까지 사람들이 넓게 열린 하늘, 깊은 바다, 끝이 없는 가능성의 스펙트럼이라고 묘사했던 것으로 가득 채워져 있는지를 보게 될 것이다. 개방된 잠재력에 관련된 경험을 드러내는 마음의 모든 길(방식)이 있다. 이것은 가능성의 영역, 즉 열린 마음의 자각이다.

이제는 이 개방 영역에서 어떻게 시간이 움직여서 경험해 가는지에 대한 자각을 알아보자. 당신이 이런 감각을 경험한다 할지라도 지금까지 우리가 개연성의 정체기(생각이나 느낌의 어떤 종류가 다른 것들보다 더 원자가를 갖는 상태인)라고 불러 온 것에 주목하라. 당신이 이러한 편향을 갖는 발화와 의도적으로 특별한 질감의 형태를 어떻게 경험하는지 느껴 보라. 당신은 아마 특별한 감정이나 생각 또는 기억들이 자각 내에서 분명하게 발생하거나 일어나는 것이 마음의 눈에 나타나는 것을 보게 될 것이다. 이러한 정신적 활동과 뇌의 활성화 흐름의 절정이 일어나는 것을 그저 바라보고 그것들이 내부에서 현존한 채로 있게 하라. 그 후에 그것들이 주의의 초점으로부터 사라지게 하라. 이러한 절정들의 사이와 가장자리의 영역 내부를 보면서 당신이 이 공간의 질감을 느낄 수 있는지를 보라. 그것들은 색깔 또는 분위기, 온화를 띠는가? 절정이 연속으로 이어지면서 익숙한 내적 감각과 절정이 일어날 것만 같은 일반적인 정체기를 볼 수 있는가? 아니면 그것이 그저 열린 가능성의 널찍한 공간으로부터 위로 움직이는, 영역 자체로부터 발생하는 절정으로 느껴지는가?

정신적 활동의 다른 흐름들이 자각 안으로 향한다면—그것들이 즉각적으로 활성화의 절정기가 될 때—당신이 그것들을 현존 또는 소멸로 향하여 따를 수 있을까? 어떻게 아무것도 아닌 것이 영구적이고, 모든 것이 변화하고 달라지는지 알아채 보라. 각각이 발생하는 정체기—우리의 우선적인 신경 상태, 마음 상태—또는 가능성의 개방 영역은 절정기 사이에서의 이행을 형성하는 관계를 제공한다.

절정기 패턴이 발생하고 사라질 때에 당신은 그것들이 발생하는 일반적인 정체기를 감지할 수 있을 것이다. 이것이 원자가 마음 상태이며 완전히 볼 수 없는 정신 상태가 아닐 때에 모호함을 만드는 개연성의 향상된 상태이다. 만약 이 형성이 느껴진다면 그것은 당신 주의의 주제, 즉 주인공이 될 것이다. 당신의 생각과 감정이 일어나는 공유된 영역을 찾아보라. 누군가에게는 이러한 활동이 연상의 무작위 세트—그들의 생일 파티에서의 추억, 정치적 행사에서의 경험, 개념으로 존재하는 민주주의의 중요성 그리고 자유를 위해 투쟁하는 군인에 대한 이미지—처럼 느껴진다. 겉보기에 이러한 이미지에는 일관적인 마음의 상태가 존재하지 않는 것처럼 보인다. 그렇지 않다면 상태의 변화가 있던 것일까? 활성화의 각 절정기에 마음의 각각 다른 상태들은 특정한 정신적 활동의 기원이 될지도 모르며 우리 삶의 현존에 대한 결과일지도 모른다. 당신은 한 정체기 상태에서 특정한 정신 활동의 절정기로 이동할 수 있다는 것을 느낄지도 모른다. 하지만 그 정체기가 아닌 다른 정체 상태로 이동된다는 것을 발견할 것이다. 이것이 정신적 활동이 때때로 두 마음 상태 사이에서 연결을 수행하는 방식이다. 이 연결 다리는 절정기가 한 상태에서 다른 상태로 이동하는 기능을 보여 준다.

상태는 특정 정신 활동의 이행과 일치하면서 발생하기도 하고 사라지기도 하는 전반적인 성격을 지닌다. 하지만 상태는 개연성, 점화, 행동할 준비가 되어 있다는 것과 관련이 있다. 활동은 넓게 펼쳐진 가능성으로부터 발생할 때 드러나는 특정한 신경 발화 패턴/정신적 활동이며 한계가 많지만, 여전히 다양한 가능성을 지닌다. 개연성의 영역에서 활성화의 절정기로 이동할 때 우리는 마치 0%에서 100%의 변화처럼 순간순간 급격하게 변화하는 유동적인 상태를 지닐 것이다. 하지만 때때로 우리의 상태는 더 오래 지속되기도 한다. 지금 이 자리에서 또는 최근에 당신은 긴장된 상태에서의 압박, 하락 상태에서의 하락 또는 상승된 행복에서의 큰 기쁨을 느낀 적이 있을 것이다. 지금 당장 어떠한 신체 감각, 이미지, 감정 그리고 생각이 당신의 마음의 리듬을 타며 춤을 추는 것처럼 보이는가? 이것들은 활성화의 절정기 패턴이자 가장자리의 영역이다. 마음을 면밀하게 살피는 것(SIFT)과 공간들 사이에서의 자각을 펼치는 것은 내부 세계의 다양한 요소를 분류하며 이 순간에 존재할지도 모르는 상태를 보여 준다.

이렇게 조직되는 움직임을 감지하는 것이 당신의 자각에서 더 분명해지면 주의집중이 되는 이 상태에서의 변화가 어떻게 일어나는지 지켜보라. 이제는 우선적인 주체의 상태로 있기보다는 마음의 뒤에 숨겨져 있던 것도 이동하게 하고 우선적인 관심사가 되는 상태가 변하도록 해 보라. 무엇을 발견했는가? 상태가 고정되거나 유동적으로 느껴지는 방식, 일련의 간격 간 이행을 감지할 수 있는가? 우울한 감정 상태가 지속되는 상황을 생각해 보라. 여기에서 여러 생각과 자각, 기억은 애원하는 낮은 에너지 형태로 하락하는 것으로 왜곡될지도 모르며, 우울한 상태는 이러한 활성화의 절정기를 연결하는 내부를 가로질러 지속된다. 당신은 개인의 삶에서 우선적인 문제가 될 전반적인 유연성의 결핍과 이행의 불완전한 상태를 볼 수 있을 것이다.

이러한 상태 변화—또는 그것들의 결핍—를 관찰하는 법을 알아보았다면 이제는 우리가 그것들을 조절하는 법을 배울 차례이다. 만약 반영적인 훈련 도중에 에너지가 낮아지는 느낌이 든다면 더 많은 빛을 받아들이면서 동공을 확장시킴으로써 각성 수준을 높일 수 있는지 시도해 보라. 위를 바라보는 것만으로도 에너지 단계를 상승시키면서 몸의 상태를 변화시킬 수 있기도 하다. 당신이 한쪽 또는 다른 쪽으로 눈을 두는 것이 어떻게 활성화 상태 또한 변화시킬 수 있는지 탐색해 보라. 변화하는 상태에 대한 다른 신체적 양식들은 더 깊은 숨을 들이쉬고 팔을 머리 위로 뻗게 함으로써 그쪽을 벗어나 천천히 바닥에 기대도록 한다. 요가나 기공 체조에서의 자세의 모든 변화가 자세의 변화 훈련을 제공하는 것이다.

상태가 변화할 때 또는 변화가 혼돈스럽거나 지장을 줄 때에도 모니터링하며 변형을 시작하는 방법은 제한된다. 억제 상태에서 우리는 각성 수준을 변화시키기 위해 몸을 움직일 수 있으며 주의의 힘을 고통스러운 상태로 이동시키기 위해 연결할 수도 있다. 예를 들어, 만약 당신이 고통이나 심적으로 불편한 상태에 집중한다면 그것이 처음에 강렬해지는 것을 발견하게 될 것이다. 그것에 집중한 채로 있으면, 게다가 특히 그 상태에 직접 이름을 붙인다면(예: '쓰리는' '걱정하는' '의심하는') 변화를 시작할 전반적인 상태를 발견하게 될 것이다. 이것이 현재의 경험에 '다스리기 위해 이름을 짓는' 것이며 내부 세계에 명명하는 것이다.

자각 내에서 발생하는 어떤 것이든 그것과 현존하면서, 또 이러한 상태들을 유연하게 변화시키기 위한 학습을 통해 우리는 경험을 통합하는 마음의 상태에서의 이행을 위한 방법을 찾고 있다. 우리는 의도적으로 정체기에 이동하여 절정이 발생하도록 허용하는 더 넓지만 덜 제한적인 방식으로 이런 이행을 그려 볼 수 있다. 또한 영역으로 이동함으로써 이 새로운 조합에서 일어나는 새롭고 더 유연한 절정과 함께 또 다른 정체를 만듦으로써 통제된 정체로부터 우리가 순응하게 되는 것을 볼 수 있다.

상태의 통합

우리는 유전자와 후천적인 경험에 의해 새겨진 것들을 통하여 다양한 마음 상태를 가지고 있다. 우리의 기본적인 동기적 욕구(motivational drives)는 점진적인 경험 안에서 일어나며 우리의 행동을 안정을 되찾고 연결하도록, 탐험하고 활동하며 자원을 모으도록, 어려움에 숙달하고 성적이 되고 재생하도록 조직한다. 이러한 기초적인 동기 시스템들은 우리의 현재 마음 상태에 영향을 미친다. 욕구의 충족은 필요에 적합한 삶을 만드는 목표와 함께 그러한 상태들의 매개들을 따르도록 요구한다.

우리는 우리가 누구인지에 대한 기초를 형성하는 다양한 마음 상태를 지니고 있다. 만약 특정한 상태가 가용한 존재 상태의 무지개로 통합되지 않는다면, 또 만약 내 레퍼토리에 놀이 또는 성적인 것, 공격이나 미스터리가 배제되어 있다면 나는 타인들에게 똑같은 상태를 드러내지 않을 것이다. 물을 빨아들이는 스펀지처럼 내가 내담자들의 상태에서 나타나는 신호들을 받아들인다면 그들은 내 인슐라를 통해 자신들의 내적인 상태를 이끌 것이며 내 피질 하부의 신경 발화 패턴을 자각을 넘어 신경 발화 상태로 변화시킬 것이다. 몸, 뇌간, 변연계 방식의 점화와 발화가 이동함에 따라 이런 변화는 인슐라를 통해 전전두엽 영역으로 기록된다. 궁극적으로 나는 내부 감각수용을 통해 내적인 상태에 관한 단서를 모으게 될 것이며, 내가 느끼는 방식에 대해 알게 될 것이다. 이러한 내적인 감정들은—내가 그것들에 개방적이고 반응을 보이는 것에 옹호하지 않는다면—타인이 느끼는 내부의 정확한 감각들을 줄 수 있다. 만약 나의 고유한 영역으로부터의 어떠한 상태들을 배제했더라면 내담자에게서 흡수하게 되는 이러한 마음의 감각은 나에게 쉽게 공감 가거나 받아들여지지 않았을 것이다. 내 고유한 자각 아래에 있어도 내담자는 내가 그를 완전히 봐 주지 못하며, 그가 안전하지 못한 곳에 있다고 우리를 연결하는 끈에 무언가가 잘못된 것이 있다고 느낄 것이다. 마음챙김 자세로 임한다는 것은 상담자로서 그리고 함께 변화를 향한 여행을 하는 동행자로서 통합을 막는 장애에 함께 다가가는 것이다. 이런 경우에 나는 상태의 통합을 막았고 그러한 상황에 대한 혼돈이나 경직된 상태는 내 사적인 불일치만이 되지는 않을 테지만 치료 과정 중 가능성의 파열을 일으킬 것이다. 내 자신에 대해 참지 못하여 다른 누군가에 대해서도 참을 수 없게 되는 것이다.

마음챙김 상담사로서 내담자의 상태에 주의를 기울이도록 하기 위하여 내 마음 세계에 호기심과 솔직함, 인정을 주어야 한다. 이러한 시각이 얼마나 우리에게 전체적인 공명 상태를 보여 주는 가장자리 지점과 내적 세계에 집중하도록 하는지 느껴 보라. 이러한 활성화와 점화는 우리의 마음을 지배한다. 또한 이것들은 우리 각각이 서로를 알게 되는 대문 역할을 하는 마음 상태에 개방적이다. 이곳이 바로 자기자비를 지니는 것이 현존에서의 필수적인 시작점이라는 것이다. 내담자가 자신 또한 통제할 수 없는 원자가 정체기에서 헤어나지 못하고 있어 우리가 그의 탈출을 더 쉽게 돕는 것은 내 고유한 통합되지 않은 상태에 의하여 방해를 받을 것이다. 내 창문은 비좁기 때문에 내담자를 안으로 '들일' 공간이 없다. 그 대신에 밀어내거나 무시할 것이다. 그리하여 내담자는 묵살당하거나 무시당할 것이고, 나는 그의 고통에 대해 의식하지 못할 것이다. 결국 내가 상호적으로 통합되지 않은 상태에 묶일 것이다.

통합을 통해 마음 상태를 비롯한 여러 차이가 더 커질 수 있다. 만약 내 자신이 이러한 다양한 것에 개방적이지 않다면 나는 내담자들로부터 그것들을 받아들일 수 없을 것이다. 이러한 상태들의 연결고리는 비록 예상 밖의 것이라도 서로 다른 뿌리조차도 포용한다. 예를 들어, 내담자의 불공정한 대우에 대해 내가 분노한 상태라면 그런 대우로부터 자신을 지켜내지 못하는 내담자의 무능력에 대해 내가 개방적인 태도로 있을 필요성을 자각하는 동시에 내 상태를 허용할 수 있다. 나는 내담자가 침수하는 것에 대한 두려움으로 인한 감정적인 반응을 부인할 수 없다. 나는 아마도 분노라고 언급하지 않을 (적어도 아직까지는) 차분한 상태로 머무를 욕구를 가질 수 있으며, 내담자들이 내 분노에 대해 살피지 않게 함으로써 그들의 과거 경험을 탐색해 보도록 도울 수 있다. 이것이 나만의 시간에 날 위해 주어지는 것이었다. 그러나 물론 치료적 접근이 너무 강렬하고 즉각적이라서 치료자인 우리는 과거의 해결되지 않은 사건에 연약하게 반응하며 관계라는 영역에서 그것이 쓸모없는 것이 된다. 이것이 바로 조심하고 경계해야 할 중요한 안건이 될 필요가 있는 (치료적 경계를 존중하는) 직업상의 위험성이다.

하지만 우리 대부분은 가장 중대한 순간들은 우리가 스스로 내담자들과 동참하는 느낌을 받을 때에 다가온다고 생각해 왔다. 상태들 간 이행의 힘을 아는 것은 치료적 관계와 그것의 중요한 경계를 완전히 존중하는 동안 그 합류를 용이하게 할 수 있다. 통합의 한 영역으로서 상태들 간 또는 그 안에서의 연결은 우리로 하여금 새로운 일관성의 감각을 직접적으로 각자의 삶에 가져오도록 해 준다. 이렇게 주어진 상태는 각기 고유의 내부 응집성과 유연성을 지닐 필요가 있다. 당신의 욕구를 고려해 본다면 당신의 삶에서 상태가 발전하도록 하기 위한 방법을 탐색해 볼 수 있다. 상태들 사이에서 일관성을 찾아볼 수 있는데, 상태들 사이에서의 이행은 이 시간 동안에만 일어난다. 조화를 이루기 위해 당신의 다양한 분열된 상태는 어떻게 하는가? 당신은 하루 동안 또는 일주일과 한 달 동안 여러 방식을 발전시키기 위해 어떻게 시간을 내는가?

재미있고 유용하며 이행을 포함하는 응용의 매혹적인 예를 탐색할 수 있는 작은 단계를 수행해 보겠다. 이 예시는 우리 마음속에 있는 많은 상태를 직접적으로 담고 있으며 상태들의 통합을 촉진하기 위한 유용한 방법을 제시한다.

나는 교육자로서 여러 과정을 거치며 다양한 사람과 접촉해 보는 행운을 가져 왔다. 나와 일했던 여러 집단 중 한 곳은 블루 맨 그룹(Blue Man Group)이라고 불리는 한 멀티미디어 엔터테인먼트 산업 회사였다. 블루 맨의 공동 창립자인 매트 골드먼(Matt Goldman), 필 스탠턴(Phil Stanton)과 크리스 윙크(Chris Wink)는 나에게 그들이 새롭게 짓는 초등학교의 컨설턴트가 되어 달라고 요청했다. 그 일은 사회적 · 정서적 · 교육적으로 탄탄한 교육과정 안에서 창의성을 증진시키는 방법을 모색하는 것이었다. 그 일에 대해 할 이야기는 많다. 하지만 여기서는 하지 않겠다. 그들과 함께 일하면서 우리는 재치 있고 자연스럽게 두뇌와 창의력에 대한 이슈로부터 수많은 아이디어를 생각해 냈다. 그들이 나와 공유한 것은 상태 통합의 본질을 넘어서 더 조명하고 있기에 여기서 당신과도 함께 나누어 보고 싶다.

그들이 블루 맨 쇼 무대를 꾸밀 때의 기초에 대해 내가 물어봤을 때, 그들은 서로의 사이에 긴장이 존재하는 등장인물들의 원형을 만들었던 것을 깨달았다고 묘사했다. 무대 위의 '파란색 대머리'는 6개의 서로 다른 이름을 갖고 있다. 그뿐 아니라 앞으로 보게 되겠지만 그 이름들은 서로 다른 마음 상태에 따라 붙이는 것이다. 이러한 상태들 간의 이행은 뇌에 신경 연관성을 지닐지도 모르는 완전히 상반된, 분명하며 강렬한 통합의 예시를 보여 준다. 윙크는 "어떻게 해서든지 그 블루 맨 쇼가 각각의 마음자세의 참여를 지닐 때에 청중은 더 몰두하는 것처럼 보였고, 쇼는 훨씬 더 강렬하고 완벽했다."라고 이야기했다.

여기에 쌍으로 이루어진 영웅, 순수한 평민, 집단원, 사기꾼, 과학자, 주술사의 6명의 인물이 있다. 크리스 윙크가 최근 벤쿠버 평화 정상회담 연설에서 묘사한 방식은 흥미로웠을 뿐만 아니라 청중의 상상력을 휘어잡아 나 또한 이 원형들의 차별화에 대해, 그리고 나서 웅장하고 유쾌한 통합의 묘사와 조화를 위한 그것의 중요성으로서 무대에서 그들의 연결에 대해 생각해 보게 했다.

영웅은 효험과 방향을 지녀 성공하고자 하는 목표를 지닌 인물이다. 반대로 순수한 평민은 미리 예상을 하지 않고 세상을 받아들이는 '초보자의 마음' 상태이다. 나에게 영웅과 순수한 평민 간의 이행은 거꾸로 가는 방향의 신경 과정에서의 긴장을 보여 준다. 삶은 영웅과 순수한 평민에게 '경험으로부터 배움을 얻어 세상에서 진실을 흡수하라.'고 요구한다. 상태 그 자체는 완벽 하거나 균형 잡힌 인생을 허용하지 않는다.

집단원은 구성원의 흐름에 딱 들어맞도록 하는 사고방식을 지녔다. 대부 분의 사람은 집단으로서 마칠 수 있지만—가끔 '집단 사고'는 파괴적인 행동 을 초래할 수 있으며(인종차별주의와 집단 학살을 생각해 보라), 확실히 순응을 향한 요구에 창의성을 제한한다. 사기꾼은 규율에 주목하며 규범을 넘어서 한계를 초월하여 기대를 짓밟는 상태이다. 심지어 집단으로서 창의적인 우 리의 삶은 우리의 경계선을 밀어 새로운 존재 방식을 시도하도록 함으로써 우리가 때로는 박스 밖의 것을 생각하도록 요구한다. 집단 멤버십과 사기꾼 삶의 최상의 것을 혼합함으로써 우리는 이 중요하면서도 다양한 존재의 이 행을 지켜볼 수 있다.

과학자는 그가 주의를 기울여 수집하는 선형적 형태의 자료를 묘사하기 위해 논리학을 사용한다. 삶에서 발생하는 인과관계를 탐색하는 삼단 논법 적 추론은 그것들을 있는 그대로 이해하는 중요한 방법이다. 하지만 직관적 인 생각을 이용하여 현실을 바라보는 또 다른 방법이 있다. 이것이 주술사 마음자세의 역할이다. 직감과 직관에 몰두한 채 주술사는 영적인 연결성이 라는 감정에 의존하여 타인과 상호작용하면서 인생에 대해서 비논리적이고 말로는 할 수 없는 감각에 이끌린다. 앎에 대한 두 가지 방법은 모두 중요하 며—그리고 아마도 뇌의 좌측 면(과학자)과 우측 면(주술사)에서 일차적으로 대표된다—삼단 논법적 추론은 직감과 진심 어린 감각들, 특히 우측에서 중 앙 전전두엽 영역을 지나가는 동안 좌측의 사건을 다룬다.

사실 다른 쪽에 있는 마음자세 또한 쌍방 우위를 지닐 수도 있다. 사회적 표현 규칙은 가능한 대로 좌측 우세의 상태로 순응하도록 하기 위해 집단원의 움직임를 조장한다. 사기꾼이 우측 처리 방식으로 생각하면서 상상과 소설에 이끌리는 동안 말이다. 영웅의 계략과 목표를 이루려는 시도는 좌측 우세의 상태일 것이다. 이것이 마음에 특별한 결과를 성취하려는 자각의 바큇살을 지향하는 목표 지향적인 행동이다. 이와 대조적으로, 순수한 평민은 가장자리에서 발생하는 정보들을 우뇌 지배적인 상향식 수신, 즉 개방적 모니터링을 하는 것에 더 가깝다.

만약 이 개념화가 바르다면 블루 맨 그룹의 이러한 자발적인 마음자세와 마음 상태의 형성은 통합의 의도치 않은 탐구를 드러낼지도 모른다. 청중은 그들의 눈을 뗄 수 없게 하는 흥미로운 무대를 바라봄으로써 조화롭고 가장 매력적인 통합에 빠져든 채 상태들 간의 이행에 사로잡힌다.

마음챙김 상담사로서 우리는 이 세 쌍의 정신적 상태에 주목할 수 있으며 우리가 그러한 상태를 허용하고 때로는 격려하며 심지어는 각자의 삶에서 그러한 마음자세를 발달시킬 수 있는 법 또한 배워 간다. 어떻게 우리는 우리 자신에게 영웅과 순수한 평민 모두를 허용할 수 있을까? 우리는 과학자와 주술사로서 서로 다른 앎의 방식을 고무하는가? 우리는 집단원이 되는 것의 중요한 차원을 가꾸기도 하며, 때로는 사기꾼이 되기 위한 용기와 자발성 또한 지니고 있는 것일까? 나에게 이 여러 상태에 대한 영감은 각 캐릭터 모두가 중요하다는 것을 깨닫는 것과 더 통합된 삶을 살아가기 위한 다양한 방식을 가로지르는 이행을 더욱더 용이하게 하는 것이다.

〈센과 치히로의 행방불명〉이라는 만화를 보면, 주인공 치히로는 이사 가던 날 수상한 터널을 지나게 된다. 여기서 치히로는 인간에게 금지된 신들의 세계로 가게 된다. 여기서 신들의 음식을 탐하며 그것을 먹은 치히로의 부모님은 돼지로 변해 버린다. 이 사건으로 치히로는 이곳을 떠나지 못하고 인간 세계로 돌아가기 위한 엄청난 미션들을 하기 시작한다. 결국 대단한 여정 끝에 치히로는 다시 터널을 지나 원래의 인간 세계로 돌아온다. 같은 공간을 지난 같은 인간이지만, 들어갈 때와 돌아올 때는 엄연히 달랐다. 그것을 상징적으로 표현하는 것이 터널에 들어갈 때 없었던 치히로의 머리끈이다. 이 여정을 통해 치히로는 자신의 인생을 바라보는 시각이 성장하였고, 같은 터널을 지나도 들어올 때와 나갈 때는 전혀 다른 치히로가 된 것이다.

1. 이행이란 치히로의 터널처럼 같은 장소, 같은 사람이어도 질적으로 달라지는 상황을 일컫는다. 나에게 터널은 어떤 것이었는가? 나는 터널을 지나면서 어떤 경험을 하였는가?

2. 터널을 지나기 전과 지난 후의 차이는 무엇이라고 생각하는가?

3. 내가 경험한 이행에 이름을 붙여 본다면 무엇이라고 부르고 싶은가?

12

훈련(Training)

훈련은 마음챙김 치료자로서의 삶과 마음챙김 치료 작업에서 필수 요소이다. 우리는 마음챙김 치료자가 되는 과정을 밟으며 개념과 뇌 기초, 마음보기 기술을 모두 연습해 왔다. 당신이 고유의 마음보기 기술을 더욱 발달시키기 위해 배워 온 훈련은 당신의 내담자들이 더 통합된 뇌를 가지고 탄력적인 삶을 살며 타인과의 관계에서 공감할 수 있도록 할 때에 적용될 것이다. 이 장에서는 마음보기 기술 훈련을 통해 두뇌를 변화시키는 훈련의 근본적인 방법에 대해 알아볼 것이다. 또한 그것들을 당신의 삶과 일에 연결 짓는 법도 다룰 것이다. 그뿐 아니라 우리의 뇌가 정신 훈련을 통하여 더욱 통합된 상태를 이루기 위한 구조 변화에 어떻게 마음을 사용할 수 있는지 직접적으로 들여다볼 기회 또한 주어질 것이다. 이것이 바로 훈련을 통해 우리가 뇌를 바꾸는 방법이다. 당신이 직접 경험한 것을 알아 갈 때, 다른 이들에게도 그러한 기술 훈련을 제안해 볼 수 있을 것이다.

훈련의 내부 작업을 파헤쳐 보기 위해 먼저 뇌의 내부를 파헤쳐 봄으로써 흥미로운 것들을 탐험해 보자. 훈련은 인간의 뇌 구조와 기능을 변화시키기 위해 목적의식이 있는 경험 간의 연결을 수반한다. 지금까지 봐 왔듯이 우리가 사용하는 경험들은 에너지와 정보의 흐름을 형성하기 위한 방법에 주목하는 자각의 능력이라고 할 수 있다. 이 흐름이 발생할 때 우리의 정신 규제 과정은 뇌의 연결에서 일어나는 구조적인 변화를 유도하는 신경 연결망의 특정 패턴에서의 활동을 일으킴으로써 발화를 이끈다. 신경가소성의 과정은 적어도 3개의 구성 요소를 포함한다. 그것은 시냅스 연결을 일으키고 그 과정을 더욱 강화시키는 것, 새로운 뉴런을 자극하는 것 그리고 신경의 전기적 자극 속도를 향상시키기 위해 축삭돌기의 길이를 덮는 것이다. 신경가소성의 이러한 요소들—시냅스 생성(시냅스 조절을 포함하여), 신경 조직 형성, 수초 발생—은 각각 순간의 신경 발화 상태가 변화된 신경 구조의 오래 지속 가능한 특성이 될 수 있도록 기여한다.

　　우리는 발화하는 신경이 함께 연결된다고 알아 왔다. 이것은 프로이트의 연합 법칙과 헵(Hebb)의 시냅스에서 기초적인 개념이다. 새로운 것은 뉴런의 줄기 세포의 차이를 따라 뇌의 통합된 회로 내의 특정 뉴런으로 가는 이런 과정을 자극할 수 있다. 또한 앞으로 우리가 좀 더 상세하게 이야기해 볼 연습 과정은 교질 세포라 불리는 보완적 세포이다. 이것은 뉴런의 축삭돌기를 둘러싸고 있는 수초를 만들어 낼 수 있다. 기존의 뉴런과 신경 발생으로 새롭게 만들어지는 뉴런을 연결하는 시냅스의 성장을 통해 시냅스 연결을 구축할 때, 우리는 통합된 회로를 위한 기반을 다지게 된다. 이 회로에 존재하는 뉴런이 반복적으로 활성화되면 희돌기교세포와 성상(星狀) 세포(보완하는 교질 세포)는 발화를 감지하여 상호 연결된 신경 회로 주위의 수초를 감싼다.

　　이것이 근본적인 논의거리이다. 수초는 형성 속도를 100배까지 증가시킬 수 있다. 또한 모든 뉴런이 발화 후에 휴식을 취하는 데에 비해, 수초는 그 시간을 30배까지 줄인다. 이것을 불응기[1]라고 부른다. 결국에는 당신도 상상할 수 있듯이 만약 우리가 신경 회로 안의 뉴런으로 잘 훈련되어 있는 상태라면 우리의 의사소통은 무수초로 연결된 뉴런들보다 300배나 더 바쁠 것이다(빠를 것이다). 뇌에서 3,000배로 더 효율적이라는 것은 기능적 연결성이 다른 뉴런들의 의사소통보다 뛰어나다는 것을 의미한다. 전반적인 뇌는 경쟁적인 부동산 시장으로 설명할 수 있다. 행위는 가장 활동적인 가격 제시자, 즉 응찰자가 된다. 이 경우에 발달된 의사소통은 경쟁자들을 압도하고, 회로

---

1) 역자 주: 신경ㆍ근세포가 자극에 반응한 후, 다음 자극에 반응할 수 없는 짧은 기간을 말한다.

는 전뇌 안에서의 신경 발화에서 두드러진 역할을 할 것이다.

당신은 아마도 어떻게 우리가 마음보기의 수초 양을 정할 수 있는지 궁금할 것이다. 뇌의 특정 회로를 활성화하여 그 회로를 수초로 잘 감쌀 수 있는 방법을 어떻게 연습할 수 있을까? 이 장에서는 이 내용을 살펴보고자 한다.

뇌 기초

새천년이 돌아올 시점, '확산텐서영상(diffusion tensor imaging)'이라 불리는 새로운 기술을 통해 우리는 살아 있는 인간의 뇌에서 골수가 있는 컴퓨터로 조립된 회로를 만들 수 있었다. 이러한 최첨단 시각은 이전에 동물 연구가 제시한 것을 가리키기도 한다. 연습 시간은 존재하는 회로를 덮는 수초의 양에 비례한다. 전문 지식, 연습과 수초는 밀접하게 연관되어 있다. 마음보기의 전문가가 되기 위해서, 또 에너지와 정보의 흐름을 각자의 삶에서 바라보고 형성하는 법을 배우기 위해서는 우리의 특정 영역에서 뇌가 수초로 구성되도록 우리 마음을 훈련할 필요가 있다.

수초에 대한 연구는 지방으로 뒤덮인 부분에서의 상승이 강화된 환경에서의 시냅스 연결을 증가시킨다는 것을 밝혀 주었다. 수초는 하얀색이기 때문에 이러한 변화들은 활성화된 특정 영역에서의 뇌에서 '백질'로 향상된 것으로 보인다. 우리는 동시에 발화하는 뉴런들 사이에서의 새로운 시냅스 연결을 형성함으로써 빠르게 알 수 있다. 이것은 기억 형성의 기초이다. 하지만 기억의 시냅스는 기술 습득에 대한 완전한 정보를 보여 주지는 않는다. 최근에 이 능력과 기술에 대한 이해를 돕는 책을 대니얼 코일(Daniel Coyle, 2009)이 출판했는데, 여기에서는 이러한 신경가소성을 연구하는 과학자들로부터의 매력적인 시각을 담아내고 있다. 『탤런트 코드(The Talent Code)』에서 그는 수초와 기술에 대한 개념에 대해 "기술은 신경 회로를 감싸는 수초이며,

특정 신호에 의해 자라난다."라고 반복적으로 단언하고 있다(Coyle, 2009: 33). 그는 내 오래된 멘토인 로버트 비요크(Robert Bjork)를 포함한 많은 개인을 인터뷰하였는데, 그가 말한 기술 훈련에 대해 이렇게 인용한다. "장벽이 될 것처럼 보이는 것이 길게 생각하면 바람직한 것이 된다"(Coyle, 2009: 18). 앞으로 보게 되겠지만, 장애물을 마주하는 것—그리고 그것을 회피하지 않는 것—의 이점은 기술 발달을 자극하는 열쇠이자 포장을 촉진하며 잘 연마된 통합 회로를 형성하는 수초를 유지하는 것으로 보인다. 이것이 우리가 각자의 고유한 정신적 훈련에 접근할 때에 사용할 수 있는 원리인 것이다.

고전적인 개념은 전문 기술이 훈련된 1만 연구 시간에 발생한다는 것이다. 우리 대부분이 마음을 보는 법을 어느 정도 배웠지만, 사람들과 소통을

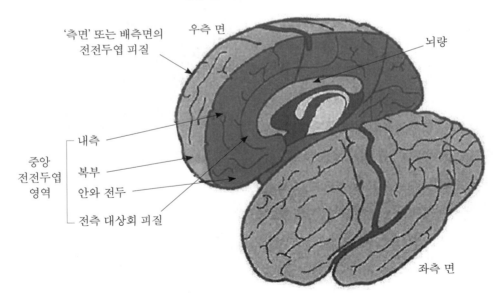

중앙 전전두엽 피질의 영역

'측면' 또는 배측면의 전전두엽 피질

우측 면

뇌량

중앙 전전두엽 영역

내측

복부

안와 전두

전측 대상회 피질

좌측 면

그림 12-1 뇌의 두 반구

* 뇌의 양쪽 측면과 전전두엽 피질의 내측과 복부 영역을 포함하는 '중앙 전전두엽 피질' 영역, 안와 전두 피질, 전측 대상회 피질의 위치를 보여 준다. 뇌량은 좌, 우의 두 반구를 연결한다.
출처: Siegal (2007a).

하고 우리 자신들 또는 각자의 내담자들을 내적으로 비추어 봄으로써 이 러한 기술들을 특별한 훈련을 통해 연마할 수 있다. 좀 더 발전된 기술을 갖추기 위해서 1만 시간 정도의 노력을 필요로 하지는 않겠지만 특정한 방식으로 훈련이 필요한 것은 분명하다.

대니얼 코일은 마음챙김 상담사로서 훈련하기 위해 유용한 용어를 사용하는데, 그것은 바로 '깊은 훈련(deep practice)'이다. 여기에 그가 정신의 이러한 형태의 본질과 육체적인 훈련을 묘사한 것을 제시한다. "깊은 훈련은 어떻게 보면 어둡고 익숙하지 않은 방을 탐색하는 것과 같다. 당신은 천천히 시작하여서 가구와 부딪히고 멈춰서 생각을 하기도 하며 다시 시작한다. 천천히 그리고 약간은 고통스러운 마음으로 반복해서 그 장소를 두리번거리며 그 공간에서 빠르고 직관적으로 이동할 수 있기 전까지는 접근을 넓혀 갈 때마다 실수를 범하기도 한다"(Coyle, 2009: 79). 깊은 훈련의 근원은 당신 자신을 경험에 몰두하도록 하는 것이다. 우리의 경우에는 그것이 에너지와 정보의 흐름에 대한 자각이라고도 설명할 수 있겠다. 마음의 바다, 코일이 비유한 대로 어두운 방에 뛰어들게 되면 우리는 그 영역의 지도를 만들어야 한다. 우리는 개방성과 객관성 그리고 관찰로 뭉친 마음보기를 안정시키면서 이 영역을 모험해 왔다. 삼각대의 이 다리들은 정신적 기술이며 다양한 회로, 특히 전전두엽 영역 주위에 수초를 덮어 왔을 것이다. 이곳에서의 새로운 삼각대로 직관과 효율을 더 가미하며 장소를 탐색하는 법을 배울 수 있다. 깊은 훈련이 지속되면 우리는 에너지와 정보의 흐름을 더 자세하고 깊게—더 예리하게—감지하는 마음의 언어를 배우게 된다.

처음에는 이 깊은 노력이라는 것이 무겁게 다가올지도 모른다. 아마 우리의 내담자들에게는 더 그렇게 느껴질 것이다. 하지만 코일이 말하듯이 기술이 더 발달한다면 "더 어려운 것을 시도할수록 당신은 깊은 노력을 할 수 있다. 그 후에 당신의 기술 회로들은 더 빠르면서도 정확하게 반응할 것이다"(Coyle, 2009: 45). 우리와 내담자들에게는 어려워 보일지 몰라도 진정한 마음

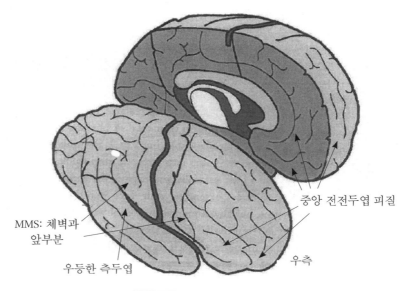

중앙 전전두엽 피질

MMS: 체벽과
앞부분

우등한 측두엽

우측

그림 12-2 공명 회로

* '공명 회로'는 거울 신경 체계(MNS)와 우등한 측두엽(STC), 인슐라 피질(IC; 이 그림에는 나와 있지 않지만 이러한 영역들을 내부 대뇌 변연계와 하단을 연결하는 피질 아랫부분), 중앙 전전두엽 피질을 포함한다.
출처: Siegal (2007a).

보기 기술을 발달시키기 위해서는 그 노력이 매우 필수적일 것이다. "투쟁은 선택 사항이 아니다. 그것은 신경학적으로 필수적인 것이다. 당신의 기술 회로가 최선으로 발화하려면 당신은 당연히 차선으로 그 회로를 발화해야 한다. 당연히 당신은 실수를 저지를 것이고 그것에 집중하게 될 것이다. 우리는 각자의 회로를 가르쳐야 한다. 또한 그 회로의 발화가 유지되도록 해야 한다. 예를 들어, 수초의 기능을 적절하게 유지하게끔 말이다. 결국에 수초는 살아 있는 조직이다"(Coyle, 2009: 44).

결국 투쟁은 선택 사항이 아니다. 깊은 훈련의 기초적인 핵심은 당신이 그것들을 피하기보다 그것에 다가간다는 것이다. 코일의 시각으로는 재능—악기 연주, 운동 능력, 체스 게임, 수학—의 '온상'이 각각 공통된 접근을 이

룬다는 것이다. 이러한 훈련은 '실패'라는 것에 대해 색다른 태도를 제공하였다. "깊은 훈련은 역설에 의해 만들어진다. 특정 타깃을 둔 투쟁—당신 자신이 실수를 하고 어리석어 보이는 것을 허용하는 것—은 결국에는 당신을 더 똑똑하게 만든다. 조금 다른 식으로 얘기하자면, 당신이 속도를 낮추어 실수를 하고 그것들을 옳은 방향으로 고치는 경험—마치 당신이 얼음 위로 뒤덮인 언덕을 걸으면서 미끄러지기도 하고 발을 헛디디기도 하면서—은 마침내 당신이 의식하지 않고 신속하면서도 우아한 걸음을 걸을 수 있게 만들어 준다"(2009: 18).

이런 통찰을 마음보기 기술 훈련에 적용하기 위해 우리는 마음챙김 상담사가 체계적인 방식에서 새로운 층으로 자신들의 수준을 옮기는 것을 볼 수 있다. "속임수는 현재 당신의 능력에서 벗어났으니 단지 목표를 선정하라. 투쟁을 목표로 삼으라. 맹목적으로 몸부림치는 것은 도움이 되지 않는다. 목표에 도달하라." 이 개념은 레프 비고츠키(Lev Vygotsky, 1934/ 1986)의 근접발달영역과 일치한다. 이 영역은 우리가 할 수 있는 것과 우리가 조력자, 스승 또는 멘토로부터 도움을 받아 이뤄 낼 수 있는 것 간의 차이를 말한다. 코일은 르네상스 시기의 위대한 천재가 개념으로 학문을 이해하거나 혼자서 책만 읽어서가 아니라 직접 실천함으로써, 즉 견습 생활을 통해서 성취할 수 있었다고 말한다. 내적인 마음에 뛰어드는 것은 우리가 이 장에서 알아본 흡수를 의미한다. 다양한 방식으로 상담사인 우리는 내담자의 근접발달영역에 지도 멘토로 들어가서 그들이 혼자서 할 수 있는 것을 넘어 마음보기 기술을 익힐 수 있도록 적극적으로 도와야 한다. 내가 당신에게 말하고자 하는 것은 마음을 보는 기술을 발달시킴으로써 통합적인 기능을 형성하도록 하라는 것이다.

우리가 마음보기 기술을 발달시키기 위해 구성하고 있는 회로들은 어떤 것들인가? 뇌의 어떤 부분이 우리가 에너지와 정보의 흐름을 감지할 때에 활동적이 되는가? 어떻게 우리는 통합을 향한 흐름을 형성하는 신경 회로를 연결하는가? 공명 회로는 우리가 마음보기 지도를 만들고 잘 살기 위한 정신을 조율하는 데에 핵심적인 요소인 것처럼 보인다. 좀 더 구체적으로 다가가서 우리의 마음보기 기술을 형성하는 연습을 검토하고 이러한 경험의 정신적인 영역이 신경 발화의 신체적인 면과 어떻게 연관되는지 알아보자. 이런 과정을 거치고 난 후에는 통합된 뇌와 공감적인 관계, 탄력적이고 일관적인 마음으로 이루어진 웰빙의 삼각형을 이룰 수 있는 마음보기를 우선시하자.

마음보기 기술

우리의 고유한 마음보기 기술을 이해하면서 우리는 다음과 같은 노력의 일환을 볼 수 있다. 우리의 내적 경험과 타인과의 관계, 신경 회로를 통해 에너지와 정보의 흐름을 감지하고 형성하는 법을 배운다. 이것이 바로 웰빙의 삼각형 내의 에너지와 정보의 흐름을 보기 위한 삼각지각을 형성하는 방법이다.

이 과정에서의 첫 번째 단계는 개방성, 관찰, 객관성의 삼각대와 함께 마음보기 렌즈를 안정화시키는 것이다. 우리는 다른 목표물들로 인해 주위가 분산되는 반복된 '실패'에 집중하여 실수를 직면하는 기술을 연습하였다. 주의집중을 재정비하고 친절과 이해를 통해 과제를 성취하는 것은 개방된 상태에 도달하기 위한 필수 요건이다. 호흡에 집중했기 때문에 비슷한 작은 회로의 집단(타인의 의도에 들어설 수 있는)과 우리의 공명 회로의 일부인 거울 뉴런 시스템을 사용하는 것이 가능했다. 이와 동시에 우리는 우리의 주의를 추적함으로써 그 주의가 호흡으로 돌아가도록 자각의 자극을 유지할 필요가 있다. 이 기술 훈련이 극도로 단순해 보일지 모르겠지만 그것은 분명 삶을 바꿔 준다. 이것이 바로 윌리엄 제임스(William James)가 '대단히 뛰어난 교육'이라고 주장한 것이다. 만약 우리가 이에 대해 배우지 못했다면 신경 통합을 촉진하기 위한 훈련 프로그램을 지지하기 위해 일상적인 뇌 건강을 형성하는 운동 단계만을 제공했을 것이다.

어느 정도 안정화된 렌즈와 더불어 마음보기 기술 훈련의 다음 단계로 가 보자. 작은 덩어리로 이런 단계를 수행하고 우리를 위한 도전 포인트 또는 '성장 지점'—그러나 코일이 운동 훈련 용어로 '실수'라 부를 수 있는—을 인 식으로 가져오면서, 이제 우리는 바퀴의 가장자리와 중심을 구별할 수 있게 된다. 단순한 것에서 시작하여 자각을 자각하는 중요한 메타자각으로 옮겨 가 우리 마음의 어두운 공간 구조를 구별할 수 있게 되는 것이다. 그렇다. 정 말 방과 같은 그러한 구조를 직면하게 되겠지만 이미 말한 대로 그러한 투쟁 은 필요하다. "목적적인 실수에 집중을 둔 연습은 효과적이다. 좋은 회로를 형성하는 가장 좋은 방법은 그것을 발화하여 실수를 접하고 다시 발화하는 것을 반복하는 것이기 때문이다. 투쟁은 할까 말까 하는 선택 사항이 아니 다. 그것은 생물학적으로 필수 요건이다"(Coyle, 2009: 33). 좀 더 분명히 말 하자면, 우리에게 '실수에 초점을 맞춘다'는 것은 우리를 안전지대의 가장자 리로 몰아 혼돈이나 거의 경직된 상태라고도 할 수 있는 지점에 머무르도록 하는 것이다. 이것이 우리가 넓게 열린 마음의 잠재력을 감지하고 깊은 훈련 을 통해 마음보기 기술을 발달시키는 관용의 창으로 밀어내는 방법이다.

깊은 훈련은 우리가 가장자리로 이동하고 그것에 집중하여 주의를 기울 이는 것을 포함한다. 신경가소성의 관점에서 본다면 이것이 화학적인 분비 물—뇌에서 파생된 신경 영양적인 요소, BDNF, 국한된 발화 뉴런으로부터 성장을 돕고 또는 신경 연결망을 서로 견고하게 하는 핵 기저부로부터의 아 세틸콜린과 같은 것—과 연관되어 있을지도 모른다(Doidge, 2007). 증가하 는 신경교가 보완적 세포가 어떻게 반복된 신경 발화를 탐지하고 세포들 주 변에 수초를 덮는지 말해 줄 수 있다. 우리가 성장 지점으로 이동하며 주의 를 기울이는 훈련을 깊게 한다면 연습 도중에 활동적으로 작용하는 공명 회 로는 특별히 수초를 가지게 될 것이다. 성장 지점에 얼마나 주의를 기울이는 지 주목하라. '실수에 주의를 기울이는 것'은 강력하고 효과적인 방법으로 우리의 기술 수준을 더 높이는 데에 필수적인 것이다. 이렇게 해서 우리는 훈련된 마음보기 전문가가 되어 간다.

훈련이 어떻게 진행되어 가는지, 수초는 어떻게 가지게 되는지 한번 탐색한 후에 우리의 공명 회로 안에서의 상호 연결성을 강화해 보자. 이것이 바로 훈련이 뇌를 통합할 수 있는 방법이다. 먼저, 우리의 개인적인 일이 우리가 과거에 경험함으로써 마음보기 회로를 형성했다는 것을 확신하는 것으로 시작해 보자. 그렇다면 우리는 우리의 내담자들에게도 그러한 깊은 훈련을 제공할 수 있는 자리에 있게 되는 것이다. 우리 자신과 내담자를 향한 목표가 궁극적으로 일치하는지 주목하라.

뇌를 통합하기 위해 그들의 연결을 변경하는 특정 회로를 활성화시키는 것을 주목하라. 집중하여 주목하는 것은 신경가소성의 무대를 구성한다. 이것은 시냅스 생성, 신경 형성, 수초 발생을 포함할 것이다. 마음보기 기술 훈련은 에너지와 정보의 흐름 패턴에 집중하기 위해 조심스럽게 시작한다. 연습을 통해 봐 왔듯이 인지적 수련은 두 가지를 한다. 자각은 우리가 신경 회로가 활동적이 되는 것을 구체화하는 정보의 흐름에 의도적으로 집중하도록 한다. 또한 신경가소성을 촉진하도록 주의를 기울인다.

자각 바퀴의 가장자리를 따라서 팔감을 분별하기 위해 집중하면 가장자리의 작은 요소들과 자각의 정신적 감각들이 서로 분리되도록 하기 위해 활동을 개시한다. 우리는 가장자리 영역들과 가장자리와 중심 사이의 차이를 강조한다. 파브(Farb)와 동료들(2007)의 연구에 따르면, 딱 8주간의 마음챙김 훈련은 각 개인들이 자각의 분리 가능한 흐름을 구별할 수 있게 만들었다. 이미 시사하였듯이, 중심 자체는 적어도 4개 유형—감각(sensation), 관찰(observation), 구조적인 개념(constructed concepts), 비개념적인 인지(nonconceptual knowing)—의 투입 흐름을 구별해 왔다. 이 네 유형(SOCK)의 차이는 우리가 세상을 살아가면서 폭넓은 스펙트럼을 감싸 안을 때에 마음보기 기술을 도울 수 있다. 마음챙김 자각의 몇몇 시각과는 달리 여기에서 우리의 태도는 마음챙김이 단지 감지하는 것 하나로만 되는 것이 아니라는 것이다. 감각 체계가 우리를 선행 학습의 하향식 감옥에서 벗어나게 하는 반면, 마음챙김은 세상을 자각하는 경험의 모든 방식을 수용한다. 우리는 호기심과 개방성, 수용과 사랑(curiousity, openness, acceptance, and love: COAL)에 접근하면서 현재와 과거에 공존할 수 있다. 또한 감각 흐름으로도 과거의 기억을 경험할 수도 있다. 트라우마를 치료하면 과거를 회상할 때 떠오르는 중대한 기억을 탐색할 때 사실 자각의 모든 흐름을 통합하는 것이 필요할지도 모른다. 또한 약간의 정신적 거리로부터 그것들을 관찰하고 그것들을 개념적으로 이해할 필요가 있으며, 그런 다음 분노로부터 의미를 만들어 낼 때 비개념적인 인지와 함께 그것들을 둘 필요가 있다.

마음보기 기술 훈련에서 깊은 수련을 하는 것은 우리 마음의 독특한 단계들을 밟아 보는 것을 포함하지만 동시에 더 커다란 사고를 가지게 한다. 이것이 우리의 순간적인 단계를 연출하고 동작의 전체적인 양식을 만드는 방법이다. 그러한 덩어리화의 대부분은 기억 유지 또는 언어 습득과 연관되어 있다. 처음에 l, e, t, r이라는 철자를 보게 되면 그 후에는 하나의 덩어리처럼 letter라는 단어를 읽을 수 있게 된다. 그러므로 우리가 공명 회로의 구성 요소들을 함께 작동시킬 수 있는 것이다.

뇌 훈련: 어떻게 상태가 마음보기 훈련을 통한 성향으로 통합되는가

우리는 이전 연구에서 중앙 전전두엽 영역의 아홉 가지 기능이 마음보기 기술 훈련의 과정 중 경험하는 두툼한 덩어리라는 것을 보았다. 이 기능에는 몸을 조절하는 것과 조율된 의사소통, 감정적 균형, 반응의 유연성과 두려움 조절, 통찰력, 공감, 도덕, 직관이 있다. 당신은 우리의 기술 훈련 연습이 중앙 전전두엽 기능과 관련이 있다는 것을 감지할 수 있을 것이다.

신체 스캔은 우리가 내장과 근육, 팔다리의 움직임과 얼굴의 내부 상태에 가까이 다가가 집중할 수 있게 한다. 부분적으로 이 육감에 주의를 기울이는 것은 의사소통 지대를 만들 수 있다. 척수의 1막(Lamina 1)을 거슬러 올라가는 신체에서의 정보와 에너지의 흐름으로부터 피질 하부의 뇌간과 시상 하부 영역으로까지 말이다. 육감의 데이터에 집중함으로써 이러한 낮은 피질 하부를 위쪽으로 향하여 전측 대상회와 인슐라까지 척수 1막을 증가시킬지도 모른다. 처음에는 후부로 간 후에 앞뇌섬엽으로, 그 후에는 신체의 체벽의 투입 부분을 따라 대상회의 앞부분과 인슐라 사이의 신체 데이터로 이동하라. 그것은 더 정제된 감각을 지니도록 할 것이다. 주의집중은 이 2개의 앞 영역을 연결하는 방추 세포의 급격한 생산을 따라가며 우리의 자기자각에 기여한다. 또한 자각의 관찰 시스템에 주의를 기울이게 되는 과정을 안정시키면서 마음보기 삼각대의 다리를 관찰하는 중요한 역할을 할 것이다.

우리의 마음보기 기술의 한 덩어리인 조율된 의사소통은 그 자체를 관찰함으로써 경험 자체를 조절하기도 한다. 여기에서 우리는 순간마다 발생하여 마음의 중심으로 다가오는 모든 것에 열린 마음을 지닌다. 또한 내적 조율이 우리의 기대와 판단 또는 세부적인 데에서 출발하는 것을 그 순간의 자각의 초점에 다가가도록 함으로써 꽃을 피우게 하며 감각 흐름에도 초점을 둔다. 이러한 내적 조율은 발화와 궁극적으로는 뇌의 통합된 기질의 성장을 자극하는 데서 반영적인 일관성을 만들어 내기도 한다. 대인관계 신경생물학적 관점에서는 조율이—부모와 자식 사이에 상호적으로 또는 관찰하는 자기와 경험하는 자기 사이에 내적으로—뇌의 통합된 영역의 활성화와 성장을 자극한다고 주장한다. 깊은 훈련을 통해 반복되는 발화를 통해서 이러한 통합 회로가 수초로 뒤덮여 뇌의 전반적인 통합 기능에 영향을 증가시킨다고도 예상해 볼 수 있다.

이것이 전체적인 접근의 필수 요점이다. 내적이면서도 상호 관계적인 조

율은 서로 구별된 영역들을 연결하는 신경 활동을 자극한다. 그것들은 차
례로 통합된 신경 회로를 만들어 내는 신경 발생과 시냅스 형성, 수초 발생
을 촉진하게 될 것이다. 순간 통합된 신경 발화가 결국에는 강화된 통합 회
로―의도적으로 형성된 상태가 장기간의 특질이 되는 것―가 되는 것이다.

마음보기 기술 훈련으로서의 감정적 균형은 우리의 마음을 통합의 강물에
집중하도록 하며 관용의 창이라는 개념과 동일시한다. 시간의 흐름에 따른
강물의 물결 내에서, 그 순간 창의 열린 부분 한 조각 내에서, 정신적 기능은
조화롭고 일관적이며 타인과의 의사소통은 공감에 입각해 있으며 뇌는 통합
된 상태이다. 두 강둑 또는 창의 양쪽 끝에서 우리는 혼돈 또는 경직으로 이
동한다. 감정적 균형은 우리의 정서적인 상태가 삶이 의미 있고 활력 있는
각성 수준을 성취하는 방식에 초점을 맞춘다. 각성 수준이 너무 높아지면 삶
은 너무 혼돈된다. 에너지가 너무 없다면 경직된 상태에 꽉 틀어박혀 삶은
대폭 감소되고 우울해진다. 신경가소성 또한 그러한 침체 상태에서는 멈출
수 있다. 기술 훈련의 중점으로서의 감정적 균형은 혼돈/경직의 모니터링을
만들며 우리가 마음보기의 두 번째 측면(변형)을 갖도록 만든다. 우리는 마
음의 상태를 조절하는 법을 알게 되며, 각성 수준이 너무 낮을 때에는 그것을
상승시키고 각성 수준이 너무 높을 때에는 그것을 조절한다. 마음 상태를 모
니터링하고 조절하는 것이 자기규제를 촉진할 수 있는 마음보기 능력의 본
질이다.

반응의 유연성은 우리가 행동하기 전에 멈추는 것을 말한다. 이것은 입력
과 출력 사이, 인지와 행동 사이의 일시적인 공간이다. 훈련 중에 우리는 내
적 상태의 완전한 수용―감정적 느낌, 강렬한 생각, 행동적 충동―을 할 수
있다. 하지만 이러한 내적인 정신 활동들을 모니터하는 중요한 능력으로 인
해 우리는 정신 활동과 물리적 행위 사이에 공간을 도입할 수 있다. 우리는
자동성을 분리하고 마음을 일깨우며 정서적이고 사회적인 지능의 중요한 정
지 또한 일으킬 수 있다. 이 공간은 모든 가장자리의 활동 등이 존재하도록

하는 마음의 중심을 강하게 하는 것으로 비춰질 수 있지만 우리는 행위를 억제하는 것을 선택할 수도 있다. 마음이 헤매는 과정을 겪은 후에 이 목표물에 반복해서 되돌아가는 호흡을 느끼는 행위는 실행 기능의 중요한 유연성의 관점에서의 기초적인 훈련이다. 다른 기초 훈련을 거치는 호흡 자각 훈련은 우리의 객관적인 삼각대 다리가 발달되도록 한다. 이 훈련을 통해서 정신적 활동을 우리의 전체적인 인간이 아닌 현재 경험의 한 단면으로 두면서 가장자리와 중심을 구별할 수 있게 된다. 이것이 가장자리의 활동을 우리의 반응에서 유연해지게 되는 중심에 있는 중심 자각과 구별하는 수련인 것이다.

오늘날에 두려움을 조절하는 것은 두려움을 발생시키는 대뇌 변연계의 편도체 활동을 낮추기 위하여 중앙 전전두엽 영역의 활성화를 포함한다고 입증되어 왔다. 이것은 우리가 하고 있는 기술 훈련에서 보면 굉장한 소식이다. 왜냐하면 중심을 '더 많은 GABA 액이 흘러나올 수 있게' 흥분된 대뇌 변연계 영역으로 연결하는 법을 배울 수 있기 때문이다. GABA란 감마아미노 낙산(酪酸)으로 분비되는 피질 활성화인 억제성 펩티드 중 하나이다. 감마아미노 낙산은 자각으로 하여금 피질 하부의 두려운 상태를 조절할 수 있는 '대뇌 피질성을 중단시키는 물질'이다. 또한 이렇게 해서 우리는 마음챙김 성향 연구를 발표할 때 그것을 '길들이기 위해 명명하라.'라고 불렀다. [데이비드 크레스웰(David Creswell)과 동료들의 2007년 연구로, 감정에 이름을 붙이고 언급하는 것은 마음보기의 특징과 같은 것으로 내측과 복외측을 활성화시켜 편도체 발화를 감소시킬 수 있다고 발표했다.] 예를 들어, 화가 났을 때 '나는 참을 수 있어.'라고 말하기보다 '나 화났어.'라고 감정 단어를 통해 표현하면 감정이 해소될 수 있다.

타인에게 공감하는 것은 사랑이 담긴 배려 훈련을 직접적으로 연습할 때에, 또한 내부적으로 조율을 발달시킬 때에 가능해진다. 내적인 정신의 삶에서 타인을 향해 동정심과 돌봄 태도를 보이는 것은 동정 회로가 활성화되도록 자극한다. 이미 알려진 연구에서 밝혔듯이, 목표 지향적이지 않은 동정을 할 때 신경 통합의 최상의 상태인 감마파가 발견되었다(Lutz et al., 2004). 미래의 연구는 신경 통합과 동정이 서로 관련되어 있다는 개념 이상의 연구가 필요하다. 현실의 정신적 측면에서 친절과 배려로 또 다른 정신 상태를 감싸 안는 것은 정신적 중력—즉, 개인과 대인관계 영역의 통합—의 차별화된 중심의 연결 형태라고 할 수 있다.

중앙 전전두엽 영역으로부터의 통찰은 엔델 툴빙(Endel Tulving)이 '경험을 에피소드로 바꾸는 신경인지적 의식(autonoetic consciousness)'이라고 명명한 자기앎 자각(self-knowing awareness)을 의미한다. 그는 또한 '정신적 시간여행'이라는 용어를 만들었는데, 이것은 한 개인이 과거를 현재 또는 어떠한 미래와 연결 짓는 것을 말한다. 이런 의미로 우리는 통찰력이라는 용어를 사용하여 현재의 감각뿐 아니라 원하는 미래를 상상하고(자애심 수련에서처럼) 과거의 경험(현존과 조율, 공명에 관한 이전의 우리의 다양한 반영 연습에서처럼)에 의도적인 자각을 하고자 초점 맞춘다. 아마도 이것은 구조화된 개념적 자각 내에서의 흐름을 이끌게 되는 과거와 현재 그리고 미래의 덩어리에 속할 것이다. 사실 우리는 각자 고유의 구조 개념 자체를 상상해 볼 수 있다. 또한 훈련된 행위가 발현될 수 있기에 관측되는 패턴과 사실, 복잡한 생각을 시험해 볼 수 있으며 이론을 구성하고 원리를 밝힐 수 있다. 이것들이 무엇인지에 대한 관점에서 볼 때에 개념은 우리에게 자유로움을 선사해 주고 우리 자신들과 각자가 살고 있는 세계에 통찰을 제공해 준다. 이것은 정말로 하향식 흐름이며 우리의 세상을 알아 가는 다양한 방식을 통합하는 중요한 시각이기도 하다.

도덕적 시각에 대해 이야기할 때에 우리는 공감의 너—지도(you-maps)와 통찰의 나—지도(me-maps)에 대해서만 논하는 것이 아니라 우리의 팔감인 관계적 감각에 대한 우리—지도(we-maps)도 이야기한다. 도덕은 더 큰 전체의 부분이 되는 자각을 포함하는데, 우리는 단순히 사익을 위해서가 아니라 '그들'이 '우리'이기 때문에 다른 사람들의 웰빙에 기여한다. 다양하게 차별화되는 신체의 기관계로 유기체는 통합된 한 개체로서 건강한 상태에 있다. 심장 세포는 꽤 독특한 신장 세포로부터 추출되는 것이 아니다. 피부 세포는 근육 세포를 지배하려 들지 않는다. 각 세포는 마치 같은 몸의 일부인 것처럼(물론 맞는 사실이지만) 서로 연합한다. 그렇게 도덕은 직접적으로 개인을 커다란 개체의 일원으로 끼워 넣는 '우리'라는 감각을 만드는 마음보기 지도에 기초해 있다. 하지만 통합은 한 개체를 잃는 것을 포함하지는 않는다. 즉, 동종이 되는 것처럼 똑같지는 않다. 이런 식으로 도덕은 깊게 이 통합 기초—우리가 독특하고 연결되어 있고 부분들 하나하나의 합 그 이상이라는 것—를 반영한다. 전체에 기여하는 것은 서로 연결된 자체의 진실을 나타내기 때문에 깊은 의미적 감각을 가져다준다.

이렇게 자각의 새로운 단계로 일깨워진 것으로 우리의 감정에 들어오는 것은 직관적 감각이다. 중앙 전전두엽의 렌즈로 보면, 우리가 육감에 투입하기 위해 중심을 열면 우리는 '신체 지식'을 우리의 피질 의식에 가져온다. 하지만 지혜의 감각은 논리적인 생각과 비슷한 구조화된 개념적 영역이 아니다. 뇌 전체를 통과하는 통합 회로뿐 아니라 장기와 마음(진심 어린 감각)의 병렬 분산된 과정(직감)으로부터 흐르는 정보의 파동은 비개념적인 인지의 깊은 감각을 가져다준다. 이것은 SOCK에서 K에 해당하여 자각의 흐름에서 우리의 완전한 보완을 충족시킨다.

깊은 수련을 통해 우리는 수초로 뒤덮인 통합 회로라는 마음의 바다에서의 도전적인 여정을 할 수 있었다. 중앙 전전두엽 기능의 아홉 가지 측면을 통해 마음이 뇌를 통합하고 우리의 삶을 변화시키는 신경가소성을 촉진하도록 주의집중력을 개발할 수 있다. 이것이 우리의 삶을 건강하게 하는 마음보기의 힘인 것이다.

"위대한 성과는 소소한 일들이 모여 조금씩 이루어진 것이다."

−빈센트 반 고흐(Vincent van Gogh)

기차(train)는 똑같이 생긴 열차 칸들이 하나로 쭉 연결되어 있다. 이처럼 훈련(training)이란 같은 것을 반복하는 과정을 의미한다.

1. 내가 시작했던 아주 작은 일은 무엇이었는가? 그것을 반복한 결과 내가 얻은 것은 무엇인가?

2. '당신이 훌륭한 상담자가 되기 위해서 무엇을 해야 하는가?'와 같은 질문보다는 '당신이 스스로 만족할 수 있는 상담자가 되기 위해 지금 당장 이 책을 읽고 시도할 수 있는 작은 방안은 무엇인가?'라는 작은 질문이 효과적이다. 스스로에게 질문해 보자. 내가 지금 당장 시도해 볼 수 있는 작은 행동은 무엇인가?

13

변형(Transformation)

훈련을 통해 의도적으로 만들어진 상태는 우리의 삶
에서 능수능란한 특성이 된다. 마음챙김 상담사로서 우리 자신을 돌보기 위
해 이 규칙적인—희망컨대 일상에 밴—훈련을 연습한다. 신체 훈련 프로그
램과 비슷하게 매일 행하는 마음챙김 자각 훈련은 신경 회로의 통합을 만들
어 내고 유지하면서 우리의 뇌를 보호할 수 있다. 현실 영역에서의 깊은 마
음보기 기술 훈련은 우리가 대인관계에서 에너지와 정보의 흐름을 모니터하
고 변경할 수 있도록 강화하는 정신 훈련의 한 형태로 보인다.

　그렇기 때문에 우리의 개인적인 삶의 변형은 자각을 일깨우는 것이며 일
관된 마음을 이끌어 내고, 우리의 뇌를 통합하며 관계에 온화함을 가져오는
것이다. 또한 이러한 관계들은 우리가 우리 자신들과 가지는 관계인, 우리에
게 가장 가까운 존재로부터 시작된다. 마음챙김은 균일하게 자기자비—우
리 자신을 가장 좋은 친구로 대하는 것—로 이루어진다. 자기 지향적인 그
리고 타인 지향적인 동정심은 스트레스에는 따뜻함을, 실수에는 용서를, 취
약함에는 다정함을, 혼란스러운 상황에는 균형감을 느끼도록 돕는다. 이타
주의적 관점에서 수도사 마티유 리카드(Mattieu Ricard)가 우리에게 강조하는
것은 동정 그 이상의 구성이다. 그렇다. 우리는 고통을 완화하기 위해 타인
그리고 우리 자신을 돕고 싶어 한다. 통합된 상태를 지니는 것 또한 세상에
긍정적인 에너지를 가져다주기 위한 바람으로 타인의 기쁨과 자부심에서 이
타적인 감각을 포함할 수 있다. 이 모든 것은 우리가 타인을 자신의 일부인
것처럼 여기고 기쁨에서 고통까지의 완전한 경험을 감싸 안도록 하는 감각
인 것이다. 이것은 개념과 삶의 기적으로 작용하는 따뜻함과 동정, 이타심,

감사를 포함하는 통합의 현실에 대한 능력이다.

마음보기는 이러한 긍정적인 특징들을 발달시킬 수 있도록 우리를 돕는다. 우리는 누군가에게 도움을 제공하고 기쁨을 가져다줄 수 있다. 또한 우리 자신과 타인의 내적 세계까지 엿볼 수 있으며 이러한 내부 시각으로부터 큰 기쁨 또한 느끼게 된다. 이것은 우리를 살아 있게 하는 선물이기도 하며 우리의 감각 자체가 삶의 목적에서 공유하기 위해 인간성의 더 큰 흐름의 부분이 되기 위해 확장시키는 것이기도 하다.

마음보기는 통합을 향해 우리가 내적 세계를 보다 명확하게 볼 수 있도록 하는 것과 통합을 향한 세상에 대한 변형에 집중한다. 가장자리로부터 중심을 분리하면서 자각의 내적 상태는 매일매일의 고통 또는 기쁨 상태와 공명의 안과 밖의 상태로 이동할 수 있게 하는 보호구역이 된다. 변형은 내적 보호구역이 안전한 집이 될 수 있게 만든다. 깊은 헌신으로 도전에 도달하도록 회복탄력성을 활용한다. 이것이 우리가 현재의 위치를 찾고 조화롭고 통합된 흐름에서 발생하는 경직과 혼돈의 강 사이에 있는 우리의 길을 갈고 닦는 방식이다.

뇌 기초

이제 당신에게 현실 영역의 두 면을 고려하는 것으로의 개관에서 이동하는 것이 자연스럽게 다가올지도 모르겠다. 변형에 대해 다루는 이 절에서 당신은 우리가 신경 회로의 통합이 조화롭고 균형 잡힌 신경계의 조화로운 기능을 초래한다는 것에 대해 알아볼 거라고 기대하고 있을 수도 있다. 이 책에서 당신은 신경 통합의 중요한 개념은 웰빙에 대한 시각의 유용한 형태를 제공한다는 것을 알게 되었다. 각자의 삶 또는 내담자의 삶에서의 경직 또는 혼돈, 아니면 이 둘을 합친 상태에 대해 깊게 파악해 본다면 통합의 어떠한 측면이 손상되어 있는지를 확실히 알게 될 것이다. 분할에 대한 폐쇄 상태 그리고 연결에 대한 손상은 각각 통합의 장애물로 작용할 수 있다.

통합 기능의 순간을 발달시키기 위해 의도적으로 형성된 상태에 연결되어 있는 뇌의 영역들은 여러 가지로 다양하며 우리의 친구인 중앙 전전두엽 영역(대뇌 피질과 변연계, 뇌간, 신체, 심지어 다른 뇌의 사회적 신호까지 연결하는)을 포함하기도 한다. 지금까지 봐 왔듯이 뇌 피질과 변연계, 뇌간, 육체와 사회는 중앙 전전두엽 피질의 통합 섬유를 통해 하나의 기능적인 총체로 만들어진다. 이에 더하여 이전 장에서 우리가 깊게 다루었던 중앙 전전두엽 영역의 아홉 가지 기능, 심지어는 그것들에 대한 자각을 강조하는 정신적 훈련을 발전시킴으로써 그것들의 발달을 촉진할 수 있다. 2005년 존 카밧진(Jon Kabat-Zinn)과 처음 심리치료 네트워커(Psychotherapy Networker) 모임에서 만났을 때 공적인 자리에서 그는 이러한 아홉 가지 기능이 마음챙김 훈련의 결과일 뿐만 아니라 마음챙김 존재의 방법이라고 말했다.

통합 상태로 연결된 뇌의 다른 통합 영역들은 뇌의 두 반구를 잇고 있는 뇌량과 암묵 기억을 외현 기억으로 엮는 해마와 몸의 균형을 인지적이고 정서적인 과정으로 연결하는 소뇌를 포함하고 있다. 또한 우리는 신경계의 또 다른 측면을 보았는데, 이는 전측 대상회와 인슐라를 다른 영역에 연결하는 방추 세포라든지 두정엽과 같은 통합에 중요한 역할을 하며 신체와 자기인식을 한다. 앞으로 과학을 통해 새로운 발견을 하게 될 것인데, 그것은 구별된 부분들을 하나의 기능적인 전체로 연결하는 것의 본질을 밝히는 것이다.

우리가 제안할 수 있는 변형은 통합되지 않은 존재 방식에서 통합으로 나아가는 방법이다. 감정 그 자체가 통합에서의 변화라고 간주해 온 것처럼 변형은 감정적 부흥기라고 할 수 있다. 중요한 것은 우리 자신과 내담자들에게 그리고 우리의 세상에 '변화시키는 영감'을 제공하는 것이다. 만약 변형이 더 좋은 삶, 즉 의미 있고 연결되어 있으며, 지혜롭고 침착한 상태인 행복을 이끈다면 어떻게 우리는 개인적이고 집단적인 삶에서 이러한 통합적인 변형을 만들 수 있는 것일까?

이 물음에 대한 답을 다뤄 보기 위해서 뇌를 변형시키는 마음의 놀라운 능력에 대해 알아보아야 한다. 신경가소성의 영역에 대한 관점 없이는 어깨를 으쓱한 상태로 답변을 못 찾아 헤매게 될 것이다. 우리가 발달된 통합을 지니는 특별한 방법에 의도적으로 주의를 기울일 수 있는 것은 건강한 삶을 살기 위한 사람으로서, 상담사로서 그리고 시민으로서 부여받은 권한이다.

마음보기 기술

마음보기는 우리 사이에서 에너지와 정보의 흐름을 살펴보고 형성하는 능력이기도 하다. 우리는 마음의 핵심 측면을 에너지와 정보의 흐름을 조절하는 내재된 관계의 과정이라고 규정해 왔다. 비록 마음을 정의 내릴 때 정신건강, 교육, 과학, 철학 모두 마음의 중심 규제가 잘 작동한다고 밝히지 못했을지라도, 우리는 이것의 요소들을 모니터링하고 수정하는 필수 기능은 인식할 수 있었다. 정의 없이 정신적 활동에 대한 묘사만으로는 규제력을 지닌 정신 기능을 강화하는 방식에 대해서는 어떠한 것도 알지 못할 것이다. 상담사로서 우리는 내담자들이 그들의 뇌와 관계 안에서 벌어지는 에너지와 정보의 흐름을 모니터링하고 변형할 수 있는 능력을 정제하고 강화시키는 자세를 취하고 있다. 이것은 마음에 대한 정의를 지니고 있는 변형적인 힘이다. 특히 정신건강 전문가들은 우리가 타인과 우리 자신을 돕도록 하여 건강한 삶으로 이끈다.

우리는 변화가 우리로 하여금 마음보기 시각을 안정화시켜 에너지와 정보의 흐름을 보다 안정적으로 인지할 수 있도록 요구한다는 것을 보았다. 한번 안정화되면 우리는 좀 더 명확하고 심오하게 그리고 폭넓게 바라볼 수 있다. 개방성과 객관성 그리고 관찰은 발달할 수 있으며 안정적인 삼각대의 세 다리를 형성하는 마음보기 기술이다. 이를 분명하게 바라보지 못한다면 효과적으로 형성하기가 어렵다. 이러한 기술들은 각 개인이 에너지와 정보의 흐름을 용이하게 모니터링할 수 있도록 의도적으로 발달될 수 있다.

이 흐름을 변형하는 것 또한 우리 각각에게 길러질 수 있는 기술이다. 우리는 마음보기 훈련의 일부로 이 기술을 발달시키는 것이 신경 회로를 연결하는 것을 수초가 뒤덮도록 하는 깊은 수련과 연관되어 있을 거라고 생각해 왔다. 시냅스로 연결된 통합 회로를 둘러싸고 있는 수초는 기술을 발달시킨다. 능력을 조절하는 것은 우리가 정보와 에너지의 흐름을 이동시키고 그 흐름을 변화시킬 능력을 지니도록 만든다. 에너지의 발생 상태를 중지시키거나 이동하게 만들 수 있으며 뇌와의 관계를 통해 에너지와 정보의 움직임의 방향과 내용을 형성할 수도 있다. 이것은 마음이 내재되어 있으며 관계에 의한 것이라는 것을 보여 준다.

마음보기의 강화된 삼각대 렌즈로 잘 살펴보고, 에너지와 정보의 흐름을 형성할 때 우리는 이 질문을 다룰 수 있다. '건강한 삶을 위해 마음을 조절하기 위해서는 어떻게 해야 하는가?' 여기서는 통합의 틀이 필수적이다. 마음보기는 포함하기는 하지만 단지 의식적이라든지 마음을 보는 것만이 전부가 아니다. 마음보기의 구조는 마음에 대한 정의를 내리는 것뿐 아니라 정신건강을 통합으로서의 정의로 이끌어 낸다. 우리는 혼돈/경직 상태를 알아보고 나서 연결/차이가 발생하지 않는 주관적인 삶의 방식을 탐험하게 된다. 깊은 변화를 이루어 내기 위해 우리는 삶의 어려움을 직면하게 된다. 삶의 이러한 중요한 측면에 접근하고 그로부터 철수하지 않기 위해 우리는 이러한 어려움을 성장하기 위한 발판으로 여길 수 있는 것이다.

적어도 통합의 여덟 가지 영역은 변화 과정 중에 의도적인 주의 사항이 될 수 있다. 앞으로 보게 되겠지만, 증산에 관한 아홉 가지의 영역 또한 더 커다란 부분의 일부일 뿐이고, 이에 대해서는 마지막 장에서 보게 될 것이다. 이 여덟 가지 영역은 개인의 변화 과정에 접근해 가는 토대를 제공하며 심리치

그림 13-1　통합의 영역

료를 향한 상호적인 신경생물학적 접근을 조직하는 데에 중점을 둔다. 당신이 이 책의 흐름을 함께 밟아 왔더라면 실제 우리는 이미 마음챙김 상담사로서 TR들의 여러 측면을 점검하면서 각 8개의 영역을 다루었을 것이다.

　당신은 각자의 성장과 전문적인 일에서 이러한 기초적인 원리들의 지도하에 깊은 훈련의 새로운 형식을 탐색하는 것에 자연스럽게 창의적인 사람이 될 수 있다. 이 개념은 간단하다. 이 개념이 당신에게 잘 맞는다면 개별화(차별화)된 방식으로 작동하도록 하라. 결국에 마음챙김 상담사인 우리가 통합적인 사람이 되는 것이다. 우리의 주요한 일은 차별화와 연결을 위한 장애물의 덫으로부터 통합을 놓아주는 것이다. 단지 이미 일어난 일에 대해 준비하는 것이 아니라 삶의 어려움 속에서 자각에 집중하는 것은 기술 향상과 수초의 성장에 필수적인 깊은 훈련으로 작용한다. 우리는 마치 사람들의 통합의 향상을 위해 함께하는 것처럼 이것을 우리의 삶에서 만들어 낼 기회를 가지고 있다.

　다음은 우리의 이전 논의를 통해 다룬 통합 영역의 개요이다. 임상적 사례의 이러한 영역들에 대한 적용은 다른 텍스트에서 접할 수 있다(Siegel, 2010). 여기에서 우리는 어떻게 이러한 영역이 마음챙김 상담사로서의 우리가 우리 삶을 어떻게 변형시키는지의 일부가 될 수 있는지 보게 될 것이다.

강화와 통합의 영역

　본질적으로 의식의 통합은 가장자리의 정신적 활동과 중심에 의해 구현되는 자각의 본질을 구별할 수 있도록 마음의 중심을 발달시키는 것과 관련이 있다. 최초로 오감에서의 가장자리 요소들은 외부 세계를 우리의 자각으로 가져온다. 그 후에 육감의 영역은 몸의 내부 데이터가 내부 감각수용을 가능하도록 만든다. 칠감은 더욱더 고전적으로 정의되는 정신적 활동을 경험할 수 있도록 하는데, 그것은 생각, 느낌, 믿음에 대한 기억, 태도 그리고 의도에 이르는 것들이다. 팔감은 우리가 타인 및 일반적인 세상과 관계 맺는 방식으로 우리의 상관된 자연에 대한 자각을 얻도록 해 준다. 아마 당신은 다른 감각들 또한 상상해 볼 수 있을 것이다. 나 또한 자각의 바퀴 훈련은 통합 영역의 중요한 시작점을 직접적으로 양성하기에 이러한 경험과 생각에 대해 듣는 것을 좋아하기도 한다.

　의식의 통합을 지지하는 마음보기 기술 또한 걸어 다니는 명성, 요가나 태극권과 같은 마음챙김 훈련을 통해서도 발달될 수 있다. 마음챙김이 세상과 동서양, 아주 오래전의 과거와 현재를 통해 훈련되는 동안, 종교에서 사용하는 것은 종교적 훈련이 아닌 인간의 기술이다. 어떤 교육 프로그램이 초대받지 않은 종교를 세속적인 환경에 놓는 것을 적절히 피하는 반면에, 사실 이것은 마음챙김 명상과 같은 마음챙김 자각 훈련이 몸과 마음, 사람들과의 관계에서 더 건강하게 만든다는 것을 연구를 통해 실제로 보여 준 경우이다. 지금까지 봐 온 것에 의하면 마음챙김 기술을 배운 활동 중인 의료진은 스트레스를 더 잘 다루었으며 극심한 피곤 또한 덜 느꼈다. 의대생들은 그들의 내담자에 대해 더 큰 동정심을 느꼈다. 꽤 괜찮은 결과이다(Krasner et al., 2009; Shapiro, Schwartz, & Bonner, 1998).

하지만 마음보기 능력들은 이렇게 중요한 마음챙김 기술 이상이라고 할 수 있다. 판단에 의하여 치워지지 않은 채 현재 상태에 대해 의도적으로 자각하는 것은 우리의 첫 번째 영역의 한 측면인 의식의 통합이다. 또한 우리가 알고 있듯이, 이와 반대로 마음보기는 몸과 마음을 규제함으로써 나뉘는 확장된 신경계와 같은 우리의 관계와 뇌에서의 에너지와 정보의 흐름을 살펴보거나 형성할 수 있도록 하는 발달 중인 삼각지각(developing triception)과 관련이 있다. 우리는 마음을 분명하게 모니터링하고 통합을 위해 전략적으로 그것을 변경시키기 위해 삼각지각으로 이렇게 반사하는 마음보기 기술을 사용한다. 마음보기 렌즈를 안정화시키면 우리는 통합 영역을 살펴보고 향상시키기 위한 마음의 중심을 연결하는 과정을 시작할 수 있다.

수평적 통합은 신경 기능의 분할된 요소와 또 다른 것을 양방향으로 연결한다. 통합의 이러한 형태는 뇌의 두 반구 모두에 자리할 수 있으며 같은 부분이지만 신경계 안에서 분할된 통합 형태를 포함한다. 예를 들어, 우리는 시각적 과정의 높은 단계와 감각 운동적인 통합 기술에의 음성 처리 과정에서의 비슷한 단계를 연결할 수 있다. 이는 이러한 구별된 요소들이 처리 과정의 비슷한 단계에 있다는 점에서 비록 그것들이 뇌의 같은 영역에 있을지라도 수평적인 형태라고 간주된다. 심지어 좌우의 차이는 서로 연결될 수 있는 정보의 차단이며 서로의 연결이 이루어지지 않는 과정을 만든다.

통합의 양쪽 형태에 관해서 우리는 좌우 반구 상태가 서로 다르게 작동하는 방식을 볼 수 있다. 오른쪽 모드는 더 일찍 발달할 뿐 아니라 전체가 되어 가는 과정, 비언어와 공간 시각에 관해서 빠르며 자전적인 과정에서 우세하다. 또한 몸 전체의 통합된 지도를 가지고 있으며 스트레스 반응에 대해 우선적으로 권한을 가지고 있다. 반대로 왼쪽 모드는 후에 발달하며 선형 (linear), 언어(linguistic), 논리(logical), 문자(literal) 그리고 목록(list)을 좋아한다. 좌뇌에서 이 L들을 기억하는 것이 더 쉽다.

우리는 분리된 반구가 에너지와 정보의 흐름에 대한 2개의 화합적인 체계를 가지는 경험을 제공하게 한다. 좌반구를 통해 현실을 감지하는 자체는 우반구와는 확실히 다르다. 당연히 이분화 마니아(dichotomania)—이 두 차이를 과장하고자 하는—를 피하는 것이 좋다. 뇌 전체는 자연스럽게 기능을 위해 결합하고자 한다. 그러나 수억 년 동안 척추골을 가진 동물들은 그들의 신경계에 대한 육체적이고 기능적인 요소 안에서 불균형 상태로 있었다. 우뇌와 좌뇌는 이전의 수백만 세대와는 말 그대로 다른 특성을 지녀 왔다. 비록 기능적인 이미지가 두 반구에서 증가하는 혈류의 패턴을 보인다 할지라도 신경학상 손상(트라우마, 뇌졸중, 종양)은 우리 인간의 뇌가 꽤 비대칭적이라는 결과하에 비교 동물학을 뒷받침한다. 우리는 적어도 여러 기능을 담당하는 양쪽 반구 모두를 염두에 두기 위해 모드라는 용어(좌뇌 모드, 우뇌 모드)를 사용하고 있다. 하지만 독특한 정보의 흐름을 인정하는 것은 사실 우리의 경험에 존재하고 있다. 궁극적으로 필수적인 것은 통합의 상태로 어느 한쪽에만 치우치지 않는 것이다. 하지만 오늘날의 문화는 좌뇌 모드 처리를 선호하기 때문에 우뇌 모드 법정에서 쉽게 표현될 수 있는 언어를 갖고 있지 않기에 선형성이라든지 강력한 법 의학적인 발표에서 일반적으로 선호되지 못하는 것 같다. 그렇지만 이제는 약점인 것을 우리 모두 거리낌 없이 말할 필요가 있다.

좌뇌와 우뇌를 결합하는 것은 마치 멋진 결혼을 하는 것과 같다. 어느 누구도 이 두 파트너가 확실히 서로를 좋아할 거라고는 기대하면 안 된다. 대신에 각각의 두 반구는 그들의 통합된 한 개체가 분리된 두 반구의 합보다는 훌륭하다는 것을 알게 될 것이다. 또한 좌뇌와 우뇌를 연결하는 것은 화합을 육성하는 동안 그 차이를 인정하는 것에 대한 것이다. 이 책과 다른 자료를 통하여 봐 왔듯이 그러한 결합은 개발되고 성장한다. 자전적인 서술은 일관성을 띠며 관계 또한 발전한다. 심지어 전체에 대한 감각과 활력 또한 꽃피우게 된다.

통합의 각 영역은 다른 것들도 지지한다. 수직 통합은 좌뇌와 우뇌의 차이에 익숙하다. 신체의 입력은 뇌간과 대뇌 변연계 영역에 자리를 만들기 위해 척수에 얇은 1막(Lamina 1)으로 이동한다. 그리고 나서 척수의 1막은 내부 감각수용기가 우측 전측 대상회 그리고 오른쪽 중간쯤의 앞뇌섬엽 과정이 되기 위해 주로 우측으로 이동한다. 심지어 오른쪽 정수리 부분—왼쪽이 아니다—은 몸 전체에 대한 통합된 지도를 가지고 있다. 그러므로 신경에 관한 발견은 신체의 징후가 몸에서 뇌간으로, 이어서 대뇌 변연계 쪽으로 그리고 먼저는 우측 피질에 이어 좌측 피질로 이동한다고 주장한다. 우측의 피질과 신체에 대한 친숙한 결합은 우뇌 자각의 활성화와 함께 수직적인 통합이 겹쳐지도록 만든다. 우리는 몸의 비언어적인 신호를 흡수하여 말 그대로 그것들을 피질로 중재된 자각으로 이끈다. 이것이 바로 수직 통합의 본질인 것이다.

발달에 관한 다양한 각색은 드러냄을 통해 손상된 통합의 이러한 영역 또는 또 다른 영역까지도 만들어 낼 수 있다. 수직적 분리를 유도한 경험적인 요소를 파악하는 것은 몸과 머리에 기초한 뇌를 다시 연결하는 과정의 시작에 중요할 것이다. 그러나 발달에 관한 각색에 대한 판독 이유는 발견과 변화에 대한 여정을 시작하는 것에 있다. 다음 단계는 통합을 위해 뇌를 SNAG하는 것—1막 투입을 연결함으로써 신경 활성화와 성장을 자극하는 것과 피질이 데이터를 받아들이는 것뿐 아니라 그것을 유지할 수 있는 것—이다. 자각을 향한 이러한 몸의 상태를 받아들이는 관용의 창을 넓히는 것은 수직 통합의 기본이다. 상담사로서 모든 현상에 개방된 상태로 현존하는 것은 내담자들이 그들 각자의 신체적 경험을 들여다보기 이전에 시작해야 하는 출발점이다. 지금까지 보았듯이 적응의 두 상태에 들어갈 때에 우리는 관용의 창을 활짝 열어 내담자들이 이전에는 두려워하거나 갇혀 있었던 내적 상태에 대해 신뢰와 안전한 상태로 들어가도록 했다.

과거에 경험한 일들은 암묵 기억의 여러 가지 형태에서 처음 시냅스 연결이 형성됨에 따라 우리의 삶에 스며들게 되었다. 이러한 형태들은 우리의 감정과 자각, 행동에 대한 반응 그리고 아마 신체적 감각도 포함할 것이다(여기에서 내가 '아마'라는 단어를 사용한 이유는 이것이 아직은 공식적인 연구 주제가 아니기 때문이다). 우리는 이러한 경험의 총합을 정신적 모델로 발달시키며 과거의 모델 형성 렌즈를 통하여 진행 중에 있는 상호작용을 여과한다. 점화 또한 두뇌가 경험에 대한 하향식 여과에 기초한 방식으로 대응할 준비가 되어 있다는 점에서 암묵적 과정이기도 하다.

기억 통합은 훨씬 자동적이고 암묵적인 해독 과정의 고정된 요소로부터의 유연한 형태의 기억을 형성하는 것과 관련이 있다. 대뇌 변연계의 내측 측두엽에 깊이 위치하고 있는 해마는 마치 그 조각들이 사실적이고 자전적인 기억의 커다란 틀을 형성해 나가는 것처럼 암묵적인 퍼즐 조각들을 모으는 것과 같은 기능을 한다. 암묵 기억을 회상해 보면 우리는 자각 속 무언가가 과거의 경험으로부터 파생되었다는 내적 감각을 느낄 수 있다. 또한 외현 기억으로 세상과 우리 자신의 사실을 '인지'하도록 하는 의도적으로 형성된 검색 과정을 통해 경험을 유연하게 되찾을 수 있다.

정보의 흐름을 타면서 우리는 잠시 앉아 이 흐름이 언제 암묵적인 자유로운 형태에 있는지에 대한 명확한 감각을 얻을 수 있다. 이는 여기와 과거로부터의 어떠한 신호 없는 상태인 지금에 대한 감각을 형성한다. 기억 통합에 관해 당신이 명심해야 할 것은 그것이 무엇인지를 받아들이는 것이지만 동시에 순간적으로 진심을 담아 느끼는 것이 실제로 암묵적인 복구라는 개념적 인지를 지니는 것이다(SOCK의 C에 해당). 이것이 해결되지 않은 일로부터 고립되었던 우리를 자유롭게 하는 다양한 자각의 흐름을 여러 층으로 통합하였다. 우리는 그것을 길들이기 위해 이름을 붙여서 실제로 피질 하부의 폭풍을 고요하게 만드는 자각의 감수 영역에 고통스럽거나 불편한 감정을 두게 된다. 심지어 어떤 연구에서는 오른쪽 복외측 전전두엽 피질이 감정에 이름 붙이기로 정서적인 차분함을 포함한 조절의 형태로 활발한 역할을 한다고 말한다(Creswell et al., 2007). 감각은 해결되지 않은 경험에 대한 현재의 통합되지 않은 상태를 포함한 것들에 대하여 수용하는 것을 이끈다. 인지한다는 것은 우리가 통합이라는 것이 바로 눈앞에 있으며 조화로운 상태를 향한 우리의 삶이라는 자연스러운 흐름을 받아들이는 생득권이라는 것을 느끼게 해 준다. 우리는 자각의 이 열린 공간 속에서 그것들에 이름을 붙이며 그것들이 평온하고 침착할 수 있도록 한다.

내러티브 통합은 관찰자의 기능을 다른 수준으로 향하게끔 한다. 우리는 3인칭 관점으로부터 우리의 삶을 감독하고 있는 좌측 우세적이라고 할 수 있는 '서술자(narrator)'의 기능을 가진다. 심지어 '내가' 이것 또는 저것을 했다고 말할 때, 내가 쉽게 말해 '댄'이 오늘 그것을 했다고 말할 수 있는 자질이 있다. 극단적으로 각자의 삶에 대해 이야기하는 것은 우리를 관찰 줄기(observing stream)에 가두는 형태가 될 수 있다. 우리는 거리가 멀고 냉소적이며 연결되지 않은 채로 살아간다. 하지만 서술적 통합은 관찰자를 긴밀하게 연결된 신체적 경험과 말로 할 수 없는 우측 모드의 영역으로 관찰되게 하는 것을 포함한다. 논리적이고 선형적이며 언어적이고 좌측 모드의 처리 과정을 주시하는 것 말이다. 일관된 서술은 주지화를 하며 논리적이지만 감정을 덜어 낸 서술과는 다르다. 일관성은 말 그대로 우리의 삶을 이해하고 과거의 경험에 대한 감각을 온전히 느끼는 방식이다. 또한 시시각각 새로운 미래를 위해 이러한 기억과 우리의 시야를 엮어 나가는 방식이기도 하다.

삶을 이해하는 부분은 과거를 비추어 보는 것과도 연관되어 있다. 우리는 아이들이 어떻게 그들의 부모와 애착을 형성하게 되는지에 대한 최상의 예측 변수가 그 부모가 자신들의 고유한 삶을 이해한 방식에 기초해 있다는 것을 알고 있다. 나의 이런 관점은 예비 조사 및 의사소통을 통해 형성된 것으로, 부모의 마음챙김이 곧 자녀와 함께 있는 부모의 현존뿐 아니라 자신의 인생 이야기를 들려 줄 수 있는 여지 또한 반영한다는 점이다. 나는 성인 애착 인터뷰(AAI)의 서술적 일관성에 대한 내부적인 조율이 안전을 형성하는 부모-자녀 관계의 상호적인 조율이라고 믿는다.

당신 자신과 현존하는 것 또한 당신의 다양한 상태에 접근할 때에 발생한다. 상태 통합은 시간에 걸쳐 우리 자아를 정의하는 차별화된 상태를 연결하는 방식이다. '자아 상태'라는 것은 반복된 존재 패턴에 다양한 욕구, 바람 그리고 상호적인 패턴으로 출현한다. 우리는 테니스를 치고 사랑을 하고 우주를 연구하기도 하며 음식을 만들고 정원을 가꾸는 자아 상태를 가지고 있다. 각각의 이러한 상태는 결합하는 집단으로 기능을 효율적이게 만든다. 그러나 사람들은 자주 그것들이 '동질'의 것을 의미하는 '집합'이라고 간주한다. 특이성에 대한 이러한 이미지는 우리의 다양성이라는 자연스러운 현실과 완전히 대조된다.

상태 통합은 각 자아 상태 기능을 이루는 내적 상태(intrastate)가 일관적인 전체가 되는 것을 말한다. 예를 들어, 내가 양면성이 있는 사람이라면 고독의 필요를 염두에 두면서 혼자이고자 하는 본능적인 욕구를 수용하는 통합적인 주도권을 나에게 주지 않았기에 주변 사람들에 대해 짜증이 날지도 모른다. 내적 상태의 통합은 우리의 여러 상태를 아우르는 모음을 찾을 수 있는 방법에 초점을 맞춘다. 이는 최소한의 적대감과 최대한의 협력으로 인간의 욕구 스펙트럼이 잘 충족되기 위해서이다. 상태 통합에 대한 또 다른 시각은 우리 고유의 자주권이 사회적 연결망의 일부가 되면서 인정받는다는 '우리 상태'—어느 누구와 또는 한 공동체로서—에 대한 기초가 된다.

상호 간 통합은 확실히 우리가 자신의 감각에 완전히 근거해 있지만 삶에서 활력을 강조하는 '우리'의 일부가 된다는 개념에 근거해 있다. '신경생물학적인 우리'라는 자각은 인간이 2명 또는 그 이상의 체계를 지닌 집합체로 통합된다. '우리'라는 이 의식은 사랑을 묘사하는 가장 간단한 방식이 될지도 모르는 '감각을 느끼는 것'의 중심부에 있다. 아마도 치료의 심장이라고 할 수 있는 이 상호 통합이 깊은 자각이 된다. 사랑에 대한 전문적인 형태가 직접적으로 자주 언급된 적은 없다. 이는 아마도 영역을 임상 환경에 가져오는 데 두려움이 있기 때문일 것이다. 하지만 상담사로서 우리는 호기심과 열린 마음, 수용하는 마음을 가진 채 누군가(자기 자신을 포함하여)를 돌보는 경험이 우리가 '사랑'을 하는 방식의 핵심으로 보일 수 있다는 개념을 잘 이해할 필요가 있다. 사랑이 의미하는 것을 미성숙하게 분류하지 않기 위해 마음챙김이 필요하다. COAL은 사색적인 의식과 마음챙김 의식을 자각하게 한다. 또한 COAL은 우리가 내담자들의 마음을 살필 때 오기도 한다. 그러므로 내담자들과 함께하기 위해서는 우리 자신들을 그곳에 있게 하는 것과 중심을 넓게 확장하는 전문적인 관점에서의 '치유의 사랑'과 '로맨틱한 사랑'을 구분하는 것이 중요하다. 분명하고 위협적이지 않으며 경계를 존중하는 전문적인 역할보다 무엇이 더 깊게 연결을 만들 수 있겠는가? 치료자와 내담자 사이의 이 친밀한 춤은 치료 관계에서의 본질적인 역할을 한다. 이 춤은 가장 비육체적인 수준에서 친밀하나 지구상에서 인간이 가장 실존적으로 의미 있는 존재가 되게 돕는다.

30년간의 임상 경험 동안 나를 찾아왔던 그들과 맺었던 관계를 생각하면 매우 기쁜 마음이 든다. 사랑이라는 것 말고 우리의 관계 형성에 대한 깊은 감사를 표현하는 데 사용할 수 있는 감각 용어가 또 있을까? 모든 사람이 이미 들으며 살아왔겠지만 우리는 삶이라는 이 구불구불한 길에서 동행하는 여행자이다. 마음챙김 상담사가 된다는 것은 임상 관계에서의 독특한 특성과 취약성을 감싸 안도록 하며 누군가를 치료하며 돕는다는 특권에 대한 깊은 감사를 현존에 가져다준다.

이러한 의미와 연결의 존재론적 관점은 현실적 통합이라는 팔감의 영역에 초점을 맞추기도 한다. 전전두엽 피질은 우리로 하여금 시간의 지도(maps of time)를 그릴 수 있게 한다. 이러한 능력으로 우리는 그 어느 것도 확실하지 않으며 영원하지 않고, 모든 사람은 죽는다는 것에 대한 자각을 얻고, 또 그에 대한 부담을 가지게 된다. 여기서 너무 무거운 내용을 다루어서 당신에게 유감이다. 하지만 이러한 현실적인 상황을 무작정 피하는 것은 현실을 마주하지 않으려는 것이기에 결국 우리가 손해를 보는 일이다. 우리는 너무나도 자주 확실한 것을 원한다. 또 영원을 갈망하며 불멸을 상상해 보기도 한다. 현실적 통합은 이러한 인간들의 바람을 완전히 배제하는 것이 아니다. 이해가 가능한 갈망을 받아들이고 그것을 진실되게 열린 마음으로 실제 상황에 함께 엮어 나가는 것이다. 확실과 불확실, 영속성과 일시성, 불멸과 죽음, 이것들은 현실 통합의 중심 초점에 있는 양극성이다.

이 현실 통합에 대한 매우 실용적인 합의는 우리의 위험에 대한 경계와 경보 그리고 동기부여 시도로, 2억 년에 걸친 '검색 시스템'을 탐색할 때에 나타난다. 마음챙김 상담사로서 직접 이 검색 시스템을 모니터링하고 변형시키는 것은 특별히 중요하다고 할 수 있다. 왜냐하면 바로 우리가 임상 평가를 수행하고 내담자의 안전에 대한 우리의 우려에 의해 이끌리는 중재의 역할을 하기 때문이다. 내담자들의 경험을 비추어 검색 시스템을 탐색해 보는 것은 현실 통합이 그들의 삶에 손상을 입힐 수 있다는 방법을 조사해 보는 강력한 수단이 될 수 있다. 트라우마 이후에 우리의 검색 시스템은 높은 경계 상태에서 그 사건과 관련된 확실한 무언가를 계속적으로 찾고 있을지도 모른다. 확실성의 움직임을 감지함으로써 우리의 과거를 아는 것은 내담자들의 진행 중인 요소를 인지하도록 만든다. 또한 우리의 지속적인 현실 우려는 검색으로 이끄는 집착에 의하여 변화하는 현존으로 돌아가는 데에 중요한 요소이다.

칠감의 각 영역 모두에 들어맞는 이야기이기는 하지만, 현실 통합에서도 마음보기가 중요하다는 것이 예외는 아니다. 가능성의 영역이라는 관점에서 보면 마음보기를 통해 우리는 우리를 삶의 경직 또는 혼돈에 가두는 반복되는 개연성의 정체기와 활성화의 절정기 패턴을 보게 된다. 이러한 경향에 집중하면서 우리는 강력한 새로운 방식인 각 영역의 차별화된 요소들을 연결할 수 있게 되는 새로운 방향이 제시된 삶을 살게 된다. 끊임없는 절정기를 부드럽게 가꾸는 것과 억압된 정체기의 정도를 낮춤으로써 개방된 영역에 들어가고 시간의 흐름에 따른 과정을 재정비함으로써 더 큰 유동성을 발생시킬 수 있다. 마음보기 없이는 그저 우리는 자동 조종 장치로 살아가면서 뿌리 깊이 박힌 성향과 정신적 습관을 가지고 살아갈 것이다. 명확하게 바라봄으로써 우리에게는 선택권이 주어지고 우리의 정신 영역과 신경 발화 패턴이 통합되기 위한 더욱 유연하고 적응할 수 있는 상태로 향하게 될 것이다.

또한 이것은 변형 과정에 대한 멋진 흐름을 나타낸 것이다. 마음의 삼각지대와 뇌 그리고 관계 안에서 에너지와 정보의 내부 흐름을 바라보고 형성하는 방법을 발달시킬수록 우리는 통합을 향한 삶에서 더 자유로울 수 있다. 지금 보고 있듯이 통합 자체의 과정은 우리의 마음보기 렌즈를 더 분명하게 만든다. 이것은 통합과 마음보기가 상호적으로 강화하는 방식이다. 통합과 마음보기의 변형적인 힘을 분출하는 것은 더욱 조화로운 삶의 모습을 향한 긍정적인 사이클을 초래한다는 것이 내담자와 동료 그리고 내 개인적인 삶에서 되풀이되면서 명백해져 갔다. 한 내담자와 그의 아내가 최근 나에게 이러한 접근이 마음보기와 통합의 변형적인 힘으로부터 득을 얻게 되는 모든 것 중에서도 '심장과 얼굴에 깊은 미소'를 선사해 준다고 말했다.

1. 나비가 되는 과정은 알 → 애벌레 → 번데기 → 성충이다. 알 상태일 때는 그 누구도 성충으로 자랄 것을 눈치채지 못한다. 나는 어떤 변형의 단계를 거쳤는가?

2. 각 단계를 지날 때 경험했던 사건과 그 곁에 있었던 사람들은 누구였는가?

3. 내가 변형할 수 있도록 돕는 자원들에는 무엇이 있는가?

14

평온(Tranquility)

이 장을 말로 표현하는 것은 어려운 일이다. 지금까지 우리는 마음챙김 상담사가 되는 것에 대해 대화를 나누는 여정을 함께해 왔다. 이에 대해서 필수적인 부분들(현존, 조율, 공명, 신뢰, 진실, 삼각대, 삼각지각, 발자국 기법, 성향, 트라우마, 이행, 훈련, 변형의 모든 TR)을 보았다. 그리고 이제 평온을 지칭하는 여덟 번째 TR에 접어들었다. 나는 이게 무엇인지는 알지만 명확하게 어떤 단어로 표현할지 확실히는 모르겠다.

　　모든 것에 깊게 스며드는 전체가 하나 되는 감각이 있다. 나날이 발생하는 사건들은 걱정과 우려, 좌절과 슬픔, 또는 흥분과 신비로움, 의기양양함과 성취감 같은 반응을 일으킨다. 그리고 이러한 반응 저편에는 깊은 상태의 감각이 존재한다. 이러한 감각을 한마디로 말할 수 있는 최상의 단어가 바로 평온이다.

　　평온은 차분하게 됨, 혼란에서 벗어난 자유로움이라는 공식 정의를 갖고 있다. 평온이라는 단어는 차분함, 평안, 움직이지 않는, 고요, 한산함, 정적, 평정, 평정심, 휴식, 평화로운, 평화, 조화, 조화로움과 일맥상통한다. 뿐만 아니라 평정, 침착, 차분함, 균형, 곤경과 위험 속에서의 침착(sangfroid), 불변, 자제력 그리고 냉정함이라는 용어와도 같다(Rodale, 1978). 평온은 바로 가능성의 개방 영역에 중심을 두고서 자각의 중심에 온전히 자리 잡고 있는 감각을 묘사한다. 이 평온의 상태에서 우리는 자각의 넓게 펼쳐진 잠재성을 느끼며 외부 세계에서 시간의 흐름에 따른 타인과의 관계에서 오는 가장 깊은 감각까지 가장자리의 모든 요소를 느끼고 보고 상상하며 알 수 있다.

　　현존의 중심에는 평온이 있다.

뇌 기초

현실적인 신경 영역을 통해 우리는 평온이라는 것이 이 영역 자체 내에서의 개방된 현존 상태라는 것을 상상해 볼 수 있다. 그 영역을 넘어서 신경 점화의 다양한 원자가 정체기로 이동함으로써 우리는 이 평온한 열린 공간에서 개연성의 다양한 제한적인 영역으로 향해 간다. 활성화의 절정기에서 더 나아가면 그것들이 마치 우리를 그들의 발달 경로로 안내하는 것과 같은 다양한 생각과 감정, 행동을 경험할 수 있다.

하지만 열린 가능성의 영역으로 다시 이동하는 유연성은 평온의 본질이다. 이것은 영역 내외에서 자유롭게 움직이며 인생에서의 어려움을 직면할 수 있는 평정심을 가져다준다. 그 어려움이 무엇이든지, 언제 발생하든지 상관없이 말이다. 이것은 다른 모든 신경 발화 패턴들을 만들 수 있는 것에서의 우리 존재의 신경 기반을 형성하기 위한 평정의 힘이다. 정체기로부터 절정기까지 그리고 다시 지대로 말이다. 이것은 우리가 마음챙김 상담사가 됨으로써 우리의 마음보기 기술로 가꿀 수 있는 평정의 본거지이며 가능성의 열린 영역이다.

마음보기 기술

마음의 구별된 중심을 발달시키는 깊은 훈련은 평온을 우리 삶의 한 특징으로 가져오게 하는 주된 연습이다. 대화의 시작부터 우리는 가장자리 영역에 의도적으로 주의를 집중하였다. 그리고 이러한 것들을 중심과 구별하는 것이 확고한 정신 활동의 절정기에서 가능성의 개방 영역으로 마음의 주요 상태의 원자가 개연성 정체기에서 유연하게 이동할 수 있는 방법을 강화시키는 방법을 알아보았다. 이렇게 말하는 것이 추상적으로 들릴지라도, 확실히 경험에 의한 몰입이 없다면 이에 대해 듣거나 읽고 이해하는 데에 거리감이 느껴질 것이다. 내가 믿는 바, 평정은 그 자체가 중요하다. 가능성의 영역 안팎을 자유롭게 이동하는 기술을 발달시키는 것은 뇌와 마음이 명확하고 균형 잡히고 평정의 안정성을 발달시키는 방법이다.

　마음보기 기술은 우리의 삶이 평온해지도록 일깨운다. 우리는 분명히 어려움을 직면하며 그 자체에 열린 상태로 자리한다. 또한 우리의 정신적 활동을 우리가 누구인지의 총체적인 방식으로 동일시하지 않는다. 삼각형 내에서 마음보기 기술은 우리를 북돋우며 바쁘고 혼란스러운 정신 세계의 우여곡절 속에 있는 우리를 자유롭게 해 줌으로써 우리가 에너지와 정보의 흐름을 잘 조절하도록 돕는다. 말 그대로 우리는 순간마다 발생하는 사건들로부터 내적(마음) 보호구역을 만드는 것이다. 인간관계 안에서도 마음보기는 작동하는데, 우리가 다른 이들의 마음속에 존재하는 곳을 깊게 들여다볼 수 있도록 한다. 그들은 우리의 그런 모습을 통해서 '깊은 연결이 이어져 우리의 관계가 공감적이고 조율된다'고 느끼게 될 것이다. '우리'라는 편안하고 부드러운 관계는 통합된 모습이다. 개개인은 친밀하게 감싸 안게 되면서 서로의 특별함을 존중받게 된다. 삼각형의 뇌 영역에서 구분된 회로의 연결은 조화로운 기능에 신경 통합을 만들어 낸다. 신경 회로는 동시에 작용하게 되며, 그 결과 전기의 흐름과 정보 처리 과정에서 조화를 이끌어 낸다. 이렇게 통합된 신경 발화 패턴의 흐름을 탐색함으로써 마음은 관계의 성장과 같은 통합을 넘어서는 흐름을 조절해 나간다. 이것이 바로 편안하고 평온한 통합된 움직임의 웰빙 삼각형이다.

통합, 창의성 그리고 개방된 잠재력의 영역

우리와 같은 개방 체계들은 시간에 따라 그 흐름의 복잡한 상태로 더욱 이끌리게 된다. 스튜어트 카우프먼(Stuart Kauffman, 2008)이 그의 책『다시 만들어진 신(Reinventing the Sacred)』에서 창의성은 이 세상에서 복잡한 체계의 자연스러운 결과라고 지적했다. 누군가에게 창의성이라는 것은 신성한 영감으로 경험된다. 또 다른 이에게는 세상이 하라고 지시하는 것을 단지 새롭게 조합하는 복잡한 수학 같은 것이다. 어느 쪽이든, 계속해서 진화하는 장엄함과 복잡함이 지속되는 형태는 경외심을 이끌어 낸다. 새로운 창조물에 대하여 경탄하는 것을 존중함으로써 우리는 삶이 매우 풍부하고 복잡해질 수 있으며 새롭게 살아 있는 것의 출현에 매우 놀라울 만큼 새로운 경이로움에 빠져들게 된다.

혼란스러운 행동을 할 수 있는 개방 체계는 그들의 구별된 요소들을 연결 지으면서 복잡성을 극대화시킬 수 있다. 그것들은 비선형의 복잡한 체계이며 작은 투입이 커다랗고 예측할 수 없는 결과를 초래할 수 있다는 것도 내포하고 있다. 그러나 그 안에 내장된 것은 체계를 복잡하게 만드는 자기조직적인 과정이라는 것이다. 사실 차별화된 요소들을 연결하여 새로운 결합을 이끌어 내는 것은 통합의 결과이다. 그렇다면 우리는 엄격하게 수학적이며 체계적인 시각을 가지고 '창의성이 통합으로부터 발현된다.'고 말할 수 있을 것이다.

뇌 기초 탐험을 통해 우리는 신경 통합이라는 광천수에 깊이 빠져들 수 있었다. 마음보기 기술 훈련을 통해서도 에너지와 정보의 서로 다른 요소들의 연결이 우리의 내적 세계를 바라보고 형성하는 방식을 변화시키는 방법 또한 직접적으로 경험하는 것에 몰두하기도 했다. 다양한 방식으로, 이러한 생각과 경험들은 시간대에 따른 그것들의 흐름이 더욱 유연해질 수 있도록 하기 위해 우리의 절정기 상태를 부드럽게 만들고 정체기 상태를 넓히는 경로를 분명히 한다. 실제로 삶은 점화에 대한 징후와 성향을 지녀야만 한다. 우리는 절정기와 정체기를 꼭 필요로 하며 행복한 평온 상태 없이는 살아갈 수 없다. 하지만 마음보기 기술은 우리가 절정기에서 정체기로 이동하고 다시 돌아오기도 하는 이동을 유연하게 해 주며 가능성의 개방 영역에 대한 수용을 더한다. 평온은 우리의 삶이 늘 존재하는 것처럼 우리의 경험에서 근본적으로 존재할 수 있으며 자각의 모든 흐름에 지하 샘을 가져다준다. 또한 이전의 삶에 대해 알게 되면서 그것들을 경이와 감사로 채운다.

'안 돼'라는 말을 들으면 우리는 반응성에 얽히게 된다. 또한 '안다'와 같은 단어를 재해석하여 더 유연한 반응으로 이동하게 된다. 그리고 우리는 내적 반응성을 일부러 더 수용적인 상태로 바꿀 수도 있다. 간단한 호흡 자각 훈련으로부터 더 정교해진 중심 자각 훈련까지 우리의 마음을 감지하고 형성하는 법을 배우는 것은 우리를 습관과 반응성에 대한 제약으로부터 자유롭게 할 수 있다. 이것이 마음보기 기술이 새로운 반응의 결합—새로운 절정기와 정체기—을 만들어 내는 방식이다. 그렇게 함으로써 우리는 항상 가능성의 개방 영역에 기초하여 오래된 상황에 이르기까지 새롭고 신선한 접근으로 다시 이동할 수 있는 것이다.

지대에서 절정기로 그리고 다시 이동하는 이 모든 유동적인 움직임은 평온과 창의성의 본질이다. 우리는 세상의 일원으로서 몸담고 있는 일과 관계, 심지어 우리 자신에게까지도 평온이 경험의 중심이 되도록 한다. 웰빙의 삼각형은 마음이 일관성을 띠고, 관계가 공감대를 형성하며, 뇌가 통합됨에 따라 조화를 이룬다. 창의성은 이 영역—마음과 관계 그리고 뇌의 창의성—에서 흐르게 된다. 우리는 연결, 개방, 조화, 참여, 수용성, 출현, 동정심 그리고 공감이라는 깊은 연결된 감각으로 살아간다. 이것이 행동에 일관되게 나타난다. 또한 이것은 우리가 살고 있는 상호 연결된 세상을 감싸 안는 깊은 유연성과 참여로부터 만들어진다.

"마음보기 훈련은 우리의 삶이 평온해지도록 일깨운다."

1. 모든 것을 멈추고 눈을 감아 보자. 그리고 오로지 내 귀에 들리는 작은 소리에만 집중해 본다. 어떤 소리가 들리는가? 이 소리는 나에게 어떤 감정을 불러오는가?

2. 나는 언제 평온함을 느끼는가? 내가 평온함을 느끼는 장소와 시간을 말해 보자. 그리고 평온함을 느끼게 하는 데 중요한 역할을 하는 오감에 대해 말해 보자. 나는 시각, 청각, 후각, 미각, 촉각 가운데 어떤 감각기관이 발달되어 있고, 이 감각기관을 통한 정보를 중요하게 여긴다고 생각하는가?

3. 앞의 질문에 대한 대답들은 내가 어떤 사람이란 것을 말해 주는가?

15

증산(Transpiration)

드디어 우리는 마지막 장에 이르게 되었다. 이 장은 꽤 단순한 내용을 담고 있다고 할 수 있다. 통합에 대한 여덟 가지 영역을 훑어보면서 '통합의 통합(integration of integration)'이라는 아홉 번째 형태가 자연스럽게 생기는 것을 볼 수 있다. 이것은 내가 '호흡을 가로지르는 것', 즉 증산을 하는 통합이라고 부르는 것이다. 증산이란 자기 자신으로 한정되는 것 이상으로 커다란 집단에서 정체성으로 존재하여 현실에 대한 상호 연결된 자각을 가리키는 말이다.

　마음보기 기술에 더 깊이 들어가면서, 우리는 관계와 신경계 그리고 정신적 경험 내에서 에너지와 정보의 흐름을 감지하고 형성하는 법을 배웠다. 또한 서로 다른 부분의 결합이 통합된 상태를 유연하며 적응력 있고 일관되며 활기를 북돋고 안정적인 상태로 만든다는 것도 알게 되었다. 이러한 통합 영역을 통해서 우리는 가장자리와 중심, 왼쪽과 오른쪽, 체세포와 두개골 기반 시냅스를 구분한다. 또 기억의 여러 층과 서술, 상태를 구분함으로써 복잡성과 조화로운 상위 상태를 이루면서 이렇게 전문화된 기능들을 다른 것들에 연결 지을 수 있다. 우리 개인의 에너지와 정보 각각의 흐름이 타인과의 실존(authentic presence) 방식으로 공유될 수 있게 만들 때, 우리는 그것을 조율하여 상호관계적인 '우리'가 되는 중심인 상호 공명을 촉진시킬 수 있다.

　통합의 이러한 각 형태를 통해서 우리는 더 깊은 상태의 조화로 나아간다. 치료 장면에서의 경험을 통해 나는 신체의 경계가 단지 '자기(self)'의 개념을 구성하는 임시적인 정의 경험 집합체가 아니라는 것을 내면에서 발견할 수 있었다. 여기에서 자기 자신이라는 것은 '나'를 어느 집단 관계 안에서만 정해지는 지구에서 한정된 시간 동안만 존재하는 것으로 보는 오늘날의 문화와 가정생활에 의해 강력해진다. 그러나 우리는 에너지와 정보의 흐름이 수억만 년 동안(단지 한 세기, 그래서 우리가 삶의 시간으로 규정하는 것만이 아닌) 우리 안에서 흘러들어 와 가득한 현실 자체를 감싸 안기 위해 신체적으로 규정되는 자기로 소개되는 인생을 확장하고 있다. 마음보기는 우리가 이러한 흐름의 깊은 면을 감지하도록 통합을 촉진한다. 그리고 통합을 통해 우리는 '나'라는 구조적인 정의를 차분히 내리게 되고 우리가 알게 될 인생을 넘어서 시간과 공간 안에서 나보다 커지는 '우리'라는 기초적인 부분을 깨닫게 될 것이다.

왜 통합의 통합은 자신의 존재에 대한 확장된 감각에 관여하는 것일까? 자신을 한계가 있는 사람이라고 한정 짓는 우리의 성향 안에서 어떻게 개연성의 정체 상태가 통합을 통해서 안정될 수 있는 것일까? 또 생각과 감정 그리고 자신에게만 집착하며 가파른 벼랑을 반복적으로 일으키는 가능성의 정체기에서 어떻게 우리의 마음속 영역은 이동할 수 있는가? 우리는 이렇게 반복적으로 강화되는 시간제한이 있는 자아에 대한 생각이 제한적이고 문화적으로 만들어진 일련의 개인적인 정체기로부터 절정기를 지난다는 것을 어떻게 알게 되는 것일까? 통합은 도대체 어떻게 해서 우리가 가능성의 개방 영역을 향해 이동할 때에 절정기의 얽매임을 느슨하게 이끌며 낮춰지는 정체 상태를 더 넓게 할 수 있는 것인가?

뇌 기초

지금까지의 여정을 통해 우리는 1개의 실체에 존재하는 2개의 가닥(좌뇌와 우뇌)을 연결하여 직물을 짜려고 했다. 높은 위치에 있는 6개의 깊은 기둥으로 이루어진 피질 층의 하향식 구성인 생각과 아이디어가 신경 발화 시에 생겨나는 것을 보았다. 앞에서 언급했듯이, 신체로 정의 내려진 정체성은 외피 원주의 낮은 층들로부터 발생하는 상향식 '지금 여기'의 감각과 충돌한다. 상향과 하향의 흐름이 마주칠 때 정체성이 나타나며 우리가 갖는 나, 나의 그리고 내 것이라는 내적 자각이 흔들린다. 예를 들어, 내가 만났던 내담자 부부들은 배우자를 '우리'의 부분으로 인식하거나 개인을 뛰어넘는 목적의 한 부분으로 인식하는 경직된 정체성을 보여 주곤 한다. 이 시점에서 우리는 하향식 흐름이 이 제한된 소속감에 대한 고유의 시각을 지속적으로 단단하게 만들 만큼 너무 강하다는 것을 생각해 볼 수 있다. 당신과 내가 함께 봐 온 모든 영역을 아우르는 통합은 우리의 뇌가 두 반대 방향을 조화롭게 이루어 잠재력을 이끌어 내도록 하향식을 압박할지도 모른다. 지혜와 행복에 관한 연구가 말하듯이 우리의 삶을 타인의 복지를 위해 바치면—우리 자신들의 욕구를 포기하지 않으면서 우리의 일부를 타인을 위해 봉사하는 폭을 넓히는 것—실제로 우리는 의미와 연결 그리고 균형이라는 깊은 상태를 성취하게 된다. 지혜와 행복 그리고 동정심은 통합의 산물이라고 말할 수 있다.

그렇기 때문에 이 모든 영역에서 신경 발화의 다양한 차이점을 지지하고 통합을 향한 움직임을 상상해 봄으로써 매우 복잡하고 통합된 회로를 이룰 때에 이러한 기능을 결합하는 것은 자연스러운 일이다. 복잡한 체계를 가진 뇌는 더욱 조화로운 상태를 이루기 위해 스스로 조직해 나간다. 하지만 삶에 대해 더 깊이 들여다봄으로써 방해가 되면 혼돈과 경직을 탐지하기 위한 전략을 탐구하는 것은 그러한 장애로부터 해방되기 위한 첫 단계가 된다. 마음챙김 상담사로서 우리의 임무는 우리 안의 마음보기 능력을 배양하여 혼돈과 경직 상태를 알아보고 신경 영역이 구별될 필요가 있으며 통합을 위해 결합되어야 한다는 정의를 내리는 것이다.

우리의 개별성에 대한 환상은 고통과 불만을 만들어 낸다. 심지어 가장 간단한 연구에서조차도 타인 또는 우리 자신을 위해 돈을 소비하는 것을 비교해 보았을 때 남을 위해 소비하는 사람이 더 기쁨을 느낀다고도 한다. 배려

와 친절은 우리의 관계를 위해서도 좋지만 금상첨화로 우리의 몸과 마음에
도 좋다. 임상의들과 그들의 내담자들 간 상호작용을 통해 돌봄을 받고 공감
의 시선이 담긴 눈길을 받으면 그들은 더 잘 치료받을 수 있다. 우리는 서로
내장되어 있는 관계이지만 현대인의 삶은 그러한 관계가 이루어지는 것을
더 어렵게 만든다. 알베르트 아인슈타인(Albert Einstein)이 말하는 것처럼 우
리의 목적은 '동정심의 영역을 넓히는 것'이다. 그렇게 함으로써 우리는 분리
된 '시각적 망상'을 해소할 수 있게 되고 드넓은 세상에서의 일원으로서 상호
연결된 세계를 수용할 수 있게 된다.

  신경과학에 대한 내 자신의 이해는 피질은 자연스럽게 더 비좁고 제한적인
자기를 만들어 내려고 한다는 것이다. 이런 식으로 영역을 넓히기 위한 사색
연습이 이루어질 것이다. 우리는 시냅스가 분리된 것에 대한 시각적 환상을
말끔하게 해소하기 위해 '뇌 훈련'을 일상적으로 받을 필요가 있다.

마음보기 기술

  우리는 현실적인 신체의 영역이라는 렌즈를 통해 세상을 바라볼 수 있다.
그것도 직접 손으로 터치하거나 눈으로 물체를 봄으로써 말이다. 마음보기
훈련을 통해서 우리는 색다른 렌즈를 통해 현실을 바라보는 능력을 키워 왔
다. 우리 각각이 가지는 주관적인 내적 마음 세계는 현실의 신체적인 면이라
는 점에서 현실적이다. 우리는 한 현실에 대해 두 관점이 상호적으로 영향
을 끼친다는 것을 나타내기 위해 현실의 영역이라는 시각적 은유로 관심 있
게 작업해 왔다. 신경 발화와 현실에 대한 정신적 경험은 각각 다른 방법으
로 이끌 수 있다. 이 사실에 대해 당신에게 알리고 싶은 희소식은 우리의 삶
에서 새로운 신경 발화 패턴을 만들 수 있는 방식으로 초점을 맞추기 위해 우
리의 의도를 사용하는 방법을 배웠다는 것이다. 우리는 마음에 남아 있는 높

고 제한적인 정체기로부터 자주 발생하는 쓸모없는 반복적 성향을 빼낼 수 있다.

자각 자체에서 정신적 활동을 구별하는 데 있어서 우리의 자각을 가장자리로부터 중심까지 이동시키는 연습은 의식 통합을 위한 중요한 단계이다. 중심과 가장자리를 구별하게 되면 마치 우리가 가능성의 개방 영역으로 이동하는 것처럼 자동 조종 장치로부터 풀려나 자유로움을 얻게 된다. 이것이 우리를 절정기에서 정체기까지로 마음을 이동시키고 변형을 가능하게 만드는 영역으로 들어가는 능력이다.

우리의 절정기와 정체기가 '우리가 누구인지'에 대한 것의 총합이라는 것을 알게 된다면 우리는 신체적으로 규정된 자신에 얽매이게 되며 분리된 자기에 대해 시각적인 망상에 사로잡히게 된다. 마음챙김 훈련은 현실에서 편안한 곳에서 나와 버리거나 숨는 것이 아니라 어려움에 도전할 수 있도록 용기를 가지는 접근 상태를 만들도록 해 준다고 인정받는 훈련이다. 그러한 은신처 중 하나는 신체적으로 규정하여 분리된 자기 개념에 속해 있다. 우리 인간은 몸으로 살아가며 음식을 먹으며 우리 자신을 위해 시간과 돈을 소비한다. 또 우리는 각자 이름과 집 주소, 신체로 부여된 정체성에 꼬리 붙여진 주민등록번호를 가지고 있다. 하지만 상호 연결에 관한 증산의 감각을 느끼게 된다면, 또 분리성에 관한 익숙한 시각적 망상에서 깨어난다면 우리는 편안함을 손에서 놓고 미지의 세계로 들어갈 필요도 있다. 여기서 바로 의식에 관한 접근 상태가 필수적이다.

마음챙김 자각은 우리의 실행 기술을 선명하게 하며 더 질 좋은 주의와 감정 조절을 돕는다. 이러한 능력은 시냅스 주변에 굳어 있고 유연하지 않은 패턴을 느슨하게 만듦으로써 통합을 향한 내재적 움직임을 자유롭게 한다. 이러한 통합은 잠재성으로 채워진다. 창의력이라 불리는 새로운 결합을 만들 수 있는 능력이 자유로우며 '우리가 누구인지'에 관한 새로운 정의를 이끌어 내기도 한다. 마음보기 방식으로 점점 더 깊은 통합의 단계를 여는 것은 우리의 자기감각을 확장하게끔 하는 초청이다. 색다른 삶의 방식과 새로운 자신의 모습에서 나오는 에너지와 활력은 현존에 대하여 생기를 더해 주는 능력이다.

함께 탐험해 보면서 우리는 의도적으로 과거의 우리 경험―당신 모두와 내 경험 전부―에 더 가까이 했다. 또한 우리의 생각과 감정의 중심 영역을 캐내면서 들여다보기도 했다. 심지어 개방된 자각의 넓게 트인 부분에서 머무르기도 했다. 이러한 길을 탐험하는 우리는 과연 누구인가? 이 에너지와 정보의 흐름이라는 것은 대체 무엇인가? 나에게 있어서 이 여정은 정체성에 관한 한계적인 정의가 유연해지는 방식으로 우리와 신체를 통한 흐름의 감각을 가져다준다. 만약 우리가 이것을 잘해 낸다면 우리가 타인을 돕고 세상을 더 아름답게 해야 하는 추동은 사람들을 치유하며 몸이 알게 되는 영역을 넘어설 것이다.

통합 그리고 동정심의 영역 넓히기

증산에 의한 통합을 통해서 우리는 우리 자신을 전체의 일부이자 시공간에 따른 연속성의 한 일원―현재에 묶여 삶의 커다란 현실이라는 흐름에 연결되는―으로 여기게 된다. 마음보기를 더욱 향상시키면서 우리는 더욱 성장한 정체성을 갖게 된다. 친절과 동정심은 삶의 호흡이 되며 통합은 기초적인 방식의 연결을 더욱 용이하게 만든다. 내적으로 그리고 상호적인 삶 내에서 통합을 더욱 발달시키면 우리는 우리 자신과 우리가 사랑하는 이들을 보살필 수 있을 뿐 아니라 새로운 가능성에도 마음을 열 수 있다. 마음보기의 힘을 연결함으로써 우리의 집합적인 결합을 강화할 때 우리는 마음을 일깨우고 동정심의 영역을 더 넓힘으로써 호기심으로 가득한 이 세상의 존엄성을 진실로 수용할 수 있게 된다.

우리가 함께 하는 이 여정을 마치면서 나는 사실 우리가 단지 시작점에 있다는 생각이 든다. 우리가 오게 된 이곳에는 첫 인사가 깊이 내재되어 있다. 내적 인지의 범위를 넓히는 것과 마음과 뇌, 관계를 감지하는 깊은 방식을 발달시키기 위해 노력함으로써 우리는 더 커다란 우리를 감싸 안기 위한 마음을 볼 수 있는 자유로움을 얻게 된다. 동정심 영역의 확장은 가족과 친구라는 대상의 범위를 넘어서며 우리가 더 거대한 세상의 일원이 되어 세상에 다가가게 해 준다. 마음챙김 상담사는 현존의 힘으로 아주 오래된 상처를 치료하고 서로 간의 소속된 현실을 자유롭게 하여 우리 자신과 타인을 위한 통합을 촉진할 수 있다. 우리가 마주하게 되는 내담자, 우리를 둘러싼 사회 그리고 이 세상은 우리와 동행할 준비가 되어 있으며 이러한 삶의 실체를 깨닫고 있다.

"지혜와 행복, 동정심은 통합의 산물이다."

1. 지식이 호수라면 지혜는 강물이다. 호수는 고여 있고 흐르지 않지만 지혜는 강으로 흘러 바다로 간다. 나 혼자만 잘 사는 것이 아니라 더불어 잘 사는 삶을 떠올리면 언제가 생각나는가? 나는 어떻게 더불어 잘 살 수 있는가?

2. 더불어 잘 살기 위해서 내가 가진 자원은 무엇이라고 생각하는가?

부록

마음보기, 통합, 심리치료의 열두 가지 대인관계 신경생물학적 접근[1]

다음은 마음보기와 통합, 웰빙에 기초적으로 접근하기 위한 열두 가지의 기본 개념과 관련 용어, 관념을 소개하고 있다.

① 웰빙 삼각형은 삶을 차지하는 세 가지 요소를 보여 준다. 관계와 마음, 뇌가 웰빙 삼각형에 상호적으로 영향을 주는 요소를 형성한다. 관계는 우리가 타인과 관계를 맺고 의사소통할 때 에너지와 정보가 공유되는 방식에 관한 것이다. 뇌는 에너지와 정보의 흐름을 통한 물리적 메커니즘과 관련이 있다. 마음은 에너지와 정보의 흐름을 조절하는 과정이다. 삼각형은 실제로 인간의 삶을 이 세 가지로 분류하기보다는 에너지와 정보의 흐름을 이루는 하나의 체계의 세 가지 차원을 드러낸다.

② 마음보기는 웰빙 삼각형 내에서 에너지와 정보의 흐름을 우리가 모니터링하고 변형시키는 것을 가능하게끔 하는 과정이다. 마음보기의 모니터링 영역은 우리 자신의 이러한 흐름—'두뇌'라고 일컬어지는 우리의 신경계를 자각하는 것—을 감지하는 것이다. 이는 다양한 의사소통 수단을 통한 에너지와 정보 흐름을 공유하는 다른 사람들과의 관계를 통해서 가능해진다. 이후에 우리는 직접적으로는 에너지와 정보의 흐름이

---

[1] 출처: Siegel, D. J. (2010). *Mindsight: The New Science of Personal Transformation*, Appendix. New York: Bantam/Random House.

우리의 삶을 흡수하게 하는 길을 만들어 내도록 하면서 자각과 의도, 마음의 근본적인 요소를 통한 이러한 흐름을 변화시킬 수 있다.

③ 시스템은 함께 상호작용하는 개별적인 요소들로 구성된다. 우리 인간이 지닌 시스템하에서 이러한 상호작용은 에너지와 정보의 흐름을 포함한다. 에너지란 우리가 무언가를 할 수 있도록 하는 물리적인 요소이며 정보는 자신을 제외한 그 이상의 것을 표현하는 역할을 한다. 언어와 생각은 우리가 타인과 의사소통하기 위해 사용하는 정보의 단위라고 예시할 수 있다. 관계는 짝을 이루어 가족 또는 집단, 학교, 공동체 그리고 사회 속에서 타인들과 연결을 짓는 것과 관련이 있다.

④ 웰빙이란 한 체계가 통합될 때에 발생하는 것이라고 정의 내릴 수 있을 것이다. 통합이란 체계의 각각 다른 요소들이 결합되는 것과 관련이 있다. 구성 요소의 특징은 차별화된 기능을 이루고 어느 정도의 독립성을 유지할 수 있도록 하여 요소들을 개별화하도록 한다. 그 결합은 서로 다른 요소들의 기능적인 결합 또한 포함한다. 통합을 촉진시키는 것은 차별화와 결합 모두를 이루어 내는 것과 관련된 것이다. 마음보기는 우리의 삶 속에서 의도적으로 통합을 이루어 내기 위해 사용될 수 있다.

⑤ 체계가 외부의 영향에 개방적이고 혼란스러워질 가능성이 있는 경우에 이는 역동적이고 비선형적이며 복잡한 체계라 불린다. 체계의 이러한 유형이 통합된다면 최대한 유연하고 적응할 수 있는 방식으로 이동할 것이다. 우리는 통합된 체계 흐름의 특징을 두문자어인 FACES로 기억할 수 있다. 그것은 유연한(Flexible), 적응할 수 있는(Adaptive), 일관성 있는(Coherent), 열정적인(Energized), 안정된(Stable) 상태를 나타낸다.

⑥ 통합의 강이란 통합된 FACES 흐름이 조화를 이루는 강의 중심 영역이라는 체계 아래에서의 움직임을 의미한다. 강에서 양쪽 흐름의 2개 둑은 혼돈과 경직으로 이루어진다. 그 체계가 통합되지 않거나 조화로운 상태를 이루지 못하고 웰빙을 이루지 못할 때에 우리는 이 혼돈이나 경직 상태를 봄으로써 그것을 자각하게 된다. 분노나 두려움이 폭발적으로 되풀이되고 삶 속에서 마비 상태와 공허함으로 채워지는 것은 통합의 강가 바깥의 혼돈과 경직 상태의 예들이다.

⑦ 이 모델 속 통합의 여덟 가지 영역은 웰빙을 향상시키도록 연결될 수 있다. 이 영역들은 의식, 수평, 수직, 기억, 서술, 상태, 대인관계, 일시적 통합 영역이다. 우리의 마음이 에너지와 정보의 흐름을 조절하는 체화되고 관계적인 과정이라면 우리는 두뇌와 관계에 이 흐름이 통합을 이루어 내기 위한 자각의 의도적인 초점을 사용할 수 있게 된다. 이 통합의 영역이 일구어진다면 아홉 번째 영역인 증산적 통합이 우리가 서로 연결된 더욱 커다란 하나의 개체의 일부라는 것을 깨닫게 될 것이다.

⑧ 관계의 통합은 각 사람이 지닌 차이를 인정받고 '우리'라는 이름으로 연결되는 사람들 사이의 조율된 의사소통과 관련이 있다. 두뇌의 통합─몸 전체를 통하여 분배되는 확장된 신경계를 가리키는 용어로 사용하고 있는─은 분리되고 서로 다른 신경 영역의 연결과 구체화된 기능과 관련이 있다. 우리의 초점에 대하여 집중하는 것은 특정한 신경 회로를 통하여 에너지와 정보의 흐름을 향하게 된다. 이런 방식으로 우리는 마음이 자기 자신을 만들어 내기 위해 두뇌를 사용한다고 말할 수 있게 된다. 초점은 특정한 신경 연결 통로를 활성화시킨 후에 신경가소성이라 불리는 기초 과정에 의하여 발화 뉴런 사이에서 결합을 변화시키는 토대를 세운다. 마음의 기능─에너지와 정보의 흐름을 조절하는─은

뇌 자체의 구조를 실제로 변화시킬 수 있다. 마음보기 과정을 통해 우리는 신경 통합을 창조할 수 있다는 것이다.

⑨ 신경 통합에 관련된 하나의 예는 중앙 전전두엽 피질이라 불리는 깊이 통합되어 있는 뇌의 한 영역으로부터 나오는 기능으로 설명될 수 있다. 이마 뒤편에 위치한 전전두엽 영역(전측 대상회, 안와 전두, 내측 및 복외측 전전두엽 영역을 포함)의 특정 부분을 포함함으로써 중앙 전전두엽의 통합을 이루는 섬유 조직은 전체 피질과 변연계 영역, 뇌간, 신체, 심지어는 사회적 체계까지 연결한다. 이러한 다차원적인 신경 통합으로부터 발생하는 9개의 중앙 전전두엽 기능들은 (a) 신체 조절, (b) 조율된 의사소통, (c) 감정의 균형, (d) 두려움 조절, (e) 반응의 유연성, (f) 통찰, (g) 공감, (h) 도덕성, (i) 직관력을 포함한다. 이 기능들은 많은 사람의 웰빙 조건으로 우선시될 것이다. 이 요소들은 내면을 들여다보게 하는 반영적인 기술의 결과이자 과정이며 이 목록의 첫 여덟 가지는 부모-자녀의 사랑이 충만한 안정 애착의 결과로 나타난다. 이 목록은 통합이 웰빙을 촉진하는 방식을 구체화한다.

⑩ 마음보기는 단지 중앙 전전두엽 피질로부터만 나오는 것이 아니다. 개방성, 관찰, 객관성과 동반하는 마음의 내적 초점에 집중하는 반영 훈련 자체—강화된 마음보기 렌즈의 필수 요건—는 이 통합적인 중앙 전전두엽 섬유질의 성장을 촉진하게 될 것이다. 우리는 신경 활성화와 성장을 자극하기 위한 방식을 나타내기 위하여 SNAG라는 두문자어를 사용한다. 이는 우리의 초점을 포함하여 경험이 뇌 구조를 변형시키는 신경가소성의 기초이다. 마음보기는 통합을 이루기 위하여 의도적으로 연결을 이루려 하고 다양한 통합 영역에 차별을 두면서 뇌를 SNAG 한다.

⑪ 관용의 창이란 조화로운 삶을 살아가는 데에 있어서 통합된 FACES 흐름 안에서 우리가 이루어 내고 존재할 수 있는 각성의 용인할 수 있는 단계의 범위를 말한다. 넓게 펼쳐진 창은 삶의 회복력이 자라나도록 한다. 반면, 창이 비좁다면 에너지와 정보의 흐름이 그 경계 바깥으로 크게 이동하여 혼돈 또는 경직의 상태에 빠져들도록 할 것이다. 관용의 창 속 통합된 상태들은 안락한 상태에 거하는 것과 통합의 강가 아래의 조화로운 FACES 흐름에서의 주관적인 경험을 의미한다. 마음을 샅샅이 살필 때—마음 세계의 감각과 이미지, 감정과 생각을 추적하면서—에 우리는 관용의 창 안에서 순간의 에너지와 정보의 흐름을 모니터링하고 통합된 상태로 존재하고 FACES 흐름에 자리하기 위하여 내적 상태를 바꿀 수 있다. 결국 우리는 현재 상태를 변화시키는 것뿐만 아니라 다양한 감정이나 상황에 대한 창이 뇌의 역동적인 규제 회로 내의 변화를 통하여 넓혀지게 되는 방식을 보이는 장기간의 특성까지 변화시키기 위해 모니터링과 변형의 과정을 사용할 수 있게 된다.

⑫ 자각의 바퀴는 개방적이고 수용적인 바퀴의 중심에 머무를 수 있는 방식에 대한 시각적인 비유이다. 이는 정보에 휩쓸리지 않고 가장자리에서 발현된 정신 활동을 감지하기 위해서이다. 강력한 중추는 우리가 관찰력을 지니고 객관적인 자세로 회복력에 개방적이고 얻어 낼 수 있게 될 때에 관용의 창을 넓히도록 한다. 마음보기는 이러한 중요한 능력을 수용적인 상태로 이끌며, 명확하고 깊이 있는 상태로 마음 세계를 모니터링할 수 있도록 연결한다. 이후에 우리는 통합을 이루어 내고 동정과 웰빙, 건강한 삶으로 향하기 위하여 마음 상태와 대인관계와 관련된 상태를 변화시키는 위치에 있게 된다.

참고문헌

Allen, J. G., Fonagy, P., & Bateman, A. W. (2008). *Mentalizing in clinical practice.* Arlington, VA: APPI.

Baer, R. A., Smith, G. T., Hopkins, J., Krietemeyer, J., & Toney, L. (2006). Using self-report assessment methods to explore facets of mindfulness. *Assessment, 13*(1), 27-45.

Badenoch, B. (2008). *Being a brain-wise therapist.* New York: W. W. Norton.

Baron-Cohen, S. (2004). *The essential difference: Men, women, and the extreme male brain.* New York: Penguin/Basic Books.

Blakeslee, S., & Blakeslee, M. (2007). *The body as a mind of its own.* New York: Random House.

Brazelton, T. B., & Greenspan, S. L. (2000). *The irreducible needs of children: What every child must have to grow, learn, and flourish.* New York: Perseus Publishing.

Chess, S., & Thomas, A. (1990). The New York Longitudinal Study (NYLS): The young adult periods. *Canadian Journal of Psychiatry, 35,* 557-561.

Coyle, D. (2009). *The talent code: Greatness isn't born. It's grown. Here's how.* New York: Bantam.

Cozolino, L. (2002). *The neuroscience of psychotherapy: Building and rebuilding the human brain.* New York: W. W. Norton.

Cozolino, L. (2010). *The neuroscience of psychotherapy: Healing the social brain* (2nd ed.). New York: W. W. Norton.

Craig, A. D. (2009). How do you feel—now? The anterior insula and human awareness.

Nature Reviews Neuroscience, 10, 59-70.

Creswell, J. D., Way, B. M., Eisenberger, N. I., & Lieberman, M. D. (2007). Neural correlates of dispositional mindfulness during affect labeling. *Psychosomatic Medicine, 69,* 560-565.

Daniels, D. N., & Price, V. (2009). *The essential enneagram: The definitive personality test and self-discovery guide.* San Francisco: Harper.

Davidson, R. J., Kabat-Zinn, J., Schumacher, J., Rosenkranz, M., Muller, D., Santorellie, S. F., et al. (2003). Alterations in brain and immune function produced by mindfulness meditation. *Psychosomatic Medicine, 65,* 564-570.

Davidson, R. J., & Kabat-Zinn, J. (2004). Alterations in brain and immune function produced by mindfulness meditation: Three caveats: Comment. *Psychosomatic Medicine, 66*(1), 152.

DiNoble, A. (2009). Examining the relationship between adult attachment style and mindfulness traits: A dissertation presented to the faculty of the California Graduate Institute of the Chicago School of Professional Psychology, January.

Doidge, N. (2007). *The brain that changes itself: Stories of personal triumph from the frontiers of brain science.* New York: Penguin.

Dozier, M., Stovall, K. C., Albus, K. E., & Bates, B. (2001). Attachment for infants in foster care: The role of caregiver state of mind. *Child Development, 72,* 1467-1477.

Dutra, L., Bianchi, I., Siegel, D. J., & Lyons-Ruth, K. (2009). The relational context of dissociative phenomena. In P. Dell & J. O'Neil (Eds.), *Dissociation and the dissociative disorders: DSM-V and beyond* (pp. 83-92). New York: Routledge.

Edelman, G. M., & Tononi, G. (2001). *A universe of consciousness: How matter becomes imagination.* New York: Basic Books.

Eisenberger, N., & Lieberman, M. (2004). Why rejection hurts: A common neural alarm system for physical and social pain. *Trends in Cognitive Sciences, 8*(7), 294-300.

Farb, N. A. S., Segal, Z. V., Mayberg, H., Bean, J., Mckeon, D., Fatima, Z., et

al. (2007). Attending to the present: Mindfulness meditation reveals distinct neural modes of self-reference. *Journal of Social, Cognitive, and Affective Neuroscience, 2,* 248-258.

Fosha, D., Siegel, D. J., & Solomon, M. (Eds.). (2010). *The healing power of emotion: Affective neuroscience, development and clinical practice.* New York: W. W. Norton.

Freyd, J. J. (1987). Dynamic mental representations. *Psychological Review, 94,* 427-438.

Gazzaniga, M. (1998). *The mind's past.* Berkeley: University of California Press.

Gilbert, P. (2010). *The compassionate mind.* Oakland: New Harbinger Press.

Germer, C. K., Siegel, R. D., & Fulton, P. R. (2004). *Mindfulness and psychotherapy.* New York: Guilford.

Goleman, D. (1996). *Emotional intelligence.* New York: Bantam.

Goleman, D. (2006). *Social intelligence.* New York: Bantam.

Goleman, D. (2009). *Ecological intelligence.* New York: Broadway Books.

Greenland, S. K. (2010). *The mindful child.* New York: Free Press.

Hawkins, J., & Blakeslee, S. (2005). *On intelligence: How a new understanding of the brain will lead to the creation of truly intelligent machines.* New York: Henry Holt.

Henry, W. P. (1998). Science, politics, and the politics of science: The use and misuse of empirically validated treatment research. *Psychotherapy Research, 8*(2), 126-140.

Iacoboni, M. (2008). *Mirroring people.* New York: Farrar, Straus and Giroux.

James, W. (1981). *Principles of psychology.* Cambridge, MA: Harvard University Press, 401. (Original work published 1890)

Kabat-Zinn, J. (2005). *Coming to our senses.* New York: Hyperion.

Kagan, J. (1992). *Galen's prophecy.* Cambridge, MA: Harvard University Press.

Kagan, J., & Snidman, N. (2004). *The long shadow of temperament.* Cambridge, MA: Harvard University Press.

Kauffman, S. (2008). *Reinventing the sacred.* New York: Basic Books.

Keltner, D. (2009). *Born to be good: The science of a meaningful life.* New York: W. W. Norton.

Kornfield, J. (2008). *The wise heart: A guide to the universal teachings of Buddhist psychology.* New York: Bantam.

Kornfield, J. (2000). *After the ecstasy, the laundry: How the heart grows wise on the spiritual path.* New York: Bantam.

Kosslyn, S. M. (2005). Reflective thinking and mental imagery: A perspective on the development of posttraumatic stress disorder [special issue]. *Development and Psychopathology, 17*(3), 851–863.

Krasner, M. S., Epstein, R. M., Beckman, H., Suchman, A. L., Chapman, B., Mooney, C. J., et al. (2009). Association of an educational program in mindful communication with burnout, empathy, and attitudes among primary care physicians. *JAMA, 302,* 1284–1293.

Langer, E. (1989). *Mindfulness.* Cambridge, MA: Ca Capo Press.

Langer, E. (1997). *The power of mindful learning.* Cambridge, MA: Da Capo Press.

Lazar, S. W., Kerr, C. E., Wasserman, R. H., Gray, J. R., Greve, D. N., Treadway, M. T., et al. (2005). Meditation experience is associated with increased cortical thickness. *Neuroreport, 16,* 1893–1897.

Le Doux, J. (2002). *The synaptic self: How our brains become who we are.* New York: Penguin.

Levine, P. (1997). *Waking the tiger: Healing trauma.* Berkeley, CA: North Atlantic Books.

Levitin, D. J. (2006). *This is your brain on music: The science of a human obsession.* New York: Dutton.

Limb, C. J., & Braun, A. R. (2008). Neural substrates of spontaneous musical performance: An fMRI study of jazz improvisation. *PLoS One, 3*(2), e1679.

Luders, E., Toga, A. W., Lepore, N., & Gaser, C. (2009). The underlying anatomical correlates of long-term mediation: Larger hippocampal and frontal volumes of

gray matter. *NeuroImage, 45,* 672-678.

Lutz, A., Greischar, L. L., Rawlings, N. B., Ricard, M., & Davidson, R. J. (2004). Long-term meditators self-induce high-amplitude gamma synchrony during mental practice. *Proceedings of the National Academy of Sciences, 101*(46), 16939-16373.

Main, M. (2000). The Adult Attachment Interview: Fear, attention, safety, and discourse process. *Journal of the American Psychoanalytic Association, 48,* 1055-1096.

Main, M., Hesse, E., Yost-Abrams, K., & Rifkin, A. (2003). Unresolved states regarding loss and abuse can have "second generation effects": Disorganization, role inversion and frightening ideation in the offspring of traumatized, non-maltreating parents. In M. Solomon & D. J. Siegel (Eds.), *Healing trauma: Attachment, mind, body, and brain* (pp. 57-106). New York: W. W. Norton.

Neff, K. (2009). Self-compassion. In M. R. Leary & R. H. Hoyle (Eds.), *Handbook of individual differences in social behavior* (pp. 561-573). New York: Guilford.

Nelson, K. (Ed.). (1989). *Narratives from the crib.* Cambridge, MA: Harvard University Press.

Nisbett, R. E., & Miyamoto, Y. (2005). The influence of culture: Holistic versus analytic perception. *Trends in Cognitive Sciences, 9*(10), 467-473.

Norcross, J. (Ed.). (2002). *Psychotherapy relationships that work: Therapist contributions and responsiveness to patients.* Oxford: Oxford University Press.

Norcross, J., Beutler, L., & Levant, R. (2005). *Evidence-based practices in mental health: Debate and dialogue on the fundamental questions.* Oxford: Oxford University Press.

Ogden, P., Minton, K., & Pain, C. (2006). *Trauma and the body: A sensorimotor approach to psychotherapy.* New York: W. W. Norton.

Panksepp, J. (1998). *Affective neuroscience.* Oxford: Oxford University Press.

Panksepp, J., & Biven, L. (2010). *An archaeology of mind: Neuroevolutionary origins of human emotion.* New York: W. W. Norton.

Pennebaker, J. W. (2000). Telling stories: The health benefits of narrative. *Literature and Medicine, 19,* 3–18.

Porges, S. (2009). Reciprocal influences between body and brain in the perception and expression of affect: A polyvagal perspective. In D. Fosha, D. J. Siegel, & M. Solomon (Eds.), *The healing power of emotion: Affective neuroscience, development and clinical practice.* New York: W. W. Norton.

Rakel, D. P., Hoeft, T. J., Barrett, B. P., Chewning, B. A., Craig, B. M., & Niu, M. (2009). Practitioner empathy and the duration of the common cold. *Family Medicine, 41,* 494–501.

Ricard, M. (2005). *Happiness: A guide to developing life's most important skill.* Boston: Little, Brown.

Rodale, J. I. (1978). *The synonym finder.* New York: Warner Books.

Shapiro, F. (Ed.). (2002). *EMDR as an integrative psychotherapy approach: Experts of diverse orientations explore the paradigm prism.* New York: American Psychological Association Press.

Shapiro, S. L., Schwartz, G. E., & Bonner, G. (1998). Effects of mindfulness–based stress reduction on medical and premedical students. *Journal of Behavioral Medicine, 21,* 581–599.

Shapiro, S., & Carlson, E. (2009). *The art and science of mindfulness.* New York: American Psychological Association Press.

Siegel, D. J. (1995). Memory, trauma and psychotherapy: A cognitive science view. *Journal of Psychotherapy Practice and Research, 4*(2), 93–122.

Siegel, D. J. (1999). *The developing mind: Toward a neurobiology of interpersonal experience.* New York: Guilford.

Siegel, D. J. (2001). Toward an interpersonal neurobiology of the developing mind: Attachment, "mindsight" and neural integration. *Infant Mental Health Journal, 22,* 67–94.

Siegel, D. J. (2006). An interpersonal neurobiology approach to psychotherapy: How awareness, mirror neurons and neural plasticity contribute to the development of well-being. *Psychiatric Annals, 36*, 248–258.

Siegel, D. J. (2007a). *The Mindful Brain: Reflection and Attunement in the Cultivation of Well-Being.* New York: W. W. Norton.

Siegel, D. J. (2007b). Mindfulness training and neural integration: Differentiation of distinct streams of awareness and the cultivation of well-being. *Journal of Social, Cognitive, and Affective Neuroscience, 2*, 259–263.

Siegel, D. J. (2009). Mindful awareness, mindsight, and neural integration. *Journal of Humanistic Psychology, 37*(2), 137–149.

Siegel, D. J. (2010). *Mindsight: The new science of personal transformation.* New York: Bantam.

Siegel, D. J., & Hartzell, M. (2003). *Parenting from the inside out: How a deeper self-understanding can help you raise children who thrive.* New York: Tarcher/Penguin.

Smalley, S., & Winston, D. (2010). *Fully present: The science, art, and practice of mindfulness.* Cambridge, MA: Da Capo Press.

Steele, H., & Steele, M. (Eds.). (2008). *Clinical applications of the Adult Attachment Interview.* New York: Guilford.

Stern, D. N. (2004). *The present moment in psychotherapy and everyday life.* New York: W. W. Norton.

Thagard, P. (2000). *Coherence in thought and action.* Boston: MIT Press.

Tronick, E. (2007). *The neurobehavioral and social emotional development of infants and children.* New York: W. W. Norton.

Tulving, E. (1993). Varieties of consciousness and levels of awareness in memory. In A. Baddeley & L. Weiskrantz (Eds.), *Attention, selection, awareness and control: A tribute to Daonald Broadbent* (pp. 283–299). London: Oxford University Press.

Urry, H. L., Nitschke, J. B., Dolski, I., Jackson, D. C., Dalton, K. M., Mueller, C. J., et al. (2004). Making a life worth living: Neural correlates of well-being. *Psychological science, 15*, 367–372.

Vygotsky, L. (1986). *Thought and language*. Cambridge, MA: MIT Press. (Original work published 1934)

Wallin, D. (2007). *Attachment in psychotherapy*. New York: Guilford.

Wallace, B. A. (2008). *Embracing mind: The common ground of science and spirituality*. Boston: Shambhala.

Wilson, E. O. (1998). *Consilience—The unity of knowledge*. New York: Vintage.

추천도서

Baxter, L. R., Schwartz, J. M., Bergman, K. S., Szuba, M. P., Guze, B. H., Mazziota, J. C., et al. (1992). Caudate glucose metabolic rate changes with both drug and behavior therapy for obsessive-compulsive disorder. *Archives of General Psychiatry, 49*(9), 272-280.

Bechara, A., & Naqvi, N. (2004). Listening to your heart: Interoceptive awareness as a gateway to feeling. *Nature Neuroscience, 7,* 102-103.

Begley, S. (2007). *Train your mind, change your brain.* New York: Ballantine.

Blumberg, H. P., Kaufman, J., Marin, A., Charney, D. S., Krystal, J. H., & Peterson, B. S. (2004). Significance of adolescent neurodevelopment for the neural circuitry of bipolar disorder. *Annals of the New York Academy of Sciences, 1021,* 376-383.

Brefczynski-Lewis, J. A., Lutz, A., Schaefer, H. S., Levinson, D. B., & Davidson, R. J. (2007). Neural correlates of attentional expertise in long-term meditation practitioners. *Proceedings of the National Academy of Sciences, 104*(27), 11483-11488.

Brown, K. W., Ryan, R. M., & Creswell, J. D. (2007). Mindfulness: Theoretical foundations and evidence for its salutary effects. *Psychological Inquiry, 18*(4), 211-237.

Carlson, C. E., Asten, J. A., & Freedman, B. (2006). Mechanisms of mindfulness. *Journal of Clinical Psychology, 62*(3), 373-386.

Carr, L., Iacoboni, M., Dubeau, M. C., Maziotta, J. C., & Lenzi, L. G. (2003). Neural mechanisms of empathy in humans: A relay from neural systems for imitation to limbic areas. *Proceedings of the National Academy of Sciences, 100,* 5497–5502.

Cassidy, J., & Shaver, P. (2008). *Handbook of Attachment* (2nd ed.). New York: Guilford.

Cheng, Y., Meltzoff, A. N., & Decety, J. (2007). Motivation modulates the activity of the human mirror-neuron system. *Cerebral Cortex, 17,* 1979–1986.

Cozolino, L. (2006). *The neuroscience of human relationships: Attachment and the developing social brain.* New York: W. W. Norton.

Cozolino, L. (2008). *The healthy aging brain: Sustaining attachment, attaining wisdom.* New York: W. W. Norton.

Craig, A. D. (2002). How do you feel? Interoception: The sense of the physiological condition of the body. *Nature Reviews Neuroscience, 3,* 655–666.

Craig, A. D. (2004). Human feelings: Why are some more aware than others? *Trends in Cognitive Sciences, 8*(6), 239–241.

Critchley, H. D. (2005). Neural mechanisms of autonomic, affective, and cognitive integration. *Journal of Comparative Neurology, 493,* 154–166.

Critchley, H. D., Mathias, C. J., & Dolan, R. J. (2001). Neuroanatomical correlates of first- and second-order representation of bodily states. *Nature Neuroscience, 2,* 207–212.

Critchley, H. D., Wiens, S., Rothstein, P., Ohmnan, A., & Dolan, R. (2004). Neural systems supporting interoceptive awareness. *Nature Neuroscience, 7,* 189–195.

Damasio, A. (1994). *Descartes' error: Emotion, reason, and the human brain.* New York: Grosset/Putnam.

Damasio, A. (1999). *The feeling of what happens: The body and emotion in the making of consciousness.* New York: Harcourt.

Davidson, R. J. (2004). The neurobiology of personality and personality disorders. In D. S. Charney & E. J. Nester (Eds.), *Neurobiology of mental illness* (2nd ed., pp. 1062–1075). Oxford: Oxford University Press.

Davidson, R. J. (2004). Well-being and affective style: Neural substrates and biobehavioral correlates. *Philosophical Transactions of the Royal Society, B,*

359, 1395-1411.

Davidson, R. J., & Hugdahl, K. (1996). *Brain asymmetry.* Boston: MIT Press.

Decety, J., & Moriguchi, Y. (2007). The empathic brain and its dysfunction in psychiatric populations: Implications for intervention across different clinical conditions. *Biopsychosocial Medicine, 1,* 22.

Devinsky, O. (2000). Right cerebral hemisphere dominance for a sense of corporeal and emotional self. *Epilepsy and Behavior, 1,* 60-73.

Dewey, E. M., III, Miasnikov, A. A., & Weinberger, N. M. (2002). Induction of behavioral associative memory by stimulation of the nucleus basalis. *Proceedings of the National Academy of Science, 99,* 4002-4007.

Edwards, B. (1989). *Drawing on the right side of the brain.* New York: Tarcher.

Elbert, T., Pantev, C., Wienbruch, C., Rockstroh, B., & Taub, E. (1995). Increased cortical representation of the fingers of the left hand in string players. *Science, 270,* 305-307.

Elzinga, B. M., & Bremner, J. D. (2002). Are the neural substrates of memory the final common pathway in posttraumatic stress disorder (PTSD)? *Journal of Affective Disorders, 1*(70), 1-17.

Epstein, R. M. (1999). Mindful practice. *Journal of the American Medical Association, 282,* 833-839.

Feinberg, T. E. (2009). *From axons to identity: Neurological explorations of the nature of the self.* New York: W. W. Norton.

Field, D. (2008). White matter matters and myelination: An overlooked mechanism of synaptic plasticity? *Neuroscientist, 11,* 528-531.

Fiske, S. T. (2005). Social cognition and the normality of prejudgment. In J. Dovidio, P. Glick, & L. Rudman (Eds.), *On the nature of prejudice* (pp. 36-53). New York: Wiley Blackwell.

Fogel, A. (2009). *The psychophysiology of self-awareness: Rediscovering the lost art of body sense.* New York: W. W. Norton.

Freyd, J. J. (1993). Five hunches about perceptual processes and dynamic representations. In D. Meyer & S. Kornblum (Eds.), *Attention and performance XIV: Synergies in experimental psychology, artificial intelligence, and cognitive neuroscience—A silver jubilee* (pp. 99-119). Cambridge, MA: MIT Press.

Gallese, V. (2006). Intentional attunement: A neurophysiological perspective on social cognition and its disruption in autism. *Brain Research, 1079,* 15-24.

Gallese, V., & Goldman, A. (1998). Mirror neurons and the stimulation theory of mindreading. *Trends in Cognitive Science, 2,* 493-501.

Gazzaniga, M. (2004). *The cognitive neurosciences* (3rd ed.). Boston: MIT Press.

Gilbert, D. (2006). *Stumbling on happiness.* New York: Random House.

Goldberg, N. (1986). *Writing down the bones.* Boston: Shambhala.

Hebb, D. (2002). *The organization of behavior.* Mahwah, NJ: Erlbaum. (Original work published 1949)

Jha, A. P., Krompinger, J., & Baime, M. J. (2007). Mindfulness training modifies subsystems of attention. *Journal of Cognitive, Affective, and Behavioral Neuroscience, 7*(2), 109-119.

Kandel, E. (2007). *In search of memory: The emergence of a new science of mind.* New York: W. W. Norton.

Kauffman, S. (1995). *At home in the universe—Self-organization and complexity.* Oxford: Oxford University Press.

Kilgard, M. P., & Merzenich, M. M. (1998). Cortical map reorganization enabled by nucleus basalis activity. *Science, 279,* 1714-1718.

Lieberman, M. D. (2000). Intuition: A social cognitive neuroscience approach. *Psychological Bulletin C, 126*(1), 109-137.

Lieberman, M. D. (2007). Social cognitive neuroscience: A review of core processes. *Annual Review of Psychology, 58,* 259-289.

Lillas, C., & Turnbull, J. (2009). *Infant/child mental health, early intervention, and relationship-based therapies: A neurorelational framework for interdisciplinary practice.* New York: W. W. Norton.

McGowan, P. O., Sasaki, A., D'Alessio, A. C., Dymov, S., Labonté, B., Szyf, M., et

al. (2009). Epigenetic regulation of the glucocorticoid receptor in human brain associates with childhood abuse. *Nature Neuroscience, 12,* 342-348.

McManus, C. (2002). *Right hand left hand: The origins of asymmetry in brains, bodies, atoms and cultures.* Cambridge, MA: Harvard University Press.

Meaney, M. J. (2001). Maternal care, gene expression, and the transmission of individual differences in stress reactivity across generations. *Annual Review of Neuroscience, 24,* 1161-1192.

Miasnikov, A. A., Chen, J. C., Gross, N., Poytress, B. S., & Weinberger, N. M. (2008). Motivationally neutral stimulation of the nucleus basalis induces specific behavioral memory. *Neurobiology of Learning and Memory, 90,* 125-137.

Miller, E. M. (1994). Intelligence and brain myelination: A hypothesis. *Personality and Individual Differences, 17,* 803-832.

Mitchell, J. P., Banaji, M. R., & Macrae, C. N. (2005). The link between social cognition and self-referential thought in the medial prefrontal cortex. *Journal of Cognitive Neuroscience, 17,* 1306-1315.

Moses, J. (2002). *Oneness: Great principles shared by all religions* (rev. expanded ed.). New York: Random House.

Narvaez, D., & Bock, T. (2002). Moral schemas and tacit judgment or how the defining issues test is supported by cognitive science. *Journal of Moral Education, 31*(3), 297-314.

Norton Professional Books. (2008). *Brain model and puzzle: Anatomy and functional areas of the brain* [game]. New York: W. W. Norton.

Pennebaker, J. W. (1997). *Opening up: The healing power of expressing emotions.* New York: Guilford.

Pervin, L. A., & John, O. P. (2001). *Handbook of personality: Theory and research* (2nd ed.). New York: Guilford.

Pfeifer, J., Iacoboni, M., Mazziotta, J. C., & Dapretto, M. (2008). Mirroring others' emotions relates to empathy and interpersonal competence in children. *NeuroImage, 39,* 2076-2085.

Pollatos, O., Klaus, G., & Schandry, R. (2007). Neural systems connecting interoceptive awareness and feelings. *Human Brain Mapping, 28,* 9-18.

Ramachandran, V. S. (2004). *A brief tour of human consciousness: From impostor poodles to purple numbers.* New York: Pearson Education.

Ridderinkhof, K. R., Ullsperger, M., Crone, E. A., & Nieuwenhuis, S. (2004). The role of the medial frontal cortex in cognitive control. *Science, 366,* 443-447.

Rizolatti, G., & Arbib, M. A. (1998). Language within our grasp. *Trends in Neuroscience, 21,* 188-194.

Robinson, K. (2009). *The element: How finding your passion changes everything.* New York: Viking/Penguin.

Rock, D. (2009). *Your brain at work.* New York: HarperBusiness.

Schore, A. N. (2003). *Affect regulation and the repair of the self and affect dysregulation and disorders of the self.* New York: W. W. Norton.

Schwartz, J. M., & Begley, S. (2002). *The mind and the brain: Neuroplasticity and the power of mental force.* New York: HarperCollins.

Seligman, M. E. P. (2002). *Authentic happiness.* New York: Free Press.

Seligman, M. E. P., Park, N., Peterson, C., & Steen, T. A. (2005). Positive psychology progress: Empirical validation of interventions. *American Psychologist, 60,* 410-421.

Shapiro, E. (2001). *EMDR.* New York: Guilford.

Siegel, D. J. (1996). Cognition, memory and dissociation. *Child and Adolescent Psychiatric Clinics of North America, 5,* 509-536.

Siegel, D. J. (2000). Memory: An overview with emphasis on the developmental, interpersonal, and neurobiological aspects. *Journal of the American Academy of Child and Adolescent Psychiatry, 40,* 997-1011.

Sigman, M., & Siegel, D. J. (1992). The interface between the psychobiological and cognitive models of attachment. *Behavioral and Brain Sciences, 15,* 523.

Singer, T., Seymour, B., O'Doherty, J., Kaube, H., Dolan, R. J., & Frith, C. D. (2004). Empathy for pain involves the affective but not sensory components of pain.

Science, 303, 1157-1162.

Solomon, M. F., & Tatkin, S. (2010). *Love and war in intimate relationships: A psychobiological approach to couple therapy.* New York: W. W. Norton.

Springer, S. P., & Deutsch, G. (1997). *Left brain, right brain: Perspectives from cognitive neuroscience.* Cambridge, MA: MIT Press.

Sroufe, L. A., Egeland, B., Carlson, E. A., & Collins, W. A. (2005). *The development of the person.* New York: Guilford.

Uddin, L. Q., Iacoboni, M., Lange, C., & Keenan, J. P. (2007). The self and social cognition: The role of cortical midline structures and mirror neurons. *Trends in Cognitive Science, 11,* 153-157.

Ullen, F. (2005). Extensive piano practicing has regionally specific effects on white matter development. *Nature Neuroscience, 8,* 1148-1150.

van der Hart, O., Nijenhuis, E. R. S., & Steele, K. (2006). *The haunted self: Structural dissociation and the treatment of chronic traumatization.* New York: W. W. Norton.

Vrtika, P., Andersson, F., Grandjean, D., Sander, D., & Vuilleumier, P. (2008). Individual attachment style modulates human amygdala and striatum activation during social appraisal. *PLoS ONE 3*(8), e2868.

Weinberger, N. M. (2003). The nucleus basalis and memory codes: Auditory cortical plasticity and the induction of specific, associative behavioral memory. *Neurobiology Learning Memory, 80,* 268-284.

Zaidel, E., & Iacoboni, M. (Eds.). (2002). *The parallel brain: The cognitive neuroscience of the corpus callosum.* Cambridge, MA: MIT Press.

Zelazo, P. D., Moskovitch, M., & Thompson, E. (2007). *The cambridge handbook of consciousness.* Cambridge, UK: Cambridge University Press.

Zylowska, L., Ackerman, D. L., Yang, M. H., Futrell, J. L., Horton, N. L., Hale, T. S., et al. (2007). Mindfulness meditation training in adults and adolescents with ADHD: A feasibility study. *Journal of Attention Disorders, 11,* 737-746.

찾아보기

 인명

A

Albus, K. E. 102

B

Baer, R. A. 63, 165, 243
Baker, L. 218
Baron-Cohen, S. 229
Bates, B. 102
Bjork, R. 270
Bonner, G. 318

C

Chess, S. 216
Coyle, D. 293, 295
Cozolino, L. 269
Creswell, J. D. 254, 304

D

Daniels, D. 218
Daniels, D. N. 218
Davidson, R. J. 165, 254
DiNoble, A. 109
Dozier, M. 102

E

Edelman, G. M. 193
Einstein, A. 342
Eisenberger, N. 200

F

Farb, N. A. S. 260

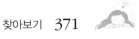

저자 소개

대니얼 J. 시겔(Daniel J. Siegel, MD)

하버드 의과대학을 졸업하고 UCLA 의과대학 정신과 임상교수로 재직 중이며 마음챙김자각 연구센터(Mindful Awareness Research Center)의 책임 대표이다. 한국에서 번역된 그의 책은 『마음을 여는 기술: 심리학이 알려주는 소통의 지도(Mindsight: The New Science of Personal Transformation)』와 『내 아이를 위한 브레인 코칭: 0세부터 12세까지 혁신적인 두뇌기반 양육 프로젝트(The Whole-Brain Child: 12 Revolutionary Strategies to Nurture Your Child's Developing Mind)』가 있다. 그의 웹사이트는 DrDanSiegel.com이다.

역자 소개

최지원(Jiwon, Choi)
서울여자대학교 대학원 상담 및 임상심리학 박사
상담심리사 1급, 전문상담사 1급, 내러티브상담전문가, 부부 및 가족치료사 1급
Dr. Daniel Siegel 대인관계 신경생물학 워크숍 수료
현 서울신학대학교 학생상담센터 상담교수
　　한스카운셀링센터 소장

마음챙김 치료자

−신경생물이론과 마음보기의 통합을 향한 임상가 가이드북−

The Mindful Therapist

−A Clinician's Guide to Mindsight and Neural Integration−

2021년 8월 10일 1판 1쇄 인쇄
2021년 8월 20일 1판 1쇄 발행

지은이 • Daniel J. Siegel
옮긴이 • 최지원
펴낸이 • 김진환
펴낸곳 • ㈜ **학지사**

04031 서울특별시 마포구 양화로 15길 20 마인드월드빌딩
대표전화 • 02-330-5114   팩스 • 02-324-2345
등록번호 • 제313-2006-000265호

홈페이지 • http://www.hakjisa.co.kr
페이스북 • https://www.facebook.com/hakjisa

ISBN 978-89-997-2452-7 93180

정가 22,000원

출판 · 교육 · 미디어기업 학지사

간호보건의학출판 **학지사메디컬** www.hakjisamd.co.kr
심리검사연구소 **인싸이트** www.inpsyt.co.kr
학술논문서비스 **뉴논문** www.newnonmun.com
교육연수원 **카운피아** www.counpia.com